科学出版社“十四五”普通高等教育研究生规划教材
全国农业专业学位研究生教育指导委员会推荐教材

农化产品高效利用与管理

曾鑫年　主编

科学出版社
北京

内 容 简 介

在“农药化肥减量增效行动”新形势下，为了培养具备农化产品高效利用和管理的专业人才，我们组织编写了本教材。教材共分为五章：第一章介绍农化产品的定义及特点，在农业生产上的重要性，市场需求与供给，应用与管理现状及发展趋势；第二章是化肥产品高效利用的基础，介绍作物营养的基本原理，化肥的定义与分类，化肥产品质量控制与施用技术；第三章是农药产品高效利用的基础，介绍农药的定义与分类，作用机制及代表性药剂，农药高效利用原理与技术，农药的药害与控制；第四章解析我国在农化产品生产、经营和使用过程中的管理法规与要求；第五章剖析农化产品高效利用与管理的19个代表性案例。

本教材为全国农业资源利用与植物保护领域农业专业硕士培养的核心课程教材，适合于全国农业资源利用与植物保护专业研究生课程教学使用，也可供作物、园林、草业、精细化工等专业研究生、本科生和农业科技人员、农化产品专业人员学习参考。

图书在版编目（CIP）数据

农化产品高效利用与管理 / 曾鑫年主编. —北京：科学出版社，2023.9
科学出版社“十四五”普通高等教育研究生规划教材　全国农业专业学位研究生教育指导委员会推荐教材
ISBN 978-7-03-076559-8

Ⅰ. ①农…　Ⅱ. ①曾…　Ⅲ. ①农药-产品管理-研究生-教材　②化学肥料-产品管理-研究生-教材　Ⅳ. ①F767

中国国家版本馆CIP数据核字（2023）第190459号

责任编辑：丛　楠　赵萌萌 / 责任校对：严　娜
责任印制：赵　博 / 封面设计：图阅社

科 学 出 版 社 出版
北京东黄城根北街16号
邮政编码：100717
http://www.sciencep.com

涿州市般润文化传播有限公司印刷
科学出版社发行　各地新华书店经销

*

2023年9月第　一　版　开本：787×1092　1/16
2024年4月第三次印刷　印张：15 1/4
字数：362 000

定价：79.80 元

（如有印装质量问题，我社负责调换）

编委会名单

主　　编　曾鑫年

副 主 编　诸葛玉平　梁　沛

编写人员　（排名不分先后）

华南农业大学	曾鑫年　邓兰生　刘家莉　张立丹　徐汉虹
山东农业大学	诸葛玉平　李絮花　胡国庆
中国农业大学	梁　沛　刘西莉　刘鹏飞　黄中乔
南京农业大学	高聪芬　侯毅平
西北农林科技大学	马志卿　冯俊涛
河南农业大学	王宜伦　张　倩　李岚涛
云南农业大学	吴国星
内蒙古农业大学	李　斐
广东省动物研究所	夏传国
广东省农业科学院	冯志勇
中国热带农业科学院	潘　波　王冰洁

专业审核

华中农业大学	胡承孝
华南农业大学	万树青

前　言

农化产品就是一般意义上的农药和化肥产品，是大规模工业化生产的重要农用物资，在农业生产中大量而广泛使用，对提高农产品的产量和质量发挥着重要作用。我国是全球农化产品生产、出口和使用大国。但是，由于农化产品活性成分的环境效应与非靶标效应等特殊性，农化产品的大量、不科学使用已带来化肥增产效应下降、耕地质量下降、农药 3R［残留（residue）、再猖獗（resurgence）、抗药性（resistance）］和“毒菜”事件等。农化产品的绿色化和科学使用受到了全球关注。我国近年修订和颁布了化肥和农药管理的新法规，加强农药和化肥全过程管理，并于 2015 年开始实施“农药化肥减量增效”行动，有力地推动了农化产品的绿色化与科学使用。然而，在培养新形势下的专业人才方面却出现了滞后，不能满足农化产品研发、生产、经营、使用与管理等企事业单位对人才的需求，也缺乏相关教材。加强农化产品相关专业人才的培养非常急迫，且对推动我国农业可持续化发展、进一步提高农产品产量与质量、保护生态环境具有重要意义。

我国于 1999 年建立农业专业学位研究生人才培养体制，并于 2013 年划分农业资源利用和植物保护 2 个专业领域，2016 年合并调整为农业资源利用与植物保护 1 个专业领域，重点培养农药与化肥应用专业技能与创新能力的专门人才。该专业的核心课程“农化产品高效利用与管理（案例）”应运而生，但至今缺乏相应的教材。

本教材的编写得到了全国农业专业学位研究生教育指导委员会的立项支持和指导，也得到了华南农业大学和华南农业大学植物保护学院研究生课程建设项目的支持。其编写组由国内 10 余个单位的农化产品相关专业的高校教师与科研院所专家组成，汇聚了国内专业研究生教育和农化产品绿色化与科学使用及管理的经验，挖掘了 19 个国内农化产品高效利用与管理的代表性成功案例，期望对该专业领域人才培养发挥积极作用。

本教材内容可分为农化产品基础理论和应用案例分析两大部分，其中的案例分析部分是本教材最具特色的内容，具有非常强的知识性、启发性和较高的思政教育意义。教材设为五章。第一章绪论，由主编曾鑫年负责完成，重点介绍农化产品的定义及特点、农化产品在农业生产上的重要性、农化产品的市场需求与供给、农化产品的应用与管理现状及农化产品的发展趋势。第二章作物营养需求与化肥产品，是化肥产品高效利用的基础理论部分，由副主编诸葛玉平负责、相关专家参与完成，重点介绍作物营养的基本原理、化肥的定义与分类及化肥产品质量控制与施用技术。第三章农药产品及应用原理，是农药产品高效利用的基础理论部分，由副主编梁沛负责、相关专家参与完成，重点介绍农药的定义与分类、农药的作用机制及代表性药剂、化学农药高效利用原理与技术、化学农药的药害与控制。第四章农化产品的管理，由主编曾鑫年负责、相关专家参与完成，重点解析我国农化产品最新管理法规对生产、经营和使用的管理与要求。第五章农化产品高效利用与管理案例分析，为农化产品应用与管理启发创新部分，由刘家莉负责、相关专家参与完成，重点剖析我国近年来在农化产品高效利用与管理方面的 19 个代表性案例。

本教材的编写贯彻落实党的二十大精神，对全面推进乡村振兴，全方位夯实粮食安全根基，培养具有系统农化产品基础理论、科学使用和法规素养的专门人才，实现“农药化肥减量增效”目标，保护农业农村生态环境，将发挥积极推动作用。

本教材的编写得到了全国农业专业学位研究生教育“农业资源利用与植物保护”领域教育部指导委员会的指导，华中农业大学胡承孝教授和华南农业大学万树青教授给予专业审核，华南农业大学胡琼波教授对编写工作提出了宝贵意见与建议，科学出版社丛楠责任编辑给予了大力支持，华南农业大学植物保护学院硕士研究生薛军傲、余英豪和惠彦敏参与了书稿的编排工作，在此一并表示感谢。

由于编者的水平和能力有限，本教材难免存在疏漏与不足之处，敬请广大读者批评指正，以便我们有机会不断修改和完善本教材，满足农业发展对专业人才培养的需要。

华南农业大学　曾鑫年

2023 年 2 月 23 日于广州

目　　录

第一章　绪　论

【内容提要】本章主要介绍农化产品的定义、特点及在农业生产上的重要性，分析农化产品从生产、经营、使用到管理的现状、存在的问题与发展趋势。

【学习目标】通过本章的学习，使学生掌握农化产品的定义及范畴，了解农化产品的特点与在农业生产中的重要性，清楚农化产品从生产、经营、使用到管理的现状，存在的问题与发展趋势，达到明确学习意义、问题导向的学习目标。

【基本要求】本章是本课程学习的基础，要求学生掌握农化产品的定义和学习范畴，明白学习的重要性，学会分析供需数据，充分了解农化产品领域发展的现状、存在的问题和发展趋势。

第一节　农化产品的定义及特点

农化产品是指用于农林草业，补充作物营养或促进作物对营养元素的吸收利用、调节作物生长、保护作物免受有害生物为害的化工产品，主要有化肥（包括土壤调理剂）和农药（包括诱抗剂、植物生长调节剂和昆虫生长调节剂）两大类产品。本定义突出种植业的农用化学品概念，它不包括兽药和农膜等化学品，也不包括非化工过程产品，即没有经过活性化合物制备与剂型加工的生物产品。农化产品具有以下特点。

1）农化产品由化工或发酵工程生产，产量大、标准化、质量稳定，可以随时满足农业大规模生产的需要。我国化肥农药均已实现企业化大规模、标准化生产，年生产化肥6000万t以上，生产农药200万t以上。

2）农化产品剂型多样，可满足各种机械和设施施用。例如，近年快速发展起来的无人机施药技术、热雾施药技术和水肥一体化技术等，可以大范围、高效、快速地施用农化产品。

3）农化产品的活性成分、作用机能与含量明确，可根据作物的生产需要有针对性地选择使用。通过测土测叶、病虫测报等，可以科学、精准地选择使用农化产品，达到高效安全利用的目的。我国登记的化肥产品已有20000多个，其中仅水溶肥就有11422个；登记的农药产品有44778个（单剂30755个、混剂14023个）。

4）农化产品的作用效果快速而明显，适用于应急处理。农化产品使用后一般都在数小时至数天内产生效果，能够快速解决作物缺素或有害生物为害的问题。譬如，多数化肥是水溶性的或弱酸溶性的，施入土壤后能迅速被植物吸收利用，产生效果；而化学农药使用数小时后或1～2d，就可控制有害生物的蔓延与为害。

5）农化产品的使用效果易受环境条件的影响，不正确的使用会引起药害。作物和有害生物的种类和生理状态不同，农化产品使用后的效果可以有很大差异，并会受到土壤、气候等因素的影响，有酸碱反应。有些化肥或农药不适合在某些作物上使用。例如，氯化铵不能用于烟草、甜菜、甘蔗等忌氯作物；石灰氮不宜用于碱性土壤；铜类杀菌剂不宜在敏感作物上使用。

6）同类产品的长期或过量使用会对作物及环境造成负面影响。同类化肥的过量使用，易烧子烧苗，或造成贪青倒伏等现象；而同类农药过量使用，则会产生药害、药物残留、有害生物的抗药性和再增猖獗等问题。

第二节　农化产品在农业生产上的重要性

农业的发展与人们对粮食等农产品的需求密不可分。全球人口在不断增长，导致人们对粮食等农产品的需求也不断提高，农业的重要性也就不言而喻。然而，农业却受到耕地、水和气候三大因素的影响。目前，全球人均耕地占有量约为 0.18hm^2，且受沙漠化、城市化、水资源和气候等因素的影响，全球可耕地面积越来越少，人类面临严重的粮食危机和棉、油、糖等产品短缺问题（Fess et al.，2011）。提高农业生产效率（即提高单产）是解决农产品不足的主要途径。单从谷物生产来说，全球谷物生产力区域差异大，全球谷物的一半是由单产低于 5t 的国家生产，而单产超过 6t 的国家只贡献了全球谷物总产量的 20%。大力提高单产较低国家的生产力，全球谷物生产会得到显著提高（黄季焜等，2022）。

农化产品既可以通过满足农作物的营养需求发挥优良种质潜能，大幅度提高农作物产量，又能通过减少病虫草害损失，使农业有了保产稳产的可能性，达到提高农业生产效率的目的。研究资料显示，发展中国家施肥可使粮食作物单产提高 55%～57%，总产提高 30%～31%；施用化肥可使水稻、玉米、棉花单产提高 40%～50%，小麦、油菜等越冬作物单产提高 50%～60%，大豆单产提高近 20%；1986～1990 年，我国粮食总产中有 35%左右是化肥的作用（金继运和林葆，1997）。施用化肥是最快、最有效、最重要的增产措施。另外，作物受到病虫草鼠等有害生物的严重威胁。全世界每年病虫草害导致的粮食减产率为 20%～40%，有些地方甚至造成绝收。例如，2008 年，我国水稻稻瘟病、水稻纹枯病、稻飞虱、稻纵卷叶螟，以及玉米粗缩病、小麦赤霉病等大暴发，导致作物大面积减产，甚至绝收，当年全国绝收面积为 865.13 万 hm^2，绝收面积占成灾面积的 39.16%，危害相当严重（戴小枫等，1997；张丽等，2013）。面对作物病虫害的发生，世界各国均推行有害生物综合治理策略，强化绿色和生态植保理念与措施的应用，减少农药对生态的负影响。但是，由于经济全球化、气候变暖、种植结构等因素的影响，作物病虫害出现频发、大发、重发、突发成灾的趋势。化学农药则具备应对这类病虫害发生的特点，大规模使用化学农药能有效控制作物病、虫、草害。全世界每年可挽回农作物总产量损失的 30%～40%，在提高作物和粮食产量、保证世界粮食安全目标中发挥重要作用（张一宾，2009；纪明山，2011）。

我国有 14 亿多人口，约占世界人口的 20%，但耕地面积却仅占世界的 8%，人均耕地面积小于 0.12hm^2，我国的食物自给率已在 95%以下，并呈下降趋势（黄季焜等，2022），提高农作物单产、解决粮食安全等问题是农业生产重要的技术课题。可以预见，在新的生物科技革命到来之前，应用农化产品仍将是农业持续发展的重要措施之一。

现代农业提倡绿色有机，绿色农业、有机农业、生态农业等可持续农业理论被相继提出。一方面，农化产品为农业的高产稳产提供了物质基础；另一方面，不科学、不合理使用对环境造成的不良影响急剧扩大。然而迄今为止，没有一种农业类型可以既保持农业的高产高效，又能对生态足够友好。因此，农业可持续发展仍然需要艰难探索。

第三节 农化产品的市场需求与供给

据估计，世界人口将从 2019 年的 77 亿增长到 2100 年的 109 亿，为了满足未来人类的发展需求，粮食总产量至少需要提高 70%（罗秀丽等，2021）。全球人均粮食产量的区域差异特征显著，多数国家的“人粮关系”矛盾突出。人类对粮食需求的不断增长和粮食产量的区域性差异，导致农化产品市场的刚需增长和区域化增长特征明显。

全球农化产品市场总需求约为 2 亿 t 纯品量，主要为化肥量，而农药量仅占 1%左右，约为 200 万 t。2012 年，全球农化市场（农药和化肥）收入约为 1958 亿美元，亚太地区是农化产品的消费主体，引领了整个农化市场的增长，而全球农药市场在 2014～2019 年相对平稳，维持在 600 亿美元左右（宋永平，2020）。中国和印度由于对粮食作物的需求持续增长，在未来将仍然是全球最大的市场区域，拉美和北美地区将分别保持第二和第三的位置。

一、全球及我国化肥市场需求

全球化肥需求因区域发展变化而有较大变动。1988～1989 年，全球化肥总产量和总消费量曾分别达到 1.58 亿 t 和 1.45 亿 t 的历史高位，此后，虽然发展中国家化肥消费量稳定增长，但由于苏联和其他东欧农业国家消费量大幅下降，其呈下降趋势（金继运和林葆，1997）。2015 年，全球肥料需求 1.831 亿 t，其中氮肥 1.104 亿 t（60.3%）、磷肥 4080 万 t（22.3%）、钾肥 3190 万 t（17.4%）（胡泓林，2016）。

1992～1993 年，发展中国家化肥施用量首次超过了世界化肥消费总量的一半，生产量所占份额也不断上升，但是由于生产能力的限制，增长速度仍远低于消费增长速度，消费需求很大程度上通过进口增长得以满足（金继运和林葆，1997）。玉米是营养需求最高的作物，北美（包括用于生物乙醇生产）玉米生产的需求促进了该地区对化肥的需求。

我国是化肥使用量第一大国，1994 年我国化肥使用量为 3318 万 t，后持续上升，至 2015 年达历史高峰，用量超 6000 万 t。此后由于我国《到 2020 年化肥使用量零增长行动方案》和《到 2020 年农药使用量零增长行动方案》的实施，以及测土配方施肥技术的应用，化肥使用量逐年下降，至 2020 年已下降到总用量约 5250.6 万 t，降幅为 12.8%（图 1-1）。

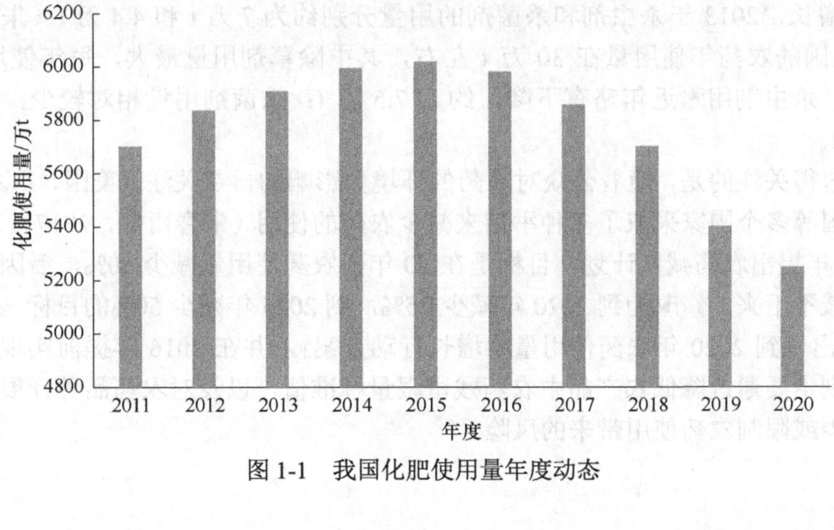

图 1-1 我国化肥使用量年度动态

二、全球及我国农药市场需求

农药在保障作物高产稳产上发挥了重要作用。全球农药使用量约为 200 万 t 纯品量，市场规模已基本稳定在 580 亿～680 亿美元。2014 年，全球农药销售额显示，农药类别中以除草剂市场份额最大，达 42.6%，杀虫剂和杀菌剂分别占 28.5%和 25.9%，其他农药（植物生长调节剂和熏蒸剂）约占 3.0%。区域市场中以南美洲市场份额最大，已超过亚洲跃居首位，占比 28.5%；亚洲（不含中亚）第二，占 25.8%；欧洲第三，占 24.5%；而北美地区退居第四位，占 17.3%；中亚和非洲市场份额最小，仅占 3.9%。作物中以果蔬的市场份额最大，占比 24.0%，大豆和谷物分别占 17.0%和 16.2%，玉米占 11.4%，水稻和棉花分别占 8.9%和 5.2%，油菜占 3.8%（图 1-2）（张文君等，2016）。

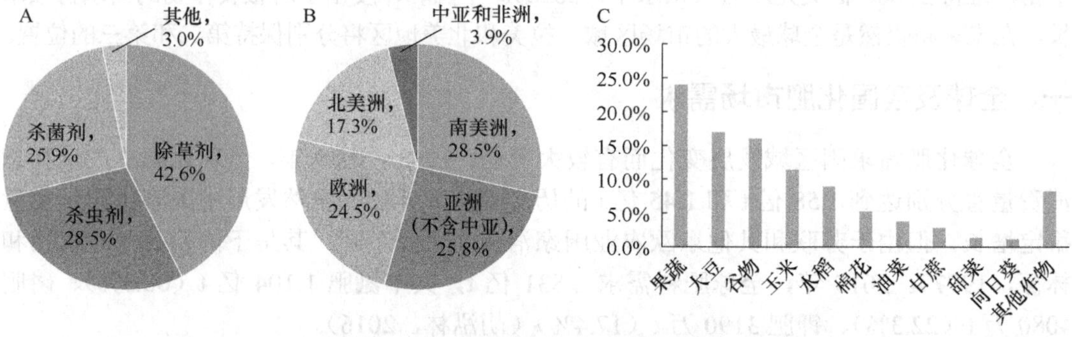

图 1-2　全球农药市场份额分布情况

A. 按农药种类的市场份额；B. 按农业区域的市场份额；C. 按作物种类的市场份额

巴西是全球最大的农药市场，占全球销售额的 21.0%，其次是美国、中国、日本和法国。2009～2014 年，阿根廷、巴西和中国农药市场销售额增长最快，增速都在 10%以上。巴西成为全球农药使用量第一大国，主要是其耕地面积每年持续增加。自 20 世纪 90 年代开始，巴西每年农药使用总量快速增长，1990 年使用量约为 5 万 t，2013 年达 35.4 万 t，增长了 600%，这主要归因于除草剂用量的快速增加。1990 年除草剂用量仅有 2.2 万 t，2013 年除草剂用量达 24 万 t，大约增长了 10 倍；杀虫剂和杀菌剂用量也有较大增长，2013 年杀虫剂和杀菌剂的用量分别约为 7 万 t 和 4.4 万 t（朱春雨等，2017）。美国的农药年使用量在 30 万 t 左右，其中除草剂用量最大，每年使用量在 20 万 t 左右；杀虫剂用量近年略有下降，约为 7.5 万 t；杀菌剂用量相对较少，年使用量约为 2 万 t。

特别值得关注的是，随着公众对农药的环境负影响的日益关注，美国、日本、韩国、中国及法国等多个国家采取了多种举措来减少农药的使用（朱春雨等，2017）。譬如，法国在 2008 年提出农药减量计划，目标是在 10 年内农药使用量减少 50%，后因气候原因用量一时减不下来，修改为到 2020 年减少 25%，到 2025 年减少 50%的目标；我国也在 2015 年提出《到 2020 年农药使用量零增长行动方案》，并在 2016 年提前实现零增长目标；美国则主要通过降低农产品中农药残留限量标准值，以及对农药品种开展再评价等手段来减少或限制农药使用带来的风险。

我国是全球农药使用量第三大国，年使用约 30 万 t 纯品量。邵振润等（2010）测算出我国农业的农药饱和需求量为 58.66 万 t，其中杀菌剂、杀虫剂、除草剂、杀鼠剂、生物制剂和其他农药分别为 12.91 万 t、20.53 万 t、20.53 万 t、0.59 万 t、2.93 万 t 和 1.17 万 t。我国农药使用量历史最高为 2013 年的 180.77 万 t（实物量），此后开始下降，至 2019 年降幅已达 23.0%（图 1-3）。

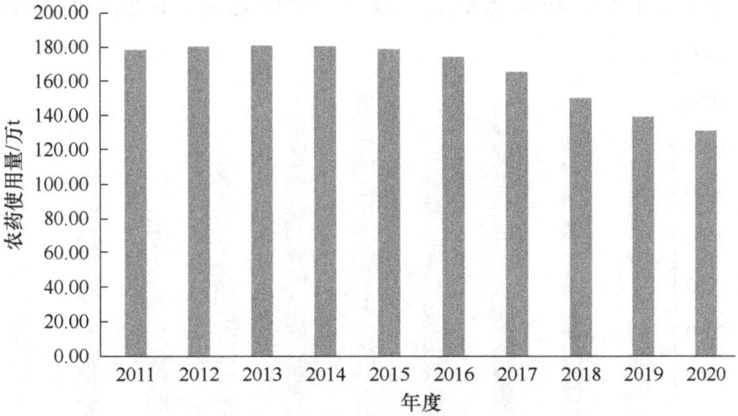

图 1-3 我国农药使用量年度动态

2020 年农药使用量为非官方统计数据

我国农药市场以杀虫剂为主导，占比为 40%，除草剂占 36.5%，杀菌剂占 22.1%，其他约占 1.4%；作物则以水稻和果蔬为主，分别占 32.6%和 15.8%，麦类和玉米占比均在 10%以上（杨益军和张波，2020）。从农药使用总量来看，华中地区农药使用量最高，占全国的 24.9%，其次是华北和东南地区（仇相玮和胡继连，2020）。因种植业结构调整，某些区域果蔬等高用药作物种植面积的扩大会导致农药需求的增长。

三、农化产品的市场供给

农化产品属于大企业化生产和全球化供给。全球农化十大头部企业的市场供应占全球的 80%以上，如化肥企业美盛、加拿大钾肥、雅苒等公司年产化肥均在 2000 万 t 以上，农药企业先正达的市场供应占 23.5%，拜耳作物和巴斯夫分别占 17.4%和 12.0%。2017 年中国化工集团收购先正达公司，并于 2020 年 1 月将相关资产注入先正达集团，2020 年 6 月中国版先正达集团正式成立，一举成为全球农药市场领导者、中国化肥市场领导者。从全球产能来看，农化产品市场供大于求趋势愈加明显，企业竞争加剧。

全球化肥供应量增速高于化肥需求量，并且供大于求的趋势越来越明显，历史最高供应量达到近 3 亿 t，2019 年全球化肥供应量约为 2.32 亿 t，超出需求 21.9%；2019 年全球作物用农药市场销售额为 577.9 亿美元，同比增长 0.4%，但农药市场也是供大于求，农药生产企业不得不压低价格竞销（陈农，2021）。

世界化肥的生产集中分布在亚洲、北美洲及欧洲，占据了世界化肥生产总量的 90%以上，其中又以东亚、北美、南亚、东欧为化肥的主产区域（张弦等，2018）。亚洲东部的中国，南亚的印度、巴基斯坦，北美的美国、加拿大，东欧的俄罗斯、白俄罗斯等国都是世界化肥生产国的典型代表。自 20 世纪 90 年代末，亚洲一举超越北美洲成为世界上最大的化肥主产区以来，世界化肥生产区域的分布整体一直保持不变，亚洲始终是世界化肥生产的第一大区域，北美洲位列第二，欧洲紧随其后，此后依次是非洲、南美洲和大洋洲。亚洲是氮肥生产和消费的核心区域，亚洲和美洲是磷肥生产和消费的主战场，欧洲和美洲是钾肥的主要生产区，亚洲和美洲是钾肥主要消费区。

我国化肥年产量于2015年达到历史高峰，为7400多万t，此后呈下降趋势，至2020年为近5500万t（图1-4）。我国化肥生产以氮、磷肥为主，钾肥不能自给。

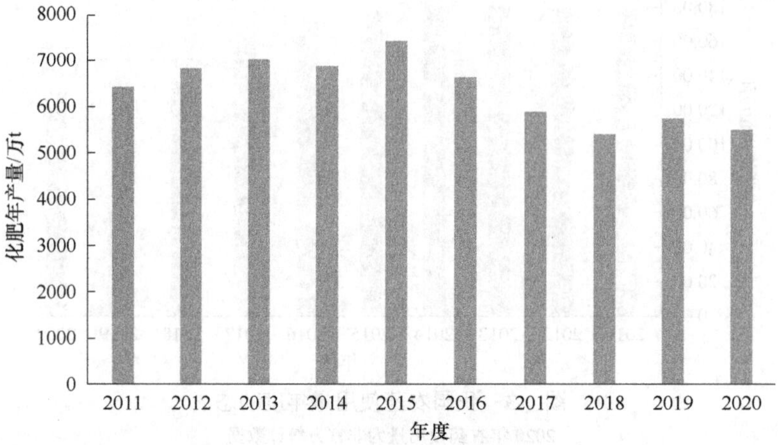

图1-4　我国化肥年产量动态

中国是世界农药第一生产大国，先正达是世界农药第一大公司（市场占有率为23.5%）。我国农药的生产能力与产量处于世界前列，已成为与德国、美国并肩争雄的农药强国。我国农药产量自2015年开始趋于下降，但产品质量稳步提高，品种不断增加，已形成了包括原药研发、生产和销售等较为完善的产业体系，是农药产业链最完整的国家（图1-5）。我国农药生产企业主要分布在江苏、山东、河南、河北、浙江等省，这五省的农药工业产值占全国的60%以上，农药销售收入超过10亿元的农药企业有28家。

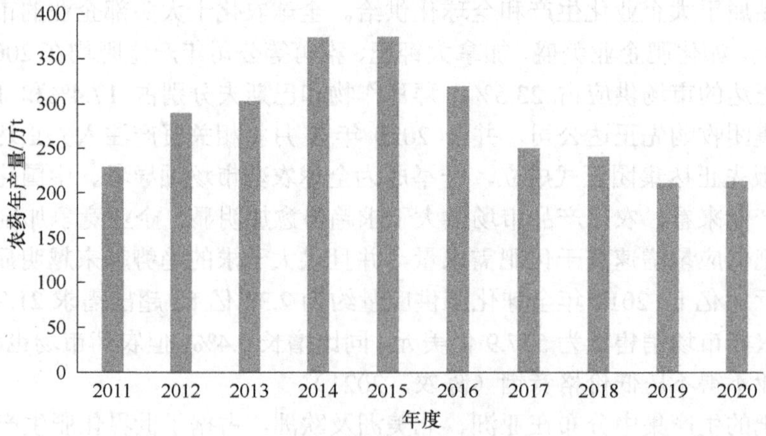

图1-5　我国农药年产量动态

全球农药进入后专利时代，农化企业竞争更加激烈，低毒、环保、可持续发展仍是农药产业发展的方向。我国农药行业也将加快整合，继续向集约化、规模化方向发展。

第四节　农化产品的应用与管理现状

一、农化产品的应用现状

农化产品是现代农业的重要投入品，但它们对环境的负面影响也受到越来越多的关注。农化产品从20世纪中期进入大规模应用以来，其使用量进入快速增长期，有力地推动了全球农业生产。进入20世纪90年代后，不少国家发现，农化产品的投入报酬，特别是化肥的投入报酬下降，每千克化肥养分带来的平均粮食增产量从9.4kg下降到7.5kg，因此认为农化产品应用具有饱和效应。同时，农化产品的大量使用，导致了农业面源污染和农药3R［残留（residue）、抗药性（resistance）、再猖獗（resurgence）］等问题，各国政府开始出台政策和措施引导农化产品绿色化、使用量零增长或减量增效等应用行动，全球农化产品应用已进入缓慢增长阶段。

据联合国粮食及农业组织的资料，至20世纪90年代末，欧美等发达国家作物单位收获面积的平均施肥水平为120kg/hm^{2}左右，其中欧洲共同体施肥量最高，为250kg/hm^2；而发展中国家（不包括中国）的化肥施用水平为62kg/hm^2，其中，近东/北非地区为89kg/hm^2，东亚（不包括中国）为86kg/hm^2，拉美/加勒比海区域为71kg/hm^2，南亚为67kg/hm^2，非洲撒哈拉以南地区为11kg/hm^2（金继运和林葆，1997）。

我国是农化产品的生产和使用大国。我国农化产品的单位耕地面积施用量和施用总量大，产品及使用结构不合理，使用技术落后（崔元培等，2021）。按我国耕地面积13492.1万hm^{2}计，我国的最高施肥水平已达446.38kg/hm^2，远高于欧美等发达农业国家的平均施肥水平（120kg/hm^2）。若以播种面积为基数，2015年施肥强度最高的是北京，为604.5kg/hm^2，青海最低，为180.9kg/hm^2；若不考虑复种情况，以耕地面积为基数的施肥强度则普遍更高，最高的是广东，为980.5kg/hm^2，福建为926.4kg/hm^2，河南为883.4kg/hm^2，最低的是黑龙江，为161.0kg/hm^2（金书秦和张惠，2017）。可见，我国的施肥水平差异较大，东部地区高、西部地区低，南方高、北方低。我国粮田亩①均施肥量为315kg，氮磷钾比为1.00∶0.38∶0.23；菜田亩均施肥量为525kg，氮磷钾比为1.00∶0.53∶0.32（黄辉，2011）。近年我国测土配方施肥技术的推广运用，使我国施肥结构得到改善，氮肥施用比例有所下降，磷、钾肥施用比例上升，配方肥、复混肥施用比例增大。

从农药使用强度来看，2016年全国平均农药使用强度为10.44kg/hm^2，东南和华中地区农药使用强度超过全国平均水平，分别为18.25kg/hm^{2}和13.96kg/hm^2，特别是广东、福建、海南用药达到极强水平（＞22.5kg/hm^2）；华北地区农药使用强度略低于全国平均水平；东北、西南和西北地区农药使用强度较低，但仍高于国际安全用药水平（7.5kg/hm^2）。若以播种面积为基数，2015年施药强度最高的是海南，为47.08kg/hm^2，最低的是宁夏，为2.06kg/hm^2。若不考虑复种情况，以耕地面积为基数的农药使用强度则普遍更高，最高的海南达到54.87kg/hm^2，广东为43.50kg/hm^2，福建为41.73kg/hm^2，最低的是宁夏，为2.01kg/hm^2（金书秦和张惠，2017）。从作物用药强度来看，柑橘（93.76kg/hm^2）、苹果（38.16kg/hm^2）、蔬菜（27.38kg/hm^2）和棉花（11.35kg/hm^2）为高

① 1亩≈666.7m^2

用药农作物；甘蔗（10.06kg/hm^2）、烟草（9.30kg/hm^2）和水稻（8.57kg/hm^2）为中用药农作物；小麦（3.50kg/hm^2）、玉米（2.79kg/hm^2）、大豆（2.71kg/hm^2）、油菜（2.43kg/hm^2）和甜菜（1.85kg/hm^2）为低用药农作物（仇相玮和胡继连，2020）。

提高农化产品利用率是近年我国农化产品应用亟待解决的技术问题。氮肥的当季利用率仅为30%～35%，而损失高达45%左右；磷肥的利用率为10%～25%；钾肥的利用率为40%～50%（侯亚红，2005）。我国农药平均利用率仅为35%，欧美发达国家的则是50%～60%。据农业农村部信息，2020 年我国水稻、小麦、玉米三大粮食作物化肥利用率为40.2%，农药利用率为40.6%；预计到2025年，我国化肥农药利用率有望达到43%。

化肥农药利用率稳步提高是多项技术、多个因素综合作用的结果。一是科学施肥用药理念深入人心。化肥农药减量增效成为各地推进绿色发展的重要内容，减量增效理念深入人心，社会各界普遍认同。二是节肥节药技术大面积推广。测土配方施肥、水肥一体化、机械深施、有机肥替代和生态调控、物理防治、生物防治、精准施药等节肥节药技术大面积推广应用。目前，全国测土配方施肥技术应用面积达 19.3 亿亩次、技术覆盖率达到 89.3%，绿色防控面积超过 8 亿亩。三是绿色高效产品加快应用。全国缓释肥、水溶肥等新型肥料推广应用面积达到 2.45 亿亩次，有机肥施用面积超过 5.5 亿亩次；每年病虫害绿色防控产品更新率达 30%，农药助剂使用超过 5000t，高效植保机械超过 50 万台（套）。四是专业化服务快速发展。各地肥料统配统施、病虫统防统治等专业化服务组织蓬勃发展，有效提高了施肥施药技术水平。目前，专业化服务组织超过 8 万个，三大粮食作物病虫害统防统治覆盖率达到 40.1%。

二、农化产品的管理现状

农化产品的生产、销售与应用关系到一个国家甚至全球的农业生产资源、粮食与农产品安全和生态安全，世界各国包括一些国际组织都对农化产品的管理提出了相应的政策与法规。农业可持续发展战略对农化产品管理提出了更高要求：加强环境保护、维护生物多样性、促进生态农业、提高食品安全水平；农化新产品和应用新技术不断涌现，使农化产品管理变得更有挑战性，加强农化产品全生命周期管理势在必行。

农化产品管理属于国家行政公共管理行为。国内外对农化产品的管理重点采用登记制度。随着我国经济体制的转变，农化产品管理从计划经济管理模式逐步走向市场经济管理模式，形成了以工业、农业、商业、环境、海关等多管理主体转向农业农村部单一主体管理的方式，以及以相关法律法规与政策文件为管理依据，覆盖农化产品生产、流通、使用等环节的管理制度和体系。我国农化产品的管理主体是农业农村部，管理法规依据有《肥料管理办法》和《农药管理条例》。化肥农药生产采用定点核准许可管理，产品采用登记管理；化肥销售采用注册管理，农药经营采用许可管理；使用采用监督管理（王雁峰等，2011；顾宝根，2014）。

国际上很多国家都制定了完善的肥料法，形成了以肥料法为依据的管理制度，其中加拿大肥料法于 1885 年颁布；欧盟于 2003 年 10 月 13 日颁布了统一的肥料法；日本肥料管理法于 1950 年 5 月 1 日公布；泰国肥料法于 1975 年颁布。美国肥料法主要包括肥料产品的基本要求、标签标识法和肥料重金属条例、登记要求和违法处罚办法等内容。

联合国粮食及农业组织（FAO）和世界卫生组织（WHO）于 2013 年联合颁布了《国

际农药管理行为守则》，系统阐述了现代农药管理的理念、制度、方法和要求，对农药实现全生命周期管理，以避免或减少农药对人、动物和环境的各种不利影响。全球农药管理可以分成3种类型，第一种是以欧美发达国家为代表的管理制度，其特点是制度健全，全程管理，并以安全风险防控为核心；第二种以中国和巴西等经济转型和中等发达国家为代表的管理制度，其特点是制度相对健全，但不完整，对各种农药风险和违法行为还不能进行全程管理；第三种是发展中国家的管理制度，由于受管理资源和能力限制，管理制度相对简单，以登记管理为核心（顾宝根，2014）。法国在1905年颁布了《农药管理法》，成为全球第一个对农药实现法制管理的国家，随后美国（1910年）、加拿大（1927年）、德国（1937年）、澳大利亚（1945年）、奥地利和日本（1948年）、英国（1952年）、瑞士和韩国（1955年）等陆续颁布了农药管理法规。由于农药管理技术性强，除法规外，发达国家及国际组织起草发布了一系列涉及登记、试验、实验室管理、经营、使用指导、监督执法、风险监测、废弃物处理等的管理和技术规范，构建了完整的技术管理体系，使农药管理不仅有法可依，也有标可循。

发达国家农药管理是针对农药生命周期可能发生的违法行为和安全风险环节而设置管理制度的，各种制度相互衔接，形成了一个完整的管理链条。登记管理，确保产品的质量、效果和安全；经营许可，确保市场秩序的规范；企业生产记录和核查，确保企业合法生产和销售；使用监管和指导，提高安全使用水平；安全事故监测，降低各种安全风险；废弃药剂和包装处置，减少环境污染；进出口监管，切实履行国际公约；强化处罚，规范市场秩序等。欧美对于生产企业无须定点核准许可，而是实行相对宽松的备案管理，且一个企业可以备案多个生产工厂，只需在产品标签上标明生产工厂备案号来明确生产地点，但要求企业详细记录生产的详细情况，包括所用的原材料、生产产品的数量及购销去向，并向管理部门通报，欧盟新法规要求企业记录保存长达5年时间，管理部门则通过核查生产记录，了解是否存在非法生产和销售行为，包括是否购买了地下工厂违法生产的未登记原药，有无将原药卖给制剂未登记的企业等。这种管理方式简单而有效，既尊重企业市场的主体地位，鼓励创建品牌和做大做强，又能有效地监管各种非法生产现象。

我国农化产品管理中存在以下几点问题。

1）农化产品的管理法规尚不健全。目前，我国农化产品管理以《农业法》为基本法，正在逐步建立健全相应法规。2017年以来，我国颁布了新修订的《农药管理条例》及系列配套管理办法，农药的登记、生产、经营与使用管理得到有效提升，保障了农药产品的有效性与安全性。但是，我国对于化肥产品管理的法规建设相对迟滞，酝酿已久的《肥料管理条例》至今尚未出台，化肥的管理主要依据《肥料登记管理办法》，存在法规缺位、体制不顺、监管乏力等问题，从而导致肥料市场问题突出，坑农害农事件时有发生，安全隐患令人担忧。主要体现在以下几个方面：一是产品质量不合格问题较为普遍，掺杂使假、偷减养分、粗制滥造，产品安全性和有效性得不到保证；二是以药掺肥现象较为普遍，一些企业在肥料中添加了植物生长调节剂，在申请肥料登记时既不声明也不告知，在市场销售时标称含有植物生长调节剂或具有植物生长调节剂功能，对农业生产安全存在较大隐患；三是虚假宣传现象较为普遍，肥料市场上充斥着大量的虚假广告宣传，以假乱真误导消费者，有的以所谓的“纳米技术、生态技术、全营养元素”等概念欺骗消费者，有的在肥料包装上夸大宣传产品功效和适宜作物，有的肥料产品登记证号标注不规范，多个产品共用一个登记证号或是盗用其他企业的登记证号。此外，化肥产品的使用管理水平较低，过量施肥依然普遍，测土配方施肥技术推广有待加强。化肥由于用量大、范围广，对农业生产的影响和农民利益的损害更普遍、更严重，因此加强化肥管理、规范市场秩序、保障化肥新产品质量、维护农民权益势在必行。

2）农药等农化产品溯源链存在漏洞。新条例实施以来，禁限用农药品种逐年增加（截至 2020 年，有 46 种禁用农药、20 种限用农药），但限用农药的范围多以蔬菜为主，且其限制使用范围也存在差异性，使用者可能明知某些农药被限制使用，却谎称是使用于其他途径，甚至以不识字为由，胡乱填写使用记录；农药销售方并不清楚购买者的真实购买与使用意图，间接导致农药的误用、滥用；监管者只能凭借农药的销售与使用记录进行初级的检查与监管，存在一定的监管漏洞。

3）农药残留现行标准部分欠缺可操作性，降低监管效果。有些禁限用农药在某些农产品中暂无标准可以参考，如三唑磷，它被禁止在蔬菜上使用，但是在该标准里，只有结球甘蓝与节瓜两个品种的限量值；有些禁限用农药在蔬菜和园艺果品的限量差距过大，如乐果，部分蔬菜限量值为水果的 1/10，甚至 1/100；有些禁限用农药推荐的检测方法在部分区县一级暂时无法实现，如地虫硫磷和对硫磷；有些禁限用农药执行的是临时标准，如甲基异柳磷等，这不仅使农业检测机构在某些参数上无据可依，无法进行相应的农药检测，达到监管目的，更可能会使得农业生产者有漏洞可钻，降低监管部门的威信和震慑力。

第五节　农化产品的发展趋势

现代农业的高投入特征，由于报酬率下降而受到质疑。农业的绿色发展，即兼顾经济效益和生态环境容量的可持续发展模式已成为国际潮流（杜志雄和金书秦，2021）。我国于 2015 年首次明确提出农业绿色发展理念，并以农业面源污染控制为核心，要求加强资源保护和生态修复，推动农业绿色发展（张钰婧和叶飞，2022）。提供高质量农产品、高效利用农业资源、保护和建设美丽乡村是农业绿色发展的三大目标（付伟等，2021）。农化产品的生产与应用直接关系到农业绿色发展，可以预见，农化产品的发展将伴随农业绿色发展出现以下趋势。

一、全生命周期管理安全风险控制特征更加明显

国际上已提出农化产品的全生命周期管理理念，但国家和地区间在管理上还存在差距。随着各国农化产品管理水平和能力的提升及经济全球化发展的要求，全球化的农化产品全生命周期管理的法规和政策将被广泛接受和实施。法规和政策上强化风险控制，提高准入门槛和监督执法力度，鼓励农化产品生产和应用技术绿色创新，健全重金属和农药残留限量标准，提高农化产品溯源性及废弃物回收管理，达到减少农化产品对人畜、食品、环境安全风险的目标。

对于我国化肥的管理，重点是加快推进化肥管理法治化进程，将管理重心调整到化肥产品质量与安全、科学使用及环境保护等方面，促进我国肥料行业健康发展（王雁峰等，2011）。而对于我国农药的管理，重点是加强农药安全风险防控，将管理从审批和监管执法调整到安全事故监测通报、药害事故预防和处置、农药环境污染监测预防、问题

产品召回和废弃包装物回收处置等方面，构建贯穿农药生命周期的安全风险防控机制（顾宝根，2017）。

二、农化产品研发与生产的绿色化特征更加明显

绿色化农产品的研发与生产是绿色农业发展的物质基础。从全球的现状来看，化肥、农药的生产总量已能满足农业生产的需要，但农化产品的结构却存在较大问题，还有相当大比例的产品对人畜安全、食品安全和环境生态有较大影响。对引起土壤酸化板结，引起食品亚硝酸盐、重金属、农药残留超标，具有环境激素效应，以及高残留和高毒性农药等农化产品的替代、绿色制造与加工将会是未来发展的重点。平衡性、功能性、水溶性化肥，生态性、仿生性、手性等高效低毒低残留农药，以及种子处理剂、无溶剂制剂等高效环保剂型的产品将得到广泛应用。

三、农化产品的可溯源性特征更加明显

随着互联网技术和区块链技术的发展与成熟，数字化农业已进入社会生活，农化产品的数字身份标识与质量参数将得到保证，可提高产品的可溯源性，解决假冒伪劣产品进入市场和违法滥用问题。

四、农化产品使用的精准高效性特征更加明显

农化产品的科学安全高效使用是绿色农业发展的技术基础。农化产品的精准高效施用技术将得到广泛推广应用。专业化的测土配方施肥、平衡施肥、水肥一体化、病虫测报施药、抗性监测施药、无人机定点识别施药、种子处理施药等技术对减少盲目施肥施药行为、控制过量使用、保护农业生态环境有重要作用（崔元培等，2021）。

本 章 小 结

农化产品是指用于农林草业，补充作物营养或促进作物对营养元素的吸收利用、调节作物生长、保护作物免受有害生物为害的化工产品。本定义突出种植业的农用化学品概念，它不包括兽药和农膜等化学品，也不包括非化工过程产品，即没有经过活性化合物制备与剂型加工的生物产品。农化产品的应用仍将是农业持续发展的重要措施之一。我国是农化产品生产、出口和使用大国。农化产品一方面为农业高产稳产提供了物质基础，另一方面不科学合理地使用又给环境带来不良影响。绿色、对环境友好、减量增效是农化产品发展的趋势。

思 考 题

1. 生物技术的发展促成了第二次绿色革命。请思考高产种质和抗病虫种质的应用是否会导致农化产品退出农业生产的历史舞台。

2. 我国是农化产品生产、出口和使用大国，请分析将来更需要哪类人才。

3. 某专家发明了一种对草地贪夜蛾有很强杀死作用的化合物，请问它是农化产品吗？为什么？

第二章 作物营养需求与化肥产品

【内容提要】本章主要介绍作物营养的基本原理、化肥的定义与分类及化肥产品质量控制与施用技术。

【学习目标】通过本章的学习，学生可系统掌握作物营养和化肥施用的基本原理与技术，了解根据作物需肥特点制定配方施肥制度的方法及化肥施用新技术。

【基本要求】本章力求使学生弄懂基本概念，掌握基本内容和基本原理，充分了解化肥施用的6个关键因素和配方施肥的方法，使学生把作物营养的特性与化肥的施用联系起来，并在此基础上理解依据植物营养特性、土壤特性、气候条件和肥料性质合理施用肥料，达到优质、高产、高效和稳定或保护生态环境的效果。本章内容繁多、零碎，学生应广泛阅读相关参考材料，及时了解化肥产品的发展动态。

第一节 作物营养的基本原理

作物是施肥的对象，土壤是施肥的载体，化肥是作物的“食粮”，也是作物丰产的物质保证。只有掌握了植物营养、土壤性质和肥料性质及施肥的基本知识才能做到合理施肥，实现作物高产、优质、高效、安全、生态的综合目标。

一、作物必需的营养元素

（一）确定必需营养元素的标准

作物必需营养元素必须符合以下三条标准。

1）必需性：这些元素是所有高等植物生长发育所必需的，缺少了植物就不能完成其生命周期。

2）不可替代性：当缺乏这种元素时，植物就会出现专一的、特殊的缺素症，而且其作用是其他营养元素所不能代替的。只有补充这种元素，症状才能减轻或消失。

3）直接性：这种元素必须是对植物起直接营养作用，而不是间接改善环境的作用。

（二）必需营养元素

根据必需营养元素的确定标准，目前公认的必需营养元素有：碳（C）、氧（O）、氢（H）、氮（N）、磷（P）、钾（K）、钙（Ca）、镁（Mg）、硫（S）、铁（Fe）、硼（B）、锰（Mn）、铜（Cu）、锌（Zn）、钼（Mo）和氯（Cl）。有学者认为镍（Ni）是第17种必需营养元素。其中，C、H、O主要来自大气和水，其他元素主要来自土壤。

由于作物对氮磷钾的需求量大，而土壤相应的供应量少，因此把氮磷钾称为肥料的三要素，把氮磷钾肥称作三要素肥料。

根据作物对各种营养元素生理需求量的多少，把必需营养元素划分为两类：①大量营养元素，包括：碳（C）、氧（O）、氢（H）、氮（N）、磷（P）、钾（K）、钙（Ca）、镁（Mg）、硫（S）。钙（Ca）、镁（Mg）、硫（S）有时也单独划为中量营养元素。②微量营养元素，包括：铁（Fe）、锰（Mn）、铜（Cu）、锌（Zn）、硼（B）、钼（Mo）和氯（Cl）。虽然必需营养元素按其在植物体内的含量分为大量营养元素和微量营养元素，但它们之间并没有严格的界限，在某些条件下，某些微量营养元素的含量可能大于大量营养元素含量。

（三）有益营养元素

在非必需营养元素中，有一些元素不是所有高等植物所必需的，而是某些特定植物必需的，或者是对某些作物的生长发育具有良好的作用，这类元素称为有益营养元素。例如，钴是豆科作物根瘤菌固氮时所必需，甜菜需要钠，水稻需要硅等。此外，有益营养元素还有硒、铝、钛等。

（四）必需营养元素的营养作用

1．大量营养元素的主要营养作用

1）碳、氢、氧。①碳、氢、氧是植物体内各种重要有机化合物的组成元素，如碳水化合物、蛋白质、脂肪和有机酸等；②植物光合作用的产物——糖是由碳、氢、氧构成的，而糖是植物呼吸作用和体内一系列代谢作用的基础物质，同时也是代谢作用所需能量的原料；③氢和氧在植物体内生物氧化还原过程中也起着重要作用。

2）氮。①是植物体内蛋白质和核酸的成分，蛋白质是构成原生质的基本物质，核酸是植物生长发育和生命活动的基础物质；②是植物体内叶绿素的组分；③是植物体内许多酶的组分；④是植物体内一些维生素和生物碱的组分。

3）磷。①是植物体内许多重要有机化合物［核酸、磷脂、三磷酸腺苷（ATP）、植酸］的组分；②参与植物体内的三大代谢过程：碳水化合物代谢、氮素代谢和脂肪代谢；③提高作物的抗酸碱、抗旱、抗寒能力。

4）钾。①促进光合作用；②促进蛋白质的合成；③促进植物水分利用；④促进碳水化合物的代谢，并加速同化产物向贮藏器官输送；⑤增强作物的抗逆性，改善产品的品质。

5）钙。①是细胞膜的重要组分；②是构成细胞壁的组分；③是某些酶的活化剂，如淀粉酶；④有中和酸性和解毒作用，如形成草酸钙。

6）镁。①是叶绿素的中心原子；②是酶的活化剂，能促进酶的活性，如丙酮酸激酶、磷酸果糖激酶；③促进磷酸盐在植物体内的运转；④参与脂肪代谢，促进维生素A和维生素C的合成。

7）硫。①是许多蛋白质和含硫氨基酸的组分；②是许多酶的成分，如脂肪酶、脲酶等；③提高豆科作物固氮效率；④参与氧化还原过程；⑤对叶绿素的形成有一定的影响。

2．微量营养元素的主要生理功能

1）大多数微量营养元素都是某些酶的组分。铁是细胞色素氧化酶、过氧化物酶、过氧化氢酶等的组分；锰是某些脱氢酶、羧化酶、激酶、氧化酶的组分；铜是多种氧化酶的组分；锌是碳酸酐酶的组分；钼是硝酸还原酶的组分。

2）许多微量营养元素积极参与碳水化合物和蛋白质的代谢。硼能促进碳水化合物的运输，还有利于蛋白质的合成；锌与碳水化合物的转化有关，能促进蛋白质的合成；钼能促进豆科作物的固氮作用；铁是合成叶绿素所必需的，缺铁时叶绿体的结构被破坏，光合作用减弱；锰能促进碳水化合物的代谢，有利于合成蛋白质，并且在叶绿体中直接参与光合作用过程中水的光解。

3）一些微量营养元素与叶绿素的合成或稳定性有关。叶绿体中含有较多的铜，与叶绿素形成有关，铜还具有提高叶绿素稳定性的能力，避免叶绿素过早遭受破坏。

4）一些微量营养元素参与作物体内的氧化还原反应，如铁、铜、锰均参与氧化还原反应。

5）有的微量营养元素能促进生物固氮，如钼能促进豆科作物固氮，豆科作物缺钼时根瘤发育不良，瘤小而少。

6）某些微量营养元素能促进作物生殖器官的正常发育。硼可刺激植物花粉管的伸长，有利于受精。对硼比较敏感的作物缺硼时会出现典型的症状，如甘蓝型油菜出现“花而不实”，棉花出现“蕾而不花”，小麦出现“穗而不实”，花生出现“有壳无仁”，果树则表现为结果率低、果实畸形等。

二、作物营养的阶段性

作物生长初期，体内干物质积累少，吸收养分的量少，吸收强度也较小；生长发育旺盛时期，体内干物质积累数量增加很快，吸收养分的量明显增多，出现吸收高峰；接近成熟时，根系活力下降，吸收养分的速度逐渐减缓，有时甚至停止吸收某些养分。作物施肥管理中有两个施肥的关键时期。

1．作物营养临界期

作物生长的某一时期对某种养分需求量并不多，但需要的程度却很迫切，如果该时期缺乏这种养分，即使作物生长后期补施这种养分，也难以恢复或弥补损失，这一时期就是营养临界期。

作物营养临界期一般在作物生长的苗期或前期。大多数作物磷的临界期都在幼苗期，如棉花在出苗后 10～20d、玉米在三叶期。氮的临界期一般比磷晚一些，往往在营养生长转向生殖生长的时期，冬小麦在分蘖和幼穗分化两个时期，棉花在现蕾初期。

2．作物营养最大效率期

作物生长的某一时期，不仅需要的养分量多，而且养分吸收速率快，肥料施用的效果明显，增产效果最好，这一时期就是作物营养最大效率期。作物营养最大效率期往往是在作物生长的中期。此时作物生长旺盛，吸收养分能力最强，生长迅速。例如，氮素的最大效率期，玉米为大喇叭口到抽雄初期，冬小麦为拔节到抽穗期，棉花为开花结铃期。生产上常通过适时追肥满足作物营养最大效率期对养分的需求。

作物生长期内对养分的吸收利用是连续的，因此，作物施肥方案应依据作物营养的连续性和阶段性制定，通过各种施肥方式满足作物生长发育过程中对养分的需求。

三、作物营养的施肥理论

施肥是技术性很强的作物增产措施，肥效是各项施肥技术的综合反映。要减少施肥的盲目性，提高施肥水平，需要以作物需求原理作为施肥指导，提高施肥科学性。

1．矿质营养学说

作物生长发育所需要的营养主要是矿物质，腐殖质本身不是养分，但其分解能产生矿物质。

2．养分归还学说

随着作物的每次收获，要从土壤中带走一定量的养分；如果不积极地把作物收获所带走的养分归还给土壤，土壤地力必然会逐渐下降直至耗竭；要想恢复地力就必须把作物收获带走的养分归还土壤。养分归还学说阐述了施肥的必要性，肯定地回答了作物种植过程中为了保持或增加作物的产量，就应该向土壤施加矿质养分，即施肥的问题。

3．最小养分律

植物生长发育需要从土壤中吸收各种养分，但是决定作物产量的是土壤中相对含量最少的养分，作物产量的高低在一定范围内随着这个最小养分的增减而相应地发生变化。

需要说明的是：①最小养分是土壤中相对于作物需要量最少的养分，它是决定作物产量高低的主要因素。②最小养分不是固定不变的，而是随着生产条件变化而变化的。施肥首先考虑施用最小养分，但当最小养分施用超过一定数量时，其他养分可能变为最小养分。③如果不针对性地补充最小养分，即使其他养分增加再多，也难以提高产量。因此，施肥要有针对性才能取得明显的增产效果，施用最小养分以外的其他养分，只能增加生产成本，难以取得预期效果。

从我国施肥发展的历史看，20 世纪 50 年代，氮素是最小养分，增施氮肥具有显著的增产效果；60 年代，通过施用氮肥，氮素得到满足后，土壤出现磷素缺乏，磷就成为新的最小养分，氮肥配合磷肥施用的效果显著；70 年代，长江以南区域出现土壤钾素缺乏，钾成了新的最小养分，在施氮磷肥的基础上，增施钾肥，作物增产效果显著。

4．报酬递减律

报酬递减律是经济学名词，其基本含义是：在其他技术条件相对稳定的前提下，随着施肥量的渐次增加，作物产量也随之增加，但单位肥料的增产量（即肥料报酬）却呈现递减的趋势。在生产条件相对稳定的前提下，报酬递减率是客观存在的规律，说明施肥要有“度”。

在作物增产过程中肥料报酬有三种情况：①在最高产量之前，肥料报酬是递减的，但仍为正值，即报酬＞0；②在最高产量之时，肥料报酬为零，即报酬＝0，是施肥上限；③在最高产量之后，肥料报酬是负值，即报酬＜0。值得注意的是，最高产量时的施肥量是施肥的上限，是最大施肥量。如果无视报酬递减律，会进入“施肥越多越增产”的误区，导致盲目过量施肥。

5．因子综合作用律

因子综合作用律的基本含义是：①合理施肥是作物增产综合因子（如水分、养分、光照、温度、空气、品种及耕作等）中的重要因子之一；②作物丰产需要解决影响作物正常生长发育和提高产量的某些限制性因子；③为了充分发挥肥料的增产作用，提高肥料的经济效益，施肥必须与农业技术措施相互配合，含各种养分的肥料也要配合施用。

因子综合作用律说明提高肥料利用率和肥效，需要合理调控影响作物生长的各种因素，使其达到最适宜的条件。各个增产措施相互配合，不仅发挥单独因子的效应，还要发挥因子间的交互效应。

第二节 化肥的定义与分类

一、化肥的定义

美国和英国把化肥定义为：合成的，采用土施或施用于植株（通常是叶面）的施肥方式，直接提供一种或多种植物必需的营养元素的材料。欧盟肥料法律（EC）[Regulation（EC）] 把化肥定义为：能给植物提供养分的无机物质。

中国的农业农村部在《肥料登记管理办法》中把肥料定义为：用于提供、保持或改善植物营养和土壤物理、化学性能以及生物活性，能提高农产品产量，或改善农产品品质，或增强植物抗逆性的有机、无机、微生物及其混合物料。其作用主要有：①提供、保持或改善植物营养；②提供、保持或改善土壤物理、化学及生物性质；③提高农产品产量；④改善农产品品质；⑤增强植物抗逆性。

这里的肥料按照其含有的主要化学成分分为有机肥料、化学（无机）肥料、生物肥料等。化学肥料也称无机肥料，简称化肥，它是由提取、物理和（或）化学工业方法制成的，是标明养分呈无机盐形式的肥料（注：硫黄、氰氨化钙、尿素及其缩合物，习惯上归为化肥。）

因此，凡是经过一定的工艺流程和化学反应制成，标明养分含量和无机盐形式，施于土壤中或喷洒于作物地上部，能直接或间接供给作物生长发育所需要的养分、改善产品品质或改良土壤性状、培肥地力的化学物质，都称为化肥。

二、化肥的分类

（一）单质肥料和复混（合）肥料

化肥按肥料中养分的种类分为单质肥料和复混（合）肥料。

1．单质肥料

单质肥料是指能提供一种植物必需营养元素的肥料。例如，氮肥是主要提供植物氮素营养，具有氮标明量的肥料，如尿素、碳铵等；磷肥是主要提供植物磷素营养，具有磷标明量的肥料，如过磷酸钙、重过磷酸钙等；钾肥是主要提供植物钾素营养，具有钾标明量的肥料或以钾为主要养分的肥料，如硫酸钾、氯化钾、硝酸钾等。

2．复混（合）肥料

复混（合）肥料是指在同一种化学肥料中，同时含有N、P、K等主要营养元素中的两种或两种以上成分的肥料。复混（合）肥料根据肥料中含有营养成分的不同分为以下几种。

（1）二元复混（合）肥料　一种化肥产品中含两种主要营养元素（N、P或K等）的肥料，如磷酸一铵、磷酸二铵、磷酸二氢钾等。二元复混（合）肥料大多数是经过一定的工艺流程和化学反应而制成的，且一般是二元复合肥料，所以也称为复合肥料。

（2）三元复混（合）肥料　一种化肥产品中含三种主要营养元素（N、P 和 K）的肥料。

（3）多元复混（合）肥料　一种化肥产品中含有多种主要营养元素的肥料。

三元和多元复混（合）肥料多数是由化肥混合而成，一般是由几种单质肥料或复合肥料按照一定的复配比例（配方）经过机械混合或二次加工造粒而制成的肥料，因此也称为复混肥料或混合肥料。

（二）新型肥料

新型肥料指肥料新产品，主要是指利用新理论、新方法、新材料（原料）等创制的与现有常规产品在形态、性能、功能等方面不同的新的肥料产品类型。新型肥料是一个相对的概念，主要是相对于现有普遍存在和使用的肥料而言，主要包括以下几种。

1．包膜缓/控释肥料

包膜缓/控释肥料是通过肥料包膜的物理性限制和调控肥料养分的释放与供应的肥料，是在其颗粒表面涂以其他物质（聚合物或无机材料）薄层制成的，如硫包膜尿素、树脂包膜尿素等。

2．稳定性肥料

稳定性肥料是通过一定工艺加入脲酶抑制剂和（或）硝化抑制剂等生化抑制剂与肥料配伍制成的肥料产品，施入土壤后能通过脲酶抑制剂抑制尿素的水解和（或）通过硝化抑制剂抑制铵态氮的硝化，使肥效期得到延长的一类含氮肥料（包括含氮的二元或三元肥料和单质氮肥）。

3．脲醛类肥料

脲醛类肥料一般是由尿素和醛类物质在一定条件下反应制得的含有有机微溶性氮的缓释肥料。另外，把部分脲醛类肥料掺混到复合肥料中造粒，制成含一定比例脲醛肥料的复合肥料，也可以归为脲醛类肥料。

4．增值肥料

增值肥料是利用载体增效制肥技术，将安全环保的生物活性增效载体与化学肥料科学配伍，通过综合调控“肥料-作物-土壤”系统改善肥效的肥料增值产品。增值肥料生产一般与尿素、磷铵、复合肥生产装置结合，无须二次加工。

增值尿素是将安全环保的生物活性增效载体添加到尿素生产工艺中，与尿素生产装置结合生产的高效尿素产品；增值磷铵是将安全环保的生物活性增效载体添加到磷铵生产工艺中，通过磷酸一铵或磷酸二铵造粒工艺技术制成的一类含增效载体的磷酸一铵/磷酸二铵产品，与常规磷酸一铵/磷酸二铵相比，具有减少磷固定、增强磷移动的效果。

增值复合肥是将安全环保的生物活性增效载体，添加到不同的复合肥生产工艺中，通过复合肥造粒工艺技术制成的一类含增效载体的复合肥高效产品。生产中，含有腐植酸、海藻酸、氨基酸增效载体的磷酸一铵/磷酸二铵，通常分别称作腐植酸增值复合肥料、海藻酸增值复合肥料和氨基酸增值复合肥料。

5．养分形态配伍增效类肥料

养分形态配伍增效类肥料是不同形态肥料按一定比例配合后，可以通过养分形态在土壤中的转化、固定、运移、供应吸收的互补性提高肥效的一类肥料。

6. 有机水溶肥料

有机水溶肥料是以游离氨基酸、腐植酸、海藻酸提取物、壳聚糖、聚谷氨酸、聚天门冬氨酸、糖蜜及发酵降解物等有机资源为主要原料，经过物理、化学和（或）生物等工艺过程，按植物生长所需，在化肥产品中添加适量大量、中量和（或）微量元素加工而成的、含有生物刺激素成分的液体或固体水溶肥料。

另外，按化肥物理状况分为气体肥料、液体肥料、固体肥料。气体肥料是指常温常压下呈气体状态的肥料，如二氧化碳；液体肥料是指常温常压下呈溶液状态的肥料，如液氨、氨水等；固体肥料是指呈固体状态的肥料，包括粉剂和颗粒剂，如尿素、硫酸铵等。

第三节 化肥产品质量控制与施用技术

化肥产品质量控制应遵循相应的化肥产品标准。我国的标准有国家标准［包括国家强制性标准（GB）和国家推荐性标准（GB/T）］、行业标准［简称行标（HG/T）和（NY）］和企业标准（企标）。

各类化肥产品的标准都有其相应的要求，如有毒有害物质限量要求，肥料产品包装要求，肥料产品物理和化学性状、养分含量、水分含量等都有相应的标准要求。

一、化肥产品的强制性标准要求

（一）肥料中有毒有害物质的限量标准要求

肥料中所含的营养成分及其他物质都会通过施肥进入土壤中，尤其是有毒有害的物质，会对食品安全和生态环境保护带来许多不利的影响。因此，肥料中的有毒有害物质有明确的限量标准要求。2019 年国家发布的《肥料中有毒有害物质的限量要求》（GB 38400—2019）对此做出了明确的要求。

1. 强制性的限量要求

无机肥料产品中总镉、总汞、总砷、总铅、总铬、总铊和缩二脲（仅在标明总氮含量时进行检测和判定）的含量要求分别≤10mg/kg、≤5mg/kg、≤50mg/kg、≤200mg/kg、≤500mg/kg、≤2.5mg/kg 和≤1.5%，而化肥产品（无机肥料）以外的其他肥料有毒有害物质含量（以烘干基计）要求分别≤3mg/kg、≤2mg/kg、≤15mg/kg、≤50mg/kg、≤150mg/kg、≤2.5mg/kg 和≤1.5%。蛔虫卵死亡率为 95%、粪大肠菌群数≤100 个/g 或≤100 个/mL（表 2-1）。

表 2-1 肥料中有毒有害物质的限量标准（基本项目）

项目	含量限值	
	无机肥料	其他肥料[a]
总镉/（mg/kg）	≤10	≤3
总汞/（mg/kg）	≤5	≤2
总砷/（mg/kg）	≤50	≤15
总铅/（mg/kg）	≤200	≤50

续表

项目	含量限值	
	无机肥料	其他肥料[a]
总铬/（mg/kg）	≤500	≤150
总铊/（mg/kg）	≤2.5	≤2.5
缩二脲[b]/%	≤1.5	≤1.5
蛔虫卵死亡率/%	—[c]	95
粪大肠菌群数/（个/g）或（个/mL）	—[c]	粪大肠菌群数≤100

a．除无机肥料以外的肥料，有毒有害物质含量以烘干基计；b．仅限标明总氮含量时的检测和判定；c．该指标不做要求

2．可选项目的限量要求

当管理部门认为必要时，部分可选项目也要符合限量要求（表 2-2）。对于准备投放市场的没有国家标准或行业标准的肥料产品，要符合陆生植物生长实验的参考标准。另外，化肥产品中不应人为添加对环境、农作物生产和农产品质量安全造成危害的染色剂、着色剂、激素等添加物。

表 2-2　肥料中有毒有害物质的限量标准（可选项目）

项目	含量限值	
	无机肥料	其他肥料[a]
总镍/（mg/kg）	≤600	≤600
总钴/（mg/kg）	≤100	≤100
总钒/（mg/kg）	≤325	≤325
总锑/（mg/kg）	≤25	≤25
苯并［a］芘/（mg/kg）	≤0.55	≤0.55
石油总量[b]/%	≤0.25	≤0.25
邻苯二甲酸酯类总量[c]/（mg/kg）	≤25	≤25
三氯乙醛/（mg/kg）	≤5	—[d]

a．除无机肥料以外的肥料，有毒有害物质含量以烘干基计；b．石油总量为 C_6～C_{36} 的总和；c．邻苯二甲酸酯类总量为邻苯二甲酸二甲酯（DMP）、邻苯二甲酸二乙酯（DEP）、邻苯二甲酸二丁酯（DBP）、邻苯二甲酸丁基苄酯（BBP）、邻苯二甲酸二（2-乙基）己基酯（DEHP）、邻苯二甲酸二正辛酯（DNOP）、邻苯二甲酸二异壬酯（DINP）、邻苯二甲酸二异癸酯（DIDP）8 种物质总和；d．该指标不做要求

（二）肥料标识内容和要求

肥料标识是企业对肥料特性的说明，是向社会做出的质量明示承诺，是消费者选择肥料的重要信息来源，也能更好地规范市场，保护消费者和合法企业的利益。企业必须按《肥料标识内容和要求》（GB 18382—2021）（2022 年 5 月 1 日实施）正确标识有关内容，也有一些禁止标注的内容。

1．必须标识的内容

必须标识的内容包括：肥料名称，肥料规格、等级和净含量，养分含量及其他添加物含量，限量物质，警示语，生产许可证编号，肥料登记证编号，执行标准，使用说明，

生产者和/或经销者的名称、地址，生产日期或批号，进口合同号等（图 2-1）。具体要求如下。

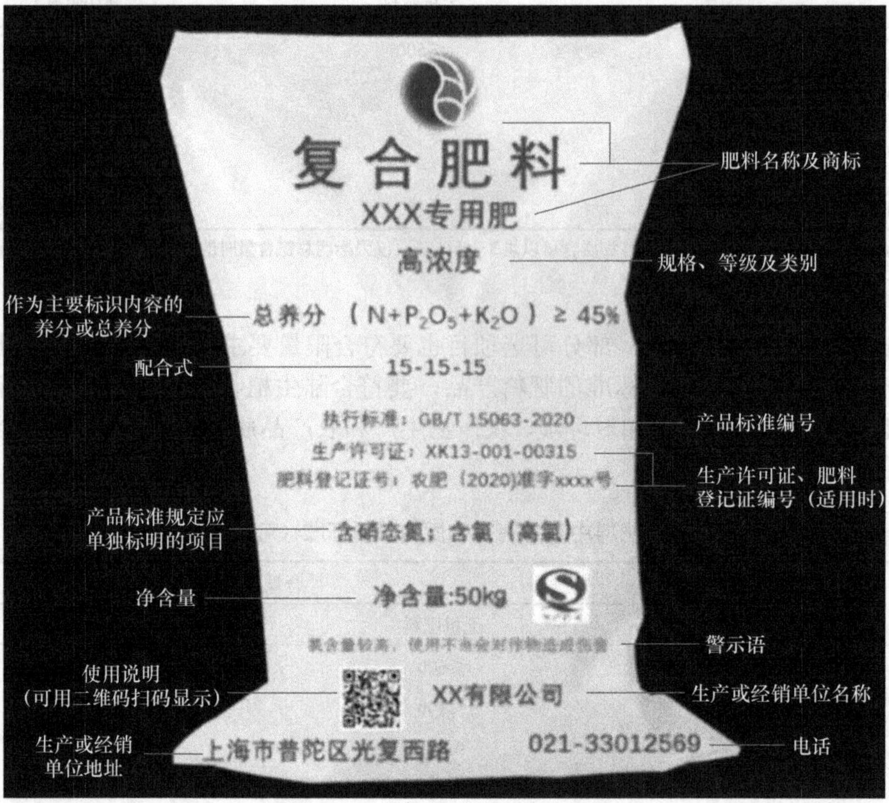

图 2-1　肥料标识与要求示例图

文中所示文字大小依据标准要求等比例缩小，具体实际印刷文字大小请以标准要求为准

1）肥料名称。肥料名称中不能有不实、夸大性质的词语及谐音。肥料产品不能随意起名，通用名称只能有以下三个出处：①包装上标明的国家标准（GB）、行业标准（HG/T、NY/T）、地方标准（DB）；②肥料术语、分类国家标准中的规范名称；③有效登记或备案的产品名称（适用时）。商品名称只能标在通用名称下方，而且要比通用名称字体小。

2）肥料规格、等级和净含量。肥料规格等级是指产品标准的“高浓度”“中浓度”“低浓度”“优等品”“Ⅰ型”“Ⅱ型”“传统法”“料浆法”等。其中，高浓度、中浓度和低浓度一般是指复混（合）肥料产品，高浓度是指总养分含量（$N+P_2O_5+K_2O$）≥40%的肥料产品，中浓度是指总养分含量（$N+P_2O_5+K_2O$）为 25%～40%的肥料产品，低浓度是指总养分含量（$N+P_2O_5+K_2O$）≤25%的肥料产品。

如果肥料包装上只标注养分含量，就按含量对应的最高等级来要求。一个包装容器上只能标一个净含量，不能标有“灰粒 10kg、白粒 15kg”等。

3）养分含量及其他添加物含量。总养分必须是总氮、有效五氧化二磷和氧化钾（$N+P_2O_5+K_2O$）的含量之和。养分含量或总养分含量要符合相应肥料产品的国家标准要求。不能将包装容器内的物料拆分标注养分含量，如黑粒中有机质 20%、灰粒中总养分 25%。并且生产者要能提供足够的证据证明添加物安全、有效，且添加物的含量不能计入养分含量。不能把其他元素或化合物含量算进去，不能叫“总有效成分”“总含量”“总指标值”等。

4）限量物质、警示语。如果肥料产品包装标识上有警示语（如“含氯”“高氯”等）内容，并不表明这种肥料产品不能使用，警示语的作用在于提醒消费者或使用者要按正确的方式、用量和注意事项来施肥。

5）生产许可证编号、肥料登记证编号。生产许可证编号、肥料登记证编号仅适用于实施生产许可管理或者实施肥料登记的产品。

6）执行标准。其中：GB代表国家标准，HG代表化工行业标准，NY代表农业行业标准，DB代表地方标准，这些是政府标准；还可以用市场标准，即团体标准（如T/CPCIF XXXX—2021、T/CPFIA XXXX—2020）、企业标准（如QXX/XXXX—2020）。

7）使用说明。使用说明可以直接标在包装袋上，也可以使用二维码、条形码。使用说明包括使用方法、适宜作物或不适宜作物、建议使用量、注意事项等。

8）生产者和/或经销者的名称、地址。包装上的名称和地址必须是依法登记注册并能承担质量责任的生产者或经销商。如果是进口商，进口商的名称、地址不能用简称。

9）生产日期或批号、进口合同号。必须标注生产日期或批号、进口合同号，以便追溯肥料产品质量检验的结果。需要标注保质期的肥料（一般为含微生物菌剂的肥料）一定要标定保质期。

另外，一些体现产品特征的信息也可标注，但要合法、合规、有依据，如包装回收标志、体系认证标志等。

2．禁止标注的内容

1）禁止将中、微量元素含量与主要养分相加。不应以“总有效成分”“总含量”“总指标值”等与总养分相混淆。

2）硫和锌等中、微量元素，应单独标注，禁止计入总养分以免误导农户。

3）禁止以错误的、欺骗性的、夸大的、不实的或引起误解的方式描述或介绍肥料。若声明除提供养分外的其他作用，应有充分可信的证据。

4）“高效、特效、全元、多元、高产、双效、多效、增长、促长、高肥力、霸、王、神、灵、宝、圣、活性、活力、强力、激活、抗逆、抗害、高能、多能、全营养、保绿、保花、保果等”这些词禁止出现在肥料名称（包括商品名称）中。与肥料名称标注在同一行的内容（包括文字和图案）也不得有上述词汇。

5）禁止标注原料产地为某国家、某地区或某知名品牌等，会引起用户将该产品误解为进口产品或知名品牌产品。引进国外技术或部分使用进口原料的产品，禁止标注含有引进方的国外企业名称。

6）禁止含有导致用户将不同公司产品混淆的标识内容，更不可盗用知名大公司的公司名字和品牌，误导消费者。

二、施肥技术

（一）化肥种类或品种

化肥产品的品种很多，其理化性质、养分含量、养分形态也不同。使用时要根据当地肥源，在合理施用有机肥料的基础上，根据作物的营养特性、化肥的性质、土壤条件及其在土壤中的转化特点合理选择和施用各类化肥产品。

（二）施肥量

确定施肥量是施肥技术的核心。施肥量偏高，造成化肥产品的浪费、生态环境的恶化、农产品质量的下降。施肥量大，肥料利用率必然降低、肥效差，同时也是造成环境污染的根本原因；施肥量偏低，难以发挥土地的增产潜力。确定施肥量的方法有很多，常用方法是目标产量法，也叫养分平衡法。其计算公式如下：

$$F=\frac{(Y\times N_y)-N_s}{N_f\times E_f}$$

式中，F为施肥量（kg/hm^2）；Y为目标产量（kg/hm^2）；N_y为单位产量的养分吸收量（kg/kg）；N_s为土壤供应养分量（kg/hm^2），此参数由土壤养分测定值×换算系数×土壤养分利用求得；N_f为所施肥料中的养分含量（%）；E_f为当季肥料利用率（%）。

目标产量法推荐的施肥量能否适用，取决于各种计算参数。一般产量水平的粮食作物施氮量为150～225kg/hm^2。

（三）养分配比

养分配比是指所施肥料的养分配比。对于高产田来说，协调施肥养分配比，发挥平衡施肥的作用，往往比增加某种养分的投入更加重要。

（四）施肥时期

抓住两个关键施肥时期——作物营养临界期（苗期）和作物营养最大效率期（生长旺盛时期），掌握“瞻前顾后看当时”的原则，适当调整追肥时间和化肥使用量。前期施肥过多容易形成旺苗，使植株徒长；中期施肥不足容易脱肥早衰；后期施氮过晚容易造成贪青晚熟。

（五）施肥方式和方法

施肥方式分为基肥、种肥和追肥3种。

（1）基肥　在作物播种前或移植时施用，其作用是满足整个作物生长期对化肥养分的需求。一般秋施基肥以有机肥料为主，还应施用部分化肥，特别是磷钾肥，结合翻地施用基肥，使化肥施得深些。春施基肥在华北地区容易使土壤跑墒，不利于出苗。

（2）种肥　在作物播种时施于种子附近，主要是为了满足作物苗期对养分的需求。但需要注意，有些化肥品种不能作种肥施用，如养分浓度高（如尿素）、吸湿性强（如硝态氮肥）、挥发性强（如碳铵）、含氯化肥或者盐分指数比较高的化肥品种。可以用少量的氮磷化肥作种肥，种肥的用量要严格控制，用量太大，容易“烧”苗。

（3）追肥　在作物生长的某一个时期追肥，其作用是满足某一生长期对化肥养分的需求。追肥应施用速效性化肥，特别是氮肥。追肥一般应在作物旺盛生长期进行，在有灌溉条件、施肥量较大的情况下，分期追肥效果较好。

施肥方法有撒施、条施、穴施、蘸秧根、叶面喷施等。不同的化肥品种施肥方法不同。氮肥中，所有铵态氮肥和尿素均应深施覆土，以减少氮肥的挥发损失；磷肥在土中移动性较小，集中深施效果较好；微量元素肥料叶面喷施效果较好。

（六）施肥位置

作物吸收养分最活跃的部位是根毛区。因此，化肥应施在根系分布较多的土层，从而促进作物对养分的吸收。中耕作物追肥应采取侧下位施肥法。综合考虑施肥技术的需求，在化肥施用的过程中要注意以下几个方面的问题。

1）化肥与有机肥配合施用是我国肥料施用技术的核心，也是建设高产稳产农田的重要措施。化肥配合有机肥施用可以取长补短，提高化肥的肥效。

2）平衡施肥是合理施肥的重要内容。施肥中充分考虑氮、磷、钾养分之间的平衡及大量营养元素与中、微量营养元素之间的平衡。只有通过施肥达到养分平衡供应，才能提高肥料的利用率和肥效。

3）灵活掌握基肥、追肥和种肥三种施肥方式。一个完整的作物施肥方案是由基肥、种肥和追肥组成的，要根据具体情况灵活掌握，不要强求一致。例如，两熟制地区的夏玉米，为了抢种来不及施基肥，只能早施、重施追肥；“一炮轰”或“一次施”不能一概而论，干旱少雨地区肥料可以一次性作基肥。

4）充分考虑施肥的各项目标，注重综合效益。高效施肥是以合理施肥提高作物单产为前提的，但作物产量只有相对意义，不能一味地追求作物“高产”，农产品质量好坏直接影响经济收益，经济效益高是合理施肥的重要指标之一，如生产中瓜果甜度下降、蔬菜硝酸盐含量超标、棉花纤维强度不够、小麦籽粒蛋白质含量下降等会影响经济效益。另外，施肥也要考虑生态效益，过量施肥（特别是氮肥）会造成环境污染。例如，过量施氮引起氨挥发会对大气造成污染，地下水硝酸盐富集会引起水体富营养化，用未经处理的污水灌溉农田极易造成重金属污染等。

三、配方施肥

配方施肥是根据作物需肥规律、土壤供肥性能与肥料增产效应，在合理施用有机肥的基础上，确定氮、磷、钾和微肥的适宜用量和比例的施肥技术。配方施肥是现代农业科技成果之一，已成为我国农业生产中的一项重要的实用技术。在配方施肥的发展过程中，因应用的技术手段不同，具体配方施肥的方法名称有很多，如测土施肥、诊断施肥、计量施肥、平衡施肥等。为了方便理解和推广，农业部（现农业农村部）于 1986 年将其统一定名为“配方施肥”。随着配方施肥研究的不断深入，我国已经形成了相应的理论和配套技术支持体系。实践证明，通过配方施肥技术，能避免盲目施肥，提高施肥效果，农作物可增产 10%左右，节约氮肥 10%左右，推动了农业的可持续发展。

目前，在我国应用的配方施肥的具体方法有多种，常用的方法有养分丰缺指标法、目标产量法、土壤有效养分校正系数法、肥料效应函数法、营养诊断法。不同方法各有特点，应用时可以并存，互相渗透与补充，以求得不断发展与完善。总的指导思想是适合养分平衡的要求，使推荐施肥定量化，既注重高产优质又讲究经济效益。

（一）养分丰缺指标法

1. 基本原理

通过土壤养分测试和田间肥效试验结果，建立不同作物、不同区域的土壤养分丰缺指标体系，提供肥料配方。

土壤养分丰缺指标田间试验可采用“3414”部分实施方案的五区试验方案进行，设置 5 个处理。处理 1：无肥区（CK）；处理 2：无氮区（PK）；处理 3：无磷区（NK）；处理 4：无钾区（NP）；处理 5：氮磷钾全肥区（NPK）。

2. 指标的确定

先测定土壤有效养分含量，然后在不同肥力土壤上进行多点五区试验，收获后计算各个处理小区的作物产量，用缺素区产量占全肥区产量百分数即相对产量的高低来表达土壤养分的丰缺情况，从而确定出适用于某一区域、某种作物的土壤养分丰缺指标及对应的化肥施用量。以磷为例：

$$磷的相对产量（\%）=\frac{无磷（NK）区产量}{全肥（NPK）区产量}\times 100$$

如果某一养分的相对产量＜50%，土壤养分丰缺指标为极缺；50%～70%为缺；70%～90%为中等；＞90%为丰富，对应着不同的施肥增产效应。

养分丰缺指标法直感性强，确定肥料用量简捷方便，精确度较低（半定量）；适宜于土壤有效磷和有效钾丰缺指标体系的确定，不适宜作为土壤有效氮丰缺指标的确定。另外，养分丰缺指标法与测定方法有关，目前没有统一标准。土壤类型和作物种类不同，养分丰缺指标存在较大差异。

（二）目标产量法

1. 基本原理

作物所需养分来自土壤和人为施加的化肥。以实现作物目标产量所需养分量与土壤供应养分量之差作为施肥补充养分的依据。

2. 参数的确定

目标产量法运用的关键是确定施肥的各个参数，即目标产量、单位产量的养分吸收量（养分吸收系数）、土壤养分供应量、化肥中养分含量和肥料利用率。

（1）基础产量的确定　基础产量确定的方法有很多，常用的为以下 3 种。

1）空白法。在种植周期内，每隔 2～3 年，选代表性田块留出一小块或几小块田地作为不施肥的小区，以实际测定不施肥区的产量作为基础产量。空白法得到的参数接近生产实际，操作容易，但周期长，且基础产量低。

2）田间试验法。选择代表性的土壤田块，设置五区处理的田间试验。处理 1：无肥区（CK），处理 2：无氮区（PK），处理 3：无磷区（NK），处理 4：无钾区（NP），处理 5：氮磷钾全肥区（NPK）。表 2-3 为某试验测定的无氮、无磷和无钾区的产量。田间试验法测定的某种养分基础产量符合土壤的实际状况，准确性高，但周期长，费工费时。

表 2-3　玉米三要素五项处理产量结果　（单位：kg/hm^2）

处理	产量	处理	产量
CK	4800	NP	6900
PK	5700	NPK	7200
NK	6750		

3）用单位化肥养分的增产量推算基础产量。在一定的生产区域内，进行化肥增产效应的试验研究，求得单位化肥养分的作物增产量，从而推算相应田块不施用某种化肥养分的基础产量。表 2-4 为某冬小麦氮肥的增产量试验结果。如果我们以施氮量 $60kg/hm^2$，冬小麦产量为 $3000kg/hm^2$ 计算，根据表中的低施氮量（45kg）可知，平均氮肥增产为 12.2kg。根据高施氮量（90kg）可知，平均氮肥增产为 8.7kg。从而计算出氮肥施用的增产量为 $522\sim732kg/hm^2$（$8.7\times60=522kg/hm^2$，$12.2\times60=732kg/hm^2$），则基础产量为实际产量（$3000kg/hm^2$）减去氮肥施用的增产量（$522\sim732kg/hm^2$），为 $2268\sim2478kg/hm^2$。单位肥料的增产量不是一个定值，而是一个随土壤肥力提高和施肥量增加而逐渐变小的量，因此该方法相对比较粗放，但快捷方便。

表 2-4　冬小麦氮肥增产量

施氮量/（kg/hm^2）	土壤速效氮/（mg/kg）	增产/（kg/hm^2）	单位氮肥增产/kg	平均氮肥增产/kg
45	＞40	527.25	9.6	12.2
	20～40	862.5	13.3	
	＜20	855.0	13.6	
90	＞40	739.5	7.0	8.7
	20～40	1458.0	11.2	
	＜20	997.5	7.9	
135	＞40	1343.25	5.7	6.2
	20～40	1455.0	7.5	
	＜20	1042.5	5.5	

（2）目标产量的确定　目标产量是实际生产中预计达到的作物产量，科学确定目标产量是运用目标产量法成功的关键。目前常用的确定目标产量的方法有以下三种。

1）以地定产法。根据当地土壤的肥力水平确定目标产量，其理论依据是作物产量的形成主要依靠土壤养分，即使在施肥和栽培管理处于最佳状态下，仍有 55%～75%的养分来自土壤原有养分，化肥养分的贡献仅占 25%～45%。大量研究表明，土壤养分供应水平越高，土壤养分效应越大，而肥料养分的效应越小。我们把作物对土壤养分的依赖程度称为作物对土壤养分供应的依存率，即作物的相对产量，其计算公式为

$$依存率（\%）=\frac{无肥区作物产量}{全肥区作物产量}\times100$$

根据作物对土壤养分的依存率即基础产量来计算目标产量。利用依存率确定目标产量的基础是多点田间试验，最简单的试验方案是设置五区试验，得到无肥区产量与目标产量的回归模型，计算目标产量。与经验性估产相比，以地定产法通过计算确定目标产

量，提高了准确性。但是，这种方法只能在土壤无障碍因子及气候、雨量正常的地区应用。否则，要考虑其他因子对产量的影响。

2）以水定产法。在降水量少、没有灌溉条件的旱作区，限制作物产量的因素是水分，在这些区域确定目标产量首先要考虑降水量和播前的土壤含水量，然后再考虑土壤养分含量。研究表明，旱作区生育期150～350mm降水量内，每10mm降水可影响春小麦产量75～127.5kg/hm^2（表2-5），这一效应为水量效应指数。根据水量效应指数预测当年作物可达到的目标产量，即以水定产法。各旱作区可根据多年降水量与各作物产量间的关系建立相应区域的水量效应指数，估计目标产量。

表2-5　黑龙江春小麦水量效应指数

生育期降水量/mm	产量/（kg/hm^2）	平均产量/（kg/hm^2）	水量效应指数/（kg/hm^2）
150	900～1350	1125±225	75.0±15.0
200	1350～1875	1620±270	82.5±15.0
250	1875～2625	2250±375	90.0±15.0
300	2625～3750	3059±570	109.5±19.5
350	3750～5250	4500±750	127.5±22.5

需要说明的是，生育期降水量包括播前耕层土壤含水量和作物生育期降水量。为了方便计算，通常把土壤含水量核算为降水量。计算公式为

降水量（mm）＝土壤含水量（%）×3

根据土壤含水量可计算出超出或亏缺的数量，作为目标产量计算的依据。研究表明，黑龙江省农田春小麦播种时最适宜的土壤含水量为22%，相当于66mm降水量。如果播前甲地块土壤含水量为24%，比最适土壤含水量高出2%即6mm降水量，此多余降水量应计入预测降水量中；如果土壤含水量不足22%，亏缺量也应该在预测降水量中去除。如果预报春小麦生育期降水量为270mm，甲地块实际土壤含水量为29.5%，乙地块实际土壤含水量为14%，则两地块春小麦生育期实际降水量为

甲地块：270＋3×（29.5－22）＝292.5mm

乙地块：270＋3×（14－22）＝246mm

根据水量效应指数，甲地块春小麦目标产量＝292.5×（109.5±19.5）/10＝（3202.9±570.4）kg/hm^2，乙地块目标产量为＝246×（90±15）/10＝（2214±369）kg/hm^2。需要说明的是，以水定产只能按接近生育期降水量的水量效应指数换算，可变数大，适用范围狭窄。

3）前三年平均单产法。利用施肥区前三年平均产量和年递增率为基础确定目标产量。计算公式为

目标产量＝（1＋年递增率）×前三年平均产量

平均年递增率可以用较长年限的统计数据确定。一般粮食作物的年递增率为10%～15%，对于蔬菜作物，特别是园艺设施作物应该高一些。

（3）养分吸收系数　养分吸收系数是形成100kg经济产量的养分吸收量，是一个经验系数，是在作物生育周期内，形成一定的经济产量所需要从介质中吸收各种养分的数量。养分吸收系数因作物种类、品种、产量水平、气候条件、土壤养分供应状况和施肥水平的不同而存在较大差异，表2-6列出的是根据许多公开发表的文献资料求出的平

均值，作为计算目标产量所需养分量的参考。具体应用时可根据当地田间试验结果总结出不同作物的养分吸收系数。

表 2-6　作物形成 100kg 经济产量所需的养分量

作物	收获物	形成 100kg 经济产量所需的养分量/kg		
		氮（N）	磷（P_2O_5）	钾（K_2O）
水稻	籽粒	2.10～2.40	0.90～1.30	2.10～3.30
冬小麦	籽粒	3.00	1.25	2.50
玉米	籽粒	2.57	0.86	2.14
甘薯	鲜块根	0.35	0.18	0.55
马铃薯	鲜块茎	0.50	0.20	1.06
春小麦	籽粒	3.00	1.00	2.50
大麦	籽粒	2.70	0.90	2.20
荞麦	籽粒	3.30	1.60	4.30
谷子	籽粒	2.50	1.25	1.75
高粱	籽粒	2.60	1.30	3.00
大豆	豆粒	7.20	1.80	4.00
花生	荚果	6.80	1.30	3.80
棉花	籽棉	5.00	1.80	4.00
油菜	菜籽	5.80	2.50	4.30

目标产量所需养分量按下列公式计算：

$$目标产量所需养分量（N_y）(\mathrm{kg/hm^2})=\frac{目标产量}{100}\times 100\mathrm{kg}经济产量养分需求量$$

（4）土壤养分供应量　土壤养分供应量有多种计算方法，最常用的是根据土壤养分测定值和土壤养分利用系数来计算，公式为

$$土壤养分供应量（N_s）=土壤养分测定值\times 2.25\times 土壤养分利用系数$$

式中，2.25 为土壤测定值的换算因数（mg/kg 转变为 $\mathrm{kg/hm^2}$）。

另一种方法是根据五区试验中无肥区的基础产量计算养分供应量，公式为

$$土壤养分供应量（N_s）(\mathrm{kg/hm^2})=\frac{基础产量}{100}\times 100\mathrm{kg}经济产量养分需求量$$

（5）肥料利用率　肥料利用率指当季作物从所施化肥中吸收的养分占施入化肥养分总量的百分数。肥料利用率是变异较大的施肥参数。肥料利用率与作物种类、作物品种、土壤肥力、气候条件和耕作措施密切相关，同一作物对同一肥料的利用率在不同土壤和不同年份间差异较大。为了比较准确地计算施肥量，必须测定当地的肥料利用率。当前，测定肥料利用率的方法主要有示踪法和田间差减法。

1）示踪法。将一定丰度的 ^{15}N 化学氮肥或一定放射性强度的 ^{32}P 化学磷肥或 ^{88}Rb 化合物（代替钾）施入土壤中，成熟期测定作物吸收的 ^{15}N、^{32}P 或 ^{88}Rb 示踪剂量，计算氮肥、磷肥或钾肥的利用率。示踪法排除了激发效应的干扰，结果的可靠性和真实性较好。但磷、钾同位素具有放射性，需要特殊的防护措施，且同位素本身的价格及其测定费用

较高，一般农户不能进行。

2）田间差减法。利用田间五区试验的全肥区、无肥区作物养分吸收量和肥料养分施用量计算。田间差减法计算肥料利用率的公式如下：

$$肥料利用率（\%）=\frac{全肥区作物养分吸收量-无肥区作物养分吸收量}{肥料施用量\times肥料养分含量}\times100$$

田间差减法测定肥料利用率一般农户都可以进行。选定地块和作物，设置无肥区和施肥区，重复一次，播种管理与大田一致，单打计产，即可计算出肥料利用率。田间差减法获得的肥料利用率一般高于示踪法，原因是施肥激发了土壤中该养分的吸收及与其他养分的相互作用。

3．施肥量

施肥量可通过计算施肥补充养分量来求得，公式如下：

$$施肥补充养分量=目标产量的养分需求量-土壤养分供应量$$

或者

$$施肥补充养分量=\frac{目标产量-基础产量}{100}\times100\text{kg}经济产量养分需求量$$

（三）土壤有效养分校正系数法

1．基本原理

土壤有效养分校正系数法是基于作物必需营养元素的土壤化学原理，选择适宜的浸提剂测定土壤有效养分，计算土壤养分供应量，并根据土壤养分供应量计算施肥量。这种方法操作时间短，简单快速，实用性强。但由于土壤的缓冲特性，测得的土壤有效养分数值只代表土壤养分的相对含量，且测出的土壤有效养分也不可能全部被作物吸收利用。因此，为把土壤有效养分测定值转化为作物实际吸收值，曲劳提出将土壤有效养分测定值乘一个系数，以表示土壤“真实”的供肥量，这个系数称为土壤有效养分校正系数。所以，施肥量的计算公式为

$$施肥量（\text{kg}/\text{hm}^2）=\frac{（目标产量所需养分量-土测值）\times2.25\times土壤有效养分校正系数}{肥料养分施用量\times肥料利用率}$$

2．土壤有效养分校正系数程序

土壤有效养分校正系数是指作物吸收的养分量占土壤有效养分测定值的比率。建立土壤有效养分校正系数按下列程序进行。

1）采集供试田块土壤样品，测定土壤有效养分含量。

2）布置田间试验。田间试验设置 4 个处理：无肥区（CK）、无氮区（PK）、无磷区（NK）和无钾区（NP）。收获各处理作物产量（籽实和秸秆），计算无磷、无氮、无钾区土壤养分供应量。

3）计算土壤有效养分校正系数。

$$土壤有效养分校正系数=\frac{无肥区作物养分吸收量}{土壤有效养分测定值\times2.25}\times100\%$$

4）进行回归统计。为了得到土壤有效养分校正系数与土壤有效养分测定值的关系，

以土壤有效养分校正系数为纵坐标，以土壤有效养分测定值为横坐标作散点图。根据散点图，筛选并建立数学模型，得到回归方程。

5）编制土壤有效养分校正系数换算表。根据土壤有效养分测定值和土壤有效养分校正系数，编制土壤有效养分校正系数表。土壤有效养分测定值越大，土壤有效养分校正系数越小，肥料利用率也越低；土壤有效养分校正系数与肥料利用率变化趋势同步。土壤有效养分校正系数与土壤有效养分测定值之间呈极显著负相关。土壤有效养分校正系数并非恒定数值，其与土壤有效养分测定值呈负相关，与土壤水分含量呈抛物线相关。

这种方法的优点是概念清楚，容易掌握。缺点是土壤养分测定值是一个相对量，不能直接换算出绝对的土壤供肥量，需要用土壤养分利用系数加以调整。这种方法的精确度受各个参数的影响较大，所以计算出的施肥量仅是一个概数。

（四）肥料效应函数法

1．基本原理

通过生物田间试验（多点）求得在供试条件下作物产量与施肥量之间的数量关系，即肥料效应函数（fertilizer response function）。它不仅可以直观地看出不同肥料的增产效应趋势和两种肥料配合施用的交互效应，还可以用它来计算施肥量。

2．肥料效应

（1）产量曲线（production curve）　产量曲线是表示施肥量与产量关系的曲线，用函数式 $y=f(x)$ 表示，一般有 3 种类型：报酬固定型、报酬递减型和报酬递增型（表 2-7 和图 2-2）。

表 2-7　不同报酬类型产量

曲线类型	施肥量/（kg/hm²）							
	0	15	30	45	60	75	90	105
报酬固定型产量/（t/hm²）	0	20	40	60	80	100	120	140
报酬递减型产量/（t/hm²）	0	6	15	30	51	81	116	145
报酬递增型产量/（t/hm²）	0	50	80	100	115	120	130	132

（2）边际产量　边际产量是增减单位化肥养分量所增加（或降低）的总产量，计算公式为

$$边际产量（M）=\frac{产量增（减）量（\Delta y）}{肥料养分增（减）量（\Delta x）}$$

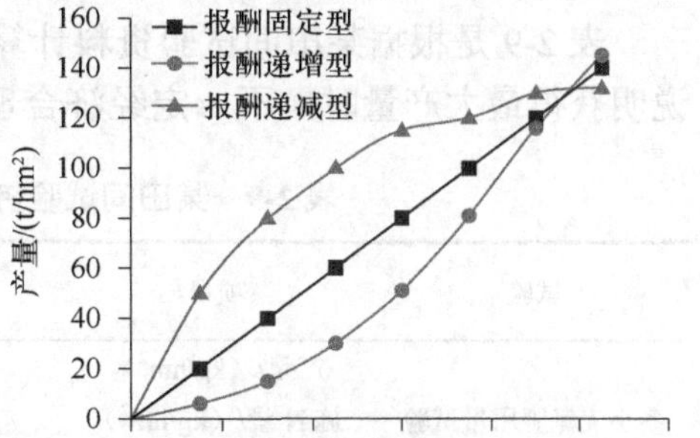

图 2-2　施肥量与产量关系曲线

表 2-8 为某田间试验氮肥对冬小麦产量的效应，可以看出，随施氮量的增加边际产量是递减的，且随边际产量的变化总产量也相应变化。边际产量反映了施肥量增加所引起总产量的变化率，是产量（y）对肥料养分（x）的一级导数，由此求得的边际产量为精确边际产量，即总产量曲线上某一点的斜率（图 2-3）。边际产量是确定经济合理施肥量的依据。

表 2-8　氮肥对冬小麦产量的效应

氮肥用量/（kg/hm^2）	产量/（kg/hm^2）	45kg 氮肥增产量/kg	边际产量/（kg/kg）	氮肥用量/（kg/hm^2）	产量/（kg/hm^2）	45kg 氮肥增产量/kg	边际产量/（kg/kg）
0	4132.5	—	—	135	7350.0	892.5	19.8
45	5692.5	1560	34.7	180	7177.5	−172.5	−3.8
90	6457.5	765.0	17.0	225	6480.0	−697.5	−15.5

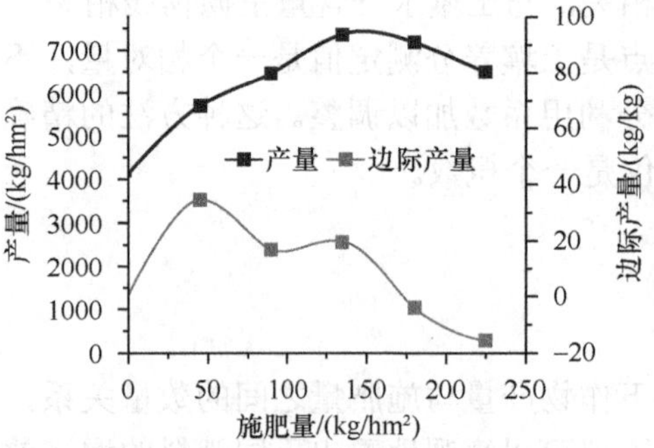

图 2-3　产量和边际产量曲线

3．肥料效应函数

表达肥料效应的数学方程式称为肥料效应函数或肥料效应方程。

1）一元肥料效应曲线，通式为 $y=b_0+b_1x+b_2x^2$。分为 3 种直线类型：①直线型，当 $b_2=0$ 时，一元肥料效应曲线为 $y=b_0+b_1x$，这种情况发生在作物产量低、土壤地力薄、施肥量很少的情况下；②曲线型，当 $b_2>0$ 时，反映肥料效应报酬递减的本质；③抛物线型，当 $b_2<0$ 时，出现施肥过量而减产的情况。

2）二元肥料效应曲线，通式为 $y=b_0+b_1x+b_2x^2+b_3z+b_4z^2+b_5xz$。曲线为同心椭圆形，圆心为极大值的凸形曲面。

4．根据效应函数计算施肥量的原则

最大施肥量是最高产量时的施肥量，计算原则是边际产量等于零。

$$\frac{dy}{dx}=0$$

最佳施肥量是单位面积获得最大经济效益的施肥量，计算原则是边际效益与边际成本相等。

$$\frac{dy}{dx}=\frac{P_x}{P_y}$$

式中，P_x 为肥料价格；P_y 为产品的价格。

表 2-9 是根据某田间试验资料计算的最大施肥量和最佳施肥量，两者有一定的差异，说明获得最大产量时，不一定经济合理。

表 2-9　某田间试验资料计算的最大施肥量与最佳施肥量

试验	项目	最大施肥量	最佳施肥量	最佳施肥量−最大施肥量
冬小麦氮肥用量试验	产量/（kg/hm^2）	2886.00	2838.75	−47.25
	施 N 量/（kg/hm^2）	135.75	107.25	−28.50
	施肥效益/（kg/hm^2）	188.25	202.50	14.25
玉米氮磷肥料试验	产量/（kg/hm^2）	4029.45	3951.00	−78.45
	施 N 量/（kg/hm^2）	127.35	104.40	−22.95
	施 P_2O_5 量/（kg/hm^2）	92.10	73.65	−18.45
	施肥效益/（kg/hm^2）	333.60	352.50	18.90

肥料效应函数法以田间试验为基础，能客观地反映具体条件下的肥料效应，具有很好的反馈性，便于建立计算机施肥和咨询系统。但费时费钱，且肥料效应函数有明显的地域性，实际操作技术难度较大。

（五）营养诊断法

营养诊断法是利用生物、化学或物理等测试技术，分析研究直接或间接影响作物正常生长发育的营养元素丰缺、协调状况，从而确定施肥方案的一种施肥技术手段。营养诊断的主要依据是土壤营养诊断和植株营养诊断。

1．土壤营养诊断

作物生长所必需的营养元素主要来自土壤，作物产量越高，土壤提供的养分越多。土壤中营养元素的丰缺状况直接影响作物的生长发育并最终影响产量，且与施肥的效果密切相关。因此，土壤营养诊断是确定施肥的主要依据。在施肥前进行土壤营养诊断，以便根据土壤养分供应状况确定适宜的肥料种类和用量。土壤营养诊断的主要依据是土壤养分强度因素和容量因素。

1）土壤养分强度因素（soil nutrient intensity factor）。土壤养分强度因素是指土壤溶液中养分的浓度或土壤溶液中养分的活度。以水分饱和条件下土壤溶液中养分的浓度代表作物利用这种养分的难易程度，表明了土壤胶体对这种养分吸持的强弱。土壤溶液中养分的浓度受土壤水分含量的影响，土壤水分高时土壤溶液中养分的浓度低。

土壤溶液中氮的浓度，大多数作物的最佳氮（NO_3^--N）含量为 70～210mg/kg。NO_3^--N 浓度过高，可能抑制磷的吸收。玉米和小麦土壤溶液中 NO_3^--N 含量为 100mg/kg 时最适宜。

土壤溶液中磷的作物最适宜浓度研究较多，但不同作者的研究结果差异较大。英国研究者将土壤溶液中磷的浓度粗分为 4 级，分别为：①≥3.0mg/kg，可以充分满足作物需要；②0.3～3.0mg/kg，对多数作物来说均能满足需要；③0.03～0.3mg/kg，多数作物不能满足需要；④≤0.03mg/kg，多数作物极度缺磷。

土壤溶液中钾的含量保持在 20mg/kg 可以充分满足大多数作物对钾的需要，当土壤溶液中钾的含量小于 20mg/kg 时，大多数作物表现出缺钾的症状。

2）容量因素（capacity factor）。与土壤液相养分处于平衡状态的养分，因土壤液相养分被吸收或其他原因减少时能很快进入土壤溶液中，这一养分的总量称为土壤养分供应的容量因素，又叫容量强度，其与土壤的缓冲性能有关。

土壤营养诊断的方法有 4 种：①幼苗法，利用植株幼苗敏感期或敏感植物来反映土壤的营养状况，如利用油菜幼苗诊断磷素供应状况。②田间肥效试验法，田间设置不施肥与施一定量肥料的试验处理，观察作物生长发育情况，最后收获产量，比较土壤养分供应量。还可以利用土壤养分系数，计算出土壤供应氮、磷、钾的量。③微生物法，利用某种真菌、细菌对某种元素的敏感性来预知某一元素的丰缺状况。④化学分析法，此法应用最广泛，有常规分析方法和速测方法 2 种。国际上磷和钾的测定方法一致，氮的测定方法统一。

2．植株营养诊断

植株营养诊断的主要依据是作物的外部形态和植株体内的养分状况及作物生长与产

量等的关系。由于作物体内养分的状况是所有影响作物生长因素的综合反映，也是土壤营养状况的具体反映，变化比较复杂，因此植株营养诊断比土壤营养诊断复杂得多。植株营养诊断的方法有以下几种。

（1）形态诊断（morphological diagnosis）　形态诊断是根据外部形态观察或测定作物长势、叶片颜色或特异症状的表现来判断某种养分的丰缺状况。包括症状诊断和长相、长势诊断两种方法，如油菜“华而不实”、花生“空壳病”、玉米“白芽病”、果树“小叶病”、水稻“黄化病”、花生“鞭尾病”等都是缺乏某一营养元素的典型症状。

（2）化学诊断（chemical diagnosis）　化学诊断是通过化学分析测定植株体内营养元素的含量，与正常植株体内养分含量标准直接比较，做出丰缺判断的一种营养诊断方法。分析结果最能反映作物的营养状况，是判断营养丰缺最可靠的依据。

叶分析法是以叶片为样本分析各种养分的含量，通过与参比标准比较判断作物养分丰缺的方法。取样部位（指示器官）是最能反映养分丰缺程度的组织或器官，也是与某种元素的含量变异、产量相关性最强的部位。

叶分析法包括组织速测法和全量分析法 2 种。①组织速测法，选择叶绿素少的叶柄或叶鞘进行快速营养诊断，方法操作快速、简便，测定仪器简单、易携带，常用于田间现场诊断。但精确度差，元素有限，适于一年生作物。②全量分析法，分析叶片中的全氮、全磷和全钾等全量养分含量，与正常植株的全量养分含量指标进行比较，判断养分的丰缺状况。

适宜于营养诊断的叶片要求的取样部位为生理成熟的新叶；取样要选择养分浓度与产量关系密切相关的时期，通常为营养生长向生殖生长过渡的时期；取样时间一般在8:00～15:00；测定样品量一般大田作物为 20～30 株、果树 50 株。确定叶片营养诊断标准的方法有以下三种。

1）临界值法（critical value method）。临界值是指当植株体内养分低于某浓度，作物的产量（生产量）显著下降或出现缺乏症状时的浓度。临界浓度的确定要进行田间试验和植株分析，并将二者结果结合在一起。最适浓度为最高产量的养分含量，临界浓度为把最高产量减少 5%～10%时的养分含量。缺乏区是产量为最高产量 70%～80%的养分含量区域；低产区是产量为最高产量的 80%～90%的养分含量区域。

2）标准值法（standard value method）。标准值指当植株生长良好，不出现任何症状时植株特定部位的养分测试值的平均值，标准值＋变异系数即为诊断标准。

3）平衡指数法。通过对诊断植物养分测定值与标准值的比较，对其供应状况做出定量评价。主要用于果树营养诊断，因为一种果树在不同的生长地域或不同的环境条件下，其养分元素的标准值表现出一致性。平衡指数法指明了植株体内养分缺乏的程度，但并不能估算施肥量。平衡指数 B 的计算公式为

$$\text{当 } X<S \text{ 时，} B=P+I$$

$$\text{当 } X>S \text{ 时，} B=P-I$$

式中，X 为叶分析平均值；S 为已知的标准值；P 为测定值与标准值的百分比；I 为校正系数。

$$P=\frac{X}{S}\times100\%，\quad I=(100-P)\times\frac{\mathrm{CV}}{100}$$

$$CV=\frac{S_d}{X}\times 100$$

式中，CV 为养分含量变异系数；S_d为叶分析平均值的标准差。

利用平衡指数指导施肥的关键是划分正常范围，一般认为平衡指数为 100 时，该养分供应正常，小于 100 则说明该养分供应不足，大于 100 则说明养分供应过量。

（3）DRIS 诊断　　DRIS 诊断法也称营养诊断施肥综合法（diagnosis and recommendation integrated system），是由 Beaufils 于 1973 年提出的，这是用叶片养分诊断技术，综合考虑营养元素之间的平衡状况和影响植物生长的因素，确定施肥次序的一种诊断方法。这种方法受作物品种、生育期、采样部位等因子的影响较小，精确性比较高。目前，这种方法已经成功运用在作物、林木等营养诊断上。DRIS 法的诊断步骤为：①确定诊断标准；②通过田间试验或盆栽试验，获得大量的作物产量与叶片养分含量的基础数据，根据作物产量，将叶片养分含量数据划分为高产组和低产组；③将叶片养分测定结果以多种形式表达，如含氮百分比、氮磷钾比、氮磷比、氮钾比等；④分别计算高产组和低产组各养分表示形式的平均值（X）、标准差（S_d）、变异系数（CV）和方差（S^2）；⑤以低产组方差为大变量，高产组方差为小变量进行方差分析；⑥选出方差比差异显著或极显著，且方差比较大的作为重要参数，并把高产组的平均值（X）、标准差（S_d）、变异系数（CV）和方差（S^2）这套参数作为设计应用时的诊断标准。

通过具体数字指数来反映养分的平衡状况，指数的正负和多少说明作物的需肥强度。因为 DRIS 诊断法以养分平衡为基础，受作物品种、生育期影响较小；理论上具有通用性，实际诊断标准有差异。

（4）酶学诊断（enzymology diagnosis）　　酶学诊断法是利用作物体内酶活性或数量的变化来判断作物营养丰缺状况的方法。这种方法的灵敏度高、酶促反应与元素含量相关性好，因酶促反应变化早于形态变化，从而有利于早期诊断或潜在性缺乏的诊断。另外，酶学诊断法还应用于元素过量中毒的诊断。但因酶学诊断法的测定值不稳定、测定方法相对烦琐，从而限制了此方法的广泛应用。

（5）施肥诊断（fertilization diagnosis）　　施肥诊断是以施肥方式给予某种或几种元素，以获得作物缺乏的某种元素的诊断方法。这种方法可直接观察作物对某种元素的反应，结果比较可靠，并且也用于诊断结果的检验。例如，验证钾素丰缺状况的试验设置 3 个处理：完全肥料区（施氮磷钾）、不施钾区（施氮磷）和不施肥区（空白），根据不同处理作物的反应，判断钾素是否缺乏。

（6）物理化学诊断（physico-chemical diagnosis）　　采用物理或化学仪器测定某一指标，指示某种元素的丰缺状况。常用的方法有离子选择性电极诊断、电子探针诊断和显微结构诊断。

本章小结

本章主要介绍作物营养的基本原理、各类化肥产品的性质和特点、化肥施用的 6 个关键因素及其配方施肥的基本原理和方法。

思 考 题

1. 名词解释：必需营养元素、有益营养元素、作物营养临界期、作物营养最大效率期、养分归还学说、最小养分律、报酬递减律、因子综合作用律、复混（合）肥料、新型肥料。

2. 作物必需的营养元素有哪些？

3. 请叙述各种必需营养元素的营养作用。

4. 新型肥料有哪些类型？各具有什么特点？

5. 化肥的施用技术包括哪些方面？

6. 配方施肥的基本含义是什么？各种配方施肥方法的基本原理是什么？

7. 化肥产品的强制性标准是哪两个？其具体内容是什么？

8. 肥料中有毒有害物质的限量标准要求的强制性和可选项目分别包括什么内容？

9. 化肥产品必须标识和禁止标注的内容分别有哪些？

第三章　农药产品及应用原理

【内容提要】本章主要介绍农药的定义与分类、农药的作用机制及代表性药剂、化学农药高效利用原理与技术、化学农药的药害与控制。

【学习目标】通过本章的学习，学生可掌握农药的定义，了解各类化学农药的作用机制及应用，弄懂如何高效利用化学农药、造成农药药害的原因及其控制技术。

【基本要求】本章力求使学生充分了解杀虫剂、杀菌剂、除草剂、杀线虫剂、杀鼠剂和植物生长调节剂的作用机制及田间应用，并在此基础上结合农药的特性、剂型、施药器械等，明确如何科学用药，掌握高效利用化学农药及控制农药药害的方法。

我国是农业大国，农药是保障我国农业安全生产的重要生产资料。我国平均每年的农业有害生物发生面积为50亿～60亿亩，防治面积为60亿～70亿亩，其中化学农药的贡献在80%以上。我国的粮食产量从2003年开始连续20年增产，化学农药功不可没。但同时，农药科学使用知识的普及度不够，加上农药使用技术相对落后，农药的过度使用、超量使用现象严重，导致大量农药被浪费。欧美发达国家小麦、玉米等粮食作物的农药利用率为50%～60%。2015年，我国三大粮食作物上的农药利用率仅为35%，到2020年也只有 40.2%，比发达国家低10%～20%。农药的不合理使用，不可避免地会使有害生物产生抗药性，导致农药的防治效果下降，为提高防效只能加大农药使用量，这则进一步加剧了抗药性的发展和农药的超量使用。同时，农药的过量使用还可引起食品安全和环境安全问题，对人类健康和生态安全造成严重威胁。因此，学习并掌握农药相关知识，提高农药使用技术，精准、高效地使用农药，对于有效防控农业有害生物，保障我国农业生产安全和食品安全，保护生态环境等具有重要的经济、社会和生态意义。

第一节　农药的定义与分类

一、农药的定义

农药是指用于预防、控制危害农业、林业的病、虫、草、鼠和其他有害生物，以及有目的地调节植物、昆虫生长的化学合成的或者来源于生物、其他天然物质的一种物质或者几种物质的混合物及其制剂。上述定义大大扩展了农药的范围，除了常规的化学农药，人工繁殖释放的天敌、生防菌、昆虫病毒，种植的转基因抗虫、抗病和抗除草剂作物及昆虫激素等，只要是人为释放到田间、用于预防或控制农林有害生物的物质，均属于农药的范畴。

二、农药的分类

农药的分类方式有很多，一般按防治对象可分为杀虫剂、杀菌剂、除草剂、杀线虫剂、杀鼠剂、植物生长调节剂和植物免疫诱抗剂等。每一类又可以按作用靶标、作用方式、化学结构及来源等多种方式分类。下面从实际应用角度，主要按防治对象和作用方式对常用农药进行分类介绍。

1．按防治对象分类

（1）杀虫剂（insecticide）　杀虫剂是指能够杀死昆虫或调节昆虫生长发育、行为等的农药。杀螨剂是指能够杀死螨类或调节螨类生长发育的农药，一般也归为杀虫剂。

（2）杀菌剂（fungicide）　杀菌剂指能够杀死或抑制真菌、卵菌或细菌生长和繁殖的农药。有的杀菌剂对真菌无毒性，但可干扰真菌致病过程或影响病原物与寄主间的相互关系，提高植物的防御能力。

（3）除草剂（herbicide）　除草剂指可杀死或抑制杂草生长的农药。

（4）杀线虫剂（nematocide）　杀线虫剂是用于防治有害线虫的一类农药。

（5）杀鼠剂（rodenticide）　杀鼠剂指对鼠类具有毒杀、驱避及使其不育等作用的农药。

（6）植物生长调节剂　植物生长调节剂是人工合成的或从生物中提取的对植物的生长发育具有调节作用的物质。这类物质和植物天然激素的作用类似，可有效调控植物的生长和发育，如细胞生长、分裂、生根、发芽、开花、结实、成熟和脱落等过程。在生产实践中，使用植物生长调节剂可有效调节作物的生长发育过程，达到稳产增产、改善品质、增强作物抗逆性等目的，如矮壮素、缩节胺等。

（7）植物免疫诱抗剂（plant immune inducer）　植物免疫诱抗剂简称植物诱抗剂，也称植物疫苗、植物诱导抗病激活剂，指通过增强植物的生理功能（如加强植物体内的新陈代谢）来增强植物对致病因子的免疫力，从而提高植物的诱导抗病性，促进植物生长的药剂，如烯丙苯噻唑等。

2．按作用方式分类

（1）杀虫（螨）剂　杀虫（螨）剂根据作用方式可分为胃毒剂、触杀剂、熏蒸剂、拒食剂、引诱剂和驱避剂等，现分别介绍如下。

1）胃毒剂（stomach poison），指被昆虫取食后经肠道吸收进入体内，进一步到达作用靶标起到毒杀作用的药剂。内吸剂（systemic poison）实际上应为一类特殊的胃毒剂，特指使用后可以被植物体（包括根、茎、叶、种子等）吸收，并可传导运输到其他部位组织，经害虫取食进入虫体而起到毒杀作用的药剂，如吡虫啉、氯虫苯甲酰胺等。

2）触杀剂（contact insecticide），指经昆虫体壁进入体内而引起昆虫中毒死亡的药剂，如辛硫磷、茚虫威等。

3）熏蒸剂（fumigant），指以气体状态通过昆虫呼吸器官进入体内而引起昆虫中毒死亡的药剂，如磷化氢。

4）拒食剂（antifeedant），指可影响昆虫的味觉器官，抑制昆虫的取食过程，造成昆虫取食量减少及取食行为异常，从而不能正常发育的药剂。

5）引诱剂（attractant），指施用后依靠其物理作用、化学作用（如光、颜色、气味、微波信号等）可将害虫诱聚而利于歼灭的药剂，如诱虫烯。

6）驱避剂（repellant poison），指施用后可依靠其物理作用、化学作用（如颜色、气味等）使昆虫无法选择和定向，甚至远离其适宜的生境和食物，从而达到保护寄主植物或特殊场所目的的药剂，如避蚊胺。

一种杀虫剂可能同时具有两种或两种以上的作用方式，如新烟碱类杀虫剂以内吸为主，兼有一定的触杀作用；氯虫苯甲酰胺等双酰胺类及茚虫威、氰氟虫腙等兼具触杀和胃毒作用；敌敌畏则同时具有触杀、胃毒和熏蒸作用。使用时要根据靶标害虫的生物学特性合理选择。

（2）杀菌剂　杀菌剂根据作用方式主要分为保护性杀菌剂、治疗性杀菌剂和铲除性杀菌剂。

1）保护性杀菌剂（protective fungicide），指在病害流行前（即在病原菌接触寄主或侵入寄主之前）施用于植物体可能受害的部位，以保护植物不受侵染的药剂，如波尔多液、阿米西达等。

2）治疗性杀菌剂（curative fungicide），指在病原物侵入以后至寄主发病之前使用，通过抑制或杀死植物体内的病原物，终止或解除病原物与寄主的寄生关系，阻止寄主发病的药剂，如三唑酮、多菌灵等。

3）铲除性杀菌剂（eradicant fungicide），指对病原菌有直接强烈杀伤作用的药剂。这类药剂植物在生长期不能忍受，故一般只用于播前土壤处理、植物休眠期或种苗处理，如石硫合剂等。很多杀菌剂既具有保护作用，又具有治疗作用，如嘧霉胺（pyrimethanil）和腐霉利（procymidone）等。吡唑醚菌酯除了具有保护和治疗作用，还具有很好的维持植物健康的作用。

（3）除草剂　除草剂按作用方式主要分为触杀型除草剂和输导型除草剂。

1）触杀型除草剂（contact herbicide），指不能在植物体内传导移动，只能杀死所接触到的植物组织的药剂，如敌稗、百草枯。

2）输导型除草剂（translocatable herbicide），指施用后通过内吸作用传至杂草的敏感部位或整个植株，使其中毒死亡的药剂，如草甘膦、环丙嘧磺隆。

（4）杀线虫剂　杀线虫剂按作用方式主要有熏蒸剂和触杀剂两类。一般应具有较好的亲脂性和环境稳定性，能在土壤中以液态或气态扩散，从线虫表皮透入，起毒杀作用。多数杀线虫剂对人畜有较高毒性，有些品种对作物有药害，故应特别注意安全使用。

（5）杀鼠剂　杀鼠剂按作用方式主要分为胃毒剂、熏蒸剂、驱避剂、引诱剂和不育剂5类。

1）胃毒剂，药剂通过鼠取食进入消化系统，进而到达作用靶标，使其中毒死亡。一般有较好的适口性，高效，如敌鼠钠、溴敌隆和杀鼠醚等。

2）熏蒸剂，药剂以气体形式经呼吸系统进入鼠体内，使鼠中毒死亡，如氯化苦、溴甲烷、磷化锌等。使用方式不受鼠取食行为的影响，且作用快，无二次毒性。但用量较大，对操作技术要求高，适宜于室内专业化使用。

3）驱避剂，是对鼠具有驱避作用的药剂。施用后鼠不愿意靠近施用过药剂的物品，从而起到保护作用。

4）引诱剂，是对鼠具有引诱作用但不直接杀死的药剂，一般与胃毒剂混合使用。

5）不育剂，中毒后可使雌鼠或雄鼠不育的药剂。主要通过降低其出生率，以达到控制害鼠种群数量的目的。

杀鼠剂往往对人畜也有较高毒性，使用时应特别注意安全。

第二节　农药的作用机制及特点

一、杀虫剂的作用机制及特点

全球已登记使用的杀虫剂的有效成分共 470 种，其中化学杀虫剂约 420 种，生物及无机杀虫剂约 50 种。目前在我国登记应用的共 214 种，其中生物杀虫剂 19 种。化学杀虫剂在昆虫体内的作用靶标主要有位于神经系统的神经膜钠离子通道、氯离子通道、乙酰胆碱酯酶、乙酰胆碱受体及瞬时受体电位离子通道复合体，位于线粒体呼吸系统中的电子传递链复合体和 ATP 合成酶，调控昆虫生长发育的几丁质合成酶、保幼激素和蜕皮激素受体及位于神经肌肉系统的鱼尼丁受体等。

（一）作用于神经膜钠离子通道的杀虫剂

位于昆虫神经元细胞膜上的钠离子通道的正常开、关，在兴奋性动作电位的产生及神经信号的传导中发挥着至关重要的作用。任何对该通道正常生理功能的作用都会影响昆虫神经系统的功能。作用于昆虫钠离子通道的杀虫剂主要有滴滴涕（DDT）、拟除虫菊酯类、茚虫威和氰氟虫腙。

1．滴滴涕（DDT）

DDT 是 1939 年开始广泛应用的第一个化学合成的广谱性杀虫剂，几乎对所有的害虫都有很好的防治效果，因此在此后的 20 多年中被广泛用于媒介昆虫及农林害虫的防治，为保障人类身体健康、保证粮食稳产增产发挥了巨大作用。但由于其在环境中残留期长，尤其在生物体内具有富集作用，因此在 20 世纪 70 年代以后逐渐被禁用。目前只在非洲无其他药剂可用的情况下被允许用于蚊虫的防治，以控制疟疾的传播。

作用方式：以胃毒和触杀为主。

作用机制：DDT 主要作用于轴突膜钠离子通道，激活通道打开，并延迟其关闭，同时抑制钾离子通道的活化，使钾离子流出速度减慢，从而使负后电位延长并增加，引起一连串动作电位的产生，即动作电位的重复后放，最终导致昆虫因中枢神经系统瘫痪而死亡。此外，DDT 还可通过抑制 Na^+-K^+-ATP 酶、Mg^{2+}-ATP 酶和 Ca^{2+}-ATP 酶的活性破坏轴突膜内外离子的平衡，最终影响动作电位的产生和传导。

田间应用：国内禁用。

2．拟除虫菊酯类杀虫剂

这类杀虫剂是以天然杀虫植物除虫菊中的有效成分除虫菊素为先导化合物合成的一系列高活性的化学杀虫剂，已经商品化的有 50 多种。拟除虫菊酯类杀虫剂以触杀和胃毒作用为主，其杀虫活性比 DDT 提高了几十到几百倍。根据昆虫的中毒症状及对神经系统的作用，拟除虫菊酯类杀虫剂一般被分为Ⅰ型和Ⅱ型两类。Ⅰ型拟除虫菊酯包括胺烯菊酯、丙烯菊酯、苄呋菊酯、苯醚菊酯及二氯苯醚菊酯等，其结构中不含α-氰基，可作用于多种类型的神经元，产生广泛的重复放电现象。中毒昆虫高度兴奋，具有明显的击倒效应。Ⅱ型拟除虫菊酯包括溴氰菊酯、氯氰菊酯、杀灭菊酯、甲氰菊酯等含有α-氰基的拟除虫菊酯。昆虫中毒后不产生重复放电，不表现高度兴奋及不协调运动，而是很快产生痉挛，随后麻痹，最后死亡。此外，Ⅰ型拟除虫菊酯引起的过度兴奋和最终死亡具有明显的负温度系数（negative temperature coefficient），即其活性随温度的下降而增加；而Ⅱ型拟除虫菊酯则具有明显的正温度系数，即其活性随温度升高而增加。

目前登记常用的种类有高效氯氟氰菊酯、氯氰菊酯、醚菊酯、联苯菊酯、氰戊菊酯、甲氰菊酯和溴氰菊酯等。

作用方式：以触杀和胃毒为主。

作用机制：Na^+通道激动剂通过以下方式作用：①激活神经细胞轴突膜上 Na^+通道并延迟其关闭；②抑制多种 ATP 酶的活性从而阻止离子泵的启动；③诱导产生过量的酪胺和章鱼胺，迅速阻断神经信号传导，引起昆虫死亡。

田间应用：以茎叶喷雾为主，可防治半翅目、鳞翅目、双翅目、鞘翅目等多种害虫，但因棉蚜、桃蚜等对该类药剂产生了高水平抗药性，防效差。对水生生物、家蚕及蜜蜂高毒。在水稻田禁用（醚菊酯除外）。

3．茚虫威和氰氟虫腙

茚虫威是美国杜邦公司 20 世纪末开发、2000 年上市的噁二嗪类杀虫剂，氰氟虫腙是德国巴斯夫公司和日本农药公司联合开发的缩氨基脲类杀虫剂。这两种药剂同样也作用于昆虫轴突膜钠离子通道，但主要是阻断该离子通道，阻止钠离子进入轴突膜，从而抑制动作电位的产生，破坏神经信号传导，因此这两种药剂也被称为钠通道阻断剂。由于作用机制不同，这两种药剂与 DDT 和拟除虫菊酯类杀虫剂无明显交互抗性。

作用方式：以触杀和胃毒为主。

作用机制：作为 Na^+通道阻断剂阻断 Na^+通道，使钠离子不能进入轴突膜，抑制动作电位的产生，破坏神经信号传导，引起昆虫死亡。

田间应用：常规喷雾为主，主要用于防治多种鳞翅目害虫。对鸟类、水生生物、蜜蜂、家蚕高毒。

（二）作用于氯离子通道的杀虫剂

氯离子通道是控制氯离子进入细胞膜最重要的阴离子通道。昆虫体内的氯离子通道分为配体门控的氯离子通道和电压门控的氯离子通道两类。已经明确配体门控的氯离子通道是多种杀虫药剂的重要靶标，但以电压门控的氯离子通道作为杀虫药剂靶标的研究还很少。

昆虫体内的配体门控氯离子通道主要有 γ-氨基丁酸（GABA）门控的氯离子通道和谷氨酸门控的氯离子通道两类，也称为 GABA 受体和谷氨酸受体。作用于昆虫氯离子通道的杀虫剂主要有氟虫腈、阿维菌素类、溴虫氟苯双酰胺、异噁唑虫酰胺。

1．氟虫腈

氟虫腈属于苯基吡唑类杀虫剂，杀虫谱广，以胃毒作用为主，兼有触杀和一定的内吸作用，因此对蚜虫、叶蝉、飞虱、鳞翅目幼虫、蝇类和鞘翅目等重要害虫有很高的杀虫活性，对作物无药害。该药剂可施于土壤，也可叶面喷雾。施于土壤能有效防治玉米根叶甲、金针虫和地老虎。叶面喷洒时，对小菜蛾、菜粉蝶、稻蓟马等均有高水平防效，且持效期长。氟虫腈对蜂类有极高的毒性，尤其对稻田寄生蜂杀伤作用极大，而寄生蜂是控制水稻螟虫和稻纵卷叶等害虫的重要天敌。另外，其杀虫谱很广，对其他天敌也有较强的杀伤力。因此，自 2009 年 7 月 1 日起，在我国境内除用于卫生害虫防治和部分旱田种子包衣剂外，停止销售和使用用于其他方面的含氟虫腈成分的农药制剂。

作用方式：以胃毒作用为主，兼有触杀和一定的内吸作用。

作用机制：氯离子通道阻断剂有以下作用：①氟虫腈主要作用于γ-氨基丁酸受体（GABAR），但作用位点与苦毒宁位点不同，减少氯离子通道的平均开放时间，从而抑制氯离子流；②氟虫腈还可作用于谷氨酸门控氯离子通道（GluCls），可逆性地抑制 *L*-谷氨酸门控的氯离子流。

田间应用：主要用于室内防治蚂蚁、蜚蠊、白蚁等卫生害虫，还可作为旱田作物种衣剂防治地下害虫。

2．阿维菌素类

阿维菌素类属十六元大环内酯类化合物，是从土壤微生物中分离的天然产物，对昆虫和螨类具有触杀和胃毒作用，也有微弱的熏蒸作用。无内吸作用，但对叶片有很强的渗透作用，可杀死表皮下的害虫，且残效期长。对卵效果差。阿维菌素自成功商品化后，经过 30 多年不断发展，已经成为全球生产量和使用量最大的生物源农药，在各国和地区的杀虫剂品类中都占有举足轻重的地位。目前主要有阿维菌素和甲氨基阿维菌素苯甲酸盐两个品种。甲氨基阿维菌素苯甲酸盐是一种微生物源低毒杀虫、杀螨剂，是在阿维菌素的基础上半合成的高效生物源药剂，具有活性高、杀虫谱广、可混用性好、持效期长、使用安全等特点。

作用方式：胃毒为主，兼触杀。对叶片具有较强的横向渗透作用。

作用机制：是氯离子通道激活剂。阿维菌素类主要作用靶标为 GluCls，同时也作用于 GABAR。通过直接激活或者增强这些通道或受体的功能，促进氯离子进入神经细胞膜或肌细胞膜，从而抑制兴奋性动作电位的传导。

田间应用：叶面喷雾为主；可用于防治小菜蛾、甜菜夜蛾、潜叶蝇、烟粉虱等蔬菜害虫，还可防治果树、蔬菜、粮食等作物的叶螨、瘿螨、茶黄螨和各种抗性蚜虫。对鱼类、家蚕剧毒，对鸟类、大型溞、蜜蜂高毒，对绿藻、蚯蚓低毒。

3．溴虫氟苯双酰胺

溴虫氟苯双酰胺属于 GABAR 别构调节剂，是由巴斯夫公司和日本三井农业化学株式会社联合开发的间二酰胺类杀虫剂。在昆虫体内可代谢为脱甲基-溴虫氟苯双酰胺，作用位点位于 GABA 受体 TM3 区域的 G336。与异噁唑啉类不同，间二酰胺类杀虫剂不会抑制 GluCls。

作用方式：溴虫氟苯双酰胺广谱，具有触杀和胃毒作用，速效性和持效性良好，无内吸性，对氟虫腈和环戊二烯类耐药的昆虫依然有效。

作用机制：溴虫氟苯双酰胺作用靶标是 GABA 受体。尽管与大环内酯类杀虫剂的作用区域有所重叠，但从昆虫中毒的症状来看，溴虫氟苯双酰胺对 GABA 受体的别构调节可能是抑制了其对氯离子的通透性，使得细胞膜电位去极化，昆虫过度兴奋，惊厥抽搐，进而死亡。

田间应用：叶面喷雾为主，也可用于种子处理。可用于防治咀嚼式口器害虫（包括鳞翅目和鞘翅目害虫），如小菜蛾、夜蛾、跳甲等；对斜纹夜蛾具有很高的杀幼虫活性；对蓟马也有很好的防效；可有效防治对其他杀虫剂产生抗性的害虫，尤其是对氟虫腈产生抗性的害虫。溴虫氟苯双酰胺也可用于种子处理，可防治谷物金针虫等；还可用于专用害虫防治领域，如白蚁、蚂蚁、蜚蠊、苍蝇等的防治。

4．异噁唑虫酰胺

异噁唑虫酰胺是先正达研发的一种新的异噁唑啉类杀虫杀螨剂［含80%～100%的（5*S*，4*R*）异构体］，结构与氟噁唑酰胺（fluxametamide）相似。异噁唑虫酰胺是4种活性异构体的混合物，其中（5*S*，4*R*）型异构体活性最高。异噁唑虫酰胺与吡啶喹唑啉混配后，可以增加对番茄烟粉虱的活性，共毒系数高于120（王礼文，2019），当浓度为1.25mg/L时，对小菜蛾、黏虫和红蜘蛛的致死率均达到100%（郭春晓等，2021）。

作用方式：触杀和胃毒。

作用机制：异噁唑虫酰胺为GABAR别构调节剂。

田间应用：其杀虫谱广，用于棉花、蔬菜、果树、玉米、烟草等，可防治半翅目、鞘翅目、鳞翅目、双翅目、缨翅目害虫及害螨等，如斜纹夜蛾、小菜蛾、烟草蓟马、蚜虫、红蜘蛛等。

（三）作用于乙酰胆碱酯酶的杀虫剂

乙酰胆碱酯酶最经典的生理功能是在胆碱激性突触中，水解突触前膜释放出的过多乙酰胆碱，以及与乙酰胆碱受体结合完成了突触传导的乙酰胆碱，避免其结合在乙酰胆碱受体上引起突触后膜细胞的持续兴奋，保持突触间隙通畅，为下一个神经冲动的传导做准备。

目前作用于昆虫乙酰胆碱酯酶的杀虫剂主要有有机磷酸酯和氨基甲酸酯两大类。这两类杀虫药剂与乙酰胆碱类似，都是作为底物与乙酰胆碱酯酶结合并发生水解反应。其作用机制为有机磷酸酯类杀虫剂及氨基甲酸酯类杀虫剂与乙酰胆碱酯酶反应形成磷酰化、氨基甲酰化乙酰胆碱酯酶，使乙酰胆碱不能及时水解，在突出间隙大量积累并长时间与突触后膜的烟碱型乙酰胆碱受体（nAChR）结合而产生大量的神经冲动，致使机体过度兴奋、麻痹、死亡。

有机磷酸酯和氨基甲酸酯类杀虫剂中毒后推荐使用阿托品进行解毒。阿托品与乙酰胆碱一起竞争乙酰胆碱受体上的结合位点并形成阿托品-受体复合物，从而抑制乙酰胆碱与受体结合，减少突触后膜上神经冲动的产生。

1．有机磷酸酯类

1939年至今，已经开发出150多种有机磷杀虫剂，有机磷杀虫剂是发展速度最快的一类药剂，其中辛硫磷、敌百虫、马拉硫磷、敌敌畏等20个品种一直发挥着重要作用，占整个有机磷杀虫药剂的绝大部分市场。但有机磷杀虫剂的急性毒性问题一直困扰着人们，尤其是一些剧毒、高毒类型在我国一些地方普遍使用，造成农产品中农药残留超标，出口产品频遭各国绿色壁垒“封杀”。因此，自2019年起，我国全面禁止甲胺磷、对硫磷、甲基对硫磷、久效磷、磷胺、苯线磷、地虫硫磷和甲基硫环磷8种高毒有机磷杀虫剂在农业上使用。

作用方式：以触杀和胃毒为主，氧乐果、内吸磷等还具有内吸作用，敌敌畏具有熏蒸作用。

作用机制：乙酰胆碱酯酶抑制剂。

田间应用：辛硫磷是一种广谱性杀虫剂，击倒性强，对鳞翅目幼虫有特效；对光敏感，易引起光解，残效期短，叶面喷雾，残效仅 2～3d，适宜早晚喷；还可防治地下害虫（如蛴螬、蝼蛄）等，可采用种子处理方法。

敌百虫一般进行喷雾处理；可配制毒饵；拌种使用防治地下害虫（如蝼蛄等）；80%敌百虫可溶性粉剂，可防治果、蔬、农作物上的咀嚼式口器和椿象类害虫、家畜体外寄生虫、卫生害虫（家蝇和蜚蠊等），对高粱、玉米、豆类易发生药害。

马拉硫磷主要防治飞虱、叶蝉、蓟马、蚜虫、跳甲、盲椿象、食心虫、造桥虫、长白蚧、象甲、仓储害虫、蝗虫、跳蚤等；对鱼类、大型溞剧毒，对蜜蜂高毒，对鸟类中毒，对绿藻低毒；对温室瓜类、豆类、某些观赏植物及苹果、梨和葡萄可能有一定程度药害；在水产养殖区、河塘等水体附近禁用，在蜜粉源植物花期禁用。

敌敌畏可防治稻飞虱、蚜虫、黏虫、造桥虫、菜粉蝶、黄条跳甲、小卷叶蛾、茶尺蠖、介壳虫、桑尺蠖、松毛虫、天幕毛虫、杨柳毒蛾、竹蝗、玉米象和多种卫生害虫；对大型溞剧毒，对鱼类、家蚕高毒，对鸟类中毒，对绿藻、蜜蜂低毒，在水产养殖区、河塘等水体、蚕室及桑园、鸟类保护区附近禁用。

2．氨基甲酸酯类

氨基甲酸酯类杀虫剂具有速效、内吸、触杀、残留期短及对人畜毒性较有机磷低的特点，已被广泛用于杀灭农业及卫生害虫。常用的有甲萘威、异丙威、残杀威、丙硫克百威和丁硫克百威等。

作用方式：具有触杀、胃毒和内吸活性，有些品种还具有强内吸性。

作用机制：乙酰胆碱酯酶抑制剂。

田间应用：甲萘威一般被制成颗粒剂、可湿性粉剂，喷雾处理；主要防治稻蓟马、瘿蚊、二化螟、稻飞虱、叶蝉、棉铃虫、红铃虫、蚜虫、地老虎、造桥虫、蜗牛、烟青虫；对大型溞剧毒，对蜜蜂、家蚕高毒，对鱼类、绿藻、蚯蚓中毒，对鸟类低毒。

异丙威一般制成粉剂、可湿性粉剂、乳油、悬浮剂、烟剂，喷雾处理；主要防治飞虱、叶蝉、蚜虫、白粉虱；对大型溞剧毒，对鸟类、鱼类、绿藻低毒。

残杀威主要防治桑象虫、蜚蠊、蝇、玉米象；对大型溞剧毒，对鸟类、蜜蜂高毒，对鱼类低至中毒。

丙硫克百威主要用于防治水稻、棉花、玉米、大豆、蔬菜及果树的多种刺吸口器和咀嚼口器害虫；对鱼类、大型溞剧毒，对鸟类、蜜蜂高毒，对绿藻中毒，对蚯蚓低毒；易吸附，易水解。

丁硫克百威主要防治蓟马、稻瘿蚊、三化螟、褐飞虱、稻水象甲、地下害虫、蚜虫、蔗龟、蔗螟、线虫等；对鱼类、大型溞剧毒，对鸟类、蜜蜂、家蚕高毒，对绿藻低毒。

水产养殖区、河塘等水体附近禁用，鸟类保护区附近禁用，蜜粉源植物花期禁用。

（四）作用于乙酰胆碱受体的杀虫剂

乙酰胆碱受体（AChR）是半胱氨酸-环超家族的成员，是一种酸性糖蛋白，主要位于突触后膜上，其主要功能是受突触前膜释放的神经递质乙酰胆碱激活，可调控与 AChR

耦联的离子通道的开放，使细胞膜外的钠离子流入膜内，造成突触后膜去极化，在后膜上引发一个动作电位，从而完成神经冲动在神经细胞之间的传导。目前成功应用于生产上的作用于昆虫乙酰胆碱受体的杀虫剂主要有新烟碱类、沙蚕毒素类和生物源杀虫药剂多杀菌素类三类。

1. 新烟碱类杀虫剂

这类杀虫剂具有独特新颖的作用方式和良好的根部内吸性，高效、广谱且环境相容性好，发展迅速，是目前全球第一大类杀虫剂。

第一代新烟碱类杀虫剂包括吡虫啉、烯啶虫胺、啶虫脒和噻虫啉，作为激动剂竞争性地与乙酰胆碱结合位点结合，激活烟碱型乙酰胆碱受体（nAChR），引起昆虫神经系统过度兴奋，最终阻断神经信号传导，导致昆虫死亡；第二代新烟碱类杀虫剂有噻虫嗪，是 nAChR 的非常弱的激动剂，但却是颈部传入神经元和巨大中间神经元突触的强激动剂；第三代新烟碱类杀虫剂有呋虫胺，作用于 nAChR，具有神经兴奋活性和神经阻断活性。

作用方式：具有高效、广谱及良好的根部内吸性，有触杀和胃毒作用。

作用机制：新烟碱类杀虫剂主要作为激动剂与 nAChR 的 α 亚基胞外亲水区的乙酰胆碱（ACh）作用位点竞争性结合，持续激活 nAChR，引起中枢神经系统的持续兴奋，最终导致神经麻痹和细胞能量消耗殆尽，从而阻断中枢神经系统的信号传导，导致昆虫死亡。因此新烟碱类杀虫剂是 nAChR 的竞争性抑制剂。

田间应用：既可用于叶面喷雾，又可用于种子处理或土壤处理。主要用于防治稻飞虱、稻瘿蚊、蓟马、蚜虫、蛴螬等地下害虫及梨木虱、潜叶蛾、白蚁、蚂蚁、蜚蠊和蝇等卫生害虫；部分品种对蜜蜂、家蚕毒性高，对鱼类低毒，使用时应注意。

2. 沙蚕毒素类杀虫剂

沙蚕毒素是从异足索蚕体内提取的具有杀虫活性的物质。沙蚕毒素类杀虫剂是根据天然沙蚕毒素仿生合成的第一类动物源杀虫剂，包括杀螟丹、杀虫双、杀虫单等。脊椎动物沙蚕毒素中毒后，可用 *L*-半胱氨酸、d-青霉胺或二巯丙醇等硫醇类药剂作为解毒剂注射，使其恢复。

作用方式：对害虫具有很强的触杀和胃毒作用，还具有一定的内吸和熏蒸作用。

作用机制：烟碱型乙酰胆碱受体抑制剂中的沙蚕毒素主要作用于 nAChR 的非竞争性抑制剂结合位点（位于通道内的 M2 区），阻断离子通道；同时作为不完全激动剂，在高浓度时也可竞争性地作用于 ACh 结合位点，引起昆虫的局部兴奋，如足的颤抖等。而杀螟丹等化合物只作用于非竞争性抑制剂结合位点，引起的昆虫中毒的征象类似于乙醚或 CO_2 导致的麻醉状态，即中毒后很快呆滞不动，处于麻醉状态，而无过度兴奋或痉挛阶段，明显不同于新烟碱类杀虫剂中毒后所表现出的兴奋征象。

田间应用：通常喷雾处理，主要防治稻纵卷叶螟、二化螟、三化螟、菜粉蝶、小菜蛾、蔗螟、茶小绿叶蝉、潜叶蛾；对大型溞剧毒，对家蚕高毒，对鱼类中毒。

3. 多杀菌素类杀虫剂

多杀菌素是美国陶氏益农公司于 1994 年开发、1997 年首次登记的一类杀虫药剂，从结构上看，这些化合物属于大环内酯类。代表性品种有多杀菌素、乙基多杀菌素等。

作用方式：多杀菌素类杀虫剂主要以胃毒为主，兼有触杀活性。

作用机制：是烟碱型乙酰胆碱受体激动剂。多杀菌素类药剂主要作为 nAChR 的激动剂，但作用于与 ACh 完全不同的一个新位点，所以与 ACh 同时作用于 nAChR，极大地延长了 ACh 作用于 nAChR 的时间，引起昆虫神经系统的过度兴奋。同时多杀菌素还可作用于小神经元 GABA 受体上与阿维菌素类药剂完全不同的作用位点，抑制 GABA 诱导的氯离子流，增强其激活 nAChR 所引起的兴奋作用，即昆虫过度兴奋，随之痉挛、瘫痪、死亡。

田间应用：通过喷雾处理，主要防治稻纵卷叶螟、二化螟、蓟马、小菜蛾、甜菜夜蛾、棉铃虫、豆荚螟、美洲斑潜蝇和果蝇等；对家蚕剧毒，对蜜蜂高毒，对鱼类中毒，对鸟类、大型溞、绿藻、蚯蚓低毒。水产养殖区、河塘等水体附近禁用；蜜粉源植物花期禁用；桑园及蚕室附近禁用。

（五）作用于瞬时受体电位离子通道复合体的杀虫剂

瞬时受体电位（TRP）离子通道是一类位于细胞膜上的阳离子通道，该离子通道参与视觉、嗅觉、听觉、温度感觉、机械感觉等多种感觉的形成过程。2015 年报道，昆虫 TRP 通道是杀虫剂的分子靶标。作用于瞬时受体电位离子通道复合体的杀虫剂主要有吡蚜酮、双丙环虫酯等。

1. 吡蚜酮

吡蚜酮是瑞士诺华公司于 1988 年开发的新型吡啶甲亚胺类杀虫剂，具有高效、低毒、高选择性、对环境友好等特点，但因速效性差而未大量应用。在褐飞虱对吡虫啉等高效药剂产生抗性后，因吡蚜酮在田间持效期长、可有效控制种群数量上升而引起关注，成为我国稻飞虱防治的主要推广品种。

作用方式：以内吸、触杀和胃毒为主。

作用机制：通过激活昆虫瞬时受体电位香草酸（TRPV）通道，导致昆虫对重力、平衡、声音、位置和运动等失去感应，丧失协调性和方向感而不能取食，最终导致昆虫饥饿而亡。

田间应用：常规喷雾为主。可用于防治大部分刺吸式口器害虫，主要应用于我国水稻、小麦、蔬菜及观赏植物等的飞虱、蚜虫等害虫的防治。褐飞虱对吡蚜酮已产生抗性，建议与速效性好的高效药剂混配使用。

2. 双丙环虫酯

双丙环虫酯是日本明治制果药业株式会社与北里研究所共同研发的生物源杀虫剂，由巴斯夫公司于 2019 年在中国登记。双丙环虫酯具有起效快、高效、广谱等特点，对多种刺吸式口器害虫高效，持效期长（如对蚜虫的持效期长达 21d）。因其作用机制独特，与现有杀虫剂无交互抗性，是防治对吡虫啉等新烟碱类杀虫剂产生抗性的害虫的首选替代药剂。

作用方式：以内吸、触杀和胃毒为主。

作用机制：激活昆虫香草酸瞬时受体通道，导致昆虫对重力、平衡、声音、位置和运动等失去感应，丧失协调性和方向感而不能取食，最终导致昆虫饥饿而亡。

田间应用：既可叶面喷雾，也可用于种子处理。可有效防治为害经济作物、大田作物和观赏植物等的蚜虫、粉虱、木虱、介壳虫、粉蚧和叶蝉等多种刺吸式口器害虫。

（六）作用于呼吸电子传递链的杀虫剂

呼吸电子传递链由一系列连续的电子载体（金属蛋白）结合在线粒体内膜上组成。这些载体从NADH开始，通过连续的4个金属蛋白复合体（Ⅰ～Ⅳ）移动电子最终到分子氧上，最后在ATP合成酶的作用下，使ADP氧化磷酸化，完成ATP的合成。药剂可通过抑制呼吸链的电子传递、抑制氧化和磷酸化，或使氧化和磷酸化脱偶联，从而达到抑制昆虫的呼吸作用。作用于呼吸电子传递链的杀虫（螨）剂可分为以下三大类。

1. 线粒体三磷酸腺苷（ATP）合成酶抑制剂

三磷酸腺苷（ATP）合成酶又称FoF_1-ATP酶，在细胞内催化能源物质ATP的合成，是昆虫呼吸代谢及生长发育中重要的酶。线粒体三磷酸腺苷（ATP）合成酶抑制剂主要包括丁醚脲、有机锡类杀螨剂、炔螨特、三氯杀螨砜等。

作用方式：以触杀为主，兼有熏蒸作用。

作用机制：通过抑制ATP合成酶影响ATP的生物合成，昆虫因缺少能量而死亡。

田间应用：以常规喷雾为主。广泛用于棉花、水果、蔬菜和茶叶上，可防治小菜蛾、螨类、叶蝉等害虫；在高温和强光下容易产生药害，对鱼、家蚕高毒。

2. 线粒体电子传递复合体抑制剂

线粒体电子传递复合体抑制剂是一类具有广谱杀螨活性的化合物，可防治多种螨类。作用于呼吸作用电子传递链的组成部分，从而阻断电子传递链，影响昆虫的呼吸作用。其中电子传递链上的复合体又分为四大类，分别为复合体Ⅰ、Ⅱ、Ⅲ和Ⅳ。目前常用的杀虫、杀螨剂主要为复合体Ⅰ抑制剂和复合体Ⅲ抑制剂，复合体Ⅰ抑制剂主要包括鱼藤酮及唑螨酯、哒螨灵、喹螨醚、嘧螨醚、吡螨胺、唑虫酰胺；复合体Ⅲ抑制剂主要包括氟蚁腙、灭螨醌、嘧螨酯、联苯肼酯。

作用方式：以触杀作用为主。

作用机制：通过抑制线粒体电子传递链上的复合体，阻断细胞的电子传递链，从而降低生物体内的ATP水平，最终害虫因得不到能量供应，行动迟滞、麻痹而缓慢死亡。

田间应用：常规喷雾，对各个螨态均有效，广泛用于多种作物的害螨防治，生产中柑橘全爪螨和二斑叶螨等已对多数杀螨剂产生抗性。唑虫酰胺对多种鳞翅目和半翅目有效；对鱼类、蜜蜂、赤眼蜂有毒。

3. 解偶联剂

1987年，美国氰胺公司的研究人员从链霉素（*Streptomyces fumanus*）的代谢产物中分离出二噁吡咯霉素，发现其具有杀虫、杀螨活性，但二噁吡咯霉素毒性极高。后在大量吡咯类化合物的筛选中，开发出了作为前体农药的虫螨腈。虫螨腈本身对呼吸作用没有抑制效果，但在昆虫多功能氧化酶的作用下，经*N*-脱烷基后转化为*N*-氢基吡啶，可有效地阻断氧化磷酸化，使ADP不能转化为ATP，从而使细胞因缺少能量而停止生命活动，最终导致昆虫死亡。解偶联剂主要有虫螨腈等。

作用方式：胃毒作用为主，兼有触杀活性。

作用机制：使氧化和磷酸化脱偶联，氧化仍可以进行，而磷酸化不能进行，解偶联剂为离子载体或通道，能增强线粒体内膜对H^+的通透性，消除H^+梯度，从而使ADP无法转化成ATP，最终导致昆虫因缺少能量而死亡。

田间应用：常规喷雾。作用谱较广，可用于防治多种鳞翅目害虫、叶蝉、木虱、蓟马、螨类及白蚁；对蜜蜂、家蚕、鱼类等水生生物高毒。

（七）几丁质合成抑制剂

几丁质是昆虫表皮、肠道、气管及生殖管道的重要组成部分，在昆虫的外骨骼中起着至关重要的作用。几丁质合成抑制剂通过抑制昆虫体内几丁质合成酶，使昆虫不能正常合成几丁质，进而使昆虫发育畸形。由于在昆虫和高等动物、捕食性天敌之间具有高选择性，因此被认为是一类高效又安全的理想杀虫剂。作用于昆虫几丁质合成的抑制剂主要有苯甲酰脲类、噻二嗪类、螨类生长抑制剂和三嗪类。

1．苯甲酰脲类杀虫剂

20 世纪 70 年代初，荷兰 Philips-Duphar 公司在研究除草剂敌草腈的过程中，偶然发现了具杀虫活性的苯甲酰脲类化合物，幼虫在受药后不立即死亡，而是在蜕皮时死亡。目前该类化合物在农业生产中已得到广泛应用。主要有除虫脲、灭幼脲、氟虫脲、氟铃脲、氟啶脲、虱螨脲、氟酰脲等。

作用方式：以胃毒为主。

作用机制：苯甲酰脲类杀虫剂通过干扰昆虫的几丁质合成酶，抑制几丁质合成，使昆虫发育畸形，从而不能正常蜕皮而死亡。

田间应用：常规喷雾。在害虫低龄时期使用，可用于防治多种作物上的鳞翅目、鞘翅目、半翅目、同翅目等农业害虫；对甲壳纲生物和家蚕毒性高。

2．噻二嗪类杀虫剂

此类杀虫剂的代表性品种为噻嗪酮，是由日本农药株式会社（Nihon Nohyaku）于 1981 年研发的第一个用于防治刺吸式口器害虫的几丁质合成抑制剂，起初是在噻二嗪的衍生物中发现的，对刺吸式口器害虫的若虫高效，但对成虫无效。

作用方式：以触杀和胃毒为主。

作用机制：主要通过抑制昆虫几丁质合成酶，阻碍昆虫几丁质的合成，并且干扰昆虫正常的新陈代谢，阻碍昆虫新生表皮的形成，致使若虫蜕皮畸形而死亡。

田间应用：常规喷雾。在害虫低龄若虫期使用，对飞虱、叶蝉、粉虱及介壳虫类害虫有良好的防治效果。但稻飞虱已对噻嗪酮产生高水平抗性，应限制或停止使用。

3．螨类生长抑制剂

乙螨唑、四螨嗪、氟螨嗪、噻螨酮均属杂环类杀螨剂，可抑制多种植物害螨卵的胚胎形成及从幼螨到成螨的蜕皮过程，对成螨无效。

作用方式：以触杀为主。

作用机制：通过影响几丁质合成酶的生物合成，减少昆虫体内的几丁质合成，抑制卵的孵化及螨的生长发育。

田间应用：喷雾使用。对果树、蔬菜、观赏植物及棉花上的多种螨类高效。多种害螨已产生抗药性。

（八）保幼激素类似物

保幼激素（juvenile hormone，JH）由昆虫咽侧体分泌，是控制昆虫生长发育、变态及滞育的重要内源激素之一。保幼激素和保幼激素类似物的主要作用为抑制昆虫变态和胚胎发育，还有调节昆虫生殖、卵黄发育生长等作用。保幼激素类似物主要包括烯虫酯、双氧威、吡丙醚等。

1. 烯虫酯

20 世纪 70 年代中期，美国 Zoecon 和 Wellmark 公司首次成功研发了商业性的生物安全型杀虫剂——保幼激素类似物烯虫酯。烯虫酯属于昆虫保幼激素类似物，在昆虫生理活动调控方面，与天然保幼激素极其相似，可调控昆虫体内激素分泌，可保持幼虫形态和性状，并能促进虫体生殖腺成熟，产生信息素并导致成虫滞育等。由于烯虫酯可以高效控制多种有害昆虫，且对人和其他非靶标生物安全性极高，因此广泛用于蚊虫控制。

作用方式：以胃毒和触杀为主。

作用机制：调控昆虫体内激素分泌，可保持幼虫形态和性状，并能促进虫体生殖腺成熟，产生信息素并导致成虫滞育等。

田间应用：国内仅登记在卫生害虫防治方面，用于室外喷洒或直接撒施防治蚊类幼虫。

2. 吡丙醚

吡丙醚又称蚊蝇醚，是由日本住友公司于 1983 年创制开发的一类烷氧吡啶保幼激素类似物，1991 年实现商业化。其光稳定性好，用量少，活性高，叶片传导性与内吸强，持效期长，对作物安全，对哺乳动物低毒且对生态环境影响小，符合人类保护生态环境的目标。

作用方式：胃毒、触杀和内吸作用，有强烈的杀卵作用。

作用机制：昆虫保幼激素类似物，抑制昆虫的胚胎发生、变态和生殖。

田间应用：国内多在卫生害虫防治方面应用，以喷洒和直接撒施为主，可用于防治农业害虫姜蛆、粉虱、木虱、介壳虫等。吡丙醚对鱼、蚕、蜂有毒。

（九）蜕皮激素类似物

蜕皮激素又称变态激素（molting hormone，MH），是由昆虫前胸腺分泌的一种具有昆虫蜕皮活性的天然甾体化合物，对昆虫的蜕皮过程及蜕皮后的生长发育起调控作用；蜕皮激素类似物（molting hormone analog，MHA）具有蜕皮激素活性，能引起昆虫早熟、不完全蜕皮或致死性蜕皮。20 世纪 80 年代，美国罗门-哈斯公司首先发现双酰肼类化合物具有与昆虫蜕皮激素类似的功能。1988 年，该公司成功合成了第一个非甾族蜕皮激素类似物——抑食肼。但由于此类物质提取困难、结构复杂、不易合成，因此研究开发进展较慢。

目前国内登记的蜕皮激素类似物主要有抑食肼、虫酰肼、环虫酰肼、甲氧虫酰肼及呋喃虫酰肼等。

作用方式：以胃毒为主。

作用机制：蜕皮激素受体激动剂。可通过以下几方面作用：①竞争性地与蜕皮激素受体结合，干扰昆虫体内原有激素的平衡，引起昆虫早熟，使昆虫正常生长发育阻断或发生异常；②阻塞神经和肌肉膜上的钾离子通道；③抑制昆虫取食。

田间应用：以常规喷雾为主。选择性强，主要用于防治鳞翅目害虫，于低龄幼虫期施药。

（十）作用于鱼尼丁受体的杀虫剂

鱼尼丁受体（ryanodine receptor，RyR）是一类位于肌肉和心肌细胞内质网上的、同源四聚体钙离子跨膜通道蛋白，在肌肉的伸缩运动中具有重要作用。鱼尼丁受体与电压门控钙离子通道共同调节胞质和钙库中钙离子的平衡，前者在细胞膜外调节钙离子的流入，后者在肌质膜上控制钙离子释放，从而实现胞质中钙离子的指数级变化，控制肌肉的兴奋和收缩。作用于鱼尼丁受体的杀虫剂有氯虫苯甲酰胺、氟虫双酰胺、溴氰虫酰胺、四氯虫酰胺、四唑虫酰胺。

鱼尼丁是从大风子科 *Ryania* 属植物中提取的生物碱，是鱼尼丁受体的激动剂，具有很强的杀虫活性。但因其结构复杂，人工合成困难，且对人畜的毒性很大，因而难以商品化。1998 年，日本农药公司和拜耳公司联合开发出首个作用于鱼尼丁受体的双酰胺类杀虫剂——氟苯虫酰胺，之后美国杜邦公司于 2000 年开发出生物活性更高且对水生生物更安全的氯虫苯甲酰胺，成为防治鳞翅目害虫的主要药剂；第二代双酰胺类杀虫剂——溴氰虫酰胺的作用对象更广泛，可有效防治鳞翅目、半翅目、缨翅目和鞘翅目害虫。

作用方式：以胃毒、内吸为主，有一定触杀性。

作用机制：通过激活昆虫肌肉细胞中的鱼尼丁受体，引起钙离子持续的释放，导致细胞内钙库中的钙离子失控与流失，使昆虫肌肉松弛、性麻痹、瘫痪、停止取食，导致最终死亡。

田间应用：常规喷雾为主，种子处理，撒施颗粒剂。对于鳞翅目害虫高效，主要用于防治水稻螟虫与小菜蛾。多地小菜蛾、二化螟已对氯虫苯甲酰胺产生高水平抗性。

二、杀菌剂的作用机制及特点

目前已有 300 多种杀菌剂的有效成分可以用来防治多种植物病害。杀菌剂的作用方式和作用机制较为复杂，保护性杀菌剂只能通过化学保护方式防治病害，这一类往往是多作用点的杀菌剂；内吸性杀菌剂大多为位点专化性杀菌剂，作用位点较为单一，主要的作用机制为抑制菌体微管蛋白、核酸、甾醇、纤维素、氧化固醇结合蛋白及细胞壁等的生物合成，以及抑制线粒体复合体Ⅱ和Ⅲ电子传递等；杀菌农用抗生素均为微生物特别是放线菌的次生代谢产物，大多数是蛋白质合成抑制剂；植物诱导抗病激活剂自身并无杀菌或抑菌活性，但可以诱导植物产生抗病性。

（一）保护性杀菌剂

保护性杀菌剂是杀菌剂中最早出现、使用时间最长的杀菌剂，包括无机杀菌剂和有机保护性杀菌剂两类。这类药剂在喷洒后可在植物体和病菌表面形成一层很薄的药膜，从而有效阻止孢子萌发，防止病菌侵染。目前生产中仍在使用的无机杀菌剂有含硫和含铜的两类无机物，有机保护性杀菌剂主要有有机硫类、取代苯类、酰亚胺类和二芳胺类。

1. 无机铜杀菌剂

人类使用铜制剂已有两百多年的历史。1761 年，人们用硫酸铜处理小麦种子防治腥黑穗病。1882 年，Millardat 发现波尔多液对葡萄霜霉病有防治效果，开始了铜制剂在防治植物病害中的应用。在化学合成的有机杀菌剂进入市场之前，无机铜在防治植物病害的领域中占优势地位达 50 年之久，至今在许多国家和地区的多种作物上仍在广泛地使用。目前生产中具有代表性的无机铜制剂包括波尔多液、硫酸铜、氯氧化铜、氢氧化铜、氧化亚铜、碳酸铵铜和其他各种含铜制剂。

波尔多液（Bordeaux mixture）因法国波尔多地区用其来防治葡萄霜霉病而得名，是硫酸铜和氢氧化钙（熟石灰）反应的产物［$CuSO_4 \cdot x Cu(OH)_2 \cdot y Ca(OH)_2 \cdot z H_2O$］，至今仍然是在全球范围内应用最广的含铜杀菌剂。

波尔多液配制方法：根据不同作物对铜或石灰忍耐力的强弱选择合适的配比。通常硫酸铜、氢氧化钙和水的配比为 1∶1∶100，即称为 1%等量式。植物幼嫩生长期喷施的波尔多液，硫酸铜和熟石灰的含量需要减少，上面的配比可以为 1∶0.5∶100（1%半量式）、0.5∶1∶100（0.5%倍量式）、0.5∶0.5∶100（0.5%等量式）或 0.5∶0.25∶100（0.5%半量式）等。对已知波尔多液敏感的植物，熟石灰的浓度需要大幅度提高，一般可用熟石灰三倍量式。

作用机制：其杀菌和抑菌效果主要归因于铜离子。主要表现为：①与菌体细胞膜上的含—SH 酶作用，使酶失去活性；②与细胞膜表面的 Ca^{2+}、Mg^{2+}、K^+和 H^+等阳离子交换，影响了菌体细胞膜蛋白质的活性；③局部渗入菌体内与某些酶结合，影响其活性。

生物活性与应用：具有杀菌谱广、持效期长、病菌不易产生抗药性、对人畜低毒等特点；可以防治多种真菌、卵菌和细菌引起的叶斑病、疫病、炭疽病、霜霉病、黑点病和溃疡病。适宜作物为马铃薯、蔬菜（白菜除外）、小麦、葡萄、苹果、梨、棉花、辣椒、油菜、豌豆、水稻等。

2．无机硫杀菌剂

硫黄是已知最早的杀菌剂，约在公元前 1000 年，古希腊人荷马在《荷马史诗》中就曾谈及硫黄的防病与其性质。到 19 世纪人们已逐渐有意识地利用硫黄，1802 年就有了石硫合剂的记载，后来进一步明确了石硫合剂对植物白粉病的防治效果。1850 年，硫黄的大量使用促使了喷粉法的创立。以硫黄为主体的无机硫杀菌剂，至今仍在大量使用，代表性的品种有石硫合剂、硫黄和胶体硫。

石硫合剂（lime sulphur）的化学名称叫多硫化钙，由石灰和硫黄一起煮沸而成。合适的比例为生石灰∶硫黄∶水＝1∶（1.4～1.5）∶13。主要成分为五硫化钙，并含有多种多硫化物、少量硫酸钙与亚硫酸钙。

作用机制：呼吸抑制剂。施用后硫离子和少量硫化氢气体可阻碍三羧酸循环中琥珀酸的氧化，并作用于病原菌细胞色素 b 和细胞色素 c 之间的氧化还原体系，抑制电子传递。

田间应用：具有杀菌、杀虫双重功效，主要用来防治各种植物的白粉病、锈病、黑穗病、赤霉病等，持效期可达半个月左右。同时石硫合剂呈碱性，有侵蚀昆虫表皮蜡质层的作用，故对介壳虫及其卵有较强的杀伤力。适宜作物为小麦、甜菜和蔬菜如黄瓜、茄子等，果树有苹果、梨、李、葡萄和柑橘等。不同植物对石硫合剂的敏感性差异很大，叶组织幼嫩的植物易受伤害。

石硫合剂对人、畜毒性低，但对皮肤有腐蚀作用，对眼睛和鼻子有刺激性。石硫合剂呈碱性，遇酸分解。气温愈高，药效愈好，药害也愈重，尤其是对硫敏感的植物，如番茄、瓜类和葡萄。与矿物油或其他杀虫剂一起使用时更容易造成药害。可与代森锰锌、多菌灵等农药混用。在空气中易被氧化，特别在高温及日光照射下，更易引起变化，生成游离的硫黄及硫酸钙，故贮存时要严加密封。

3．有机硫杀菌剂

有机硫杀菌剂于20世纪30～40年代问世，是杀菌剂发展史上最早且广泛应用于植物病害防治的一类有机化合物，它的出现标志着杀菌剂从无机物发展到有机物阶段，在替代铜、砷、汞制剂方面起了重要作用。先后开发成功的有“福美”类、“代森”类及三氯甲硫基类系列。

主要品种包括福美双、福美铁、代森钠、代森锰、代森锌和代森锰锌，以及克菌丹、敌菌丹和灭菌丹。目前生产中具有代表性的有机硫杀菌剂包括福美双、代森锰锌和克菌丹等品种。

（1）福美双（thiram）

作用机制：在菌体内能够代谢为含硫氰基（—N═C═S）的化合物，可使病原菌细胞体内氨基酸和酶的巯基（—SH）失活，最终抑制这些物质的合成和功能。

田间应用：对种传、土传的病害有较好的防治作用，主要用于种子、球茎和土壤的处理，以防治水稻、大麦、小麦、玉米、豌豆、甘蓝和瓜类等多种作物上的疫病、黑穗病、黄枯病和立枯病等。也可用于喷洒，防治一些果树、蔬菜上的霜霉病、白粉病和炭疽病。该药剂对人、畜为中等毒性，对甲虫及鼠、兔等动物有一定的忌避作用。

（2）代森锰锌（mancozeb）

作用机制：主要破坏辅酶A，直接影响需有辅酶A参与的脂肪酸的β氧化，影响丙酮酸脱氢酶系和α-酮戊二酸脱氢酶系的活性；与金属离子形成螯合物从而抑制以铜、铁为辅基的酶的活性。

田间应用：主要通过叶面喷洒防治卵菌及半知菌中的尾孢属、壳二孢属等真菌引起的多种病害，对果树、蔬菜上的炭疽病、早疫病、晚疫病等多种病害有效。不可与碱性农药或铜汞制剂混用。在试验剂量下未发现致突变、致畸作用，在极高剂量下会引起动物生育障碍。对人、畜为低等毒性，对眼睛有严重的刺激性，对皮肤中等刺激。

（3）克菌丹（captan）

作用机制：①作用于脱氢酶系的硫胺素（TPP），如影响丙酮酸脱羧作用，使三羧酸循环中断，从而影响菌体能量的形成；②作用于含巯基的酶系，如能够使乙酰辅酶A失活，并可抑制柠檬酸合成酶和乌头酸酶的活性，从而影响柠檬酸循环，阻断代谢过程。

田间应用：对植物安全，可用于小麦、水稻、玉米、果树和蔬菜作物上的多种真菌病害。

4．取代苯类杀菌剂

该类杀菌剂的分子结构特征是以苯环作为母体，多数为非内吸性杀菌剂，个别品种具有一定的内吸性，如杀菌磺胺、地茂散。这类杀菌剂中的一些品种，如六氯苯和五氯硝基苯等是利用杀虫剂六六六无毒体为原料生产的，随着六六六的禁用和新的高效杀菌剂的不断涌现，这类药剂的发展受到限制。代表性品种包括五氯硝基苯和百菌清，目前五氯硝基苯在某些国家已经限用或禁用，百菌清生产数量依旧很大，为年销售额超过1亿美元的杀菌剂品种之一。

作用机制：五氯硝基苯主要影响细胞的有丝分裂。百菌清则主要抑制真菌细胞中的3-磷酸甘油醛脱氢酶的活性，破坏其呼吸代谢。

田间应用：五氯硝基苯常用于土壤处理和种子处理。对立枯丝核菌有特效，对甘蓝根肿病菌、白绢病菌、马铃薯疮痂病菌、油菜菌核病菌和放线菌均有防效。对腐霉菌、疫霉菌、镰刀菌和轮枝菌等土传病菌防效差。百菌清常作茎叶喷雾处理使用，在植物表面有良好的黏着性，不易被雨水等冲刷，对多种作物真菌病害具有预防作用，或加工成烟剂或片剂，在温室中可以借助热力扩散。主要用于防治果树、蔬菜的霜霉病、白粉病、叶斑病、叶枯病、锈病、炭疽病、油菜菌核病和小麦雪腐病等。

五氯硝基苯对人、畜低等毒性，对皮肤、眼睛有刺激性。

5．酰亚胺类杀菌剂

酰亚胺类杀菌剂是20世纪70年代开发的一类化学结构上变化较大的化合物，包括甲菌利、乙菌利、异菌脲、腐霉利和乙烯菌核利等杀菌剂。其中以异菌脲和腐霉利为代表的品种目前仍为世界上生产数量较大的有机杀菌剂，在很多国家和地区得到广泛应用。

作用机制：抑制含有$-NH_2$和$-SH$的氨基酸和酶等的合成。认为其作用机制也与菌体磷脂过氧化反应有关，并对细胞膜和细胞壁有影响，改变膜的渗透性和功能。除此之外，异菌脲也能抑制蛋白激酶，控制一些细胞内的信号传递。

田间应用：大多属保护性杀菌剂，个别品种如腐霉利具有一定的渗透性，具有保护和铲除作用，能够抑制孢子萌发和菌丝生长，对灰霉孢属和核盘菌属引起的病害有特效。异菌脲是一种广谱的叶面接触性杀菌剂，对葡萄孢属、链核盘菌属和核盘菌属真菌有效，同时对链格孢属和丝核菌属真菌也有效，常用作叶面喷雾，有时用作产后浸渍和种子处理，可防治小麦黑穗病和马铃薯种薯黑痣病等，另外对柑橘储藏期果实的褐色和黑色蒂腐病、青绿霉病也有效。腐霉利主要用于防治黄瓜、番茄和草莓等作物的灰霉病与油菜、莴苣的菌核病等。

在病害发生初期和高峰期使用，一般在作物全生育期施用不超过3次，避免产生抗药性。腐霉利不能与碱性药剂和有机磷药剂混用。

6．二芳胺类杀菌剂

二芳胺类化合物作为一种解热镇痛抗炎药在医药上使用多年，但这类药剂选择性不强，对非靶标生物也具有解偶联活性，这一特性限制了其发展。20世纪80年代初期，日本石原产业株式会社研制的氟啶胺成功克服了该类化合物选择性弱的缺点，其利用哺乳动物体内谷胱甘肽的解毒原理，对非靶标生物低毒，而对靶标生物具超高效的解偶联活性。随后我国沈阳化工研究院开发出双苯菌胺，其与氟啶胺相似，同样具有高效、低毒的特点。

作用机制：氧化磷酸化解偶联剂，通过抑制病原菌线粒体的呼吸作用，阻碍ATP的合成，抑制病原菌生长。

田间应用：该类药剂的杀菌谱广，对卵菌、根肿菌、子囊菌门、担子菌门、接合菌门及无性型真菌类的大部分植物病原菌均有良好的抑菌活性，且对螨类也有效。可防治果树、小麦、蔬菜、大豆、马铃薯、茶等多种作物上的多种病害，田间防治效果良好。也是防治马铃薯晚疫病和大白菜根肿病的有效药剂，对核盘菌属和丝核菌属真菌引起的植物病害有特效。

（二）内吸性杀菌剂

内吸性杀菌剂在整个杀菌剂的发展过程中占非常重要的地位，大多数品种生物活性优异，内吸传导性强，可以被植物的叶片和根吸收，并在植物组织中通过木质部输导而在植株体内达到系统分布。根据其内吸传导的作用方式，很多内吸性杀菌剂可以采用种子处理、苗木浸根、土壤处理、喷雾、树干注射等多种使用方式有效防治植物病害。由于大多内吸性杀菌剂作用位点单一，因此病原菌易对其产生抗药性。为延长内吸性杀菌剂的使用寿命，与广谱保护性杀菌剂复配使用是主要技术措施之一。目前生产中广泛使用的内吸性杀菌剂种类很多，根据其作用机制和化学结构主要分为以下几类。

1．微管蛋白抑制剂

苯并咪唑类杀菌剂主要通过抑制病原菌β-微管蛋白的合成，使其不能形成纺锤丝，从而影响病原菌的有丝分裂，故该类杀菌剂又称为微管蛋白抑制剂。自1968年发现苯菌灵具有防治植物真菌病害的优良特性以后，其他苯并咪唑类杀菌剂也被开发应用到植物病害的防治上，如1969年开发的多菌灵和1971年开发的甲基硫菌灵及之前开发的噻菌灵和麦穗宁。苯并咪唑类杀菌剂的母体结构是含有苯并咪唑环的活性部分，该类杀菌剂中的硫菌灵和甲基硫菌灵从化学结构上不含苯并咪唑类环，但它们在植物体内的代谢过程中经过环化后转化成多菌灵而起作用。苯并咪唑类杀菌剂都有共同的衍生物多菌灵或它的乙基同系物乙基多菌灵，这是与病菌相互作用的最终化合物，因此它们具有相同的作用机制和抑菌谱。

苯并咪唑类杀菌剂在生产上广泛使用后不久就出现了抗药性问题，至今报道对苯并咪唑类杀菌剂产生抗药性的植物病原真菌至少有56个属的数百种真菌。目前病原菌抗药性已成为制约这类杀菌剂继续使用的最主要因素。这类杀菌剂中的一些品种在欧盟已被限用或禁用，大多数国家仍然按照抗性治理措施的要求，对其进行合理而广泛的使用，目前多菌灵仍然排在我国出口农药品种的前列。

作用机制：在病原物细胞分裂过程中，主要与病原菌β-微管蛋白结合，破坏纺锤体形成，阻止病原菌细胞有丝分裂，使染色体加倍、细胞肿胀。

生物活性与应用：苯并咪唑类杀菌剂为安全广谱的内吸性杀菌剂，对大多数子囊菌、半知菌、担子菌引起的植物病害有特效。但对半知菌中的交链孢、长蠕孢和轮枝孢引起的植物病害效果很差，对细菌和卵菌无效。由于其具有内吸并向顶输导的性能，因此可用于种子处理、土壤处理或地上部茎叶喷雾。病原菌易对该类杀菌剂产生抗药性和交互抗性。噻菌灵通常用于产后病害的防治，如防治贮藏期柑橘、苹果、梨、香蕉、土豆和南瓜的腐烂病，柑橘青绿霉病，芒果炭疽病和苹果青霉病等。甲基硫菌灵常用于防治草坪病害，喷雾防治白粉病和灰霉病，另外还可以防治许多叶片和果实斑点病、疮痂病和腐烂病等。它也可通过土壤处理防治土传病害。该类杀菌剂通常可与福美双、百菌清、代森锰锌、异菌脲、粉唑醇、戊唑醇、烯唑醇、丁苯吗啉、乙烯菌核利、甲霜灵和咪鲜胺等混用。对人、畜低毒。

2．核酸生物合成抑制剂

苯基酰胺类杀菌剂能够特异性影响与DNA模板结合的RNA聚合酶复合体的活性，从而抑制RNA的生物合成，因而该类杀菌剂属于核酸生物合成抑制剂，是1973年瑞士汽巴-嘉基（Ciba-Geigy）公司筛选除草剂时意外发现的一种优良的内吸性杀菌剂，其对卵菌有特效。甲霜灵作为酰苯胺类杀菌剂的第一个产品，1978 年被商品化，随后系列产品得到开发。该类药剂的共同特点是低毒，选择性强，只对卵菌有效，施用后对植物有保护及治疗作用，持效期长，可达 24 周。代表性品种有苯霜灵、呋霜灵、甲霜灵、精甲霜灵、噁霜灵和甲呋酰胺等。大多品种在植物体内可向顶传导，甲呋酰胺则具有向顶、向基及侧向传导的特性。

精甲霜灵是原瑞士诺华农化有限公司开发的第一个旋光活性杀菌剂，是外消旋体甲霜灵中的 *R* 体。研究表明，*R* 体较外消旋体具有更高的杀菌活性、更快的土壤降解速度等特点，有利于减少施药次数，延长施药周期，并增加了对使用者的安全性及与环境的相容性。其在对病害获得同等防效的情况下，用量远远低于甲霜灵。

该类杀菌剂同样存在病原菌抗药性的问题，我国许多地区的卵菌病害都对甲霜灵产生了严重的抗药性。虽然欧洲从 2003 年开始禁止使用普通甲霜灵单剂，但以精甲霜灵为代表的酰苯胺类杀菌剂在世界杀菌剂市场中仍然占有相当重要的地位。

作用机制：抑制 rRNA 聚合酶的活性，从而抑制 rRNA 的生物合成。其使菌体细胞壁加厚，影响病原菌侵入后菌丝在寄主植物体内的发育，而对孢子囊的萌发没有影响。

田间应用：酰苯胺杀菌剂为广谱内吸性杀菌剂，安全，高效，持效期长。具有优良的保护、治疗、铲除活性，对卵菌中的腐霉属、疫霉属和许多霜霉病菌有特效，而对大多数真菌无效。大多数品种向顶传导能力强，甲呋酰胺具有双向传导的活性。在病原物侵染以后施用，仍能显示出优良的治疗作用。广泛用于土壤或种子处理，防治由腐霉属和疫霉属病菌引起的种子腐烂和猝倒病。对人、畜低毒。

部分病原菌已对该类药剂产生了明显的抗药性，建议将该类药剂和广谱保护性杀菌剂如代森锰锌、百菌清和铜盐等复配或混合使用。

3. 甾醇生物合成抑制剂

甾醇生物合成抑制剂包括三唑类、咪唑类、吡啶类、吗啉类和嘧啶类等杀菌剂品种，其中三唑类杀菌剂是继苯并咪唑类之后，迄今为止发展最快、品种最多的一类杀菌剂。

三唑类杀菌剂大多数品种的化学活性基团为 1,2,4-三唑，也是麦角甾醇合成抑制剂中最重要的一类化合物，具有高效、广谱、持效期长等特点。截至 2020 年，已开发的三唑类杀菌剂已有 30 多种，包括三唑酮、三唑醇、双苯三唑醇、苯醚甲环唑、氟硅唑、丙环唑、乙环唑、腈菌唑、环唑醇和戊唑醇等优秀的内吸性杀菌剂，均为菌体内麦角甾醇合成过程中 C-14 脱甲基化的抑制剂。

除三唑类杀菌剂之外，杀菌剂中还有几类麦角甾醇合成抑制剂。根据作用的主要靶标位点，可以分为脱甲基抑制剂（DMI）、吗啉类和哌啶类化合物。其中咪唑类、吡啶类、嘧啶类的作用机制也被证实是抑制真菌麦角甾醇生物合成中细胞色素 P450 加单氧酶催化的脱甲基反应。Eli Lilly 公司于 20 世纪 70 年代开发了嘧菌醇、氯苯嘧啶醇和氟苯嘧啶醇等 3 个嘧啶类杀菌剂品种。吡啶类杀菌剂的代表品种为丁赛特和啶斑肟。咪唑类杀菌剂的代表品种有抑霉唑、咪鲜胺和氟菌唑等。其中抑霉唑和咪鲜胺被广泛用于防治生产中由长蠕孢属、镰孢霉属和壳针孢属等引起的真菌病害及采后果品上的病害防治。

吗啉类的代表品种为十三吗啉、十二吗啉和丁苯吗啉，这三种杀菌剂在菌体麦角甾醇生物合成中的作用靶标为 Δ^8-Δ^7 异构化酶和 Δ^{14} 还原酶。

作用机制：麦角甾醇生物合成抑制剂。三唑类化合物的含氮杂环部分的氮与细胞色素 P450 的铁离子结合，抑制从羊毛甾醇到麦角甾醇的生物合成，破坏菌体细胞膜功能，从而达到抑菌作用。还可影响植物中赤霉素的合成，具有植物生长调节剂的作用。

生物活性与应用：三唑类杀菌剂高效广谱，除对卵菌无活性外，对子囊菌门、担子菌门、接合菌门及无性型真菌类的大部分植物病原菌均具良好活性。该类药剂施药量非常低，大田用药量仅为传统保护性杀菌剂用量的 10%左右。持效期长，一般可达 3～6 周。三唑酮等进行土壤处理，持效期可达 16 周。主要用于防治各种锈病及白粉病，对麦类根腐病、黑穗病、叶枯病和全蚀病也有较好的防效。可用于叶面喷洒及种子和土壤处理，并具有一定的植物生长调节活性。

早期开发的一些品种，如三唑酮、三唑醇、烯唑醇和丙环唑等对双子叶植物具有明显的抑制作用，当用于种子或土壤处理时，如使用不慎，易产生药害。

4．纤维素生物合成抑制剂

该类抑制剂在化学结构上属于羧酸酰胺类（carboxylic acid amide，CAA）杀菌剂。烯酰吗啉是由巴斯夫公司在 20 世纪 80 年代末开发的杀菌剂，其对植物卵菌病害具有优异的防治效果，且与甲霜灵等苯基酰胺类杀菌剂无交互抗药性。另外，该类杀菌剂对人类和环境安全，目前也是世界农药公司研究的热点之一。1994 年，我国沈阳化工研究院以烯酰吗啉为先导开发出氟吗啉。目前市场上该类杀菌剂主要包括三类：①苯乙烯酸氨基化合物，包括烯酰吗啉和氟吗啉两个品种；②缬氨酸氨基甲酸盐类化合物，包括异丙菌胺、苯噻菌胺和异苯噻菌胺等品种；③扁桃酸氨基化合物，包括双炔酰菌胺等品种。但这几类杀菌剂均具有相似的生物活性和防治谱。

作用机制：可抑制纤维素合酶 CESA3 的活性，进而影响细胞壁合成。

生物活性与应用：CAA 类杀菌剂对植物卵菌病害具有较好的保护和治疗作用，且与甲霜灵等苯基酰胺类杀菌剂无交互抗药性。对多数卵菌植物病原菌如霜霉属（葡萄霜霉、黄瓜霜霉、莴苣霜霉、白菜霜霉等）和疫霉属病菌（马铃薯和番茄晚疫病菌、辣椒疫霉菌、黄瓜疫病菌等）均有优异的保护、治疗和铲除效果，但对腐霉属和真菌均没有明显的抑制效果。该杀菌剂对人类、环境安全。

5．氧化固醇结合蛋白生物合成抑制剂

哌啶噻唑异噁唑啉类（piperidinyl-thiazole isoxazoline，PTI）杀菌剂——氟噻唑吡乙酮是美国杜邦公司 2007 年研发出的具有全新化学结构及作用机制的杀菌剂。该药剂是迄今为止生物活性最高的一类卵菌抑制剂，且与目前市场上的其他卵菌抑制剂均无交互抗性，2015 年在我国登记用于防治致病疫霉、辣椒疫霉、黄瓜霜霉等植物病原卵菌。

作用机制：其作用靶标为氧化固醇结合蛋白，是一类全新的杀菌剂作用靶标。这类蛋白质可能参与生物膜之间脂类物质的转运。通过抑制氧化固醇结合蛋白，破坏靶标菌细胞壁、细胞膜的合成及脂类代谢相关生物学途径。

生物活性与应用：氟噻唑吡乙酮对疫霉病和霜霉病具有优异的保护活性和治疗活性，同时具有一定的渗透及向顶性传导活性。前期研究表明，其对疫霉病及霜霉病病菌的有效中浓度（EC_{50}）和抑菌效果达 90%时的药剂浓度（EC_{90}）分别能达到 1×10^{-4}μg/mL 和 1×10^{-3}μg/mL，活性明显优于市场上其他卵菌抑制剂，且与其他卵菌抑制剂均无交互抗药性，但对瓜果腐霉及病原真菌无明显的抑制效果。

6．线粒体复合体Ⅲ电子传递抑制剂

线粒体复合体Ⅲ电子传递抑制剂主要是指甲氧基丙烯酸酯类杀菌剂，又称为strobilurins类杀菌剂，该类杀菌剂是以分离自一种蘑菇 *Oudemansiella mucida* 中的天然化合物strobilurins A为先导设计合成的化合物。该类杀菌剂具有广谱的杀菌活性、独特的作用机制和高效安全等优点。目前为止，有10余种已经商品化或即将商品化，包括嘧菌酯、醚菌酯、啶氧菌酯、肟菌酯、唑菌胺酯、苯氧菌胺、烯肟菌酯和苯醚菌酯等。这类药剂作用位点单一，国际杀菌剂抗性行动委员会（FRAC）目前认为这类杀菌剂具有高抗药性风险。

作用机制： 为线粒体呼吸抑制剂，药剂与线粒体电子传递链中复合体Ⅲ即细胞色素 bc_1 复合体（Cyt bc_1 复合体）结合，阻断电子从细胞色素 bc_1 复合体流向细胞色素c的过程，阻止ATP的合成，干扰真菌细胞的呼吸作用，破坏能量形成，从而抑制靶标病原菌的生长或杀死病原菌。因为该类杀菌剂是与线粒体内膜外壁 Q_O 位点（辅酶Q的氧化位点）的细胞色素b低势能血红素结合的抑制剂，所以这类杀菌剂也称为 Q_O 位点抑制剂。

生物活性与应用： 该类杀菌剂具有广谱、高效、安全、环境友好等特点，能同时有效地防治卵菌和子囊菌门、担子菌门及无性型真菌的大部分植物病原菌引起的病害，对环境和非靶标生物友善，对作物的产量和品质均有一定的提高和改善作用。与目前使用的杀菌剂不存在交互抗性。

7．线粒体复合体Ⅱ电子传递抑制剂

1966年，UNIROYAL公司研发出了第一个琥珀酸脱氢酶抑制剂（SDHI）类杀菌剂——萎锈灵，1973年，在萎锈灵的基础上又开发出了氧化萎锈灵。20世纪80年代，日本农药公司和巴斯夫公司先后研发出氟酰胺、麦锈灵等苯基苯甲酰胺类产品。此后的半个多世纪里，不断有新的琥珀酸脱氢酶抑制剂类杀菌剂研制成功，啶酰菌胺和噻呋酰胺分别于1992年和1994年登记推广。随后，多种吡唑酰胺类琥珀酸脱氢酶抑制剂类杀菌剂先后成功上市，截至目前已有呋吡菌胺、吡唑萘菌胺、氟吡菌酰胺、吡噻菌胺、氟唑菌酰胺、联苯吡菌胺、氟唑菌胺和氟唑环菌胺共8种商品化的吡唑酰胺类琥珀酸脱氢酶抑制剂杀菌剂品种。由拜耳公司开发的吡啶基乙基苯甲酰胺类琥珀酸脱氢酶抑制剂杀菌剂——氟吡菌酰胺，也于2010年在中国登记，其可用于70多种作物的病害防治。

作用机制： 琥珀酸脱氢酶抑制剂。此类杀菌剂通过阻止电子从铁硫中心到泛醌的传递，抑制病原菌的呼吸作用，使其无法正常生长。

田间应用： 近年来开发的琥珀酸脱氢酶抑制剂类杀菌剂不仅对担子菌门真菌有特效，而且对子囊菌的灰霉病菌、白粉病菌、菌核菌、褐腐病病菌、霜霉病病菌、早疫病病菌均有良好的抑制效果，被用于多种作物的病害防治。其中，啶酰菌胺几乎对所有类型的真菌病害都有活性。吡唑酰胺类杀菌剂也具有广谱活性，如吡唑萘菌胺对抗三唑类和甲氧基丙烯酸酯类杀菌剂的病菌也表现出高活性，尤其对壳针孢属真菌十分高效，对小麦锈病和大麦锈病的防治效果均优于氟环唑，以保护作用为主，并兼具一定的治疗作用，且具有持效期长的特点。吡噻菌胺也可用于草坪、果树和蔬菜作物的锈病、菌核病、灰霉病、白粉病和霜霉病等病害的防治。

8．其他内吸性杀菌剂

（1）有机磷类杀菌剂　早在20世纪50年代初，荷兰的Philips-Duphar B. V.（菲利浦-杜发）公司就发现了威菌磷的内吸性杀菌活性，并对其进行了探索性研究。1960年申报了专利并进行了商品化生产。这是第一个磷酰胺类的内吸性杀菌剂，它对白粉病有特效，并能兼治蚜虫和螨类等害虫。

20 世纪 60 年代末与 70 年代中期，是有机磷农药研发的重要时期，除大量有机磷杀虫剂的涌现外，在杀菌剂、杀线虫剂、除草剂和植物生长调节剂等方面也都研制出了相关品种并实现了工业化生产。有机磷杀菌剂的主要品种包括 1965 年日本 Ihara 公司和 1968 年日本组合化学公司分别开发的稻瘟净和异稻瘟净；1966 年由道化学（Dow Chemical）公司开发的灭菌磷；1968 年由拜耳（Bayer）公司发现的及 20 世纪 70 年代由罗纳普朗克农化公司（Rhone-Poulenc Agrochimie）公司开发的三乙膦酸铝；80 年代日本住友化学公司和英国 FBC 公司开发的定菌磷等十几个品种，但有机磷杀菌剂品种不如有机磷杀虫剂那样多而重要，有些化合物也因应用范围小等原因未商品化或不再作为杀菌剂使用。稻瘟净、异稻瘟净、敌瘟磷和乙磷铝等品种在全球的植物病害防治中发挥了重要作用，有些品种至今仍在全世界范围内广泛使用。

作用机制：稻瘟净、异稻瘟净和敌瘟磷主要通过影响细胞膜上的卵磷脂合成相关的甲基转移酶的活性而影响细胞壁合成。定菌磷和甲基立枯磷等则抑制 DNA、RNA 和蛋白质的生物合成及氧的吸收。磷酰胺类杀菌剂——威菌磷对白粉病菌的抑制作用主要是影响病原菌吸器的形成并干扰寄主的代谢及其与病原的互作关系。三乙膦酸铝对靶标病原菌除直接的抑菌作用外，Bempeix 等于 1981 年的研究结果表明，其防病作用可能是通过诱导寄主植物体内产生酚类和倍半萜类的物质，进而增强了寄主的抗病能力。

田间应用：有机磷类杀菌剂均具有内吸性，兼有保护和治疗作用。根据其构效关系的特点，防治谱不尽相同。①其中有些品种具有防病并可兼治害虫，硫赶磷酸酯类杀菌剂主要用于防治稻瘟病，并可兼治稻飞虱、叶蝉，对水稻小粒菌核病、纹枯病、颖枯病和玉米大小斑病也有效。异稻瘟净药效高于稻瘟净，持效期长，且无残留。敌瘟磷用途与稻瘟净、异稻瘟净相同，对稻瘟病菌孢子萌发的抑制作用高于稻瘟净和异稻瘟净，但治疗作用不及异稻瘟净；威菌磷对大麦、苹果和玫瑰等植物白粉病菌具有活性，并兼有杀虫、杀螨活性；定菌磷主要用于防治谷物、瓜菜、苹果和观赏植物的白粉病，持效期长达 21d，并具有一定的杀线虫、杀虫、杀螨活性，也可用于防治菊属植物上的潜叶蝇。②广谱杀菌活性，甲基立枯灵对罗氏白绢菌、丝核菌、玉米黑粉菌、灰霉菌、核盘菌、禾谷全蚀菌和青霉菌均有效，对立枯丝核菌有特效，可用于多种作物苗期的立枯病、菌核病和雪腐病的防治，效果优异。但对镰刀菌和黄萎轮枝菌抑菌活性很差，对疫霉菌和腐霉菌无效。③三乙膦酸铝是第一个双向传导的内吸性杀菌剂，进入植物体内移动迅速并且持效期长。根据作物种类的不同，药效可维持 4 周至 4 个月。防病谱广，是防治真菌和卵菌病害的重要品种，对霜霉病菌、疫霉病菌、白粉病菌、菌核病菌均有较高的防效。

异稻瘟净适用于水田水面施药，由根部及水面下的叶鞘吸收后传导迅速，水面施药 3d 后即可见效果，5～7d 内吸量达到最大，在水中药效可维持 3～4 周。其防效是叶面喷施的 2～3 倍。定菌磷极易被植物叶部所吸收并在植物内传导，但不能充分被植物根部或种子吸收，因此主要用于地上部喷洒使用。甲基立枯灵则可采用土壤处理、拌种、浸种或叶面喷雾等多种方式。三乙膦酸铝除叶面喷施外，也可采取灌根、浸渍方法施用。

（2）氟吡菌胺　氟吡菌胺是由拜耳公司开发的具有独特作用机制的新型杀菌剂，是一类苯甲酰胺类杀菌剂。其于 2004 年初在黄瓜霜霉病上登记，2005 年底在番茄、辣椒、马铃薯、十字花科蔬菜和瓜类上扩展登记，2006 年以复配形式氟吡菌胺＋霜霉威盐酸盐悬浮剂在我国上市，商品名为“银法利”。该杀菌剂田间耐雨水冲刷，持效期长，低毒低残留，且对作物、使用者和环境安全，已逐步成为卵菌植物病害防治的主要产品。

作用机制：对马铃薯晚疫病菌的研究表明，氟吡菌胺对卵菌菌丝生长、孢子囊产生、游动孢子释放、休止孢萌发等各不同生长发育阶段均具有较好的抑制活性，特别是对游动孢子和菌丝生长阶段抑制作用明显。该杀菌剂作用机制新颖，免疫荧光定位显微观察发现，其对一种类似血影蛋白的蛋白质具有影响，在菌丝和游动孢子中能够诱导该蛋白质从细胞膜到细胞质的快速重新分配，但其具体靶标位点仍然不清楚。

田间应用：氟吡菌胺对植物卵菌病害具有优异的治疗作用，且与甲霜灵等苯基酰胺类杀菌剂无交互抗药性。对多数卵菌植物病原菌如霜霉属和疫霉属病菌均有优异的保护和治疗效果，但对腐霉属病菌和真菌均无明显的抑制效果。氟吡菌胺具有良好的内吸传导活性和较强的薄层穿透性，可被叶片和根系吸收。在发病初期施药，可有效防治黄瓜、马铃薯、番茄、辣椒、十字花科蔬菜和瓜类上的霜霉病、疫病、晚疫病、猝倒病等常见卵菌病害。

（三）杀菌农用抗生素类杀菌剂

杀菌农用抗生素（fungicidal argro-antibiotic）是指由细菌、真菌或放线菌等微生物产生的可以在较低浓度下杀死或抑制植物病原菌的次生代谢产物。与传统的化学合成杀菌剂相比，杀菌农用抗生素具有下述特点：对哺乳动物的毒性多数为低毒，使用中对人畜比较安全；对环境的压力较小，对非靶标生物安全；大多数产品具有内吸传导活性，可被植物组织吸收并在植物体内运转，因而兼有保护和治疗作用。目前，我国已登记的杀菌农用抗生素有 13 种，其中包括春雷霉素、井冈霉素、农抗120、中生菌素、宁南霉素、多抗霉素等，杀菌农用抗生素已成为我国杀菌剂市场的重要组成部分。

1. 春雷霉素

1963 年，Umegawa 等从春日链霉菌（*Streptomyces kasugensis*）中分离到一种抗生素，即春日霉素（kasugamycin）。1964 年，中国科学院微生物研究所从江西泰和县土壤中分离获得小金色放线菌（*Actinomyces microaureus*），也产生了与春日霉素相同的抗生素，命名为春雷霉素，其为水溶性氨基糖苷类抗生素。

作用机制：微生物蛋白质生物合成抑制剂，通过阻断氨酰-tRNA 与核糖体亚单位复合物的 30S 小亚基和 70S 大亚基的结合来抑制蛋白质的合成，从而抑制菌丝伸长和造成细胞颗粒化，但对孢子萌发无影响。

田间应用：春雷霉素是一种保护兼治疗性的内吸性杀真菌剂和杀细菌剂，可被植物组织吸收并运转到靶标部位。其对水稻稻瘟病、甜菜和芹菜叶斑病、水稻和蔬菜的细菌性病害及苹果与梨的疮痂病等均有良好的防治效果。

2. 井冈霉素

井冈霉素是水溶性抗生素，即 Horii 等于 1972 年报道的有效霉素（validamycin），其产生菌是吸水链霉菌柠檬变种（*Streptomyces hygroscopicus* var. *limoneus*）。1973 年，上海

农药研究所发现吸水链霉菌井冈变种（*S. hygroscopicus* var. *jinggangensis*）也可产生该抗生素，命名为井冈霉素（validamycin）。它是我国迄今产量和用量最大的杀菌抗生素。

作用机制：对立枯丝核菌无直接杀菌活性，但可以使病原菌菌丝体的尖端产生异常分枝，菌丝体无法继续延伸。研究证明，井冈霉素是立枯丝核菌 AG-1 海藻糖酶强有力的抑制剂，能有效阻止纹枯病菌从菌丝的基部向顶端输送营养如葡萄糖，从而抑制病菌的生长和发育。

生物活性与应用：井冈霉素内吸性很强，主要用于防治水稻、马铃薯、蔬菜、草莓、烟草、生姜、棉花、甜菜和其他作物上丝核菌引起的各种纹枯病、立枯病，对丝核菌引起的病害有特效，对稻曲病也有很好的防治效果。

3. 农抗 120

农抗 120 又名抗霉菌毒 120、120 农用抗生素等，其产生菌为中国农业科学院于北京郊区土壤中分离到的吸水刺孢链霉菌北京变种（*Streptomyces hygrospinosus* var. *beijingensis*）。农抗 120 属嘧啶核苷类杀菌抗生素，主要组分为 120-B，类似于下里霉素（harimycin）；次要组分为 120-A，类似于潮霉素 B（hygromycin B）。

作用机制：农抗 120 主要是直接阻碍病原菌的蛋白质合成，导致病原菌死亡，并且对作物有显著的刺激生长和增产作用。

生物活性与应用：农抗 120 是一种广谱性杀菌剂，兼有保护和治疗作用，对多种植物病原菌有强烈的抑制作用，可有效防治烟草白粉病、瓜类白粉病、花卉白粉病、西瓜枯萎病、炭疽病及小麦锈病等。

4. 中生菌素

中生菌素为 *N*-糖苷类抗生素，是最早发现的抗生素品种之一。中国农业科学院生物防治研究所从灰色链霉菌海南变种（*Streptomyces lavendulae* var. *hainanensis*）中也分离到该抗生素，并定名为中生菌素（zhongshengmycin）。

作用机制：中生菌素通过抑制细菌菌体蛋白质的合成，使丝状真菌菌丝畸形，从而抑制孢子萌发和杀死孢子，进而导致病菌死亡。

生物活性与应用：中生菌素是一种广谱性农用杀菌抗生素，能够抗革兰氏阳性和阴性细菌、分枝杆菌、酵母菌及丝状真菌。对农作物的多种细菌性病害，如水稻白叶枯病、大白菜软腐病、辣椒青枯病、黄瓜细菌性角斑病、柑橘溃疡病等有很好的防治效果，对苹果轮纹病、斑点落叶病、麦类赤霉病、瓜类枯萎病等真菌病害也有较好的防效。

5. 宁南霉素

宁南霉素（ningnanmycin）为中国科学院成都生物研究所从诺尔斯链霉菌西昌变种（*Streptomyces noursei* var. *xichangensis*）中分离到的一种水溶性胞嘧啶核苷肽型抗生素。

作用机制：宁南霉素的抗病毒机制是系统地诱导植物产生病程相关蛋白质，降低植物体内病毒颗粒浓度，破坏病毒粒体结构，同时抑制病毒核酸的合成与复制。

生物活性与应用：宁南霉素是一种广谱杀菌抗生素，保护作用与治疗作用兼具。对香蕉囊顶病，花叶心腐病，小麦、瓜类和豇豆的白粉病，大豆根腐病，水稻白叶枯病和立枯病均有较好的防治效果；对烟草、番茄、辣椒及瓜类病毒病均有一定的防治效果。防治作物病毒病，主要以抑制病毒的活性和诱导植株产生抗性为主，因此一定要在病毒侵入植株之前或发病初期喷雾防治。

6. 多抗霉素

多抗霉素（polyoxin），又名多氧霉素、多效霉素、保利霉素、宝丽安、科生霉素等。1965 年，Suzuki 等从可可链霉素阿索变种（*Stroptomyces cacaoi* var. *asoensis*）发酵产物中发现了水溶性抗生素——多抗霉素。1967 年，中国科学院微生物研究所也发现并分离到该菌。

作用机制：多抗霉素可以引起病原菌孢子芽管和菌丝体尖端的异常肿胀，从而使其失去致病性。此外，多抗霉素可抑制 ^{14}C-葡糖胺转入细胞壁几丁质的过程，干扰病菌细胞壁（几丁质）的合成，阻止病菌产生孢子和病斑扩大，导致菌丝体不能正常生长发育而死亡。

生物活性与应用：多抗霉素为广谱内吸性杀菌抗生素，对麦类白粉病、水稻纹枯病、水稻稻瘟病、水果和蔬菜的灰霉病、瓜类霜霉病、烟草赤星病、番茄晚疫病、棉花和甜菜立枯病、茶树茶饼病等多种真菌病害有效，特别是对交链孢菌引起的梨黑斑病和苹果斑点落叶病、灰葡萄孢引起的灰霉病有特效。

（四）植物诱导抗病激活剂

植物诱导抗病激活剂类的杀菌剂自身并无杀菌或抑菌活性，但可以作为植物免疫系统的激活剂（elicitor），能在 DNA 转录水平上调控特殊代谢相关基因的表达及病程相关蛋白（pathogenesis-related protein，PRP）的产生，激发植物启动自身的防御系统，以抵抗病原菌的侵染。目前，该类杀菌剂主要有烯丙异噻唑、苯并噻二唑和寡糖。

植物诱导抗病激活剂防治谱较广，对多种病原生物有效；其作用机制为诱导植物自身免疫系统对病原菌产生抗性，不会对病原菌构成选择压力，较难产生抗药性；内吸传导活性强，对人畜和环境安全等特点。但因其特殊的防病机制，该类杀菌剂必须在发病前使用才能起到防治病害、保护植物的效果；通常其诱导效果与植物种类、生长时期和栽培措施等因素密切相关，因此，田间实际使用中应予以关注。

1. 烯丙异噻唑（probenazole，PBZ）

作用机制：诱导水稻植株体内产生 α-亚麻酸。亚麻酸是茉莉酸的前体，而茉莉酸是植物抗病反应中的重要信号分子。可增强与植物抗病性相关的酶的活性，并使侵染部位寄主细胞形成类木质素的保护屏障。

生物活性与应用：具有内吸传导作用，可以根施或叶部喷洒。在离体条件下，具有很弱的抑菌活性，在育秧或移栽前施于水稻植株上后，对于水稻稻瘟病具有理想的防治效果，对水稻白叶枯病也有较好的防效。其主要代谢产物 1,2-苯异噻唑-1,1-二氧化物（BIT）也具有化学诱导作用。烯丙异噻唑属低毒农药，对人畜安全。

2. 苯并噻二唑（benzothiadiazole，BTH）

BTH 及其衍生物是迄今为止防治效果表现最稳定的一类典型的植物诱导抗病激活剂。其对许多作物的多种病害有很好的防治效果，目前已研发出了系列产品，并逐步进行商品化生产。其毒性低、无公害、杀菌谱广，一经诱导能够抵抗多种病原菌的侵害，且不易产生抗药性。最具代表性的产品为苯并［1,2,3］噻二唑-7-硫代羧酸甲酯，其中文通用名为活化酯（acibenzolar）。

作用机制：激活植物的免疫系统，使其表现为“系统获得抗性”。可诱导植物体内病程相关 PR 蛋白的产生，使苯丙氨酸解氨酶、几丁质酶、β-1,3-葡聚糖酶、过氧化物酶等一系列防御酶系活性及木质素和酚类物质含量提高。包括使植物细胞产生乳状突起、形成胼胝质等。

生物活性与应用：典型的植物诱导激活剂，离体条件下对病原菌无生物活性，预防性施用或者在发病早期施用后可使植物对多种真菌和细菌病害等产生防御作用，尤其对白粉病、锈病、霜霉病等效果显著。其活性高，施用量低，在禾谷类作物上用 30（a.i.）g/hm^2 叶面喷施一次，可有效预防白粉病，且能兼防叶枯病和锈病。可与其他常规杀菌剂如甲霜灵、代森锰锌、烯酰吗啉等混用，提高活化酯的防治效果，并能扩大其防病范围。活化酯具有较强的内吸传导作用，通过根部施药可迅速被植物吸收并传到植株各个部位，施药时间和病原菌接种间隔 1h 即可观测到对植株明显的保护效果；叶面施药则需要施药时间和病原菌接种间隔 24h 以上才可表现出明显的防治效果，但生产中习惯于叶部喷施。在推荐剂量下对作物安全，对人畜低毒。

3．寡糖（oligosaccharide）

大豆疫霉菌的菌丝体壁上分离到带分枝的 β-1,3 和 β-1,6 连接组成的葡聚七糖，这是首次被发现的寡糖激活剂，它能明显诱导大豆子叶中植保素的积累。还原端少一个葡萄糖单元的六糖类也有类似于七糖的功能。葡萄寡糖（六糖）由于无毒、无公害而效率高，并可适用于小麦、番茄、瓜菜等多种高等植物，因此是理想的新一代杀菌剂。

作用机制：寡糖可诱导植保素、蛋白酶抑制剂的合成及与病程相关 PR 蛋白的积累，并可使苯丙氨酸解氨酶、过氧化物酶等多种防御酶系活性增强。

生物活性与应用：葡萄寡糖（六糖）防治谱广、高效，10ng 寡糖激活剂应用于 1g 植物组织即能产生足够的植保素。在活体条件下能抑制多种病原微生物的侵染，对于番茄叶霉病、小麦白粉和西瓜枯萎病均具有良好的防治效果，表现为可提高作物抗病能力，延缓和减轻病害发生，提高农作物产量和品质等综合效能。寡糖通过叶部喷施或根部施药后能够被西瓜等植株快速吸收，在叶片中的传导表现为从叶缘向叶片中心分布的趋势。将叶部处理 8h 和根部处理 24h 后，寡糖即可以传导和分布到西瓜幼苗的整个植株体内，表明寡糖在西瓜幼苗植株体内具有较强的扩散和向基或向顶传导特性。

三、除草剂的作用机制及特点

化学除草具有高效、快速、经济等特点，有的品种还兼有促进作物生长等优点，是保障现代农业发展的一项重要技术，也是农业高产、稳产的重要保障。全球已登记使用的除草剂有效成分共约 350 种，在我国登记应用的有 200 余种，常用的有苯氧羧酸类、芳氧苯氧基丙酸酯类、二硝基苯胺类、三氮苯类、酰胺类、二苯醚类、磺酰脲类、磺酰胺类、有机磷类和三酮类等。与其他农药一样，除草剂使用不当会造成环境污染、药害、残留及抗药性等。要科学施用除草剂，就必须掌握除草剂的作用机制及其特点。目前，已经明确化学除草剂主要作用于杂草的光合作用、呼吸作用、色素合成、氨基酸及核酸和蛋白质的合成、植物激素的平衡及植物微管与组织发育等。

（一）抑制光合作用的除草剂

光合作用的本质是植物将光能转变为化学能贮存的过程。这一过程，最少包括两个步骤，即光反应和暗反应。在光反应中，通过电子传递链将光能转化成化学能储藏在 ATP 中；在暗反应中，利用光反应获得的能量，通过 Calvin-Benson 途径（C_3 植物）或 Hatch-Slack 途径（C_4 植物）将 CO_2 还原成碳水化合物。药剂可以通过阻断电子由初级醌受体（Q_A）到次级醌受体（Q_B）的传递、抑制光合磷酸化反应、截获传递到 $NADP^+$ 的电子等方式抑制植物的光合作用。

1）阻断电子由 Q_A 到 Q_B 的传递。一些光合作用抑制剂与质体醌 Q_B 结合，使 Q_B 钝化，Q_B 失去其功能后，不能接受来自 Q_A 的电子，因此也就阻断了电子的传递。大部分光合作用抑制剂均作用于此部位，如取代脲类、三氮苯类、脲嘧啶类等。

2）抑制光合磷酸化反应。在光合作用过程中，光能通过叶绿体最终转变为化学能，即产生 ATP。光合磷酸化抑制剂也叫解偶联剂，如除草剂苯氟磺胺（perfluidone）为解偶联剂，影响光合磷酸化作用，抑制 ATP 的生成。一些酚类、腈类药剂也作用于光合磷酸化。1,2,3-硫吡唑基-苯脲类属于能量转换抑制剂，直接作用于磷酸化部位。

3）截获传递到 $NADP^+$ 的电子。季铵盐类除草剂——敌草快和百草枯，可充当电子传递受体，从电子传递链中争夺电子，即作用于光合系统Ⅰ中充当铁氧还蛋白（Fd）的作用，使正常传递到 $NADP^+$ 中的电子被截获，而影响 $NADP^+$ 的还原。这类除草剂杀死植物并不是直接截获光合系统Ⅰ的电子造成的，而是还原态的百草枯和敌草快自动氧化过程中产生过氧根离子导致生物膜中不饱和脂肪酸产生过氧化作用，破坏生物膜的半透性，造成细胞死亡，即表现杂草枯死。

1．取代脲类

取代脲类除草剂属于脲类衍生物，商品化的取代脲类除草剂有灭草隆（monuron）、非草隆（fenuron）、敌草隆（diuron）、绿麦隆（chlortoluron）、利谷隆（linuron）和异丙隆（isoproturon）等。

作用方式：主要通过根部吸收，兼有叶片的触杀作用。在导管内随水分向上传导到叶片。茎叶吸收较少，移动距离短，多分布在叶尖和叶片边缘，很少进入韧皮部。

作用机制：在叶片绿色细胞内发挥作用，抑制 PSⅡ还原部位的电子流，与 PSⅡ反应中心复合物的 32kDa 蛋白质结合，阻碍电子从束缚性质体醌 Q_A 向第二个质体醌 Q_B 传递，抑制光合作用（莎草隆除外）。受害植物首先是叶片边缘和尖端褪绿，然后发黄，最后枯死。

田间应用：取代脲类除草剂主要在作物播种后、杂草萌芽前进行土壤处理，防治一年生杂草，特别是阔叶杂草；噻磺隆、丁噻隆、莎草隆也能防治多年生杂草；丁噻隆是防治一年生杂草的特效除草剂；苯谷隆是大豆苗后防治阔叶草的品种。由于品种不同，持效期达数月至一年及以上。脲类除草剂大多数品种选择性较差，主要靠土壤的位差来达到安全除草的目的；同时脲类除草剂在植物体内的降解差异是某些除草剂具有选择性的重要原因。

2．三氮苯类

三氮苯类除草剂属于氮杂环衍生物。目前开发出的这类药剂绝大多数是均三氮苯类，较重要的非均三氮苯类仅有嗪草酮一种。均三氮苯类除草剂按其环上 R_1 的取代基的不同，可以分为“津”“净”和“通”三个系统。即 R_1 取代基为氯原子（$-Cl$）称为“津”类，为甲硫基（$-SCH_3$）称为“净”类，为甲氧基（$-OCH_3$）称为“通”类。这三类除草剂在性质与用途上都有一定的差别，共有 30 多个品种商品化，如西玛津、莠去津、氰草津、扑草净、西草净、莠灭净、西玛通、扑草通、嗪草酮等，其中莠去津的产量最大，是玉米田最重要的除草剂之一。

作用方式：选择性内吸输导型土壤处理除草剂。

作用机制：与取代脲类除草剂相似，主要抑制植物光合系统Ⅱ的电子传递，干扰希尔反应中氧释放时的能量传递，进而影响NADP的还原作用和ATP的形成。杂草中毒后，首先是叶片尖端和边缘失绿，进而扩及整个叶片，致全株枯死。

田间应用：此类除草剂杀草谱广，可防治大多数一年生阔叶杂草与禾本科杂草，对阔叶杂草的防效优于禾本科杂草，应用范围相当广泛，不仅被用于作物、果树及蔬菜，而且有些品种作为灭生性除草剂还用来防除工矿地区及公路与铁路旁的杂草。该类药剂主要由根系吸收，通过蒸腾流向地上部传导，而叶片吸收差，因此大多为土壤处理剂，但莠去津可被叶片吸收。不同作物对均三氮苯类除草剂的反应差异很大，其中以玉米、黍、甘蔗及果树的抗性最强，棉花、豌豆、向日葵、马铃薯、胡萝卜、高粱等对一些品种也具有较强的抗性，一些敏感作物则可利用位差选择性原理来安全使用。

3．脲嘧啶类

主要品种包括：除草啶（bromacil，又叫丁溴啶）、环草啶（lenacil，又叫环草啶）、杀草啶（chlormacil，又叫喃啶草）、嘧啶醇（ancymidol）及灭草松（bentazon，又叫苯达松）等。

作用方式：通过植物的根和茎叶吸收，因此既可以进行土壤处理，又可进行茎叶处理。

作用机制：杀草作用主要是抑制光合作用中的希尔反应，阻碍二氧化碳的固定。同时还使细胞急剧坏死，抑制蒸腾作用和呼吸作用，为典型的光合作用抑制剂。

田间应用：脲嘧啶类除草剂可用于土壤处理或茎叶处理，可防治杂草的幼芽和幼苗，对多年生杂草作用缓慢；主要应用于水稻、大豆、花生、禾谷类等作物防除莎草科和阔叶杂草。

4．苯腈类

溴苯腈（bromoxynil）和碘苯腈（loxynil）为苯腈衍生物，可抑制植物光合作用与呼吸作用，是氧化磷酸化解偶联剂，主要防治阔叶杂草。

作用方式：触杀性茎叶处理剂。

作用机制：光合磷酸化解偶联剂，在植物体内有一定传导，通过抑制植物的光合作用、呼吸作用和蛋白质合成使植物组织坏死。在气温比较高、光照强的条件下，除草剂的活性增加，可加速叶片的枯死。

田间应用：可用于小麦、大麦、玉米、水稻等作物防除阔叶草，一般在禾本科作物3～5叶期间应用，可与2甲4氯、异丙隆等混用。

5．联吡啶类

20世纪60年代以来，联吡啶类除草剂开发了许多品种，但只有敌草快（diquat）和百草枯（paraquat）获得了广泛的应用。

作用方式：灭生、触杀性药剂，在作物播种前、出苗前或出苗后定向处理，能迅速被植物茎叶吸收，并在木质部进行传导，但不通过韧皮部向下传导，不能杀死杂草的地下部分。

作用机制：典型的光合系统Ⅰ抑制剂，需光照才能发挥除草作用，通过一系列的氧化和还原作用，造成脂膜迅速氧化及膜的解体，进而导致植物死亡。

田间应用：百草枯与敌草快广泛用于果园、橡胶园、非耕地除草及放牧场的更新及防治水生杂草等。用于作物田时，应在播种或出苗前消灭已出苗的杂草，或采用定向和保护性措施防除作物行间杂草。此外，在棉花、大豆、向日葵等作物收获前，可作为脱叶剂与干燥剂使用。需要注意的是，百草枯对人毒性极高，且无特效解毒药，因此大多数国家已相继禁用。

（二）破坏植物呼吸作用的除草剂

呼吸作用是碳水化合物等基质的氧化过程，即基质通过糖酵解与三羧酸循环的一系列酶的催化而进行的有机酸氧化，其间通过氧化磷酸化反应，将产生的能量转变为ATP，以供生命活动的各种需要。植物的呼吸作用同样发生于细胞内的线粒体上。除草剂通常不影响植物的糖酵解与三羧酸循环，主要影响氧化磷酸化偶联反应，致使不能生成ATP。

酚类除草剂均从苯酚衍生而来，其中五氯酚钠（sodium pentachlorophenol）、二硝基酚（2-methyl-4,6-dinitrophenol）和地乐酚（4,6-dinitro-2-sec-butylphenol）是典型的解偶联剂。此外，如敌稗、氯苯胺灵及一些苯腈类除草剂——碘苯腈与溴苯腈等也具有解偶联性质。

作用方式：触杀。

作用机制：作用于氧化磷酸化部位后，由ADP生成ATP的反应受到抑制，ADP维持在高浓度水平，增强了植物的呼吸作用，但却不能生成ATP，不能满足植物生长的能源需要，植物终因正常代谢受干扰而死亡。

田间应用：地乐酚可用在谷物田中防除一年生杂草，也可作马铃薯和豆科作物的催枯剂。五氯酚钠还属于有机氯类农药，可对人体的肝、肾及中枢神经系统造成损害，现已纳入《食品动物中禁止使用的药品及其他化合物清单》。

（三）抑制色素合成的除草剂

在类囊体膜上，有大量的叶绿素和类胡萝卜素。这两类色素紧密相连，前者收集光能，后者则保护前者免受氧化作用的破坏。抑制这两类色素中任何一种的合成，将导致植物出现白化现象，最终将抑制光合作用。因此，部分教材将抑制色素合成的除草剂也看作光合作用抑制剂。作用于色素合成的除草剂可分为以下两大类。

1）抑制叶绿素的生物合成及质膜的破坏。二苯醚类和环亚胺类除草剂的靶标酶为叶绿素合成过程中的原卟啉原氧化酶（protoporphyrinogen Ⅸ oxidase，protox或PPO）。该酶被抑制后可造成原卟啉原Ⅸ的瞬间积累，并渗漏到细胞质中；在细胞质中，原卟啉原Ⅸ氧化生成原卟啉Ⅸ；作为一种光敏剂，有氧存在时，在光照下，原卟啉Ⅸ产生高活性的单线态氧分子，引起膜脂过氧化反应而导致细胞膜结构解离，细胞死亡。由于这一过程必须在光照下才能进行，因此这类除草剂作用速度和药效的发挥受光的影响显著。

2）抑制类胡萝卜素的生物合成。类胡萝卜素在光合作用中可以保护叶绿素分子，防止受到光氧化而遭到破坏。除草剂抑制类胡萝卜素合成后，致使叶绿素失去保护色素，进而出现失绿、白化现象，如异噁草松、氟草敏、三酮类、异噁唑类等除草剂。八氢番茄红素脱氢酶（phytoene desaturase，PDS）是类胡萝卜素合成过程中八氢番茄红素生成

ζ-胡萝卜素的重要酶，氟啶草酮、吡氟酰草胺等除草剂可通过抑制 PDS 进而抑制类胡萝卜素的合成。对羟基苯基丙酮酸双氧化酶（4-hydroxyphenylpyruvate dioxygenase，HPPD）是植物体合成质体醌和 α-生育酚的关键酶。当 HPPD 受到抑制后，由 4-羟苯基丙酮酸氧化脱羧转变为尿黑酸的合成受阻，进而影响质体醌的合成；而质体醌则是八氢番茄红素脱氢酶（PDS）的一种关键辅因子，质体醌的减少使八氢番茄红素脱氢酶的催化作用受阻，进而影响类胡萝卜素的生物合成。三酮类除草剂、异噁唑类除草剂和吡唑酮类除草剂的靶标酶均为 HPPD。另外，在类胡萝卜素的合成过程中，由 ζ-胡萝卜素生成番茄红素需要 ζ-胡萝卜素脱氢酶（ζ-carotene desaturase，ZDS）催化，嘧啶类除草剂可以抑制该酶。

1．二苯醚类

20 世纪 50 年代，罗门哈斯公司率先开发出了除草醚（nitrofen），现有近 20 个品种，如氟磺胺草醚（fomesafen）、乙羧氟草醚（fluoroglycofen-ethyl）、三氟羧草醚（acifluorfen sodium）、乙氧氟草醚（oxyfluorfen）、乳氟禾草灵（lactofen）、草枯醚（chlornitrofen）、甲羧除草醚（bifenox）、甲草醚（benzene）、二甲草醚（3′,5′-dimethyl-4-nitrodiphenylether）等。

作用方式：多为选择性触杀型茎叶处理剂，兼有一定的土壤封闭活性，可以被植物吸收，但传导性差。

作用机制：二苯醚类除草剂能够抑制原卟啉原氧化酶（protox），造成原卟啉合成或积累，原卟啉不能迅速被镁或铁螯合，结果积累至临界浓度，在光照条件下促使形成单态氧和脂类过氧化，造成膜丧失完整性，导致细胞死亡。除草醚、草枯醚和三氟醚等邻位取代二苯醚类除草剂主要作为叶绿体非循环电子传递及耦联光合磷酸化作用的抑制剂而起作用。

田间应用：二苯醚类除草剂主要防除一年生与种子繁殖的多年生杂草幼芽，而且防除阔叶杂草的效果优于禾本科杂草。品种不同，其防除对象有较大差异。甲羧除草醚、乙氧醚、三氟羧草醚主要用于防除一年生阔叶杂草；氟磺胺草醚可防除一年生阔叶杂草及低龄禾本科杂草；氟磺胺草醚、三氟羧草醚、乙羧氟草醚等主要应用于大豆田；大多数二苯醚类除草剂都是稻田除草剂，如除草醚、草枯醚与甲氧醚。

2．环亚胺类

环亚胺类除草剂又称取代苯基酰亚胺类除草剂，是 20 世纪 80 年代开发的新型除草剂。第一个广泛推广应用的环状亚胺类除草剂是噁草酮（oxadiazon），此外还有氟烯草酸（flumiclorac-pentyl，又称利收）和丙炔氟草胺（flumioxazin，又称速收）等产品。

作用方式：触杀型选择性除草剂，可被植物幼芽或叶片吸收。

作用机制：作用于原卟啉原氧化酶，抑制叶绿素的合成，造成敏感杂草迅速凋萎、白化、坏死及枯死。

田间应用：丙炔氟草胺用于大豆和花生地，播前或播后苗前施药。播后苗前用药最好在播种后随即施药，施药过晚会影响药效。丙炔氟草胺在拱土期施药或播后苗前施药不混土，大豆幼苗期遇到暴雨会造成药害。氟烯草酸主要用在大豆和玉米田，大豆苗后 2～3 片复叶期，阔叶杂草 2～4 叶期，最好在大豆 2 片复叶期、大多数杂草出齐时施药。在土壤水分、空气相对湿度适宜时施药，有利于杂草对氟烯草酸的吸收和传导，长期干旱、空气相对湿度低于 65%时不宜施药。

3. 三酮类

三酮类除草剂的作用靶标为对羟基苯基丙酮酸双氧化酶（HPPD）。HPPD 抑制剂的先导化合物来自澳大利亚的桃金娘科（Myrtaceous）植物的挥发油纤精酮（leptospermone），之后对其进行结构修饰，开发出了磺草酮（sulcotrione）、硝磺草酮（mesotrione）、苯唑草酮（topramezone）等一系列三酮类除草剂。

作用方式：选择性输导型土壤与茎叶处理剂，以茎叶处理为主。植物根、茎、叶都能吸收，并可迅速传导。

作用机制：通过抑制对羟基苯基丙酮酸双氧化酶（HPPD），抑制质体醌和生育酚合成，间接抑制类胡萝卜素的合成，导致植物白化死亡。

田间应用：磺草酮和甲基磺草酮用于玉米、甘蔗及冬小麦防除一年生阔叶杂草及若干禾本科杂草，对多年生杂草的防除效果差；硝磺草酮主要用于防除玉米田一年生阔叶杂草和一些禾本科杂草。苯唑草酮活性高、用量低，苗后使用适期宽、杀草谱广，可防除一年生禾本科和阔叶杂草。其由于在玉米体内可被快速代谢，对几乎所有类型玉米（包括甜玉米、爆裂玉米等）具有很好的选择性。

4. 吡唑酮类

吡唑酮类除草剂也属于吡唑类除草剂，但其作用靶标有所不同。常见品种有吡唑特（pyrazolate）、吡草酮（benzofenap）、苄草唑（pyrazoxyfen）等。

作用方式：内吸。

作用机制：作用于对羟基苯基丙酮酸酯双氧化酶（HPPD），抑制杂草叶绿素的生物合成。

田间应用：吡唑类除草剂对水稻非常安全，是直播田优良的除草剂，可与许多除草剂混配，具有增效作用，芽前和芽后早期防除一年生禾本科杂草、阔叶杂草。

5. 异噁草松

异噁草松是美国 FMC 公司开发的异噁唑啉酮类除草剂，主要用于防治大豆田禾本科与阔叶杂草的广谱除草剂。

作用方式：选择性苗前内吸传导型除草剂，通常通过植物根、幼芽吸收，向上传导，经木质部扩散到叶部。

作用机制：抑制敏感植物的叶绿素和类胡萝卜素的合成，形成白苗，并在短期内死亡。

田间应用：大豆、甘蔗等作物具有选择性，作物吸收后，经过特殊的代谢作用，将异噁草松的有效成分转变成无毒的降解物。在大豆田播前、播后苗前土壤处理，或苗后早期茎叶处理。另外，异噁草松在土壤中残效期较长，下茬种植小麦等敏感作物易产生药害。

6. 吡氟酰草胺

吡氟酰草胺属于取代吡啶基酰苯胺类除草剂，于 1982 年由拜耳公司申请专利。主要用于玉米、大豆及麦田防除多种一年生禾本科杂草和某些阔叶杂草。

作用方式：选择性接触和残留除草剂。

作用机制：通过抑制八氢番茄红素脱氢酶，阻碍类胡萝卜素生物合成，进而导致叶绿素被破坏，细胞膜破裂。杂草表现为幼芽脱色或变白。

田间应用：吡氟酰草胺适用于大麦、小麦田防除猪殃殃、卷茎蓼、马齿苋、龙葵、繁缕、巢菜、田旋花、鼬瓣花、酸模叶蓼、柳叶刺蓼、反枝苋、鸭跖草、香薷、遏蓝菜、野豌豆、播娘蒿及小旋花等各种阔叶杂草。但芽前施药时如遇持续大雨，尤其是芽期降雨，可以造成作物叶片暂时脱色，但一般可以恢复。

（四）抑制氨基酸、核酸和蛋白质合成的除草剂

氨基酸是植物体内蛋白质及其他含氮有机物合成的重要物质，氨基酸合成的受阻将导致蛋白质合成的停止。蛋白质与核酸是细胞核与各种细胞器的主要成分。因此，对氨基酸、蛋白质、核酸代谢的抑制，将严重影响植物的生长、发育，造成植物死亡。

1）抑制芳香氨基酸合成。苯基丙氨酸、酪氨酸和色氨酸3种芳香氨基酸是通过莽草酸途径合成的，很多次生芳香物也是通过该途径合成的。在目前商品化的除草剂中只有草甘膦影响莽草酸途径，其作用靶标酶是5-烯醇式丙酮酰莽草酸-3-磷酸合酶（EPSPS），而使上述三种芳香氨基酸合成受阻。

2）抑制支链氨基酸合成。缬氨酸、亮氨酸和异亮氨酸是通过支链氨基酸途径合成的。乙酰乳酸合成酶（acetolactate synthase，ALS）或乙酰羟酸合成酶（acetohydroxy acid synthase，AHAS）是植物内上述三种支链氨基酸生物合成途径第一阶段的关键酶。ALS可将两分子的丙酮酸催化缩合生成乙酰乳酸，AHAS可将一分子丙酮酸与α-丁酮酸催化缩合生成乙酰羟基丁酸。磺酰脲类、咪唑啉酮类、磺酰胺类、嘧啶水杨酸类等除草剂的作用靶标酶为ALS或AHAS。通常将该类除草剂统称为ALS抑制剂，ALS抑制剂是目前开发最活跃的领域之一。ALS活性被抑制后植物生命活动必需的三种支链氨基酸——亮氨酸、异亮氨酸、缬氨酸合成受阻，进而导致植物细胞不能完成有丝分裂，使植株生长停止，逐步死亡。

3）抑制谷氨酰胺合成。谷氨酰胺合成酶是氮代谢中重要的酶，它催化无机氨同化到有机物上，同时也催化有机物间的氨基转移和脱氨基作用。草丁磷除草剂的作用靶标是谷氨酰胺合成酶，阻止氨的同化，干扰氮的正常代谢，导致氨的积累，光合作用停止，叶绿体结构破坏。

4）干扰核酸和蛋白质的合成。除草剂对核酸和蛋白质合成的抑制作用主要是间接性的，目前尚未有商品化的除草剂直接作用于核酸和蛋白质的合成。苯甲酸类、氨基甲酸酯类、酰胺类、二硝基酚类、二硝基苯胺类、卤代苯腈、苯氧羧酸类与三氮苯类等均可间接地抑制核酸和蛋白质合成，如除草剂干扰光合磷酸化作用后，植物组织中ATP浓度降低，进而影响核酸和蛋白质合成。

5）抑制脂类的合成。脂肪酸是各种复合脂类的基本结构成分。除草剂抑制脂肪酸的合成，也就抑制了脂类合成，最终造成细胞膜的完整性受损而引起杂草死亡。乙酰辅酶A羧化酶（acetyl-CoA carboxylase，ACCase）是脂肪酸生物合成的关键酶或限速酶，催化脂肪酸合成中起始物质乙酰辅酶A生成丙二酸单酰辅酶A。目前已确定在植物体内有两种同工酶ACCase，主要位于质体和胞质溶胶中。质体中ACCase主要负责脂肪酸的合成，胞质溶胶中ACCase主要负责长链脂肪酸和黄酮等次生代谢产物的合成。芳氧苯氧基丙酸酯类（aryloxyphenoxypropionate，APP）、环己烯酮类（cyclohexanedione，CHD）、新苯基吡唑啉类（phenylpyraxoline，DEN）除草剂作用于质体中同质型ACCase，抑制禾本科植物脂肪酸合成，导致禾本科杂草死亡。另外，硫代氨基甲酸酯类（thiocarbamate）除草剂是抑制长链脂肪酸合成的除草剂，它是通过抑制脂肪酸链延长酶系而阻碍长链脂

肪酸的合成。

1．有机磷类

（1）草甘膦（glyphosate） 为磷酸酯型有机磷除草剂。

作用方式：灭生性输导型茎叶处理剂，很容易经植物叶部吸收，迅速通过共质体而输送至植物体的其他部位。

作用机制：作用于5-烯醇式丙酮酰莽草酸-3-磷酸合酶（EPSPS），抑制植物体内芳族氨基酸的合成，进而引起光合作用下降、叶绿素降解、植物激素传导抑制、促进激素氧化作用等一系列生化过程。

田间应用：草甘膦对一年生和多年生杂草都有效，是广谱的芽后除草剂，主要用于：多年生杂草及灌木丛的控制，改良和更新牧场，果园、甘蔗、热带经济作物（橡胶、油棕、茶、菠萝等）田中除草。虽然草甘膦属于灭生性除草剂，但只要用法得当，也能广泛地用于农田不同时期。例如，播前施药可有效消灭田间已有杂草；播后苗前杂草大量发生时可得到除草保苗的效果；用于作物生育阶段，采用定向喷雾或保护装置，能够有效地防除田间杂草。草甘膦在土壤中能迅速地失去活性，因此不能用作土壤处理剂。

（2）双丙氨膦与草铵膦 双丙氨膦（bialaphos）和草铵膦（gilfosinate），与草甘膦均属于氨基酸类除草剂，但作用靶标不同。

作用方式：草铵膦属灭生性输导型茎叶处理剂，双丙氨膦为灭生性除草剂。双丙氨膦本身是无除草活性的，被植物吸收后，分解成草丁膦和丙氨酸而起杀草作用。

作用机制：抑制谷氨酰胺合成酶（GS），造成氨迅速积累，谷氨酰胺缺少，进而影响光合作用，造成细胞及植株死亡。

田间应用：双丙氨膦及草铵膦可用于防除一年生及多年生双子叶、禾本科及莎草科杂草，可广泛用于果园、葡萄园、非耕地杂草，杀草作用比草甘膦迅速，但比百草枯缓慢。

2．磺酰脲类

1978年第一个磺酰脲类除草剂氯磺隆（chlorsulfuron）被研制出来，并于1982年商品化。目前为止，已有包括氯磺隆（chlorsulfuron）、苄嘧磺隆（bensulfuron-methyl）、氯嘧磺隆（chlorimuron-ethyl）、甲磺隆（metsulfuronmethyl）、苯磺隆（tribenuron-methyl）、胺苯磺隆（ethametsulfuron）、噻吩磺隆（thifensulfuron）、吡嘧磺隆（pyrazosulfuron）、烟嘧磺隆（nicosulfuron）和氟嘧磺隆（primisulfuren-methyl）等30多个品种问世。

作用方式：选择性输导型除草剂，既可用作叶面处理剂也可用作土壤处理剂，通过植物的根、叶吸收，并在植物体内双向传导。

作用机制：通过抑制植物体内的乙酰乳酸合成酶（ALS），阻碍支链氨基酸如缬氨酸、亮氨酸、异亮氨酸的生物合成，细胞分裂被抑制，细胞周期停留在G_1、G_2阶段，杂草的正常生长因受到破坏而死亡。

田间应用：用于麦类、玉米、大豆、水稻和油菜等多种作物，草坪和其他非耕地，但是不同的品种应用的作物不同，许多品种残留期较长，往往对后茬敏感作物产生药害，对后茬轮作影响明显。磺酰脲类除草剂杂草谱广，能防治大多数阔叶杂草，对禾本科草也有明显的抑制作用。需要注意的是，氯磺隆、胺苯磺隆因土壤中的残留期较长，危及非靶标植物，现国内已禁止使用。

3．咪唑啉酮类

咪唑啉酮类化合物是继磺酰脲类后的第二个超高活性的除草剂，主要产品有咪唑乙烟酸（imazethapyr，又称咪草烟）、咪唑喹啉酸（imazaquin）、甲咪唑烟酸（imazameth）、甲氧咪草烟（imazamox）等。

作用方式：内吸传导选择性除草剂，其选择性的主要原因是耐性植物吸收后迅速代谢失活。

作用机制：与磺酰脲类除草剂一样，主要抑制乙酰乳酸合成酶（ALS），从而抑制支链氨基酸——缬氨酸、亮氨酸和异亮氨酸的生物合成，进而影响蛋白质合成，从而导致植物生长停止而死亡。

田间应用：用于大豆苗前土壤处理，或苗后早期茎叶处理，主要防治一年生与多年生阔叶及禾本科杂草，如多年生刺儿菜、蓟、苣荬菜等。使用后次年不宜种植敏感作物，如水稻、甜菜、油菜、棉花、马铃薯、蔬菜等。

4．磺酰胺类

磺酰胺类除草剂的主要结构形式是三唑并嘧啶磺酰胺，现有6个品种，均为旱田除草剂，包括唑嘧磺草胺（flumetsulam）、甲氧磺草胺（metosulam）、氯酯磺草胺（cloransulam-methyl）、双氯磺草胺（diclosulam）、双氟磺草胺（florasulam）和五氟磺草胺（penoxsulam）。

作用方式：内吸传导性除草剂，既可以作为苗前土壤处理，也可以作为苗后茎叶处理。

作用机制：以ALS为靶标，是涉及丙酮酸与TPP的混合型抑制剂，对酶的结合点进行竞争，对基质或辅因子无竞争作用。

田间应用：适用作物较广，常用于大豆、水稻、玉米、小麦、大麦、黑麦、冬小麦、豌豆、苜蓿、三叶草等作物，主要防治一年生阔叶杂草。低温、高湿时对作物安全性低。

5．嘧啶水杨酸类

嘧啶水杨酸类除草剂也称嘧啶氧（硫）苯甲酸类除草剂，现有5个品种：嘧草硫醚（pyrithiobac-sodium）、嘧草醚（pyriminobac-methyl）、双草醚（bispyribac-sodium）、嘧啶肟草醚（pyribenzoxim）和环酯草醚（pyriftalid）。

作用方式：内吸，可进行苗前和苗后处理。

作用机制：抑制植物乙酰乳酸合成酶（ALS），破坏支链氨基酸的生物合成及类胡萝卜素的生物合成。

田间应用：嘧啶水杨酸类除草剂主要用于棉田、水稻、小麦、玉米和大豆等防除一年生、多年生禾本科杂草和大多数阔叶杂草。苗前土壤处理和苗后茎叶处理均可。

6．酰胺类

酰胺类主要包括甲草胺（alachlor）、丁草胺（butachlor）、乙草胺（acetochlor）、异丙草胺（propisochlor）、异丙甲草胺（metolachlor）、丙草胺（pretilachlor）、敌草胺（napropamide）、苯噻酰草胺（mefenacet）和吡氟酰草胺（diflufenican）等。

作用方式：选择性输导型除草剂，绝大多数品种为土壤处理剂，部分品种只能进行茎叶处理。

作用机制：氯代乙酰胺类除草剂主要抑制发芽种子 α-淀粉酶及蛋白酶的活性，可以抑制脂肪酸、脂类、蛋白质类、异戊二烯、类黄酮的合成；酰胺类除草剂对呼吸作用有明显的抑制作用，一些品种作为电子传递抑制剂、解偶联剂等可对植物的光合作用产生抑制。

田间应用：多用于防治一年生禾本科杂草，对多年生及阔叶杂草作用差，其中土壤处理剂占很大比例，通常进行芽前土表处理。

7. 硫代氨基甲酸酯类

硫代氨基甲酸酯类化合物是在氨基甲酸酯类的基础上发展起来的一类除草剂。目前，这类除草剂已有 22 个品种商品化，如茵达灭（EPTC）、燕麦畏（triallate）、燕麦敌一号（diallate）、禾草敌（molinate，又称禾大壮）、稗草畏（pyributicarb）、哌草丹（dimepiperate）等。

作用方式：主要通过植物根、胚芽鞘及叶吸收，向分生组织传导，防治杂草幼芽及幼苗。

作用机制：通过抑制脂肪酸链延长酶系而阻碍长链脂肪酸的合成，抑制根与芽的生长，使根尖肿大，幼芽畸形及矮化。

田间应用：主要防治杂草幼芽与幼苗，故多在作物播种后，杂草萌芽前进行土表处理或出苗后早期茎叶处理，主要应用作物有玉米、大豆、甜菜、小麦、花生和水稻，可防治一年生禾本科杂草，少部分品种防除一年生阔叶杂草和多年生禾本科与阔叶杂草及蕨类等。

8. 芳氧苯氧基丙酸酯类

这类除草剂是以 2,4-D 类苯氧羧酸类除草剂及二苯醚类除草剂的结构特点而设计开发成功的新品种，现有品种如禾草灵（diclofop-methyl）、吡氟禾草灵（fluazifop-butyl）、喹禾灵（quizalofop-ethyl）、噁唑禾草灵（fenoxaprop-ethyl）、噻唑禾草灵（fenthiaprop-ethyl）、吡氟氯禾灵甲酯（haloxyfop-P-methyl）和氰氟草酯（cyhalofop-butyl，又称千金）等。

作用方式：选择性内吸输导型，主要通过茎叶处理防治禾本科杂草。

作用机制：主要抑制脂肪酸合成，破坏细胞超微结构和膜系统等含脂结构，影响线粒体呼吸作用，最后导致植物死亡。

田间应用：用于多种双子叶作物，特别是大豆、棉花、甜菜、马铃薯、花生、豌豆、亚麻、油菜、阔叶蔬菜等作物及果树、林业苗圃、苜蓿等，可进行茎叶处理，防治一年生或多年生的禾本科杂草。有些品种也可以用在禾本科作物上，如禾草灵用在小麦田，氰氟草酯用在水稻田。

9. 环己烯酮类

此类除草剂共有 11 个品种，包括烯草酮（clethodim）、烯禾啶（sethoxydim，又称拿捕净）、吡喃草酮（tepraloxydim）、噻草酮（cycloxydim）、环苯草酮（profoxydim-lithium）和丁苯草酮（butroxydim）等。

作用方式：内吸传导性除草剂，具有良好的选择性。对禾本科杂草具有很强的杀伤作用，对双子叶作物安全。

作用机制：抑制乙酰辅酶 A 羧化酶（ACCase）。

田间应用：除环苯草酮为水田除草剂外，其他均为旱田除草剂，用于双子叶作物出苗后茎叶喷雾处理，防除一年生或多年生禾本科杂草，一般在禾本科杂草2～5叶期用药。此类除草剂与一些防除阔叶杂草的除草剂混用易产生拮抗作用，特别是与溴苯腈、灭草松等。

10．唑啉草酯

唑啉草酯（pinoxaden）是先正达公司2006年开发和上市的一种结构新颖、作用机制独特的新苯基吡唑啉类除草剂，目前该类除草剂中仅有唑啉草酯一个商品化的除草剂。

作用方式：选择性内吸传导型禾本科杂草除草剂，可通过茎叶快速吸收。

作用机制：乙酰辅酶A羧化酶（ACC）抑制剂，造成脂肪酸合成受阻，进而导致细胞生长分裂受阻，杂草植株死亡。

田间应用：唑啉草酯常用于芽后防除小麦和大麦田一年生禾本科杂草，如看麦娘、日本看麦娘、野燕麦、黑麦草、䓍草、狗尾草、硬草、茵草和棒头草等，尤其对䓍草有特效，对多花黑麦草等顽固禾本科杂草也具有优异的防除效果。

（五）干扰植物激素平衡的除草剂

激素型除草剂具有天然植物激素的作用，如苯氧羧酸类、苯甲酸类和氨氯吡啶酸等。这些化合物进入植物体后，打破原有的天然植物激素的平衡，因而严重影响植物的生长发育。另外需要注意的是，激素型除草剂在低浓度下对植物有刺激作用，高浓度时则产生抑制作用。由于植物不同器官对药剂的敏感程度及药量积累程度的差别，受害植物常可见到刺激与抑制同时存在的症状，植物可产生扭曲与畸形。

1．苯氧羧酸类

2,4-滴（2,4-D）是世界上第一个具有选择性的除草剂，其中主要品种有2,4-滴（2,4-D）、2,4-滴丙酸（dichlorprop）、2,4-滴丁酸（2,4-DB），2,4,5-涕（2,4,5-T）、2,4,5-涕丙酸（silvex）、2,4,5-涕丁酸（2,4,5-TB）、2甲4氯（MCPA）、2甲4氯丙酸（mecoprop）和2甲4氯丁酸（MCPB）等，均为弱酸性，在水中溶解性较差，生产上往往应用其盐与酯类。

作用方式：选择性内吸传导型除草剂，选择性强，杀草谱广，具有植物生长素的作用。

作用机制：打破植物体内的激素平衡，影响其正常代谢，导致敏感杂草发生一系列生理生化变化，组织异常和损伤，生长停止，产生次生膨胀，导致根与茎的肿胀，进而韧皮部被堵塞，最终使木质部破坏，植株死亡。

田间应用：苯氧羧酸类除草剂主要进行茎叶喷雾，防除阔叶杂草。土壤处理时，也能防除禾本科杂草幼芽。苯氧羧酸类除草剂主要用于禾谷类作物，特别是小麦、水稻、玉米。2,4-滴与2甲4氯除在禾谷类作物田进行茎叶处理外，还可在玉米、大豆、花生、蚕豆等大粒作物出苗前进行土表处理防除阔叶杂草。在使用这类除草剂时，要注意禾谷类作物的不同生长期和品种对其耐药性有差异。例如，小麦、水稻在四叶期前和拔节后对2,4-滴敏感，在分蘖期则抗性较强。另外，使用中应防止雾滴飘移或药剂挥发而对周围敏感作物产生药害。需要注意的是，2,4-滴丁酯于2023年1月29日起禁止使用。

2．苯甲酸类

苯甲酸类除草剂主要的品种有草芽平（2,3,6-TBA）、豆科威（chloramben）、地草平

(dinoben)、麦草畏(dicamba，又称百草敌)、敌草索(propanil)、杀草畏(tricamba)等，但目前在大量使用的只有麦草畏。

作用方式：选择性内吸传导激素型除草剂，可被植物根、幼芽、叶迅速吸收和传导。

作用机制：干预植物的核酸代谢，促进敏感植物核糖核酸和蛋白质的合成，使细胞分裂异常，破坏韧皮部与薄壁细胞，导致形成多核凝结的原生质体，影响植物根与芽的正常发育。

田间应用：除豆科威等个别品种外，大多数品种既具有茎叶处理活性，也有土壤处理活性。多数品种都是防治阔叶杂草的除草剂。其中草芽平用于防治阔叶杂草，特别是多年生深根阔叶草如田旋花、田蓟等。豆科威用于土壤处理防治一年生杂草幼芽，对阔叶草防效优于禾本科草，用于大豆、花生、玉米、向日葵、胡萝卜等作物进行苗前土壤处理。麦草畏用于防治阔叶草及灌木，与 2,4-滴混用可扩大杀草谱，用于小麦、大麦、玉米等苗前土壤处理。敌草索用于大豆、棉、草莓、洋葱、番茄、观赏植物等苗前土壤处理，可防治一年生禾本科杂草、寄生性杂草(菟丝子)及一些阔叶草。

3. 氨氯吡啶酸

氨氯吡啶酸(picloram)为激素型除草剂。

作用方式：可被植物叶片、根和茎部吸收并快速向生长点传导。

作用机制：抑制线粒体系统呼吸作用、核酸代谢并且使叶绿体结构及其他细胞器发育畸形，干扰蛋白质合成，作用于分生组织活动等，最后导致植物死亡。

田间应用：可防治大多数双子叶杂草、灌木。对根生杂草如刺儿菜、小旋花等效果突出，对十字花科杂草效果差。主要用于森林、荒地等非耕地块防除阔叶杂草(一年生及多年生)、灌木。豆类、葡萄、蔬菜、棉花、果树、烟草、向日葵、甜菜、花卉等对氨氯吡啶酸敏感，在轮作倒茬时应考虑残留氨氯吡啶酸对这些作物的影响。

(六)抑制微管与组织发育的除草剂

植物细胞的骨架主要是由微管和微丝组成。它们维持细胞形态，在细胞分裂、生长和形态发生中起着重要的作用。目前，还没有商品化的除草剂干扰微丝。例如，二硝基苯胺类除草剂是抑制微管的典型代表，它们与微管蛋白结合并抑制微管蛋白的聚合作用，造成纺锤体微管丧失，使细胞有丝分裂停留于前期或中期，产生异常的多形核。由于细胞极性丧失，液泡形成增强，故在伸长区进行放射性膨胀，结果造成根尖肿胀。另外，苯氧羧酸类及苯甲酸类除草剂可抑制韧皮部与木质部发育，阻碍代谢产物及营养物质的运转与分配，造成形态畸形。

1. 二硝基苯胺类

1960 年，第一个二硝基苯胺类除草剂氟乐灵(trifluralin)问世，以后相继出现了许多新品种，如乙丁氟乐灵(benfluralin)、二甲戊灵(pendimethalin)、安磺灵(oryzalin)和仲丁灵(butralin，又称地乐胺)等。

作用方式：选择性触杀型土壤处理剂，在作物播种前或出苗前进行土壤处理，防止杂草出苗，其典型作用是抑制次生根生长，对植物的幼芽也有明显的抑制作用。

作用机制：通过干扰能量发生或阻碍能量传递，破坏 ATP 的形成。

田间应用：主要用于防除稗、狗尾草、看麦娘等一年生禾本科杂草，对藜、苋、繁缕、地肤等小粒种子阔叶杂草也有一定的抑制作用，对多年生杂草、菊科、十字花科、伞形花科、鸭跖草科、茄科、莎草科杂草无效。此类除草剂广泛用于各种作物，特别是种子中类脂肪含量高的作物如大豆等豆科植物、棉花、向日葵、亚麻及十字花科作物均可安全应用，其中氟乐灵的应用范围最广，是大豆与棉花的主要除草剂，施药时要求耙地拌土，将药剂混入土壤中使其减少挥发和光分解，以保证发挥药效。

2．吡啶类

吡啶类除草剂主要包括毒莠定（picloram，又称毒草定）、氯草定（trichloropyridinol，又称三氯吡啶酚）、乙氯草定（pyriclor，又称绿草定）、氟氯草定（dithiopyr，又称氟硫草定）、敌草定（clopyralid，又称二氯吡啶酸）、氯氟吡氧乙酸（fluroxypyr，又称氟草定）等。

作用方式： 内吸输导型，可被植物叶片与根迅速吸收，通过木质部向芽迅速传导。

作用机制： 抑制线粒体系统的呼吸作用、核酸代谢。

田间应用： 用于禾本科作物、林业、荒地进行除草，防治大多数一年生与多年生阔叶杂草及灌木。乙氯草定与敌草定主要防治放牧草及草场阔叶杂草。氯氟吡氧乙酸用于小麦与大麦防治猪殃殃、荠菜等阔叶杂草。

四、杀线虫剂的作用机制及特点

目前国内登记用于防治线虫病害的产品共有 388 个，涉及的有效成分 33 个。单剂主要集中在阿维菌素、有机磷和氨基甲酸酯三类，登记的产品达 250 个。另外还有一些生物农药如淡紫拟青霉、厚孢轮枝菌、苏云金杆菌和蜡质芽孢杆菌等，植物源农药如苦参碱、印楝素等及氟烯线砜、氟吡菌酰胺、异硫氰酸烯丙酯、氨基寡糖素、威百亩等产品，但是登记产品数较少，大多只有 1 或 2 个产品。混剂以阿维菌素＋噻唑膦和氨基寡糖素＋噻唑膦为主，产品相对比较集中，登记作物以黄瓜、番茄等蔬菜为主。

（一）作用于氯离子通道的杀线虫剂

如前所述，氯离子通道主要有 GABA 受体和谷氨酸门控氯离子通道两类。作用于氯离子通道的杀线虫剂主要有阿维菌素类药剂，如阿维菌素、甲氨基阿维菌素苯甲酸盐（甲维盐）和依维菌素三种。这类药剂作用机制和特点与杀虫剂部分相近，可参照学习。

（二）作用于乙酰胆碱酯酶的杀线虫剂

主要包括有机磷类的噻唑磷、丙溴磷、三唑磷和辛硫磷，氨基甲酸酯类的克百威、丁硫克百威和涕灭威。

作用方式： 以触杀和胃毒为主，具有内吸性。

作用机制： 主要通过抑制 AChE 的活性阻断神经信号传导而杀死线虫。

田间应用： 根据剂型不同，主要通过灌根或沟施、穴施、撒施，防治黄瓜、番茄、烟草根结线虫、甘薯茎线虫和水稻干尖线虫等，可兼治蚜虫、红蜘蛛和蓟马等害虫。

五、杀鼠剂的作用机制及特点

杀鼠剂是指预防和控制鼠类等有害啮齿动物的农药。早期的杀鼠剂主要是亚砷酸、碳酸钡、黄磷、磷化锌等无机化合物。有机合成农药出现后，以杀鼠灵和杀鼠酮为代表的第一代抗凝血杀鼠剂被大范围推广使用，后来又出现了溴敌隆和溴鼠灵等更加高效安全的第二代抗凝血杀鼠剂。随着人们对非靶标生物和环境安全要求的不断提高，一些具有良好的杀鼠活性的生物毒素制剂和植物源制剂开始推广应用。而一些高毒、高风险的药剂则被停止或禁止使用，如磷化锌、亚砷酸、安妥、灭鼠优、灭鼠安、红海葱、氟乙酰胺、氟乙酸钠、甘氟、毒鼠强和毒鼠硅等。我国目前登记的杀鼠剂有杀鼠醚、敌鼠钠盐、溴敌隆、溴鼠灵、氟鼠灵、地芬硫酸钡、胆钙化醇、莪术醇、α-氯代醇、C 型肉毒梭菌毒素、D 型肉毒梭菌毒素和雷公藤甲素等。

（一）抗凝血类杀鼠剂

抗凝血类杀鼠剂的结构类似，功能也相似。主要作用机制：一是损害毛细血管，使管壁渗透能力增强而出血；二是降低血液的凝固能力。鼠类中毒后出血，且不能凝固止血，最后死于大出血。抗凝血剂具有很强的慢性毒性，鼠类在 48h 间隔取食，即使食用的浓度很低也可导致累积中毒，缓慢而平稳地死亡，不会引起其他个体的恐惧和拒食，具有较理想的灭鼠效果。如果人、畜误食抗凝血剂，也有较宽裕的抢救时间，且可服用特效药维生素 K 类进行解救。

根据药剂的急性毒性，可将抗凝血剂分为第一代抗凝血类杀鼠剂（敌鼠钠盐、杀鼠灵、杀鼠醚等）和第二代抗凝血类杀鼠剂（溴敌隆、溴鼠灵、氟鼠灵等）。

1. 敌鼠钠盐

敌鼠钠盐是目前应用最广泛的第一代抗凝血类杀鼠剂品种之一，具有适口性和防治效果好等特点，一般鼠类服用后 3～4d 安静死亡。

作用方式：胃毒。

作用机制：抑制维生素 K 的功能，阻碍血液中凝血酶原合成，使老鼠内脏出血不止而死亡。

田间应用：用敌鼠钠盐为饵剂，用玉米、小麦、高粱、玉米粉为饵料，加适量糖作引诱剂，制成毒饵灭鼠，主要用于民宅、粮仓、码头等地防治家鼠，也可用于田间杀灭野鼠。有二次中毒风险。

敌鼠钠盐对鸡、猪、牛、羊较安全，但对猫狗较敏感，死鼠要深埋处理。经口中毒应立即催吐，并持药品标签就医。吸入出现不适时，应迅速脱离污染环境至空气新鲜处，保持呼吸道通畅，有症状及时就医。皮肤和眼睛接触应立即用清水冲洗 15min，有症状及时就医。特效解毒剂为维生素 K_1。

2. 杀鼠灵

杀鼠灵是美国 20 世纪 40 年代开发的第一代抗凝血剂品种，其作用机制和中毒症状与敌鼠钠盐相似，该药的急性毒性低、慢性毒性高，适口性好，一般不产生拒食，害鼠需要连续多次服药才能致死。由于自 20 世纪 50 年代起已大量用于灭鼠，因此在一些地区产生了抗药性种群。

作用方式：胃毒。

作用机制：与敌鼠钠盐类似，主要破坏机体正常的凝血功能，降低血液的凝固力，损害毛细血管，使血管变脆，增强渗透性，使鼠大量内出血死亡。

田间应用：对褐家鼠毒力强，对小家鼠毒力弱，使用过程中又需要连续投药，因此不适合防治野鼠，主要用于民宅、粮仓、货场、码头、家禽和家畜饲养场灭鼠。对大型溞高毒，水产养殖区、河塘等水体附近禁用。

3. 杀鼠醚

杀鼠醚是一种慢性、广谱、高效、适口性好的杀鼠剂。其毒力与杀鼠灵相当，适口性优于杀鼠灵，配制后可使毒饵带有香蕉味，对鼠类吸引力较强。中毒潜伏期为7～12d，二次中毒危险小。对鸟类、鱼类、大型溞、绿藻、蚯蚓低毒。

作用方式：胃毒

作用机制：与敌鼠钠盐、杀鼠灵等第一代抗凝血剂机制基本相同。

田间应用：主要用于防治家鼠，可直接撒在洞口，鼠经过时黏附上药粉，鼠舔舐身上药粉时引起中毒。

4. 溴敌隆

溴敌隆为第二代抗凝血杀鼠剂，是目前主要使用的杀鼠剂。它不但具备第一代抗凝血剂作用缓慢、不易引起鼠类警觉的优点，而且对鼠类具有强急性毒性，还可有效杀灭已经对第一代抗凝血剂产生抗性的老鼠。

作用方式：胃毒。

作用机制：毒理同其他抗凝血剂。

田间应用：用0.005%毒饵毒杀农田、林区、草原和室内害鼠。

溴敌隆毒力强、作用时间快，使用需谨慎，如误服中毒，立即给中毒者注射维生素K_1。现已发现第二代抗凝血杀鼠剂对天敌动物存在较强的二次毒性。

5. 溴鼠灵

溴鼠灵也属于第二代抗凝血剂，是各种抗凝血剂中毒力最强的一种，兼有急性灭鼠剂和慢性灭鼠剂的优点，既可以作为急性杀鼠剂大剂量使用，又可以采取小剂量，多次毒饵投放。但对家禽、猫狗等较敏感，对鸟类、鱼类剧毒，对大型溞和绿藻高毒，对非靶标动物较危险。

作用方式：胃毒。

作用机制：毒理同其他抗凝血剂。

田间应用：适用于杀灭褐家鼠、黑家鼠、黄毛鼠、黄胸鼠、布氏田鼠、东方田鼠、黑线姬鼠、高山姬鼠、台湾鼷鼠、明达那玄鼠和用其他抗凝血剂难杀灭的仓鼠等多种家鼠和野栖鼠。水产养殖区、河塘等水体附近禁用，鸟类保护区附近禁用。

6. 氟鼠灵

氟鼠灵属第二代抗凝血剂，其化学结构和生物活性都与溴鼠灵类似。具有适口性好、毒力强、使用安全的特点。氟鼠灵对非靶标动物较安全，如猫、鸡等，其选择性毒力优于其他同类杀鼠剂。但对狗、鹅较敏感，对鸟类中毒，对鱼类剧毒，对大型溞高毒，对绿藻中毒。

作用方式：胃毒。

作用机制：毒理同其他抗凝血剂。

田间应用：可用于防治家栖鼠和野栖鼠，主要为褐家鼠、小家鼠、黄毛鼠及长爪沙鼠等。水产养殖区、河塘等水体附近禁用。

（二）生物毒素类灭鼠剂

近年来，各国都在开展利用生物毒素灭鼠的研究。目前应用较广泛的主要是肉毒梭菌（*Clostridium botulinum*）毒素，为肉毒梭菌产生的大分子毒性蛋白质，分为A、B、C、D、E、F、G共7个型，各型肉毒素对不同动物的毒性差异很大。目前用于鼠害防治的为C型和D型。

作用方式：胃毒。

作用机制：作用于中枢神经的脑神经和外围神经-肌肉神经连接处，阻碍乙酰胆碱的释放，是强烈的神经毒剂。

田间应用：多用于高原草场等地方的害鼠。一般采用毒饵法诱杀，使用0.1%～0.15%浓度的肉毒素制剂灭鼠效果最佳，将毒素饵粒或水剂稀释后与小麦等饵料混匀后置于避光处晾干即为可施用的毒饵。

（三）化学不育剂

化学不育剂是指在单性或双性中可以引起永久性或者临时性不育，或通过某些生理机制来减少幼崽数或影响生育能力的药剂。目前，我国登记的化学不育剂主要有雷公藤甲素、莪术醇和α-氯代醇等。

作用方式：胃毒。

作用机制：损害精子质量，增加精子畸形率。

田间应用：连续低剂量（每千克体重0.1mg）施药可以有效降低雄性布氏田鼠的繁殖活性。因此采用低剂量长期投放毒饵的方式可能比高剂量能更有效控鼠，而且可以减少药物残留对环境的污染风险。

（四）其他

胆钙化醇是一种新型、高效、环保、安全的杀鼠剂，其有效成分胆钙化醇（维生素D_3）为脂溶性维生素，是一种在动物体内作用于钙、磷代谢的激素前体。胆钙化醇可以解决第二代抗凝血杀鼠剂长期使用产生的抗药性问题，对环境友好，对人、畜安全，在美国、新西兰等国家得到广泛应用。在我国于2012年获得登记。

作用方式：胃毒。

作用机制：经口摄入后，在肝、肾中的羟化酶作用下生成具有活性的1,25-二羟基胆钙化醇，增强肠道对钙、磷的吸收，使骨骼中沉积的钙向血液中释放，致使血液中钙、磷浓度过快升高，引发鼠循环系统功能障碍致死。

田间应用：由于其对非靶标动物安全和环境友好，胆钙化醇灭鼠毒饵成为自然保护区、林业、海岛等自然环境灭鼠的优选药剂。胆钙化醇也是一种饲料添加剂，因此在饲料加工场所使用安全性高。

六、植物生长调节剂的作用机制及特点

植物生长调节剂是仿照植物激素的化学结构人工合成的具有植物激素活性的物质。这些物质的化学结构和性质可能与植物激素不完全相同，但有类似的生理效应和作用特

点，即均能通过施用微量的特殊物质来达到对植物体生长发育产生明显调控作用的效果。

目前我国登记使用的植物生长调节剂产品共 1396 个，涉及有效成分 40 多种，按照其生理效应划分为生长素类、赤霉素类、细胞分裂素类、甾醇类、乙烯类、脱落酸类、植物生长抑制物质。其中登记和大量使用的有赤霉酸、乙烯利、多效唑、芸薹素内酯、噻苯隆、甲哌鎓、*S*-诱抗素、氟节胺及萘乙酸等产品。

（一）生长素类

生长素类主要生理作用是促进细胞伸长，促进发根，延迟或抑制离层的形成，促进未受精子房膨胀，形成单性结实，促进形成愈伤组织。主要品种有萘乙酸、复硝酚钠、4-氯苯氧乙酸、增产灵等，现主要介绍萘乙酸。

作用方式：可经种子、叶片、树枝的幼嫩表皮进入植株体内，随营养流输导到起作用的部位。

作用机制：促进细胞分裂与扩大、诱导形成不定根、增加坐果、防止落果、改变雌雄花比率等。

田间应用：萘乙酸是类生长素物质，也是一种广谱性植物生长调节剂，可由根、茎、叶吸收。以喷洒和涂抹为主，广泛用于农业、林业、蔬菜、花卉、果树等领域，诱发不定根形成，提高树木扦插成活率；提高坐果率，防止采前落果。

（二）赤霉素类

赤霉素类主要生理作用为打破植物体某些器官的休眠，促进长日照植物开花，促进茎叶伸长生长，改变某些植物雌雄花比率，诱导单性结实，提高植物体内酶的活性。植物体内存在内源赤霉素，从高等植物和微生物中分离到的赤霉素已经有 95 种之多，一般用于植物生长调节剂的赤霉素主要是赤霉酸，下面主要介绍赤霉酸。

1935 年，日本科学家薮田从诱发恶苗病的赤霉菌中分离得到赤霉酸，20 世纪 50 年代初，英、美科学家从真菌培养液中首次获得了化学纯产品。

作用方式：主要经叶片、嫩枝、花、种子或果实进入植株体内，然后传导到生长活跃的部位起作用。

作用机制：促进植物生长发育，促进细胞分裂和伸长。

田间应用：广谱性植物生长调节剂。以喷雾、浸种、浸果、涂抹使用为主。可促进茎伸长、叶片扩大，促进单性结实，促进果实生长，打破种子休眠，改变雌雄花比率，影响开花时间，减少花、果的脱落。

（三）细胞分裂素类

细胞分裂素类主要生理作用为促进细胞分裂，诱导离体组织芽的分化，抑制或延缓叶片组织衰老。目前人工合成的细胞分裂素类植物生长调节剂有多种，如噻苯隆、糠氨基嘌呤、植物细胞分裂素、苄氨基嘌呤、异戊烯基腺嘌呤（Zip）和苄吡喃基腺嘌呤（PBA）等，现主要介绍噻苯隆。

噻苯隆又称脱叶灵、脱叶脲等，生理活性是细胞分裂素的 1000 倍，在棉花种植上作落叶剂使用。叶片吸收后，可促使叶柄与茎之间离层的形成而落叶，有利于机械采收，并可使棉花收获期提前 10d 左右，有助于提高棉花品级。

作用方式：经叶片吸收后，传导至叶片与茎之间起作用。

作用机制：促使叶柄与茎之间离层的形成。

田间应用：在棉花种植上作落叶剂使用，便于机械收获，并使棉花收获期提前 10d，棉花品质也得到提高。在棉桃开裂 70%时，兑水全株喷雾。

（四）甾醇类

甾醇类具有植物细胞分裂和延长的双重作用，可促使根系发达，增强光合作用，提高作物叶绿素含量，辅助作物劣势部分良好生长，起到调节生长的效果。主要品种为芸薹素内酯。

1979 年，Grove 等从一种芥菜型油菜的花粉粒中提取并纯化出一种甾醇类化合物——油菜素内酯，又称为芸薹素内酯。其存在于几十种其他植物中，并分离出 40 多种天然存在的油菜素内酯类似物。从化学结构上看，油菜素内酯与人和高等动物的甾醇类激素（肾上腺皮质激素、性激素）、昆虫的蜕皮激素等同属甾醇类化合物。甾醇类被列为第 6 类植物激素。除了天然油菜素内酯，我国已有多种仿生合成并且使用效果良好的甾醇类植物生长调节剂面市，如丙酰芸薹素内酯和表芸薹素内酯等。

作用方式：由叶片、根部吸收，经渗透进入植物细胞内，进而经共质体传导至作用部位。

作用机制：可促进植物三羧酸循环，提高蛋白质合成能力。提高叶绿素含量，提高光合效率。

田间应用：喷雾使用。在很低浓度下使用便能明显促进植物营养体生长和受精作用，可以增加营养体收获量，提高坐果率，促进果实肥大，提高结实率，增加干物质量，增强抗逆性。

（五）乙烯类

高等植物的根、茎、叶、花、果实等在一定条件下都会产生乙烯。乙烯有促进果实成熟，抑制细胞的伸长生长，促进叶、花、果实脱落，诱导花芽分化，促进发生不定根的作用。乙烯作为一种气体很难在田间使用，但乙烯利的研制和使用则避免了这个问题。

作用方式：由叶片、树皮、果实或种子进入植株体内，然后传导到作用的部位，执行内源激素乙烯所起的生理功能。

作用机制：在细胞液的作用下，释放出乙烯，调节生长发育过程，促进果实成熟及叶片脱落，提高产量。

田间应用：在作物成熟前喷雾或浸渍使用。可促进果实成熟及叶、果实的脱落，矮化植株，改变雌雄花的比率，诱导某些作物雄性不育等。

（六）脱落酸类

脱落酸类的主要生理作用为促进休眠，抑制萌发，阻滞植物生长，促进器官衰老、脱落和气孔关闭等，主要产品为 *S*-诱抗素。

S-诱抗素以前称为休眠素或脱落素，最早是 20 世纪 60 年代初从将要脱落的棉铃或将要脱落的槭树叶片中分离出的一种植物激素，是一种抑制植物生长发育和引起器官脱

落的物质。它在植物各器官中都存在，尤其是进入休眠和将要脱落的器官中含量最多。

作用方式：内吸、传导。

作用机制：促进离层形成，导致器官脱落；能诱导并激活植物多种抗逆基因的表达，增强植物抵抗不良生长环境（逆境）的能力。

田间应用：目前登记在葡萄和番茄上，兑水喷雾使用。可促进着色，提高果实品质；能促进幼苗根系发育，移栽后返青快、成活率高，且植物整个生长期的抗逆性得到增强。

（七）植物生长抑制物质

植物生长抑制物质可分为植物生长抑制剂和植物生长延缓剂。植物生长抑制剂对植物顶芽或分生组织都有破坏作用，并且破坏作用是长期的，不为赤霉素所逆转，即使在药液浓度很低的情况下，对植物也没有促进生长的作用。施用于植物后，植物停止生长或生长缓慢。植物生长延缓剂只是对亚顶端分生组织有暂时的抑制作用，延缓细胞的分裂与伸长生长，过段时间后，植物即可恢复生长，而且其效应可被赤霉素逆转。植物生长抑制物质在农业生产中的作用是：抑制徒长、培育壮苗、延缓茎叶衰老、推迟成熟、诱导花芽分化、控制顶端优势、改造株型等。代表品种有矮壮素、丁酰肼、甲哌鎓、多效唑等。

在研究植物激素乙烯作用机制时，发现了乙烯的作用抑制剂或称乙烯作用阻断剂，如硫代硫酸银、1-甲基环丙烯。它们可与乙烯的受体牢固结合，阻止乙烯与其受体作用，破坏乙烯的信号转导，抑制乙烯生理效应的发挥。作为植物生长调节剂家族的新成员，它们以独特的作用方式，将在生产、生活中得到广泛应用。

1. 丁酰肼

丁酰肼是1962年由美国橡胶公司研发的。丁酰肼可抑制植物内源性赤霉素和生长素的合成，从而抑制细胞分裂和纵向生长，使植株矮化粗壮，但不影响开花和结果。还可抑制新枝徒长，缩短节间长度，增加叶片厚度及叶绿素含量，防止落花促进坐果；诱导不定根形成，刺激根系生长，提高抗寒、抗旱能力。在叶片中，丁酰肼可使叶片栅栏组织伸长，海绵组织疏松，提高叶绿素含量，增强叶片的光合作用。在植株顶部可抑制顶端分生组织的有丝分裂。在茎枝内可缩短节间距离，抑制枝条的伸长。20世纪80年代中后期被怀疑具有致畸作用，有些国家曾禁用或限制使用。1992年，世界卫生组织进行再次评估，认为产品中丁酰肼的水解产物偏二甲基肼（或称非对称二甲基联氨）含量小于30mg/kg，可以使用。

作用方式：通过植物根、茎、叶进入体内，具有良好的内吸、传导性能，随营养流传导到作用部位。

作用机制：阻止细胞分裂，抑制细胞伸长。

田间应用：广谱性、适用性的植物生长调节剂。近期将收获的作物勿使用，也不要食用刚用药处理不久的果品等，最好不要用在蔬菜上。

2. 甲哌鎓

甲哌鎓又称缩节胺，可调节营养生长和生殖生长的矛盾；使节间缩短，叶片增厚，叶面积变小，因而株型紧凑粗壮，田间群体结构合理；还能增加叶绿素含量和光合效率，使植物提前开花，提高坐果率。

作用方式：内吸性强，可被根、嫩枝、叶片吸收，很快传导到其他部位。

作用机制：能抑制植物体内赤霉素的合成，促进植物的生殖生长；抑制茎叶疯长、控制侧枝；提高根系数量和活力。

田间应用：喷雾使用，广泛应用于棉花、小麦、水稻、花生、玉米、马铃薯、葡萄、蔬菜、豆类、花卉等农作物。

3．多效唑

多效唑是三唑类植物生长调节剂，1984 年由英国卜内门（ICI）公司首先开发成功。是内源赤霉素合成的抑制剂，可明显减弱顶端生长优势，促进侧芽（分蘖）滋生，使茎变粗，植株矮化紧凑；能增加叶绿素、蛋白质和核酸的含量。

作用方式：主要通过根系吸收而起作用，自叶吸收的量少。

作用机制：抑制赤霉素合成，减少细胞的分裂和伸长。同时使吲哚乙酸含量减少，内源乙烯、脱落酸和细胞分裂素含量增加。

田间应用：喷雾、浇灌使用，对作物生长的控制效应好。具有延缓植物生长、抑制茎秆伸长、缩短节间、促进植物分蘖、促进花芽分化、增加植物抗逆性能、提高产量等效果。本品适用于水稻、麦类、花生、果树、烟草、油菜、大豆、花卉、草坪等作（植）物，使用效果显著。

4．矮壮素

矮壮素是季铵盐类植物生长调节剂，1957 年由美国氰胺公司开发。可控制植株徒长，促进生殖生长，使植株节间缩短而变得矮、壮、粗，根系发达，抗倒伏；同时使叶色加深，叶片增厚，叶绿素含量增多，光合作用增强，从而提高坐果率，也能改善品质，提高产量。矮壮素还可提高某些作物的抗旱、抗寒、抗盐碱及抗某些病、虫害的能力。矮壮素对节间伸长的抑制作用可通过外施赤霉素解除。

作用方式：可经叶片、幼枝、芽、根系和种子进入植株体内。

作用机制：抑制内源赤霉素的生物合成，从而延缓细胞伸长，使植株矮化、茎秆粗壮、间节缩短，能防止植物徒长和倒伏。

田间应用：可用于小麦、水稻、棉花、烟草、玉米及西红柿等作物，抑制作物细胞伸长，但不抑制细胞分裂，能使植株变矮，茎秆变粗，叶色变绿，可使作物耐旱耐涝，防止作物徒长倒伏，抗盐碱。又能防止棉花落铃，可使马铃薯块茎增大。

5．氟节胺

氟节胺是植物生长延缓剂。

作用方式：接触、局部内吸。

作用机制：影响植物体内酶系统功能，增加叶绿素与蛋白质含量。

田间应用：高效烟草侧芽抑制剂，适用于烤烟、马里兰烟、晒烟、雪茄烟。打顶后施药 1 次，能抑制烟草腋芽发生直至收获。其作用迅速，吸收快，施药后只要 2h 无雨即可生效。药剂接触完全伸展的烟叶不产生药害，能节省大量打侧芽的人工，并使自然成熟度一致，提高烟叶品质。

第三节　化学农药高效利用原理与技术

农药使用涉及有害生物、植物和环境条件三者所组成的相对平衡体系，要达到高效利用农药，必须理清三者的关系，结合农药的特性、剂型、施药器械等，建立科学施药技术。

在这个平衡体系中，环境条件是决定性因素，一旦发生变化，则可促使或抑制有害生物的发生及植物的生长；而植物的品种、长势等条件可以抵抗、忍耐或敏感于有害生物，并同时影响环境条件的变化；有害生物不同的发生、为害程度，可以使其本身成为主要的或次要的矛盾。化学防治仅能作为调节者加入上述平衡体系中，在运用其他防治措施的基础上，充分考虑环境、植物、有害生物等各方面的因素。正确、合理地使用农药，便有可能暂时使这三者的关系达到有利于人类的、相对的平衡。化学防治的“武器”是农药，但使用这一“武器”的是拥有科学知识的人，这一点是保证化学防治达到“安全、有效、经济”目的的最主要因素。缺乏上述知识，则往往喷洒过量农药来保证目标区域接受足够的农药量，造成增加成本、农药残留量超标、环境污染、破坏生态平衡等问题。

综上所述，在使用农药时，使用者要综合考虑有害生物、植物和环境条件等多方面的因素及这四者之间的关系，建立科学施用技术，这是农药高效利用所依据的基本原理。

一、农药高效利用基本原理

（一）有害生物的特点与农药合理使用

各种生物在生长发育过程中都会存在敏感期，容易受到农药的毒害而威胁其生存和发展。农作物病、虫、草、鼠害的种类极多，各地之间差异也很大，甚至同一种有害生物分布于不同地区，其行为、习性、生理型、生态型也可能不同，它们对药剂的反应及耐药力均会有所变化，甚至在甲地表现很好防效的药剂，在乙地可能效果很差。因此在选用农药时，除要根据有害生物的类别和生物学特性选用相应的药剂种类及合适的施药方法外，还应根据有关资料报道及当地的实际试验结果来选用有效的农药种类。

1. 有害生物种类与药剂选择

在有害生物药剂防治中，首先应清楚所要防治的有害生物在分类上的特点及其内禀性，然后依据种、属上的特点来选择相适应的药剂和施用方法，即要根据有害生物的种类特点，做到对症下药、适法施药。

害虫防治中，主要根据害虫所属类群的特点，结合其口器类型、体形大小、外表质地、营养条件和发生为害习性特点等方面来综合考虑，选用适宜的药剂和施用方法。咀嚼式口器害虫，宜选用胃毒剂与触杀剂。蚜虫类的防治应选用以内吸剂为主，在未造成卷叶前也可选用触杀剂。以上药剂均以喷雾法效果最佳。地下害虫的防治，则应选用在土壤中稳定性较好、残效期长、具有触杀（土壤处理）和胃毒（种子处理）作用的杀虫剂。防治蔬菜害虫和果树害虫，均应以低毒、安全为选用药剂的出发点。防治活动性强的害虫如黄曲条跳甲，先从田块的四周喷起，再向中间包围。

在植物病害防治中，病原菌和寄主之间存在极其密切的关系，常导致同一种病菌在寄生于不同寄主后，在其生理、生化、致病性及对药剂的反应等方面有所不同，所以对植物病害要做到对症下药、适法施药。除要了解致病菌的类属、发生特点、对药剂反应等方面的共性外，还要了解寄主植物的特点、植物和寄生菌对药剂反应方面的特殊性，从而在具体选用农药时，做到共性与个性相结合。

在杂草方面，当涉及对症下药和适法施药时，首先要明确农田中优势杂草种类的特点，即要了解优势种属于单子叶还是双子叶植物，是一年生还是多年生杂草，是水田还是旱田杂草及与栽培农作物种、属、生物学特性的关系等。所有这些知识都有助于正确选用适当的除草剂品种及合适的施药方法。另外要强调的是，采用喷雾法除草时，以高容量法效果较佳。除草剂一般不采用低量或超低量法喷药。

2. 有害生物生物学特性与药剂使用

在农药使用中，能否做到适时施药，是农作物病、虫、草害防除工作中另一个十分重要的环节。要做到这一点，则必须对有害生物的生物学习性和为害特征有较为清晰的了解。

害虫的防治适期为敏感虫态的发生高峰期。虽然因虫种不同，各虫态对杀虫剂的敏感性有所差异，但整体而言，防治适期应以幼虫期及成虫期为主。在幼虫期，尤以小龄幼虫防治为主。另外，对于钻蛀性害虫应在蛀进之前施药；介壳虫类应于孵化盛期幼虫身体未形成蜡壳之前施药；潜伏性害虫应于其活动高峰期施药；裸露性害虫应抓住小龄阶段突击施药；蚜虫应于造成卷叶之前喷防；地下害虫应于播种前或播种时施药。

相对于害虫和杂草而言，农作物病害的防治基本上要依靠准确的预测预报和及时预防。适时施药在农作物病害防治中尤为重要。农作物病害防治中的适时施药较难找出一个普遍规律。因为致病菌的侵染循环不但因菌的种类而异，就是同一病菌，在不同作物上也可能在侵染循环、致病性、对药剂的反应方面不尽相同。因此对于不同农作物上的病害防治，一般情况下只能根据往年的经验及“防治历”，结合预测预报的科学数据进行施药保护。然后视病害的发生和蔓延情况，结合对气候的预报及农作物的生长发育特点来决定是否施药治疗。对于那些一年一次侵染的病害，只要把好侵染关便可得到良好的防治效果。对于一年多次侵染的病害，于流行前进行喷防至关重要。

除草剂的作用方式和机制比较复杂，要根据药剂的性质、特点和杂草的生物学性质来决定施药适期。由于在使用中具有“杀草伤苗”的潜在危险，在研制、试验和推广应用除草剂于农田除草时，一般在包括使用适期等技术方面已经程序化，用户必须严格按照说明书上的介绍去操作使用。对于一年生杂草，应抓住一个“早”字，最好是灭除于萌发期，最迟也应于 5 叶期之前。对于多年生杂草，则要等它长到有一定叶面积才能施药。阔叶杂草应在萌发期以土壤处理法进行防除，或等长到有一定叶面积后靠形态选择、位差选择、生化选择及采用定向喷雾法进行防除。对于某些和农作物为近缘种的杂草，如野燕麦、稗草等，应以选择性除草为主。

3. 有害生物抗药性及其化学防治对策

随着农药的使用，有害生物对化学农药产生抗药性的现象已普遍发生。关于抗性问题，国内外已有不少专著和论文作了报道和论述，不再赘述。这里仅就产生抗性的有害生物的化学防治对策进行简单论述。

1）防止和延缓抗药性的措施。第一，要切实贯彻有害生物综合防治的各项措施，使用化学农药要尽量减少或避免大面积喷施长效、广谱性农药，而采用适当的施药方法，如用点片施药、条带施药等局部施药法及根际施药法来调节化学防治和生物防治的矛盾。第二，要降低药剂的选择压力。尽量减少用药次数与用药量，应注意选择持效性较短的杀虫剂，不要片面追求95%以上的高防效，以免加快有害生物产生抗药性的速度。第三，轮换用药。将几种作用机制不同的药剂在时间上交替使用。第四，混合用药。农药的合理混用或加工成混剂使用，可以扩大防治范围，对有害生物具增效作用且可延缓抗药性。以延缓抗药性为目的的混配混用应遵循以下原则：①各单剂应有不同的作用机制，没有交互抗性；②单剂之间有增效作用；③单剂的持效期应尽可能相近；④各单剂对所防治的对象都应是敏感的；⑤混配混用的最佳配比（通常为重量比）应该是两种单剂保持选择压力相对平稳的重量比，这个配比从理论上讲就是混配制剂中各单剂对相对敏感种群的致死中量或致死中浓度的比值。需要指出的是，混配农药也不能长期单一地采用，必须轮换使用混合配方。

2）对已经产生抗药性的有害生物的防治对策。第一，换用新的无交互抗性的农药品种，并应特别注意那些新型的、作用方式和作用机制比较特殊的品种。第二，采用具负交互抗性的农药。第三，农药的限制使用。针对有害生物容易产生抗性的一种或一类药剂或具有潜在抗性风险的品种，根据其抗性水平、防治利弊的综合评价，采取限制其使用时间和次数。第四，使用增效剂。增效剂的作用一般是抑制害虫体内解毒酶系的活性，使杀虫剂不被快速降解而到达作用部位并起毒杀作用。

（二）农药使用与作物的关系

在有害生物的化学防治中，农药的使用与作物的多个方面均有关。这里主要讨论如何根据作物种类、生长情况和形态特征等选用不同的农药品种、剂型和施药方式等。

1．据作物种类和生长情况合理选用农药

在有害生物的化学防治中，尽管同一种有害生物可能会在不同作物上为害，但不同作物所适用的药剂种类及范围却是不同的。例如，在棉花等耐药性较强、非食用性的作物上防治有害生物时，选用药剂的种类可适当宽些；在瓜果、蔬菜等作物上防治病虫害时，禁用高毒、高残留和有气味的农药，选用的药剂种类相对比较窄些。同一种作物在不同生育期选用的药剂也是不同的。例如，苹果在生长前期可选用中等毒性农药，在生长后期，就要选择低毒、低残留药剂。

2．据作物的特点选用剂型和使用方法

作物的种类、形态特征不同，所用的农药制剂类型和施用方法也有较大差异，如旱田和水田、禾谷类作物和阔叶类作物等在剂型选用上都有所不同。小麦叶片上不易着落大粒药液，则以低量或超低量喷雾剂喷雾比较合适；防玉米螟以颗粒剂为宜；水稻田可选用具内吸作用的颗粒剂，或用其他剂型如水剂、液剂等，也可用可湿性粉剂等制成毒土使用。

（三）环境因素与农药的合理使用

在正确合理使用农药中，环境因素和农药使用之间的关系甚为密切。环境条件可以左右农药的药效，而农药又可影响环境的质量，甚至对人类生存带来深远的影响。

1．环境条件对药效的影响

温度对农药效力的影响较大，特别对杀虫剂而言更是如此。一般来讲，在较高温度下，药剂所表现出的生物活性高、穿透力强且迅速；高温还可降低物体的表面张力，增加药液的展布能力。在高温条件下，有害生物的呼吸强度大、代谢旺盛、活动力强。这些条件均有助于药剂杀伤效力的发挥，所以大部分农药的使用效果均和温度密切相关。负温系数型的农药品种则相反。温度对杀菌剂和除草剂药效影响一般无规律可循。

湿度对药剂的防治效果影响较小，但很复杂，且因药而异。一般来说，高湿可加速某些药剂的水解作用，导致药剂失效或产生药害。但对于乳油、可湿性粉剂等剂型，在喷洒出的药液干燥后，高湿或露水则有助于药剂进行再次分散、展布，从而有利于药效的发挥。杀虫剂对湿度的要求范围较低。对于杀菌剂来说，在一定范围内湿度和药效呈正相关。除草剂土壤处理时，在一定的范围内，湿度越大，效果越好。

光照和温度的关系密切，温度对药效的影响前已述及，单就光照而言，不同农药的反应也有所不同。大部分农药均可不同程度地被光分解，有些甚至在光下会被很快降解而致无效。与此相反，也有不少药剂在光下反而有较好的药效，特别是不少除草剂（主要为光合作用抑制剂）在光照下效果更好，如除草醚，只有在光下才能起到杀草作用。

风可对喷雾法和喷粉法产生影响。常规喷施农药时，如果风力超过了 3 级便不宜进行。另外，在有风的情况下喷药也易引起操作人员中毒或因将药吹至邻近地块敏感作物上而引起药害。但是，低量及超低量喷雾时还必须借助一定的风力才能正常操作，东方红-18 型机动弥雾喷粉机只有借本身所产生的风力，才能将药粒送出并吹至作物上。

雨一般对茎叶处理剂的药效有影响，影响程度与药剂的种类、性质、施药后距下雨的时间及降水量的大小有关。内吸剂在使用后一定时间内可被植物吸收，则降雨对其药效的影响便相应小些。一般情况下，触杀、胃毒型药剂及喷粉法使用的药剂在雨后便已基本无效，应考虑重喷。适当的降雨可明显提高土壤处理法使用药剂的防治效果，特别是除草剂，土壤处理后如遇适度的降雨则效果最为理想；但高降水量或淋溶性强的药剂则可因降雨而降低防效，并有增大药害的可能，甚至可污染地下水。

2．农药对环境质量的影响

农药对环境质量的影响主要指农药对环境的污染。自从有机农药，特别是少数毒性较大、防治谱宽、化学性质稳定的杀虫剂问世以后，不合理使用及人们对其认识、了解的程度有限，曾经造成多起严重的环境污染事件。

（四）农药使用的经济效益

1．效益分析

科学使用农药，可大幅度增产，并改进农产品的品质，提高劳动生产率，从而给国家和人民带来明显的经济效益。值得注意的却是，随着农药使用投资的增加，而因农药使用所得到的经济效益并未成比例提高，甚至呈下降的趋势。这种情况表明增产的幅度和农药的投资有一定的关系，而且在正常情况下呈一定的规律性，这基本上可以用图 3-1 来表示。

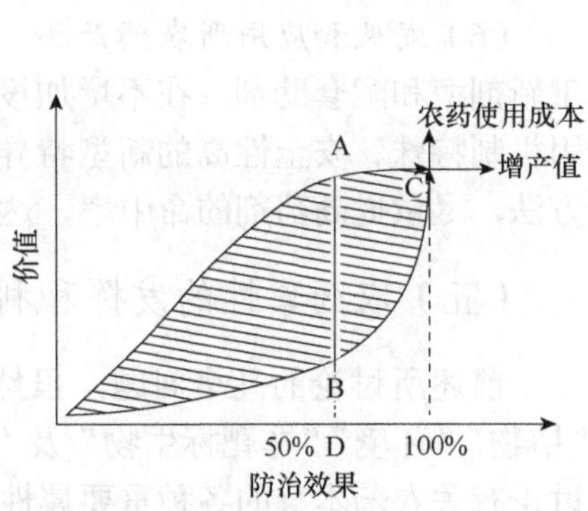

图 3-1　农药使用成本与增产值及防治效果之间的关系

从图中可以看出：随着农药使用成本的增加，防治有害生物的效果也相应提高，当防效靠近 100%，成本投入急剧上升。当防效基本接近或达到 100%，再增加成本投入便是明显的浪费，甚至产生副作用，如造成污染或发生药害等。从图中还可以看出：随着防治效果的提高，增产值也显著上升。但当防治效果靠近100%时，增产值便趋于平缓上升，说明此时防治有害生物所挽回的损失或产值不再增加。从理论上讲，在图中只有斜线区域内所进行的有害生物防治方能增加收益；沿增产值曲线向横坐标轴作垂线，穿过斜线区域最长的截线定为AB线，则AB线越长，表示纯增值大；延长AB线到D点，则BD线越短，表示投入成本越小；而BD∶AD便为投入和收益之比，但此处的比值不一定最大；两曲线相交的C点，表示投入和收益相等，此时防治已没有价值了。

可见，单纯而盲目地追求田间达100%的防治效果是毫无意义的，甚至可造成“增产不增收”或“增产减收”甚至“减产又减收”的局面。

2. 提高农药使用效益的途径

使用农药防治有害生物的技术经济目标，就是要尽量减少药剂和劳动力消耗，达到优良的防治效果，争取最大的收益/投入值，这实际上就是农药的高效利用问题。

（1）*及时、准确地预测预报*　准确、科学地测报出有害生物的发生时间与发生量是制定用药方案的依据，可以避免盲目用药而造成的浪费和损失。

（2）*制定科学的防治指标*　根据经济阈值，结合有害生物发生发展的预测和调查结果，制定出科学的防治指标。这里主要考虑两个问题，一是计算有害生物造成的损失和农药使用成本的比例，以此来决定有无防治的价值。二是要考虑作物的自我补偿作用。就是说虽然现存的有害生物可以造成一定量的损失，但通过作物自身的补偿作用可使这种损失不造成减产。

（3）*采用科学的用药技术*　在测报和调查的基础上，准确、适时、适量、适法地施用农药，以提高防效，避免浪费，减少损失。

（4）*充分发挥农药的优势和潜能*　通过各种方法和措施，尽量在保证一定防治效果的前提下，把单位面积内的施药量降到最低水平，以充分发挥药剂的潜能和优势来降低成本、提高收益。

（5）*重视种子处理剂的研制、发展和推广应用*　采用科学、合理的种子处理法防治病、虫害，可以达到劳动费用低、农药用量少、防治效果高的目的。

（6）*发展和应用新农药产品*　研制、生产、推广应用新型高效农药，发展农药加工新剂型和配套助剂，在不增加投入的前提下尽量提高防治效果和质量。尤其要重视作用机制特殊、安全性高的新型特异性药剂的研发，并配套新颖的加工技术和先进的使用方法，尽量提高药剂的命中率，达到科学“管理”有害生物种群的目的。

（五）农药禀性的发挥和利用

前述所讨论的几个问题，虽然都是以农药为重要内容，但实际是围绕“有害生物”“植物”“环境”“非靶标生物”及“经济效益”等为中心内容进行的。本部分将较系统地讨论有关农药本身的各种重要属性及其利用，并着重论述用药的技巧问题。

1. 正确选择农药剂型

任何一种农药的“毒力”并不等于“药效”，只有加工成剂型才有可能表现出其效力。所以，在一种有害生物发生以后，除正确选用农药品种外，是否选用合适的剂型及相应的使用方法，直接关系到防治的成功与失败。因此，熟悉并掌握各种剂型的性能特点和适用范围显得十分重要。

（1）根据有害生物特点选择剂型　农作物病害和草害的特点与剂型无严格的关联，而暴发性害虫如蝗虫、黏虫等害虫，一旦大发生时可立即造成灾害，对于这些害虫，农药的使用应以迅速压低虫口为主要目的，因此在选用农药剂型及其相适应的施用方法时应以快速处理、立即阻止为害为目标。例如，在蝗虫暴发时，虫群处于迅速运动状态，所用的农药应能有较大的扩散能力和空中飘悬能力，可同害虫充分接触，超低量油剂更适合在这种场合下使用。

（2）根据作物和环境特点选择剂型　农药使用中，剂型的选择不仅要考虑害虫的特点，还要考虑作物和环境的特点。例如，水稻和棉花的作物特征和环境特征均完全不同，棉田宜选用喷雾剂型，因其叶片平展，易于承受药液且容易干燥，使药剂很快固着在棉叶上；水稻田可选用具内吸作用的颗粒剂，或用其他剂型如水剂、液剂，也可用可湿性粉剂等和土制成毒土使用。其他如禾谷类作物和阔叶类作物等在剂型选用上也都有所不同，如小麦叶片上不易着落大粒药液，则以低量或超低量喷雾剂喷雾比较合适。在一些水源紧缺的干旱地区，不用水的剂型具有突出的优点，粉剂、超低量制剂便成为首选剂型。

（3）根据农药本身特点灵活选用剂型　就农药本身来说，不同品种、不同剂型的理化性质各有差异，它们的作用方式、效力也因此而各不相同，如药剂的油溶性，不同品种间的差异很大，按强弱顺序排列为：油剂＞乳油＞可湿性粉剂＞粉剂，油溶性越强，对害虫触杀作用越强。另外，农药的不同剂型，甚至同一剂型的不同配方，不同助剂，表现出来的湿展性、展着性、悬浮性、沉降性、乳化性、分散性、化学稳定性等方面各有不同，但却各有用途。人们常依据其特点在不同场合、不同对象上采用相应的方法施用。

2．农药的使用剂量和使用间隔期

农药的使用剂量主要是根据农药本身的特性来决定的，而掌握用药量的原则通常有三点，即使用剂量、使用浓度和用药次数，其中还要贯穿“间隔时间”这一概念。

农药的使用剂量为单位面积（或容积）上农药有效成分的总用量，如每亩用药量、单位空间的用药量、每100kg种子的拌药量等。

农药的使用浓度指在使用状态的农药分散体系中有效成分的含量。在农药使用中，使用浓度的变化幅度比较大且很灵活，可因施用方式、施药器械、使用对象和环境条件等方面的不同而异。总的来说，使用浓度应和使用剂量结合起来考虑。如果使用浓度低，喷的药液量少，单位面积达不到有效剂量，便会明显影响防治效果。一般情况下，使用浓度和防治效果成正比，但在光照、温度等条件影响较小的情况下，使用浓度和处理时间也有一定的关系，如采用低浓度长时间处理，或高浓度短时间处理，有时均可达到理想的药效。另外，触杀性药剂可进行高容量、低浓度处理；内吸剂或熏蒸剂可进行低容量、高浓度处理；除草剂最好用高容量、低浓度、粗雾滴处理；手动喷雾器主要进行高容量、低浓度喷施；东方红-18型机动弥雾喷粉机可进行低容量、高浓度喷施等。

农药的用药次数主要指用同一种药剂防治同一种有害生物所需施用药剂的次数。这主要根据药剂的残效期、防治效果及有害生物的发生发展情况来灵活决定。有的药剂残效期长，一次施药便可长时间控制有害生物的发生。有的害虫发生世代比较集中，一次施药便可解决当代的为害问题。对于那些一年一次侵染或一年一次发生的病、虫、草，则应抓住有利时机，一次施药解决问题。对于那些世代不明显，长时期发生及多次侵染，长时期流行的病、虫害，则应根据药剂的残效期制定较严格的喷药历期而定期多次施药。

农药使用中的“间隔时间”一般包括 3 个方面：一是和上述的“用药次数”相关，是针对防治效果而言的，应根据药剂的残效期和有害生物的发展情况来决定。二是指在防治不同有害生物、使用不同药剂时，要注意药剂间有无其他作用，其中特别要注意因间隔时间短而致发生药害或拮抗作用。例如，敌稗和有机磷类杀虫剂便不能在近期内交替使用，需间隔 15～20d 及以上，否则易使稻苗发生药害。三是指最后一次药剂的使用和作物收获期的间隔时间，这又称为“安全间隔期”。这在各药剂和作物上已有严格规定，应严格遵守所规定的间隔期，以免引起残留毒害。

3．农药的混合使用

目前使用的农药品种，尽管特性各异，但各自的防治谱和使用范围都是非常有限的。在农业生产中，经常会出现几种害虫同时为害或虫、病、草同时发生的情况，为做到高效利用，有必要把两种或两种以上含有不同有效成分、具有不同作用和特性的农药混合在一起使用，这种情况就称为农药混用。农药与化肥有时混在一起施用，也属于混用的一种。为混用而制备出含两种以上有效成分的农药制剂称作农药混合制剂。

（1）*农药混用的优点*

1）减少施药次数，省工省时。几种农药合理的混合应用，一次施药可以同时控制发生的几种有害生物为害，节省了施药时间，发挥了器械的作用，减轻了田间作物的人为损伤。

2）取长补短，提高防效，降低成本。发挥各药剂的长处，弥补各药剂的不足之处，即发挥药剂间的互补作用。它可以提高工效、扩大使用范围或者兼治几种有害生物，减少用药量，降低防治成本。

3）增强药效，对付抗性。不少的混剂组合有明显的增效作用，除可提高防治效果外，对延缓抗性的发生及对付已经产生抗性的害虫均有显著的功用。

4）可继续发掘老品种的潜力。通过混用，可使一些已引起抗药性或因有某种缺点而失去使用价值的老农药品种重新“焕发青春”或具有新用途。通过混用，还可延长老农药品种的寿命，可为化学工业农药生产的开源节流做出贡献。

5）提高农药的安全性。几种农药混合应用后，相应在使用浓度上降低，可明显提高对植物和害虫天敌的安全性，还可降低对人畜的毒性。

（2）*农药混用的原则*　有下列情况者不能混用或须小心使用。

1）混用后药剂的化学性质发生变化。农药有效成分的化学结构和化学性质是其生物活性的基础，混用时一般不能使其有效成分发生变化。这一点是农药混合应用时最重要的一项原则。大部分农药品种对碱性较敏感，少数品种虽然相对较稳定，也只能在碱性不太强的条件下现混现用。有些农药品种在酸性条件下易引起分解，如氨基酸铜遇酸会分解析出铜离子，进而引起药害。很多农药品种不能与含金属离子的药物混用，可生成难溶的盐而失活。

2）混合后破坏了原剂型的物理性能。乳油、液剂、可湿性粉剂、可溶性粉剂等剂型混用后，要求仍具有良好的乳化性、分散性、湿润性、展着性、悬浮性，这些都是发挥药剂效果的基本条件，绝不能破坏。此外，也要防止物理性状变化而产生的药害。如果混合后发生乳剂破坏，可湿性粉剂悬浮率降低，甚至出现有效成分析出，药液中出现分层、絮结、沉淀等均不能混用。

3）混用后药效降低。几种药剂混合应用，其防治效果反而低于各单剂应具有的防效，这种现象称为药剂间的拮抗作用。凡可发生拮抗作用的混用组合便不宜采用。

4）混合使用后安全性降低。有的混用组合混配后在物理、化学方面没有明显变化，甚至防治效果也较好，但安全性降低，这种情况下也不宜采用。混用后对植物易发生药害的组合不应采用，如敌稗和有机磷及氨基甲酸酯杀虫剂混用、石硫合剂和波尔多液等混用均会产生严重药害。混用后由于某种反应而增加了化合物的稳定性、不易分解、残留毒性增大或易严重污染环境的组合也不宜采用。

在农药混用试验、研究和使用中，排除上述不宜混用的组合，符合以下一条或几条原则的，均可以混合使用。

1）表现出增效作用。几种农药混用以后，其生物活性指标明显提高到预期水平之上的，即通过严格的生物测定，混剂的“共毒系数”明显大于 100 的组合。这种现象也叫生物活性的“相乘作用”，这是农药混用中最理想的结果之一。

2）表现出活性相加。几种农药混用后，其药效、药害、毒性等指标仍在预定的范围之内，即和单剂分别使用差不多，混用后仍为各单剂各自起作用，混剂的“共毒系数”在 100 左右。这种混用组合也是可取的，至少可以减少用药次数。

3）表现出各种互补作用。混用组合中的各单剂从多种途径上相互取长补短，从而提高防治效果的现象，称为农药品种间的特征互补。例如，残效期长的药剂和残效期短的混用、缓效型和速效型的混用、同一类农药中不同作用方式的品种混用、作用于同一种有害生物不同生育阶段的品种混用、作用于同一种有害生物但成本高的品种和成本低的品种混用、作用于同一种有害生物但作用机制不同的品种混用、对同一类但不同种属的有害生物有效的品种混用、防治对象截然不同（即病、虫、草等）的药剂间的混用，甚至用农药和化肥微量元素等农化产品混用、化学合成农药和生物农药的混用等，都可表现出明显的互补效果。

4）表现新的用途或防治谱。混合使用后对以前无效的或已严重发生抗药性的有害生物表现出防治效果，或者表现出其他新用途，如疏花、疏果、改善品质、加速成熟、增产等。

5）可以对付抗性有害生物。农药混合使用，可以延缓有害生物抗药性的产生和发展，且多数组合对已产生抗药性的有害生物也可表现出良好的防治效果，从而可使以前已丧失使用价值的某些老农药品种再度发挥作用。

6）可以提高药剂安全性。在多数混配药剂中，各单剂的含量相对减少，致使对人畜的毒性、对植物的损害作用及对其他有益生物和环境质量的安全性均可得到改善。

（3）混用农药的使用剂量问题　当两种或两种以上的有害生物同时发生，而混合的各单剂只对一种有害生物有效而对其他防治对象无效时，则混合液中应含有各单剂单独使用时的有效剂量；若混用组合的各单剂均对某种防治对象有效时，各单剂的用量都要相应降低，但具体各用多大剂量，则要根据试验结果来分析和确定。如果混合使用后对防治对象表现出明显的增效作用时，则一定要根据增效作用的大小和试验数据来确定使用剂量和浓度。对于已定型且已工厂化生产的混合制剂，则应作为一新品种看待，根据使用说明和田间有害生物发生的具体情况来决定使用剂量或浓度。

二、农药的使用方法与施用技术

利用农药防治有害生物主要是通过茎叶处理、种子处理和土壤处理保护作物并使有害生物接触农药而中毒。但在有害生物的化学防治中，有了好的农药品种，不等于就可达到较理想的防治效果。重要的是要选用合适的农药制剂、施药器械、使用方法及操作者娴熟的施用技术，以尽可能地提高“靶标命中率”，提高农药利用率。

农药的使用方法和施用技术是一组相近相离的概念。熟悉了使用方法不等于掌握了施用技术，二者在某些程度上有一定的所属关系（即在“方法”的基础上发挥“技术”的作用），又有某些程度上的理论与实践的关系。

使用方法是指在掌握、了解了防治对象的发生发展规律、保护对象的特点、自然环境的因素、药剂的特殊性能等方面的基础上确定的施药方式。

施用技术是指在使用方法所涉及基本内容的基础上，充分发挥操作者的技能，使农药最有效地命中生物靶标，最低程度危及环境质量。

农药使用方法和施用技术所要综合考虑的因素是如何尽可能地提高利用率，充分发挥药剂、药械的潜在能力，取得较好的经济效果，保证一定的环境质量。为达到这一目的，在农药的实际使用中，主要依据农药的特性、剂型特点、防治对象和保护对象的生物学特性及环境条件而确定具体的施药方式。

（一）农药使用方法

按农药的剂型和处理方式，农药的使用方法主要有喷雾法、喷粉法、撒施法、泼浇法、土壤施药法、拌种法、种苗浸渍法、毒饵法、熏蒸法、烟雾法、树干注射法等。

1. 喷雾法（spraying）

喷雾法就是在外界条件的作用下，使农药药液雾化并均匀地沉降和覆盖于喷布对象表面的一种农药使用方法。将药液分散成为雾滴后的粗细程度取决于多种因素，最重要的是喷雾方法与器械的结构和性能。农药的雾化主要采用压力雾化、气力式雾化和离心式雾化。喷雾器械按动力分为手动式和机动式，按施药方法可分为喷雾机、弥雾机、超低量喷雾机、静电喷雾机等。农药制剂中除超低容量喷雾剂无须加水稀释可直接喷洒外，可供液态使用的其他如乳油、可湿性粉剂、水溶剂、悬浮剂、水分散粒剂及可溶性粉剂等，均需加水调成乳液、悬浮液、胶体液或溶液后才能使用，最常用的使用方法便是喷雾法。

（1）压力雾化法　对药液施加压力，迫使其通过一种经过特别设计的喷头而分散成为雾珠喷射出去。这种雾化方法的特点是喷雾量很大，但是雾化均匀度不高，雾滴的粗细相差很远。我国目前各地所使用的压缩式喷雾器、单管式喷雾器、背负式喷雾器、喷枪、工农-36型喷雾器及拖拉机牵引的喷雾设备，都是采用了这种雾化原理。这种雾化方法雾滴粗、喷雾量大，因此统称为大容量喷雾法（HLV）。

（2）气力式雾化　是利用高速气流对药液进行雾化。经过专门的设计，气流和药液在喷头的一定部位相会，利用高速气流对药液的切削作用而使药液分散雾化。因为空气和药液都是流体，所以此法也称为双流体雾化法。这种雾化方法能产生比较细且均匀的雾滴。但是雾化的细度也会发生变动，变动的因素主要是气流的压力和流速，喷头的结构也至关重要。农业上使用较多的气流雾化器械是机动弥雾机，如东方红-18型机动弥雾喷粉机，是利用内燃机带动的风扇所产生的强大气流在喷口处把药液吹散雾化。

（3）离心式雾化　利用圆盘高速旋转时产生的离心力，使药液以一定细度的液珠离开圆盘边缘而成为雾滴。我国生产过的额娃式手持电动超低容量喷雾器，就是一种典型的离心式雾化器。在东方红-18 型机动弥雾喷粉机的喷口部位换装一支转盘雾化器，也可以进行离心式超低容量喷雾。离心式雾化法是药液在离心力作用下脱离转盘边缘而延伸成为液丝，然后液丝断裂，形成雾滴，因此此法也称液丝断裂法。这种雾化方法的雾化细度取决于转盘的旋转速度和药液的滴加速度。转速越高、药液滴加越慢，则雾化越细。

在喷雾法中，不同喷雾方式对应不同作物的喷液量，如表 3-1 所示。

表 3-1　不同喷雾方式对应不同作物的喷液量　（单位：L/hm^2）

喷雾方式	大田作物	树木
高容量（high volume）	＞600	＞1000
中容量（medium volume）	200～600	500～1000
低容量（low volume）	50～200	200～500
很低容量（very low volume）	5～50	50～200
超低容量（ultra-low volume）	＜5	＜50

目前生产上较常用的是高容量、低容量和超低容量喷雾。

高容量喷雾（HV）为最常采用的一种喷雾类型，故习惯上称其为常量喷雾，又称为针对性全覆盖式喷雾。对这类喷雾法的主要要求是喷洒均匀、细致、周到，药液的沉积量要大，但又不能超过“流失点”。就是说要尽量使喷布表面多承载药液，又要尽可能减少或避免药液流失。在实际使用中，高湿、刮风常严重影响药液沉积。这类喷雾方式使用范围很广，防治病、虫、草的效果均很好，但用水量较大、工效低、劳动强度大，常会造成防治不及时的状况。

低容量喷雾和超低容量喷雾又称为漂移累积式喷雾。要借助高效能的机械将药液分散成很细的颗粒，并借助一定的风力将液滴分散而形成飘移、穿透，并沉积在所要喷布的表面上。超低容量喷雾则要使用专用的机械和专用的喷雾制剂或“通用油剂”。这种方法直接使用蜡制剂，所产生的雾滴极细，一般为 50～80μm。所以操作时要十分小心，稍有疏忽，便易造成药害或人身中毒事故。所以操作人员必须经过严格训练，正确选择施药种类和剂型，掌握好单位面积用药量。施药时要根据风向，保持站在上风头行进，以确保安全和防效。低量和超低量喷雾法工效高，防治效果较好，持效期较长，劳动强度低，但易受风力、风向、上升气流的限制，使用范围有限，对使用技术要求较为严格。

2. 喷粉法（dusting）

喷粉法是利用鼓风机械所产生的气流把农药粉剂吹散后沉积到植物上或土壤表面的施药方法。该法较常量喷雾的工效高，速度快，往往可以及时控制有害生物大面积的暴发。喷粉防治效果受施药器械、环境因素和粉剂质量影响较大。一般来说，手动喷粉器由于不能保证恒定的风速和进药量，喷撒效果较差，因而常使用东方红-18 型机动弥雾喷粉机。气流、露水和雨水会影响药粉的沉积，一般风力超过 1m/s 时不宜喷粉。粉剂不耐雨水冲刷，施药后 24h 内如有降雨，应补喷。露水有利于药粉沉积，但叶面过湿，会使药粉分布不均匀，容易造成药害。

3．撒施法（granule method）

用于撒施的农药主要是以毒土的形式，我国在防治水稻螟虫、稻飞虱等害虫时多采用撒施毒土的方法。此类害虫主要在植株下部活动，在密植情况下，喷施药剂不易分散到稻株下部，而撒施则较喷施的效果为好。将每公顷所需药剂掺10～20筛目的细土225～300kg，药剂为粉剂时，可直接与细土拌和；药剂为液剂时，应先加4～5倍水稀释，用喷雾器喷到细土上，拌匀。撒毒土最好在早晨露水未干时进行，此法工作效率高，每人每天可施药0.5hm^2。颗粒剂可用药械撒施，有的也可用手撒施。供手撒的药剂必须是低毒或经加工而已低毒化的药剂。

4．泼浇法（pouring method）

将一定浓度的药液均匀泼浇到作物上，药液多沉落到作物下部，这是南方防治水稻上多种害虫的施药方法之一，每公顷泼浇药水6000～7500kg，每人每天可施药0.4～0.5hm^2，工效较高。稻田泼浇法或撒施法实际上是水面施药，药剂多溶于或悬浮于水中，除可直接杀死接触水面的害虫外，药液还可通过稻株茎部叶鞘与茎秆间毛细管（内吸剂则被植物吸收）上升来防治稻株上的害虫，如水稻螟虫等。这种方法对大多数病害的防治是不适用的。

5．土壤施药法（soil treatment method）

土壤施药方式很多，如撒施、条施、灌施等，土壤施药的具体剂型和施药方法要根据环境因素、作物及害虫生活习性等而定。土壤深层施药是根区施药的一种，虽仍属土壤施药，但有其特点，除药剂需施在作物根区的较深处外，所用药剂应为内吸剂，通过作物根部吸收而达防治害虫的目的。土壤对药剂的不利因素往往大于地上部对药剂的不利因素，如雨水易造成药剂流失，黏重或有机质多的土壤对药剂吸附作用强而使有效成分不能被充分利用，以及土壤酸碱度和某些盐类、重金属等往往还能使药剂分解等。

6．拌种法（seed dressing）

用药粉与种子拌匀，使每粒种子外面都覆盖一层药粉，是防治种子传染病害及地下害虫的方法，禾谷类种子表面光滑（水稻等例外），粉剂附着量一般为种子量的0.2%～0.5%。拌种应在拌种器内进行，以30r/min的速度，拌和3～4min为宜。带绒毛的棉籽，拌种不能用拌种器，先将药粉与填充物（如细土、炉渣灰等）混匀，再与浸泡（或经催芽）后的棉种拌和均匀。杀菌剂粉剂拌棉种的用量一般为种子的0.5%～1%。

7．种苗浸渍法（seedling soaking）

用于浸种的药剂多为水溶剂或乳剂，而少用可湿性粉剂。药液用量以浸没种子为限。浸种药剂可连续使用，但要补充所减少的药液量。用甲醛或升汞浸种后，需用清水冲洗种子，以免发生药害。浸种防病效果与药液浓度、温度和时间有密切的关系。浸种温度一般要在10～20℃及以上。温度高时，应适当降低药液浓度或缩短浸种时间；温度一定，药液浓度高时，浸种时间可短些。药液浓度、温度、浸种时间对某种种子均有一定的适用范围。浸秧苗的基本原则同上。刚萌动的种子或幼苗对药剂很敏感，尤以根部反应最为明显。对此处理应慎重，以免造成药害。

8．毒饵法（poison bait method）

用害虫喜食的食物为饵料，如豆饼、花生饼、麦麸等，加适量的水拌和，再加具有胃毒作用的农药，如敌百虫、辛硫磷、对硫磷、信石等，拌匀。药剂用量一般为饵料量的 1%～3%。每公顷用毒饵 22.5～30kg。播种期施药可将毒饵撒在种沟里或随种子同时施下。作物幼苗期施药，可将毒饵撒在幼苗基部，最好用土覆盖，以延长残效期。地面撒毒饵，饵料还可用鲜水草或野菜，药剂量为饵料量的 0.2%～0.3%，每公顷用 150～225kg。在傍晚时，尤其在雨后撒饵效果最好。毒饵法对防治蝼蛄、地老虎、蟋蟀效果很好，对金针虫、蛴螬等往往也有一定的防治效果。毒谷配制与毒饵法基本上一样，将谷子煮成半熟，晾成半干后再拌药。毒谷一般随种子施入土中。

9. 熏蒸法（fumigation）

在田间用药剂熏蒸杀虫，一般在作物茂密的情况下方可获得成功。此法防治害虫最成功的实例是异丙磷防治高粱蚜，每公顷用 50%异丙磷乳油 750g，拌细土 10kg，每垅或隔 2～3 垅撒一行，经 24h 蚜虫死亡率可达 100%。

10. 烟雾法（smoke fog）

烟雾法是利用携带农药的烟或雾分散在空气中进行施药的方法。由于烟雾的粒径很小，因此悬浮时间长，能够长时间弥散在空间，与靶标有较长的接触时间，药效远高于喷雾法和喷粉法。但其易受气流的影响，难以控制，因此烟雾法多用于密闭空间和郁闭度高的森林、果园等。

11. 树干注射法（trunk injection）

树干注射法是将内吸性农药通过自流式或高压注入植物体内，药剂随树体的水分运动而发生纵向运输和横向扩散，从而在植物体内均匀分布进行病虫害防治的方法。该法主要用于林木上的蛀干、卷叶、结包等害虫的防治。具体方法包括高压注射法、悬挂药瓶法、自流式法等。

（二）农药施用技术

在农药使用中，有害生物种类（即防治对象）已明确，并选定了药剂、剂型以后，正确的施用技术便成为保证防治效果的关键因素。在生产实践中，特别是在药效试验中，常常会发现这样的现象：同一种施药方法，只是所用器械不同，如喷雾法中用不同的喷雾机具，便会得到不同的防治效果；或同一型号的喷雾器，不同架、次之间的药效也可能有所不同；甚至在一切条件完全相同的情况下，只是操作人员不同，有时也会得出差异较大的防治结果。这些差异便只能归结于农药的施用技术。

农药施用技术主要包括使用药剂的手段和施药的实际操作方法。如果对施用技术缺乏周密的考虑和设计，即便药剂和使用方法选择得当，也不易有很好的防治效果。

施用技术问题的实质就是如何使药剂最有效地与防治对象接触。农药要对防治对象发生作用，首先必须通过各种方式和途径与防治对象接触。所有喷洒方法和喷洒机具的选用及操作技术的要求，目的都是创造一个使药剂与防治对象接触的良好条件，提高药剂命中靶标的概率。具体可以分为以下三个方面。

1. 机械的选用及其功能的充分发挥

针对有害生物和作物的各自特点，选用合适的药械种类并使其正常运转工作，则可明显提高防效，避免损失，降低耗费。例如，采用喷雾法以多菌灵胶悬剂防治小麦赤霉病，若采用大容量喷雾，则绝大部分药液会流失掉而很少黏附于麦穗，不能达到有效剂量而防效较差；如选用手动低量喷雾、吹雾或超低量喷雾机具，其所产生的细雾滴容易沉积于麦穗上，而且黏附力强，无流失现象，可明显提高防治效果。

采用传统的大容量喷雾器械时，在用户中普遍存在着一种误解，认为一定要喷到植株上到处流药水，即“洗澡式”喷洒才算彻底，效果才可能好。实际上往往事与愿违。主要是这种喷雾方法会造成大量药水流失，传统的粗雾喷洒法有70%或更多的药剂随药水流走而损失掉。对于这类大容量喷雾器械来说，如能够提高喷雾压力，雾滴也可以变细，操作中如掌握得当，也不易超过流失点而造成严重浪费。不过这只有在使用机动喷雾机械时才有实际意义。使用手动喷雾器时压力的调节余地很小，不少用户以为只要喷头能继续喷雾就可以不必加压。实际上如压力不够，雾滴会迅速变粗而影响喷雾质量。因此务必要保持应有的压力，以达到较好的雾化程度。

喷粉法是药剂分散性能很好的一种农药使用方法。但是在空气中喷粉会造成药粉的大范围飘扬损失和环境污染，从而使这种方法受到了限制。但是应用到保护地蔬菜上却能取得很好的效果。在郁闭度很高的保护地蔬菜上，粉粒的飘悬和布朗运动十分有利于药剂粉粒在枝叶丛中穿透和沉积。在棉田后期，一般喷撒机具已无法下田，但粉尘法的使用却能使药粉粒在棉丛中均匀扩散而不逸出株冠，从而获得很好的沉积效率和很高的防效。所以选择一种使用技术，必须很好地了解并掌握该项技术的性能特点及最合适的使用条件。

任何一种使用方法都有一个共同的技术指标，就是这种方法所能产生的药剂沉积密度（即单位面积上所沉积的药剂量，常用 μm/cm^{2}表示）。对于各种病、虫，在一种特定的作物上，以及除草剂在杂草上或土壤表面，药剂的有效沉积密度都有一定的值。太小了药效就会受影响或缩短残效期，太大则造成药剂浪费或增加残留。

2．酌情添加助剂的用量

这里主要指的是乳油中的溶剂和喷雾用药液中的表面活性剂。个别情况下也可考虑其他助剂的加入，如增效剂等，能明显提高防治效果。

乳油如长期存放或包装不严，往往发生溶剂挥发的现象，从而影响药剂的质量和使用剂量的准确性。有时可出现明显的结晶、分层或絮结等。在这种情况下，可在药剂容器中加入相同的溶剂到原先的刻度，并轻轻振摇或用热水稍加热而使其又恢复成均相液体。

对于一些可配制成喷雾用液剂的农药，如水剂、可溶性粉剂、晶粉等，在配好的药液中加入适量的表面活性剂，可明显提高药液的湿润展着性能，提高防治效果。最常用的表面活性剂便是日用洗衣粉，用量为喷雾液量的万分之三。对于某些乳化剂或湿润剂质量欠佳的乳油或可湿性粉剂，或某些使用浓度很低的品种，或喷洒对象为甘蓝、油菜等难以湿润的作物，也应在喷雾药液中加入酌量的表面活性剂，以提高药液的湿展性能。但应注意，在用除草剂时不得随意加入表面活性剂，以免降低选择性而引起药害。

3．施药时的操作技术

施药时的操作技术也很重要，有时会直接左右防治效果。例如，防治甘蓝上的菜粉蝶，在卵盛孵期施药，如只喷在叶片正面便很难达到高的防治效果。因为菜粉蝶几乎将50%以上的卵产于叶片背面，且初孵幼虫只在卵壳周围取食，不啃透叶片而只食去叶肉。只有到2～3龄时才稍扩大活动范围，因此，如不在叶子正反面都喷上药，等到叶背面的幼虫可活动到叶正面时，则药剂的有效期已过，且幼虫已具有一定的抗逆性能了。所以在甘蓝上防菜粉蝶、小菜蛾等害虫，不同操作人员在操作技术上的差异，常会造成防效较大的差异。这一点在做药剂防治比较试验时尤应注意，要让一个人操作一架喷雾器喷到底。至少也应一个人喷一个重复，以减少因操作技术而造成的试验误差。可见具体的操作技术在提高防治效果方面也有举足轻重的作用。

施药操作技术的关键是一定要做到“均匀周到”，这在种子处理、土壤处理、常规的茎叶处理等实际操作中很重要。特别是除草和防治病害，必须以施药均匀周到为基础。在防治某些虫害时有所例外，如防棉铃虫、金刚钻等棉花害虫时，则要求以喷洒“群尖”为主；防治水稻飞虱、叶蝉、纹枯病则要求喷施或泼浇于植株茎基部；防玉米螟则要将颗粒剂集中撒于喇叭口内；一些内吸剂的特殊用法如“包扎”或“涂茎”，还有一些特殊的施药方法如防天牛时用药塞虫洞等，都属于特殊情况。

另外，在施药技术方面，操作的灵活、正确程度也很重要。有经验的人施用毒土，随手撒出便可以达到均匀周到，用手动喷雾器喷雾时，要使喷头上、下、四周不停地移动，才能达到既均匀周到，又可避免达到“流失点”而浪费药液；用东方红-18 型机动弥雾喷粉机喷药时，应将喷头不停地左右摆动，喷幅应稍大，走动宜稍慢。这样既可以给叶正面都喷上药，还可借风力将叶片掀翻而喷于叶背面。这些操作技巧在实际使用中应熟练掌握。

（三）几种新型施药技术

1．循环喷雾技术

在喷雾机的喷洒部件对面加装单个或多个药液回收装置，把没有沉积在靶标作物上的药液回收返送回药箱中，循环利用。可节省 30%以上的农药，并可减少漂移，减轻对环境的污染。

2．泡沫喷雾技术

泡沫喷雾技术是在喷洒药液中预先混入发泡剂，采用特制喷头自动吸入空气使药液形成泡沫状雾流喷向靶标的喷雾方法。其优点为：泡沫状雾流扩散范围窄，漂移少，对邻近作物及环境影响小，可用于需要控制雾滴扩散范围的场合，如间作、套种作物，庭院花卉上施药。喷雾时喷头离作物顶部一定高度（30～50cm），顺风顺行喷洒，风速超过 3m/s 时应停止喷药。

3．静电喷雾技术

静电喷雾技术是通过高压静电发生装置使喷出的雾滴带电的喷雾方法。带电雾滴在电场力的作用下快速均匀地飞向靶标，由此提高雾滴的命中率。其特点为：雾滴沉降速度快，减少挥发和飘移，增加沉降量，提高命中率；黏附牢固；降低农药在空气中的飘浮时间，提高操作者的安全性并减少对环境的污染；雾滴质量直径仅为 45μm，农药利用率提高到 90%以上。但静电装置结构复杂，成本较高。

4．弥雾技术

采用气力，通过特制的雾化部件，将药液雾化分散成小于 20μm 的极细雾滴，并较长时间飘浮在空气中，这种施药方法称为弥雾法，实施弥雾的施药器械称为弥雾器或弥雾机。分为热法和冷法 2 种。热法采用热雾机，必须选用不易挥发的油类作载体，以高沸点燃油产生的高温废气为动力，使农药油剂迅速汽化，脱离喷口后在冷空气中又迅速冷却而凝聚成极细（1～10μm）的油雾，适用于郁闭度高的场所。冷法以空气压缩机产生的高压高速空气为动力，用水或不易挥发的有机溶剂作载体。

5. 航空施药技术

航空施药法（aerial application）是用飞机或其他飞行器将农药液剂、粉剂、颗粒剂等从空中均匀撒施在目标区域内的施药方法，在现代化大农业生产中具有特殊和不可替代的地位和作用。目前，航空施药法根据操控方式主要分为有人驾驶和无人机两类。有人驾驶的是配备施药装置的固定翼式飞机、直升机和植物保护动力伞、固定三角翼机等，无人机主要是配备施药装置的单旋翼机和多旋翼机等。

航空喷洒农药可采用针对性喷洒法，或漂移累积喷洒法。针对性喷洒法的特点是飞行高度较低，喷幅狭窄（通常为机翼的1.5倍），不利用侧风，而靠飞行时所产生的下冲气流使雾滴落在植物上，农药覆盖度较高，成本也较高，适用于常量或低容量喷洒。漂移累积喷洒法的特点是飞行高度较高，利用侧风（靠侧风将喷雾层分散和传递雾滴），飞机航向与风向垂直，由于每次喷药的面积互相重叠累积，因此施药中各地点所得到的药剂较均匀，喷幅较宽，适用于超低容量喷雾。

喷雾质量检查，应在受药地段设5点或10点，每点作物的上、中、下3个部位悬挂白色硬纸板或玻璃片各一张（块）。超低容量喷雾，每平方厘米上有10～20个雾滴才达有效雾滴密度要求。为了使雾滴颜色明显，可在药液中加入少量苏丹黑染料。也可直接使用商品化的雾滴测试卡。

6. 农药精准施用技术

农药喷雾技术、喷雾器械及农药剂型正向着精准、低量、高浓度、对靶性、自动化方向发展，如美国伊利诺伊大学研究开发基于机器视觉的田间自动杂草控制系统和基于差分全球定位系统（DGPS）的施药系统，使农药逐步进入精准使用时代。

农药精准使用技术是利用现代农林生产工艺和先进技术，设计在自然环境中基于实时视觉传感或基于地图的农药精准施用的方法。该方法涵盖目标信息采集、目标识别、施药决策、可变量喷雾执行等农药精准使用的主要技术，以节约农药、提高农药使用效率和减轻环境污染为目标，改善我国农林病虫草害防治中的施药工艺和施药器械，实现我国农林生产的可持续发展。简而言之，农药精准使用技术就是要实现定时、定量和定点施药。以由美国伊利诺伊大学农业与生物工程系研究开发的定点杂草控制技术为例，该技术包括3部分：①实时可视杂草识别系统，采用CCD摄像头和图像采集卡实时采集田间杂草和作物图像，通过计算机图像处理获取杂草长势和密度特征；②最佳喷量专家决策系统，根据识别出的杂草信息，综合数据库内的其他信息，如气象条件、以前的防治作业记录、机具作业速度和农药类型等，按最佳效益模型决定施药量；③喷雾量控制系统，根据专家决策系统给出的电子数据表通过喷雾阀分别对各单个喷头的喷量进行控制。

第四节　化学农药的药害与控制

一、农药药害产生的原因

在农林生产管理中，农药药害产生的原因有很多，主要包括农药的选择、施用方法、施用时期与施用环境条件等方面。

（一）农药选择错误

在进行农药的选择时，应当综合考虑作物的种类、防治对象和药剂性能，对症下药。

1. 农药品种

有的农药品种本身就容易产生药害。当前国家已经明令禁止使用的高毒农药品种有33种，包括甲胺磷、对硫磷、六六六、滴滴涕、甲基对硫磷等；禁止在蔬菜、果树、茶叶、中草药材上使用的高毒农药有17种，如丁酰肼禁止在花生上使用，灭多威和硫丹禁止在苹果树上使用。

2. 农药剂型

不同剂型的农药产生药害的大小不同，一般无机农药易产生药害，有机农药和生物农药则相对安全。不同农药剂型造成药害不同的排列顺序为：乳油＞水剂＞颗粒剂。

（二）农药施用方法不当

1. 误用农药

在使用的过程中，不参照标签说明从而导致农药误用，会造成严重的药害，甚至造成绝产。

2. 盲目混用

两种或多种农药之间混用不合理，可能会增强药剂的毒性，易产生药害。

3. 农药配制不恰当

稀释农药所用的水质不同，对农药的配兑影响也不同，也会因此产生药害。配制时一般使用的是干净的软水。不要使用含杂质多的污水和含钙镁离子过多的硬水，如井水等。

4. 施用间隔期短

施用农药的间隔时间短，且长期连续单一使用某种残留性强的农药，容易造成二次药害与残留药害。

5. 施用量过高

施用的农药浓度越高、剂量越大，越易产生药害。

6. 施用器械损坏、污染

器械清洗不彻底，或器械损坏，会造成喷出的雾滴大小不均匀、药剂浓度过高等，易引发药害。

（三）施用时期不当

农作物在不同的生育阶段，对药剂的抵抗能力不同。一般农作物的敏感时期为幼芽期及后面的抽穗扬花期。在农作物的敏感时期施药容易产生药害。

（四）环境因素影响

药害的发生与施药时的温度、湿度、天气状况、土壤等环境条件密切相关。

1. 温度

在温度过高或过低时施药均容易产生药害。在高温下施用农药，容易促进农药的分解和有效成分的挥发，使施用的农药更容易侵入作物体内，以致产生药害；在低温下施用农药，作物受到冷害或冻害导致其耐药性差，或者温度过低导致药液运转慢等一系列原因，也容易造成药害。

2．湿度

湿度过高容易导致药害的发生。高湿加速了某些农药的化学分解作用，同时叶面湿度大，易黏附粉剂农药，使农药施用不均匀而导致药害的产生。

3．天气情况

风向不稳定或风力过大及雨水天气均会导致药害的产生，扩大农药的污染范围。风力作用导致农药降落不均匀，雾滴或粉尘微粒随风飘移，加速农药的挥发；雨水的冲刷会造成江河水域的污染，尤其造成农田水的污染，加剧农药的毒害作用。

4．土壤

土壤黏性低、湿度过高或干旱及土壤条件偏碱性，均会造成药害。农药在黏性大或者有机质含量高的土壤中移动性小，因此若土壤黏性低或者有机质含量少，则农药移动性增大，容易发生药害；土壤湿度大的区域促进了药剂的流动，容易造成药害；如果土壤中的水分过少，药液大量渗透到作物根系，也易发生药害。

二、易发生药害的药剂与敏感作物种类

除上述因素外，有些药剂容易引起作物药害，而有些作物也对某种类药剂敏感，在使用时要特别注意（表 3-2）。

表 3-2　易发生药害的药剂与敏感作物

药剂	敏感作物
敌敌畏	高粱、月季、猕猴桃、核果类、玉米、豆类、瓜类幼苗、柳树、梅花、杜鹃、国槐及榆叶梅等
敌百虫	核果类、猕猴桃、高粱、豆类、瓜类幼苗、玉米、苹果（‘曙光’‘元帅’‘金帅’等品种）、樱花、梅花
辛硫磷	高粱、黄瓜、菜豆、甜菜、叶菜类作物
倍硫磷	十字花科蔬菜幼苗、梨、桃、樱桃、高粱、啤酒花
杀螟硫磷	高粱、玉米、十字花科蔬菜（白菜、油菜、萝卜、花椰菜、甘蓝、青菜、卷花菜等）
马拉硫磷	瓜类、甘薯、桃树、番茄、豇豆、高粱、樱桃、梨、苹果
仲丁威	瓜类、豆类、茄科作物
异丙威	薯类作物
甲萘威	瓜类
杀螟丹	水稻（扬花期）、白菜与甘蓝等十字花科蔬菜幼苗
杀虫双	豆类、柑橘类
杀虫单	棉花、烟草、四季豆、马铃薯、某些豆类作物
吡虫啉	豆类、瓜类
噻虫嗪	白菜、萝卜
啶虫脒	大丽花、木槿等花卉
烯啶虫胺	水稻、小麦、苹果、柑橘
石硫合剂	桃、梨、李、梅、杏等果树的幼嫩部位；猕猴桃、葡萄、瓜类、豆类、马铃薯、番茄、葱、姜
波尔多液	马铃薯、番茄、辣椒、瓜类、桃、李、梨、苹果、柿子、白菜、大豆、小麦、莴苣等

续表

药剂	敏感作物
百菌清	梨、柿、桃、梅、苹果、玫瑰
硫黄	黄瓜、大豆、马铃薯、李、梨、葡萄等
氧化亚铜	果树花期和幼果期；马铃薯、番茄、辣椒、瓜类、桃、李、梨、苹果、柿、白菜、大豆、小麦、莴苣等
草甘膦	蔬菜、果树枝叶等
2 甲 4 氯钠	阔叶作物、各种果树
莠去津	桃、小麦、大豆、水稻
丁草胺	水稻
乙草胺	大豆、菠菜、韭菜、葫芦科作物（西瓜、黄瓜、甜瓜）、白菜、甘蓝、萝卜、辣椒等
异丙甲草胺	小麦、高粱、水稻、西芹、菠菜
噁唑禾草灵	大麦、燕麦、玉米、高粱
克螨特	梨、柑橘
三唑锡	果树（春梢嫩叶）
三磷锡	柑橘
三氯杀螨醇	柑橘、山楂、苹果
噻螨酮	枣、梨

三、农药药害的控制技术

（一）药害预防措施

1．注意施药时的环境条件

夏季高温（30℃以上）、强烈阳光照射、相对湿度低于 50%、风速超过 3 级（＞5m/s）、雨天或露水很大时不能施药，否则易产生药害。

2．合理选用农药

农药的种类很多，但每种农药都有一定的防治范围，比如杀虫剂是防治害虫的，而杀菌剂是防治病害的。所以，必须根据防治对象和农药性能，选择合适的农药，只有对症下药，才能达到好的效果。例如，在选择除草剂时，应当针对蔬菜中容易伴生的杂草种类及蔬菜不同的生长期选择用药品种。另外，如果是在特殊环境中用药，如在棚室内用药，还应选择合适的剂型，一般用粉尘和烟剂。

3．正确选用施药方法

要根据农作物病、虫、草害的发生部位、为害方式、特点和农药的性能、用途等，采用适当的施药方法。如果是种苗传播的病害，应采取种苗处理，浸种或拌种；如果是空气传播的病害，应当采取喷雾法防治；而土传病害，要使用土壤施药法。

4．严格遵守农药配制标准

在配制农药时，要严格按照推荐浓度配制，做到用量具配药，不得随意增减。一方面要准确掌握每种药剂对防治对象的使用浓度；另一方面还要掌握每种农药的持效期。根据农药的持效期长短和防治对象的生活习性确定施药次数。

5．适期用药

不同发育阶段的病、虫、草对农药的耐受性不同，防治虫害应在低龄幼虫期用药，病害应在初发期或发病盛期进行施药，而杂草在萌芽和初生阶段对药剂较敏感，以后随着生长，耐药能力逐渐增强。施药时最好避开苗期和花期，如果必须用药，也要适当减少用量。施药应当选择晴朗无风的天气，对于没有特殊要求的农药，最佳的施用时间为 8:00～10:00，16:00～18:00，避开中午时间，因为在高温强光条件下，蔬菜耐药力减弱，容易发生药害。综合考虑，用药时间要结合作物的生物学特性和生长情况，根据病、虫、草害的发生特点及时用药，才能充分发挥药剂的防治作用。

6．合理轮换农药

在同一地区，长期单一地使用某一种农药，必然会导致防治效果下降，防治对象也会产生抗药性。而合理轮换使用不同种类的农药，对控制抗药性的发展有一定效果。例如，交替使用机制不同的农药，用有机磷类、苏云金杆菌、灭幼脲类轮换防治小菜蛾，可延缓抗药性的发展。也可适当使用新药剂，如长期使用叶蝉散防治稻飞虱，效果会越来越差，而改用吡虫啉后，防治效果一般较显著。最好是在农技推广部门调查研究后，根据指导性意见，科学合理地轮换农药。

7．合理混用农药化肥

农药与肥料混用是近几年农化结合发展起来的新技术，以除草剂和肥料混用为例，肥料能使除草剂分布更均匀，还可促进作物吸收除草剂，而除草剂也能增进化肥的肥效，一般能增加土壤中的有效氮。在生产中常将农药和肥料混合，兼治地下害虫。有机氯杀虫剂也可与化肥配成液体进行喷施，能有效地防治虫害并提高产量。据报道，代森锰锌与尿素、硫酸镁混合，在番茄上应用，既能防病，也能起到根外追肥的作用。目前，比较成熟的肥料与农药配伍有：除草剂 2,4-D、2,5-T、西玛津、莠去津、利谷隆、2 甲 4 氯、氟乐灵和氯苯胺等可与化肥混合；杀虫剂氯丹、艾氏剂、狄氏剂、马拉松、地亚农、保棉磷、七氯、2 溴氯丙烷和三硫磷等可以与化肥混用。但是，农药和化肥混用不能影响有效成分的化学稳定性，不可降低效果，如敌百虫、乐果、甲胺磷及托布津、井冈霉素、叶蝉散等均不能与碳铵、氨水、草木灰等混用，而石硫合剂、波尔多液及松脂剂等不能与磷酸钙、硫酸铵、氯化铵等混合施用，含砷农药不能与钠盐、钾盐类肥料混用。因此在混用前一定要详细阅读说明书，并要谨记以下原则：碱性农药不宜与铵态氮肥和水溶性磷肥混合施用，以免铵离子逸出，降低肥效；碱性肥料不能与有机磷等混用，以免降低药效；有机肥料不能与除草剂混合施用，否则会降低杀草能力；自行配制混剂时，应预先试验，如按比例混合肥、药后，不产生沉淀、不漂浮、不变色等才可施用；现配现用，以免时间长发生变化。

（二）农药药害的补救措施

1．大量水淋洗

对于发现较早的药害，可迅速用大量清水喷洒受药害作物的茎叶表面，尽量把植株表面的药物洗刷掉，同时也能让作物吸收较多的水，稀释已经进入作物体内的药剂，减轻药害。同样的道理，对于施药过量的田块，应及早灌水洗田，使大量药物随水排出田外，减少根部积累的有害物质。常用的一些农药如大多数有机磷类和杀真菌的农药偏酸性或者呈微酸性，遇到碱性物质药效会降低。利用这个特性，如果造成药害的农药属于酸性物质，那么在清水中还可加入适量的0.2%小苏打溶液或0.5%～1.0%的石灰水，然后再淋洗或冲刷作物，以加快药剂的分解。

2．追施速效肥

发生药害后，要及时追施速效肥料，可向作物叶面喷施1%～2%尿素或0.3%磷酸二氢钾溶液，每隔5～7d喷1次，连喷2～3次，给作物补充养分，促使植株生长萌发，可以较明显地降低药害造成的损失。特别是对于受害较轻的种芽、幼苗，追施肥料的效果比较明显。对于抑制或干扰植物生长的除草剂，在发生药害后，可以喷洒赤霉素等激素类植物生长调节剂，缓解药害程度。对叶面药斑、叶缘枯焦或植株黄化等症状的药害，可喷施芸薹素等植物生长调节剂，促进植株恢复生长能力。

3．喷施缓解药害的药物

有的农药有相应的“解毒药”或者缓解药害的药物，因此在造成药害后，就要喷施这些药剂。例如，对于氧乐果造成的药害，可喷施0.2%的硼砂溶液来缓解；硫酸铜或波尔多液引起的药害，可喷施0.5%石灰水等；0.2%的肥皂液可缓解有机磷农药造成的药害。

4．摘除受害器官

出现药害后，可及时摘除受害的果实、枝条、叶片，这种措施常在果树上使用。例如，在果树上采用灌注、注射、包扎等方法，施用内吸性较强的杀虫药剂，如因为施药浓度过高而发生药害，应当迅速去除受害较重的树枝，以免药剂继续往下传导和渗透，危害果树其他部位。

5．大水灌排

此法主要针对除草剂药害，如封杀性除草剂药害，可跑马水漫灌，每亩结合追施7.5kg左右的尿素或人畜粪尿500kg。

本章小结

农药是保障农业生产不可或缺的重要生产资料。本章详细介绍了各类农药的作用机制、特点及应用方法，化学农药高效利用的原理，阐述了农药药害产生的原因及控制技术。

思考题

1. 什么是农药？
2. 请按照防治对象和作用方式分别对常用农药进行分类。
3. 作用于神经膜钠离子通道的杀虫剂有哪些？
4. 什么是保护性杀菌剂？保护性杀菌剂的分类有哪些？
5. 抑制色素合成的除草剂有哪些？
6. 什么是有害生物的抗药性？有哪些防止产生和延缓产生抗药性的措施？
7. 根据农药的剂型和处理方式，农药的使用方法有哪些？
8. 简述农药药害产生的原因。

第四章 农化产品的管理

【内容提要】本章主要介绍我国农化产品生产、经营、使用各环节的管理法规，解读管理部门的管理权限和管理方式及各管理环节要点。

【学习目标】通过本章的学习，使学生了解农化产品管理依据与管理环节，掌握主体管理法规要点及管理变化趋势，达到能依法合规经营和使用农化产品的目标。

【基本要求】在第一章第四节到第五节的基础上，本章应力求使学生弄懂我国农化产品生产、经营、使用三大环节的管理法规、管理主体、管理权限、管理方式，重点掌握主体管理法规要点，使学生联系农化产品管理存在的问题和发展趋势，较好地理解管理发展过程。

农化产品在保障农业生产的产量和质量中具有重要作用，使用量非常大，且大多为脂溶性化学合成品，对环境甚至对人畜存在安全风险。如果农化产品质量不过关，或是使用不合理，将导致农业生产减产失收、人畜中毒、污染环境等严重问题。近年来，农化产品生产销售使用引发的官司越来越多，如山东省平原县农资服务部销售“问题农药”导致大面积果树减产、绝产，福建蔬菜农药残留中毒引发官司等。同时，农化产品，特别是化肥引起的农业面源污染是导致目前河流、水库、湖泊等水体水质恶化的重要原因。我国每年农田氮肥的损失率是33.3%～73.6%，平均总损失率约60%，大量流失的化肥随水流进入沟渠再汇集江、河、湖、水库及近海域，使水体中的氮、磷等营养元素富集导致水质恶化（李秀芬等，2010）。农化产品的管理就是指依据法规，以行政管理的手段，从农化产品的生产、销售到使用全过程的控制行为，以保障农化产品的高效、安全、低环境风险的绿色化要求。

我国农化产品的管理具有两个明显的特点，一是作为战略物资管理，国家政府部门高度重视其生产、储备与市场价格；二是农药与化肥分别管理，农药管理级别高于化肥管理。

第一节 化肥产品的管理

化肥在世界粮食生产与供应、保证粮食安全方面起着重要的作用。全球数据统计结果表明，粮食作物产量与化肥在一定施用量范围内存在显著的正相关关系。根据联合国粮食及农业组织（FAO）统计结果表明，化肥在作物增产中的作用约为40%。

化肥产品众多，化肥产品质量不合格及肥料的不合理使用会带来农学安全风险（肥害、产量品质下降）、生态环境风险、农产品污染风险、动物和人体健康风险及农业生产成本增加、肥料效益低下等。化肥产品的管理是肥料产品高效利用的前提，是保证化肥产品高效利用、保障农产品质量安全和人畜安全及保护生态环境的重要方面。

一、化肥产品管理依据的法规

我国化肥管理的法律依据主要是《中华人民共和国农业法》《中华人民共和国农产品质量安全法》和《中华人民共和国土壤污染防治法》中的部分条款。化肥管理的依据是《肥料登记管理办法》。

在《中华人民共和国农业法》第二十五条中规定：肥料等可能危害人畜安全的农业生产资料的生产经营，依照相关法律、行政法规的规定实行登记或者许可制度。《中华人民共和国农产品质量安全法》第二十一条中规定：对可能影响农产品质量安全的农药、兽药、饲料和饲料添加剂、肥料、兽医器械，依照有关法律、行政法规的规定实行许可制度。国务院农业行政主管部门和省、自治区、直辖市人民政府农业行政主管部门应当定期对可能危及农产品质量安全的肥料等农业投入品进行监督抽查，并公布抽查结果。《中华人民共和国土壤污染防治法》第二十六条中规定：国务院农业农村、林业草原主管部门应当制定规划，完善相关标准和措施，加强农用地农药、化肥使用指导和使用总量控制。国务院农业农村主管部门要加强肥料登记，进行肥料对土壤环境影响的安全性评价；制定适应土壤污染防治要求的肥料等农业投入品及其包装物标准。

我国《肥料登记管理办法》于2000年6月12日经农业部常务会议通过，于2000年6月23日农业部令第32号公布，2004年7月1日农业部令第38号修订。2017年为了依法保障简政放权、放管结合、优化服务改革措施落实，农业农村部对《肥料登记管理办法》也进行了修订，并于2017年11月30日农业部令2017年第8号公布实施。随后于2022年1月7日农业农村部令2022年第1号修订，并于2022年1月7日发布。

二、化肥产品的登记

化肥登记管理的目标是“安全、高效、经济”，意义是“保护生态环境，保障人畜安全，促进农业生产”。国家鼓励研制、生产和使用安全、高效、经济的肥料新产品。

凡是在中华人民共和国境内生产、经营、使用和宣传的肥料产品，要遵守《肥料登记管理办法》。我国实行化肥产品登记管理制度，未经登记的化肥产品不得进口、生产、销售和使用，不得进行广告宣传。经农田长期使用，有国家或行业标准的硫酸铵、尿素、硝酸铵、氰氨化钙、磷酸铵（磷酸一铵、磷酸二铵）、硝酸磷肥、过磷酸钙、氯化钾、硫酸钾、硝酸钾、氯化铵、碳酸氢铵、钙镁磷肥、磷酸二氢钾、单一微量元素肥和高浓度复合肥等化肥产品免予登记。对大量元素水溶肥料、中量元素水溶肥料、微量元素水溶肥料、农用氯化钾镁和农用硫酸钾镁等产品，要向农业农村部备案，取得肥料备案号。自治区、直辖市人民政府农业农村主管部门负责本行政区域内的复混肥、掺混肥等化肥产品的备案工作。省、自治区、直辖市人民政府农业农村主管部门不得越权审批登记和备案管理。

只有取得肥料备案号或登记证的化肥产品才能进行生产、进口、销售和使用，未经登记的化肥产品不得进口、生产、销售和使用，不得进行广告宣传。取得登记证的化肥产品或者登记有效期内证实对人、畜、作物有害的化肥，经肥料登记评审委员会审议，由农业农村部宣布限制使用或禁止使用。

农业农村部负责全国化肥登记、备案和监督管理工作；省、自治区、直辖市人民政府农业农村主管部门协助农业农村部做好本行政区域内的肥料登记、备案工作。县级以上地方人民政府农业农村主管部门负责本行政区域内的肥料监督管理工作。农业农村部负责全国肥料的登记审批、登记证发放和公告工作，农业农村部聘请技术专家和管理专家成立肥料登记评审委员会，负责对申请登记肥料产品的化学、肥效和安全性等进行综合评审，省级土壤肥料工作站协助做好本行政区域的肥料产品登记具体工作。

化肥产品登记实行网上申请。凡经工商注册，具有独立法人资格的化肥生产者均可提出肥料登记申请。化肥生产者按照农业农村部制定并发布的《肥料登记资料要求》，提供产品化学、肥效、安全性、标签等方面的资料和有代表性的肥料样品；农业农村部将资料进行初步审查合格的申请，提交肥料登记评审委员会秘书处对申报资料中的原料、工艺、田间试验、质检报告、毒理、标签、爆炸性、缓释肥料包膜降解等进行技术审核。农业农村部对有国家或行业标准的产品、经肥料登记评审委员会建议并由农业农村部认定的产品、申请登记资料齐全的产品、经检验质量合格的产品直接审批，发放登记证。农业农村部还会根据具体情况召开肥料登记评审委员会全体会议进行评审。

申请登记的重要环节是肥料的田间试验，并获得相应的试验报告。生产者申请化肥产品登记前，必须在中国境内进行规范的田间试验。生产者可按要求自行开展田间试验，也可委托有关单位开展，生产者和试验单位对所出具试验报告的真实性承担法律责任。对有国家标准或行业标准，或肥料登记评审委员会建议经农业农村部认定的产品类型，可相应免除田间试验。

肥料正式登记证有效期为 5 年。肥料登记证有效期满，需要继续生产该产品的，应当在有效期满 6 个月前提出续展登记申请，符合条件的经农业农村部批准续展登记。续展有效期也是 5 年。

登记证有效期满没有提出续展登记申请的，视为自动撤销登记。登记证有效期满后提出续展登记申请的，应重新办理登记。

经登记的肥料产品，在登记有效期内改变使用范围、商品名称、企业名称的，应申请变更登记；改变成分、剂型的，应重新申请登记。

三、化肥产品的生产许可

化肥产品属于工业产品，进入销售流通渠道的化肥产品的企业要按照《中华人民共和国工业产品生产许可证管理条例》的规定取得企业生产许可证。

企业取得生产许可证，应当符合下列条件：①有营业执照；②有与所生产产品相适应的专业技术人员；③有与所生产产品相适应的生产条件和检验检疫手段；④有与所生产产品相适应的技术文件和工艺文件；⑤有健全有效的质量管理制度和责任制度；⑥产品符合有关国家标准、行业标准及保障人体健康和人身、财产安全的要求；⑦符合国家产业政策的规定，不存在国家明令淘汰和禁止投资建设的落后工艺、高耗能、污染环境、浪费资源的情况。

依照化肥产品生产许可证的具体要求，省（自治区、直辖市）工业产品生产许可证主管部门负责报送，国务院工业产品生产许可证主管部门对企业进行审查。

对企业的审查包括对企业的实地核查和对化肥产品的检验。国务院工业产品生产许可证主管部门或者省（自治区、直辖市）工业产品生产许可证主管部门指派人员对企业进行实地核查。企业经实地核查合格后，要及时进行产品检验。需要送样检验的，核查人员应当封存样品；需要现场检验的，由核查人员通知检验机构进行现场检验。

生产许可证不得将生产许可证标记和编号转让他人使用。销售复混肥料产品的企业，应保证所出售的产品已获得有效的生产许可证。

生产许可证证书有效期 5 年，获得复混肥料产品生产许可证的企业，必须在该产品、包装或说明书上标明生产许可证标记和编号。生产许可证有效期届满继续生产的，应当在生产许可证有效期届满 6 个月前向所在地（省、自治区、直辖市）工业产品生产许可证主管部门提出换证申请，进行换证。

在生产许可证有效期内，产品的有关标准、要求发生改变的，企业生产条件、检验手段、生产技术或者工艺发生变化的，国务院工业产品生产许可证主管部门或者省、自治区、直辖市工业产品生产许可证主管部门要重新组织核查和检验。

四、化肥产品的经营许可

经营销售化肥产品需要持有工商登记营业执照，并且经营范围包括所销售化肥。

申请登记销售经营化肥取得工商登记营业执照，应具备以下 4 个条件：①与所销售化肥相适应的技术人员。②与所销售的化肥相适应的营业场所、设备、仓储设施。③有保证所销售化肥质量的规章制度。④有安全防护和环境污染防治措施。

化肥销售者应当对所销售的化肥产品质量负责。购进化肥产品，应当执行进货验收制度，验明肥料登记证、产品标签、质量检验合格证明、产品使用说明和其他资料，并建立化肥销售档案。化肥销售档案应记录包括购入和销售的化肥产品、数量、生产企业、价格、批号、生产日期、购买者等情况，化肥销售档案应当在化肥销售后保存两年。化肥销售者应当向购买者说明化肥的性能、用法、用量和注意事项，并提供销售凭证。

五、化肥产品使用要求

为限制或减少化肥的使用，我国把单位耕地面积化肥、农药施用量的增减，列为生态文明建设目标评价考核的一项指标。

化肥的使用要按照肥料的性质、植物的营养特性和土壤供肥特征，采用合理的施肥方式、适宜的化肥施用量和施肥方法，采用先进的施肥技术，在有机肥施用的基础上施用化肥，达到培肥土壤，维持土壤的肥力，保持农产品的可持续增长，保证农产品和环境的安全，防止农用地的污染和地力衰退，防止农产品污染，实现化肥的高效利用。

第二节　农药产品的管理

农药产品的类别与数量众多，我国目前登记的农用农药产品超过 4.2 万个，且同类产品多。农药产品的质量不合格会引起人畜中毒、食品安全、作物药害、无效防治、环境污染等问题；农药产品的不合理使用除可能引起以上问题外，主要还会带来严重的 3R 问题。农药产品的管理是农药产品高效利用的前提，其目的是保证农药产品的有效性、安全性和经济性，保障农产品质量安全和人畜安全，保护农业、林业生产和生态环境。

一、农药产品管理依据的法规

我国农药原药和制剂产品的管理依据的基本法规是《农药管理条例》。我国的《农药管理条例》最早于 1997 年 5 月 8 日中华人民共和国国务院令第 216 号发布；2001 年 11 月 29 日第一次修订；2017 年 2 月 8 日第二次修订；2022 年 3 月 29 日第三次修订。现行的《农药管理条例》自 2017 年 6 月 1 日起实施。要特别注意的是，自我国加入 WTO 后，一些国际法规和国外法规也会影响我国农药产品的生产、销售与使用。

我国的农药管理主体是农业农村部门，其负责农药登记、生产、经营、使用监督管理，不再是多个部门负责（2017 年 6 月 1 日前中华人民共和国工业和信息化部负责生产企业设立审批及对执行企业标准的农药核发农药生产批准文件，国家质量技术监督局负责对执行国家及行业标准的农药核发农药生产许可证，农业部门负责农药登记和使用指导，农业、质检、工商等部门共同负责市场监管）。县级以上农业农村部门负责本行政区域的农药监督管理工作，其他有关部门在各自职责范围内负责有关的农药监督管理工作。

我国的农药产品登记、生产和经营实行许可制，使用实行指导、合规管理。

二、农药产品的登记

国家实行农药登记制度。所有在我国生产、经营、使用的农药原（母）药和制剂产品都必须按特定要求进行登记，获得有效的农药登记证，以保证农药产品的安全性和有效性。没有有效登记的农药属于假农药。农药登记按《农药登记管理办法》执行。农业农村部农药检定所负责全国农药登记具体工作，省级农业农村部门负责农药检定工作的机构协助做好本行政区域的农药登记具体工作。

农药登记是由境内申请人申请的，首先向省级农业农村部门提交申请和资料，形成初审意见后报农业农村部。农业农村部组建全国农药登记评审委员会，具体由农业农村部种植业管理司（农药管理司）每年组织召开两次（特殊情况可临时召开）农药登记评审委员会会议，开展新农药登记评审工作，农业农村部农药检定所每月召开农药登记评审执行委员会会议，开展新农药以外的农药产品登记、登记变更及按规定需要由委员会评审的登记延续评审工作。由境外申请人申请的，直接向农业农村部提交申请和资料。申请人可以是农药生产企业、向中国出口农药的境外企业或者是新农药研制者。申请资料包括产品化学、毒理学、药效、残留、环境影响等试验报告，风险评估报告，标签或者说明书样张，产品安全数据单，相关文献资料，申请表，申请人资质证明，资料真实性声明等。申请新农药登记还要提供农药标准品。农药登记的重要环节是需要先向所在地省级农业农村部门备案，交由农业农村部认定的机构开展农药药效试验、残留试验和环境影响试验，以取得相应的登记申请资料，这一环节必须在我国境内完成。产品化学、毒理学试验既可以由农业农村部认定的机构开展，也可以由与中国政府有关部门签署互认协定的境外相关实验室开展。

已获登记证农药的登记资料可以转让，也可以授权他人使用。农药登记证有效期为 5 年，可以申请延续。农药登记前应注意，相同有效成分和剂型的单制剂产品，含量梯度不能超过 3 个；混配制剂的有效成分不能超过 2 种，但除草剂、种子处理剂、信息素等有效成分不能超过 3 种；有效成分和剂型相同的混配制剂，配比不能超过 3 个，相同配比的总含量梯度不能超过3个。

三、农药产品的生产许可

国家实行农药生产许可制度，一企一证。所有在我国境内生产（包括原药或母药生产、制剂加工、分装）农药的企业均须获得有效的农药生产许可证，以保证农药产品的质量。农药生产许可的申请、审查、核发和监督管理按《农药生产许可管理办法》执行。农业农村部负责监督指导全国农药生产许可管理工作，制定生产条件要求和审查细则；省级农业农村部门负责受理申请、审查并核发农药生产许可证；县级以上地方农业农村部门负责本行政区域内的农药生产监督管理工作。

申请农药生产许可的企业，需要具备八大条件。①符合国家产业政策；②有符合生产工艺要求的管理、技术、操作、检验等人员；③有固定的生产厂址；④有布局合理的厂房［新设立化学农药生产企业或者新增化学农药生产范围的，应当在省级以上化工园区内建厂；新设立非化学农药生产企业、家用卫生杀虫剂企业或者化学农药生产企业新增原药（母药）生产范围的，应当在地市级以上化工园区或者工业园区建厂］；⑤有与生产农药相适应的自动化生产设备、设施，有利用产品可追溯电子信息码从事生产、销售的设施；⑥有专门的质量检验机构，齐全的质量检验仪器和设备，完整的质量保证体系和技术标准；⑦有完备的管理制度，包括原材料采购、工艺设备、质量控制、产品销售、产品召回、产品储存与运输、安全生产、职业卫生、环境保护、农药废弃物回收与处置、人员培训、文件与记录等管理制度；⑧符合农业农村部规定的其他条件及安全生产、环境保护等法律、法规对企业生产的条件要求。

农药生产许可的申请资料有具体要求，但主要都是为了证明企业具备以上八大条件的资料。比较特别的是，需要提供所申请生产农药的3批次试生产运行原始记录。

农药生产许可证有效期5年，可以申请延续。农药生产企业在其农药生产许可范围内，可以接受新农药研制者和其他农药生产企业的委托，加工或者分装农药；也可以接受境外出口农药的企业委托，分装农药。农药生产企业要扩大许可生产范围，或变更生产地址，或新增生产地址，均要重新申请农药生产许可。

农药生产企业应当对其生产农药的安全性、有效性负责，规范生产行为。农药生产企业应当在每季度结束之日起15日内，将上季度生产销售数据上传至农业农村部规定的农药管理信息平台；委托加工、分装农药的，由委托方报送。农药生产者（含向中国出口农药的企业）还应当积极履行农药包装废弃物回收处理义务，及时回收农药包装废弃物并进行处理。

县级以上农业部门及其工作人员不得参与农药生产活动。

四、农药产品的经营许可

国家实行农药经营许可制度。凡是在我国境内销售农药的，包括网店经营，应当取得农药经营许可证，一企一证。但是，专门经营卫生用农药、在同一行政区域内设立经营分支机构或是农药生产企业在其生产场所范围内销售本企业（登记证持有人为该企业）的农药，不需要取得农药经营许可证。

农药经营许可的申请、审查、核发和监督管理按《农药经营许可管理办法》执行。

农业农村部负责监督指导全国农药经营许可管理工作。定点经营的限制使用农药的经营许可由省级农业部门核发，其他农药的经营许可由县级以上农业农村部门根据农药经营者的申请分别核发。

农药经营者应具备 5 项基本条件：①有农学、植保、农药等相关专业中专以上学历或者专业教育培训机构 56 学时以上的学习经历，熟悉农药管理规定，掌握农药和病虫害防治专业知识，能够安全合理使用农药的经营人员；②有不少于 $30m^2$ 的营业场所和不少于 $50m^2$ 的仓储场所，并与其他商品、生活区域、饮用水源有效隔离（如兼营其他农业投入品，应当具有相对独立的农药经营区域）；③营业场所和仓储场所应当配备通风、消防、预防中毒等设施，有与所经营农药品种、类别相适应的货架、柜台等展示、陈列的设施设备；④有可追溯电子信息码扫描识别设备和用于记载农药购进、储存、销售等电子台账的计算机管理系统；⑤有进货查验、台账记录、安全管理、安全防护、应急处置、仓储管理、农药废弃物回收与处置、使用指导等管理制度和岗位操作规程。限制使用农药经营的条件要求还要高些，在上述 5 项基本条件之上，还要具备：①有熟悉限制使用农药相关专业知识和病虫害防治的专业技术人员，并有 2 年以上从事农学、植保、农药相关工作的经历；②有明显标识的销售专柜、仓储场所及其配套的安全保障设施、设备；③符合省级农业部门制定的限制使用农药的定点经营布局。

农药经营许可证的有效期为 5 年，可以申请延续。农药经营者应当对其经营的农药的安全性、有效性负责，规范经营行为。农药经营许可证要置于营业场所的醒目位置；要建立采购、销售台账；要向购买人询问病虫害发生情况，必要时应当实地查看病虫害发生情况，科学推荐农药，正确说明农药的使用范围、使用方法、使用剂量、使用技术要求和注意事项，不得误导购买人。农药经营者不得加工、分装农药，不得在农药中添加任何物质，不得采购、销售包装和标签不符合规定、未附具产品质量检验合格证、未取得有关许可证明文件的农药。限制使用农药的经营者应当为农药使用者提供用药指导，并逐步提供统一用药服务。农药经营者应当积极履行农药包装废弃物回收处理义务，在其经营场所设立农药包装废弃物回收装置，不得拒收其销售农药的包装废弃物。

农药经营者应当在每季度结束之日前的 15 日内，将上季度农药经营数据上传至农业农村部规定的农药管理信息平台或者通过其他形式报发证机关备案。

县级以上农业部门及其工作人员不得参与农药经营活动。举报违法从事农药经营活动有奖。

五、农药产品的使用要求

国家对农药产品的使用采取指导、服务与规范管理办法。农业农村部正在制订出台《农药使用管理办法》。《农药管理条例》要求县级以上农业部门应当加强农药使用指导、服务工作，建立健全农药安全、合理使用制度，并按照预防为主、综合防治的要求，组织推广农药科学使用技术，规范农药使用行为；林业、粮食、卫生等部门应当加强对林业、储粮、卫生用农药安全、合理使用的技术指导，环境保护主管部门应当加强对农药使用过程中环境保护和污染防治的技术指导。明确县级以上农业部门应当组织植物保护、农业技术推广等机构向农药使用者提供免费技术培训，提高农药安全、合理使用水平。县级农业部门应当鼓励和扶持设立专业化病虫害防治服务组织，并对专业化病虫害防治和限制使用农药的配药、用药进行指导、规范和管理，提高病虫害防治水平；还应当指导农药使用者有计划地轮换使用农药，减缓有害生物抗药性的产生。

乡、镇政府应当协助开展农药使用指导、服务工作。国家对农药使用者的资质暂无要求。在农药使用规范上，要求农药使用者应遵守国家有关农药安全、合理使用制度，妥善保管农药，并在配药、用药过程中采取必要的防护措施，避免发生农药使用事故。严格按照农药标签标注的使用范围、使用方法、使用剂量、使用技术要求和注意事项使用农药，不得扩大使用范围、加大用药剂量或者改变使用方法，不得使用禁用的农药。标签标注安全间隔期的农药，在农产品收获前应当按照安全间隔期的要求停止使用。剧毒、高毒农药不得用于防治卫生害虫，不得用于蔬菜、瓜果、茶叶、菌类、中草药材的生产，不得用于水生植物的病虫害防治。不得在饮用水水源保护区、河道内丢弃农药、农药包装物或者清洗施药器械。严禁在饮用水水源保护区内使用农药，严禁使用农药毒鱼、虾、鸟、兽等动物。农产品生产企业、食品和食用农产品仓储企业、专业化病虫害防治服务组织和从事农产品生产的农民专业合作社等应当建立农药使用记录，并将记录保存 2 年以上。

截至2022年3月底，农业农村部及相关部门陆续发布禁用和限用农药70种（表4-1）。

表 4-1　我国禁用和限用农药名单

类型	通用名	禁止使用范围
禁止（停止）使用（50 种）	六六六、滴滴涕、毒杀芬、二溴氯丙烷、杀虫脒、二溴乙烷、除草醚、艾氏剂、狄氏剂、汞制剂、砷类、铅类、敌枯双、氟乙酰胺甘氟、甘氟、毒鼠强、氟乙酸钠、毒鼠硅、甲胺磷、对硫磷、甲基对硫磷、久效磷、磷胺、苯线磷、地虫硫磷、甲基硫环磷、磷化钙、磷化镁、磷化锌、硫线磷、蝇毒磷、治螟磷、特丁硫磷、氯磺隆、胺苯磺隆、甲磺隆、福美胂、福美甲胂、三氯杀螨醇、林丹、硫丹、溴甲烷、氟虫胺、杀扑磷、百草枯、2,4-滴丁酯、甲拌磷、甲基异柳磷、水胺硫磷、灭线磷	2,4-滴丁酯自 2023 年 1 月 23 日起禁止使用。溴甲烷可用于“检疫熏蒸梳理”。杀扑磷已无制剂登记。甲拌磷、甲基异柳磷、水胺硫磷、灭线磷，自 2024 年 9 月 1 日起禁止销售和使用
在部分范围禁止使用（20 种）	甲拌磷、甲基异柳磷、克百威、水胺硫磷、氧乐果、灭多威、涕灭威、灭线磷	禁止在蔬菜、瓜果、茶叶、菌类、中草药材上使用，禁止用于防治卫生害虫，禁止用于水生植物的病虫害防治
	甲拌磷、甲基异柳磷、克百威	禁止在甘蔗作物上使用
	内吸磷、硫环磷、氯唑磷	禁止在蔬菜、瓜果、茶叶、中草药材上使用
	乙酰甲胺磷、丁硫克百威、乐果	禁止在蔬菜、瓜果、茶叶、菌类和中草药材上使用
	毒死蜱、三唑磷	禁止在蔬菜上使用
	丁酰肼（比久）	禁止在花生上使用
	氰戊菊酯	禁止在茶叶上使用
	氟虫腈	禁止在所有农作物上使用（玉米等部分旱田种子包衣除外）
	氟苯虫酰胺	禁止在水稻上使用

在农药使用指导上，国家颁布以控制农产品中残留量为目标的《农药合理使用准则》

系列国家推荐标准，可供参考。

尚无登记农药可用的特色小宗作物或者新的有害生物，省级农业农村部门可以根据当地实际情况，在确保风险可控的前提下，采取临时用药措施，并报农业农村部备案。

农药使用完后的包装废弃物，要按《农药包装废弃物回收处理管理办法》及时交回县、乡、村设置的农药包装废弃物回收站（点），不得随意丢弃，以便专业机构的资源化或无害化处理，保障公众健康，保护生态环境。

农药使用过程中发生农药中毒、作物药害等使用事故时，农药使用者、生产企业、经营者和其他有关人员要及时报告当地农业部门，由农业部门组织采取措施。造成储粮药剂使用事故和农作物药害事故的，分别由县级以上粮食、农业等部门组织技术鉴定和调查处理。

本章小结

农化产品中农药与化肥管理依据的主体法规各不相同。农药产品的管理要求高于化肥产品的管理。农化产品的管理主体是农业行政部门，而管理中对不同级别的农业行政部门有不同的要求。我国农化产品的生产与经营为许可制，使用为指导服务制。

思考题

1. 化肥与农药产品管理依据哪些法律法规？
2. 一个化肥与农药的复合产品该如何管理？
3. 某农户发现自家的作物出现类似药（肥）害症状，该采取何种措施？
4. 农化产品使用后的包装物该如何处理？

第五章　农化产品高效利用与管理案例分析

【内容提要】本章主要介绍 19 个农化产品高效利用与药（肥）害管理的案例及背景知识，并剖析其原理、技术要点和思政意义。

【学习目标】通过本章的学习，使学生了解不同专题专业知识和理论指导实践的方法与过程，掌握技术原理和技术要点，达到启发学生在农化产品高效利用与管理中的学习兴趣和创新思维，达到培养农化产品领域德才兼备的专业人才的目标。

【基本要求】本章应力求使学生了解各案例背景知识，结合基础理论剖析案例技术原理和技术要点，使学生理解理论指导实践的方法与过程，了解案例所具有的科学、社会与生态意义。本章内容较多，可以以老师引导学生讨论的形式开展教学。

案例 1　土壤调理剂在改良我国典型红壤酸化农田上的应用

土壤是人类生存和发展的最基本要素，是农业生态系统不可分割的组成部分，也是一种不可再生的自然资源。人类不合理的生产活动会导致土壤质量和生产力下降，即土壤退化。土壤酸化是导致全球耕地质量退化的原因之一，全球约有 40%的耕地土壤受到土壤酸化的影响。我国农田土壤普遍酸化且十分严峻，尤其是南方红壤地区的酸化问题突出，表现为土壤氢离子、铝离子增加，pH 降低，重金属活性增大等。这导致土壤营养元素的有效性显著下降，影响植物的生长发育及品质。植物中重金属含量增加，对人类食品安全与健康、生态环境和农业可持续发展构成严重危害，成为影响农业发展的重要限制因素。因此开展酸性红壤改良对于恢复酸化剂酸化后的土壤具有重要的理论和实践意义。

施用土壤调理剂是在现代化工的基础上发展起来的有别于传统土壤改良方法的新方法，土壤调理剂不仅能够中和土壤酸度，还能有效地改善土壤理化性状和土壤养分状况，提高土壤肥力，促进植物对水分和养分的吸收，增强作物抗逆性，遏制土传病害，缓解作物缺素症状，提高退化土壤的生产力。因此，施用土壤调理剂成为治理土壤酸化的一项有效措施。

一、我国土壤酸化状况及导致的突出问题

（一）我国南方红壤酸化现状

酸性土壤是指土壤呈酸性反应即 pH<5.5，导致植物生长受到抑制的障碍土壤。土壤酸化已经成为热带、亚热带土壤的主要环境问题。我国南方红壤已有一半土壤退化，其中主要是土壤酸化问题。近年来，由于大量施用化肥和酸沉降等原因，南方红壤酸化呈现进一步加剧的趋势，酸化面积也进一步扩大。我国南方省份（湖南、福建、浙江和江西）pH<4.5 的土壤占各自省份土壤总面积的 1.0%～8.8%，4.5≤pH<5.5 和 5.5≤pH<6.5

的土壤相应分别占16.9%～72.2%和15.4%～56.4%。广东省农田自20世纪80年代至2010年，耕作层土壤pH整体下降了0.3个单位。广东省耕地强酸性（pH 4.5～5.5）土壤占总耕地面积的比例高达57.97%。总体来说，我国土壤酸化趋势越演越烈，酸化面积也逐渐增大。

（二）引起土壤酸化的主要原因

土壤酸化主要包括自然条件下的土壤酸化和人为因素引起的土壤酸化。人为因素是加剧土壤酸化的主要原因，包括大气酸沉降、过量施用化肥、种植方式和植物种类等。

酸沉降：酸沉降是指煤、石油或天然气的燃烧及汽车尾气排放过程中产生的二氧化硫（SO_2）和氧化亚氮（N_2O）等硫和氮的化合物，经过扩散、降水或重力作用等过程降落到地面的现象。酸沉降加剧是引起土壤pH下降的一个重要因素，也是导致我国南方红壤加剧酸化的主要原因之一。近年来，随着工业化的发展，由酸沉降带来的危害越来越严重，其中酸雨是酸沉降的主要形式。

过量施用化肥：高强度的农业利用条件下，大量投入化肥，特别是铵态氮肥的大量施用是加速我国农田土壤酸化的主要原因。从20世纪80年代至2000年，化肥的大量投入使我国农田耕层土壤pH降低了0.13～0.8个单位，平均下降0.5个单位。氮循环过程中释放了大量的氢离子，植物吸收NH_4^+及铵态氮在土壤中发生硝化作用，都会释放氢离子，直接导致酸化。因施氮肥导致每年向土壤中释放的氢离子为酸沉降的10～100倍。

种植方式和植物种类：作物生长过程中吸收大量的盐基离子，是造成土壤酸化的重要原因之一，尤其是长期种植单一植物，通过秸秆和籽粒带走的盐基离子长期得不到补充，导致土壤离子失衡、pH降低。豆科作物通过根系释放质子和生物固氮作用加速土壤酸化。茶树、水稻等富铝作物的残体释放的铝离子也会加剧土壤酸化。

（三）土壤酸化对农业生产和生态环境的影响

1．促进有毒元素的释放和活化，引发环境和健康风险

土壤pH是影响重金属迁移和转化的重要因素之一。几乎所有的重金属离子在土壤中的吸附、解吸、络合和沉淀都随着pH的变化而变化。土壤酸化后，pH下降，促进各种金属元素在土壤中的溶解性，尤其是重金属元素的活化和溶出，如加剧铝离子及锰、铬、镉有毒金属离子的淋失和溶出，污染土壤和水体，更严重的是还可能通过食物链危害人体和动物的健康。

2．降低养分有效性，影响土壤肥力

一方面，土壤酸化导致土壤的化学性质发生变化，改变红壤表面的电荷性质，随着pH下降，红壤所带的正电荷数量增加，对阳离子的吸附能力减弱，使Ca^{2+}、Mg^{2+}、K^+等大量淋失，引起钙镁钾等元素的缺乏，导致养分有效性降低，土壤肥力下降；另一方面，低pH会抑制土壤微生物的活性和代谢作用，进而影响土壤中有机物的矿化和分解。随着pH降低，硝化细菌、氨化细菌、固氮菌、硅酸盐菌等数量显著下降，活性降低，影响氮、磷、钾和硅等元素的转化和释放，导致养分利用效率降低。

3．影响作物产量和品质

大多数大田作物适宜生长的土壤pH为5.5～7.5。土壤酸化会加重土壤板结，使作物根系伸展困难，根系发育不良，进而降低养分吸收能力，导致作物长势弱、产量低甚至绝产。土壤过酸还会影响土壤中重金属元素的活性，导致农作物重金属累积增加，影响农产品品质和人类健康。

二、土壤调理剂及其在酸化土壤中的应用

1．土壤调理剂的概念及分类

土壤调理剂又名土壤改良剂，广义上讲，所有可以改良和调节土壤性状的材料都可作为土壤调理剂。我国颁布的《肥料和土壤调理剂术语》（GB/T 6274—2016）国家标准中，将土壤调理剂定义为：加入土壤中用于改善土壤的物理和/或化学性质，及其生物活性的物料。

土壤调理剂按照来源可划分为 4 类：天然矿物类、固体废弃物、人工提取或合成的高分子聚合物类和生物类。按照功能可划分为土壤结构改良剂、土壤保水剂、土壤酸碱调节剂、盐碱土壤改良剂和污染土壤修复剂。我国颁布的《肥料和土壤调理剂分类》（GB/T 32741—2016）国家标准中，将土壤调理剂分为三类：无机土壤调理剂、有机土壤调理剂和合成有机土壤调理剂、添加了肥料的有机土壤调理剂。我国当前推广的商品化的土壤改良剂主要分为三类：无机土壤改良剂、有机土壤改良剂和有机-无机土壤改良剂。

截至 2022 年 7 月 31 日，获得农业农村部批准的土壤调理剂产品登记证的总计 218 个，按照类别，主要以矿物质调理剂为主，占登记产品的 75%，其次为有机土壤调理剂，占登记产品的 17%。目前登记的土壤调理剂产品，围绕酸性土壤、盐碱土壤和结构障碍土壤的改良，主要以酸性土壤调理剂为主，占登记产品的 76.6%。

2．土壤调理剂在改良酸性土壤中的应用

已酸化的土壤很难通过自身作用得以修复，改良酸化土壤已是要实现全球土壤可持续利用必须解决的问题。土壤酸度改良实际上是土壤酸化的人为逆过程，它通过降低土壤交换性氢、铝含量，增加盐基离子浓度，降低土壤 pH。常见酸化土壤调理剂的优缺点见表 5-1。酸化土壤的改良与修复技术中，根据土壤调理剂种类的选择，分为无机土壤调理剂改良技术、有机土壤调理剂改良技术和有机-无机土壤调理剂综合改良技术三种改良技术的应用。

表 5-1　常见酸化土壤调理剂的优缺点

调理剂种类	物质组成	优点	缺点
石灰类	生石灰、熟石灰、石灰石、白云石等	中和土壤酸度，提高土壤 pH，降酸效果明显；增加土壤交换性钙、镁含量；降低铝毒害及重金属活性	长期大量施用会导致土壤板结；用量大，成本高
矿物和工业副产品	磷矿粉、磷石膏、碱渣、粉煤灰等	提高土壤 pH，降低土壤铝毒害，提供磷、硅等养分；成本较低	增加土壤重金属累积风险
有机物料	秸秆、有机肥、绿肥等	来源广泛，改良土壤酸度，提高土壤有机质含量，改善土壤理化和生物学性状	需多次施用，用量大，长期使用
生物质类	生物炭和生物炭基肥料	改良土壤酸度；含有 P、K、Ca、Mg 等无机养分；碳固持	生产成本高；多为实验室研究，大田研究较少；长期施用改良效果不明确

（1）无机土壤调理剂改良技术的应用　常用的酸性土壤的无机土壤调理剂包括矿物类改良剂如石灰类等，还包括工矿业副产品如碱渣、磷矿粉、磷石膏、粉煤灰和脱硫石膏等，以及化肥类调理剂如钙镁磷肥或硅钙钾镁肥等。

石灰矿在我国分布广泛，加上石灰生产工艺简单、价格低廉，是应用时间最长，也最广泛的酸性土壤改良物质。传统的石灰调理剂主要包括生石灰（CaO）、熟石灰 $Ca(OH)_2$、石灰石（$CaCO_3$）等，施入该类土壤调理剂效果迅速且明显，会降低土壤酸度，增加土壤耕层钙离子含量，促进作物对养分的吸收，长期使用则容易导致土壤板结，钙、镁、钾、锌等养分失调，还会加强土壤复酸化程度。白云石［$CaMg(CO_3)_2$］也属于石灰类矿物质，但相较于传统的石灰，具有中和土壤酸度相对温和、改良效果更加长效等优势。施用白云石能使土壤疏松，增加土壤的孔隙度，改善土壤板结问题。不仅可以向土壤补充钙元素，同时还可以补充镁元素，有利于土壤中养分对植物的供应，提高土壤肥力。磷矿粉、磷石膏、碱渣在提高土壤 pH 的同时，还可以为植物提供一些营养元素，但是这类产品在生产工艺上无法完全消除自身含有的少量重金属元素（Cd、Cr、Pb 等），田间长期大量施用会增加重金属积累的风险。采用钙镁磷肥或者硅钙钾镁肥等新型碱性矿质肥料也可以改良酸性土壤，不仅能降低土壤酸度，还能补充交换性盐基离子和有效磷、硅等营养元素，效果较持久。

（2）有机土壤调理剂改良技术的应用　用于酸性土壤改良的有机土壤调理剂主要包括有机肥、秸秆、生物炭和生物炭基肥料。有机肥不仅是肥料，也是一种较好的土壤调理剂。有机肥通常为碱性，施入后可直接中和土壤表层部分质子，提高 pH；随着畜禽粪便等有机肥的施用，大量盐基离子被带入土壤中，释放溶解后极大地增强了土壤溶液的离子强度和阳离子交换量，使土壤碱化。有机肥中的有机物质在矿化过程中，产生大量的有机酸、腐殖质，它们包含如羟基、苯酚等官能团，可消耗土壤中质子氢，与土壤中羟基铝、铁水合氧化物发生配位体交换，降低土壤酸度，增加土壤酸缓冲能力、降低硝化潜势。

秸秆还田是培肥地力的有效措施，不仅可以增加土壤养分，提高有机质含量，减少化肥使用量，还可以有效调节土壤酸碱性。2008 年以来，农业农村部实施了土壤有机质提升项目，采用秸秆还田等措施改良酸化土壤，通过 5 年在全国 56 个项目县示范，与不实施秸秆还田的土壤相比，pH 平均提高了 0.7 个单位，对酸化土壤改良效果比较显著。

施入生物炭和生物炭基复合肥也是近年来改良酸性土壤常见的方法。生物炭是将生物质在厌氧条件下加热所得到的一类产物，富含 K、Ca、Mg 和 P 等养分元素，具有多孔性结构，呈碱性，但其碱含量低于石灰等无机改良剂，一般作为一种较温和的调理剂用于中等酸化程度的酸性土壤改良。生物炭施入土壤后，其碳酸盐可以直接通过酸碱反应中和土壤酸度，而所含的有机阴离子可与质子发生缔合反应消耗质子，提高土壤 pH。由于尚缺少大批量生产生物炭的廉价方法，目前生物炭对红壤酸度的改良研究以室内模拟实验为主，田间自然条件下的改良研究开展较少，缺乏长期定位试验研究结果。

（3）有机-无机土壤调理剂综合改良技术的应用　综合改良技术指采用多种改良手段或采用多种土壤调理剂进行土壤修复的技术。通常土壤酸化伴随着土壤肥力退化和养分缺乏等问题，目前采用单施石灰的方法虽然对治理土壤酸度很有效，但无法解决酸性土壤肥力低和养分缺乏等问题，几种土壤调理剂混合施用将更有利于提高土壤的改良效果。研究表明，将石灰等无机改良剂与有机肥、秸秆或生物炭按一定的比例配合施用，不仅可以中和土壤酸度，还能同时提高土壤肥力，保持土壤养分平衡。针对土壤 pH＜5.5 的酸性和强酸性土壤，在重点进行酸度改良的同时，注意提升土壤的肥力水平。土壤 pH 为 5.0～5.5 的酸性土壤，建议采用生物炭和有机肥等温和改良剂进行改良；pH＜5.0 的强酸性土壤，建议施用石灰等碱性改良剂中和土壤酸度，提高土壤 pH，同时配施有机肥或者秸秆还田来提高土壤肥力。一般土壤 pH 为 4.5～5.0 的红壤，石灰等无机改良剂用量为 2250kg/hm^2，农作物秸秆等有机改良剂施用量为 7500kg/hm^2；对 pH＜4.5 的强酸土壤，石灰等无机改良剂用量为 3375～4500kg/hm^2，有机改良剂用量为 7500kg/hm^2。此外，根据土壤酸度变化情况，土壤改良剂一般 3～4 年施用一次。

3．土壤调理剂使用原则及注意事项

1）土壤调理不能替代肥料。商品类的复合型土壤调理剂一般含少量的养分，但不能直接当肥料使用，更不能代替肥料。土壤调理剂必须与当地常规肥料共同使用，最佳配合施用方案则需要考虑当地土壤的质地、盐分、水肥条件及经济效益等因素，通过田间试验来确定。

2）土壤调理剂不能长期使用。土壤调理剂应根据土壤不同的恶化情况，确定使用数量及次数。一些石灰类土壤调理剂如生石灰，长期使用会导致土壤板结，不利于作物生长，建议间隔几年使用。石灰类土壤调理剂可与有机肥、秸秆、生物炭等土壤调理剂配合使用。

3）土壤调理剂与土壤物理修复、植物修复及其他农艺措施联合应用，更有利于发挥改善土壤物理、化学和生物学特性的效果，促进作物生长发育。

三、石灰类土壤调理剂在酸性土壤上的应用技术

石灰类土壤调理剂是指能够中和土壤酸度的钙镁化合物，包括生石灰、熟石灰、石灰石、白云石、贝壳粉及一些工业废弃物等。石灰类土壤改良剂是目前酸性土壤改良中应用范围最广泛、田间应用时间最久且改良酸度非常有效的一类传统的改良剂。通过合理施用石灰类改良剂，可以增加土壤交换性钙或镁，有效调整土壤酸度，改善土壤不良物理化学和生物学特性，进而促进作物增产，提高作物品质（表 5-2）。

表 5-2　石灰类酸性土壤调理剂的应用

土壤调理剂种类	作物种类	施用条件及用量/（kg/hm^2）	修复效果	参考文献
熟石灰粉、碳酸钙粉、白云石粉	油菜	熟石灰粉 1125～1687.5，碳酸钙粉 1500～2250，白云石粉 1500～3000	增产效果：熟石灰粉＞碳酸钙粉＞白云石粉	胡德春等，2006
熟石灰、生石灰和石灰石粉	玉米、蔬菜等	pH 为 4.5～5.5 时，用量为 3000～6000	熟石灰效果最好，增产率达 55%～173%	曾廷廷等，2017
熟石灰	烟草	1500	提高土壤有机质、碱解氮和有效磷含量	张龙辉等，2020
熟石灰	水稻-油菜轮作	pH 为 4.5 时，最佳用量为 6500	土壤 pH 上升至 6.5，增产，土壤速效氮、交换性钙和镁含量增加	闫志浩等，2019

续表

土壤调理剂种类	作物种类	施用条件及用量/（kg/hm^2）	修复效果	参考文献
石灰石	棉花、绿豆	一次施入量为3250～15000	降酸和增产效果可以维持10年以上	孟赐福等，1995
	水稻	石灰用量1500，油菜秆还田5000	秸秆还田配施石灰增产11.4%，收获期pH增加0.5个单位	肖小军等，2021
石灰、白云石粉	油菜	石灰5000，白云石粉4000	石灰增产53.5%～209.7%，白云石粉增产204.9%	王文军等，2002
白云石粉	百香果	用量为1200	土壤pH增加0.5个单位，增产10%	朱宏生等，2021
	水稻	白云石粉2250＋有机肥4500	土壤pH平均提升0.2个单位，降低土壤有效镉和稻米中Cd含量	童文彬等，2022

1．农用石灰类调理剂的质量要求

我国农业农村部制定的行业标准《石灰质改良酸化土壤技术规范》（NY/T 3443—2019）中对农用石灰质物质的质量做了相关要求，见表5-3。

表5-3　改良酸性土壤农用石灰质物质的质量要求

石灰类型	钙镁氧化物含量/%	重金属含量（烘干基）/（mg/kg）				
		镉（Cd）	铅（Pb）	铬（Cr）	砷（As）	汞（Hg）
生石灰（粉）	＞75	≤1.0	≤100	≤150	≤30	≤2.0
熟石灰（粉）	＞55	≤1.0	≤100	≤150	≤30	≤2.0
白云石（粉）	＞40	≤1.0	≤100	≤150	≤30	≤2.0
石灰石（粉）	＞40	≤1.0	≤100	≤150	≤30	≤2.0

注：钙镁氧化物含量以CaO与MgO含量之和计，重金属按照元素计

2．石灰类土壤调理剂使用的基本要求

施用土壤调理剂时要考虑土壤的酸化程度、土壤养分状况、作物种类、种植方式、肥料种类及用量、灌溉条件等，选择最合适的土壤调理剂施用量和施用方法（参考农业农村部制定的行业标准《土壤调理剂效果试验和评价要求》（NY/T 2271—2012），达到改良酸化土壤的目标。

3．石灰类土壤调理剂的施用量和施用间隔时间的确定

首先根据耕地类型和种植制度确定土壤改良后的目标pH，再根据土壤起始pH和目标pH确定石灰类土壤调理剂的施用量。不同有机质和土壤质地提高1个pH单位所需农用石灰物质的用量参考农业农村部制定的行业标准《石灰质改良酸化土壤技术规范》（NY/T 3443—2019）（表5-4）。实际生产中的具体用量需要根据提高土壤pH的幅度确定。石灰类作为酸性土壤改良剂施用量不同，则改良效果持续时间不同。可根据使用剂量，间隔1～3年后使用，不能连续使用。

表 5-4 不同有机质、土壤质地提高 1 个 pH 单位的耕层土壤（0～20cm）农用石灰质物质施用量 （单位：t/hm^2）

有机质含量/（g/kg）	生石灰		熟石灰		白云石		石灰石	
	沙土/壤土	黏土	沙土/壤土	黏土	沙土/壤土	黏土	沙土/壤土	黏土
有机质含量＜20	2.8	3.5	3.8	3.9	6.8	7.4	5.8	6.5
20≤有机质含量＜50	3.0	3.8	4.1	4.4	8.7	9.3	7.1	8.0
有机质含量≥50	3.3	4.3	4.7	5.1	11.8	12.4	9.1	10.7

4．石灰类土壤调理剂的使用方法

土壤调理剂适宜在秋季或春季基施。施用方法以撒施最好，也可以进行条施。在播种或定植前，将石灰类土壤调理剂均匀撒在平整好的土壤表面，结合旋耕或翻耕，使土壤调理剂与耕层土壤混合均匀。也可以利用拖拉机等农机具进行机械化施用或与秸秆还田等农艺措施配合使用。翻耕深度至少为 15cm。

5．石灰类土壤调理剂使用时的注意事项

施用石灰类物质后，随着土壤 pH 升高，土壤养分如铁、锰、锌、镁、磷等状态会发生变化，应该注意选择合适的肥料品种，防止养分损失，满足植物生长需要，并且要配合施用有机肥或者结合秸秆还田，以防止土壤板结。如果同时还应用钙镁磷肥等碱性肥料，应该适当减少石灰类土壤调理剂的投入量。另外，石灰类土壤调理剂施用时会对皮肤产生灼烧感，建议应用时候佩戴口罩和手套，做好防护，防止灼伤。

四、土壤调理剂改良土壤酸性的技术原理及意义分析

土壤酸化的特征表现为土壤 pH 降低，因而，能够提高土壤 pH 的调理剂均可用于土壤酸化的修复。酸性土壤改良剂富含 OH^-、CO_3^{2-}、有机阴离子、氧化物等碱性组分，易与土壤溶液中的 H^+发生中和、复分解等反应，降低土壤溶液中的 H^+和 Al^{3+}浓度及固相中交换性氢和铝含量，达到改善土壤酸度的目的。酸性土壤调理剂在改良土壤酸度的同时，也有助于改善土壤的其他理化性状：①补充土壤养分，提升养分固持力；②通过提高土壤 pH，增加吸附位点数量，促进重金属络合和沉淀，降低重金属生物有效性；③促进土壤团聚体结构形成，改善土壤结构，提高土壤保水和通气性；④影响土壤微生物的多样性和丰富度，促进土壤酶活性等。

粮食安全的基础在于土壤健康，要严守耕地红线，不仅仅是数量方面，也包括质量方面。要想真正落实“藏粮于地”，首先要有健康肥沃高质量的耕地。我国农田土壤普遍酸化且日趋严峻，威胁国家粮食安全和农业可持续发展。为了遏制耕地退化，提升内在质量，实现粮食高产稳产和农业绿色发展，2020 年农业农村部办公厅印发了《关于做好 2020 年退化耕地治理与耕地质量等级调查评价工作的通知》。我国多省也制定了耕地保护与质量提升实施方案，开展了一系列的耕地土壤酸化治理工作。为了实现农业生产的可持续发展，在现代土地资源紧张的背景下，必须要通过对土壤的改良来解决农业生产问题。通过合理的土壤改良措施，实现对生态环境的保护和环境污染的治理，推动我国农业经济的发展。

案例2 水肥一体化应用技术

光照、温度、空气、水分和养分是作物正常生长的五大基本要素。从目前生产情况看，多数作物为露地栽培，人们很难对光照、温度、空气条件进行调控，但可在一定条件下实现对水分和养分的调控。因此，要想最大限度地提高作物的产量品质，合理的水肥管理就显得非常重要。在水肥的供给中，最有效的方式就是通过水肥有效结合实现水肥同步供应，即水肥一体化技术。

一、水肥一体化技术简介

（一）水肥一体化技术的基本概念

水肥一体化技术是现代农业发展水肥综合管理最重要的技术措施之一，通常有两层含义的理解：一是把肥料溶解在灌溉水中，通过灌溉系统由灌水器输送到田间每一株作物，以满足作物生长发育的水肥需求，如通过喷灌、微喷灌或滴灌进行灌溉施肥；二是广泛意义的水肥一体化，就是把肥料溶解在灌溉水中，通过设施灌溉、人工浇灌等多种形式达到在给作物灌水的同时同步供应养分，实现水肥耦合，促进作物生长、产量和品质提升。

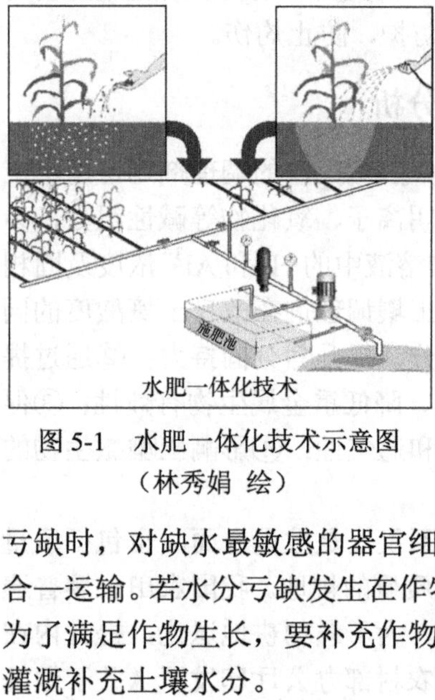

图5-1 水肥一体化技术示意图（林秀娟 绘）

水肥一体化技术（fertigation）就是传统意义的“施肥”（fertilization）和“灌溉”（irrigation）的组合，意为灌溉和施肥结合的一种技术（图5-1）。我国的水肥一体化技术发展较晚，其名称主要是根据国外英文字意翻译而来，说法不一，有“水肥一体化”“灌溉施肥”“水肥耦合”“随水施肥”等。

（二）水肥一体化技术的理论基础

水和肥是作物正常生长的两个重要影响因子，也是当前可供调控的两大技术因子，对于作物的生长同等重要。水是构成作物有机体的主要成分，水分亏缺比任何其他因素都更能影响作物的生长。当发生水分亏缺时，对缺水最敏感的器官细胞的延伸生长减慢，活动先后顺序为：生长—蒸腾—光合—运输。若水分亏缺发生在作物生长过程的某些“临界期”，有可能造成作物严重减产。为了满足作物生长，要补充作物的蒸腾失水及土壤表面蒸发失水，必须源源不断地通过灌溉补充土壤水分。

肥料是作物生长的粮食，施肥是保障作物高产稳产的最重要措施之一，不仅直接关乎作物生长、产量和品质的提升，也关乎土壤、环境和水体等的影响。土壤中养分到达根系表面的途径有截获、质流和扩散。扩散作用主要取决于扩散系数，而扩散系数又与养分离子的特征和介质的性质有关。质流和扩散是养分移动的主要途径，也就是说，要使根系能吸收养分，首先需要解决养分在土壤中的移动性问题。不管是土壤中已有的养分还是施肥施入土壤的养分，如果没有水的参与，这些养分都无法移动。要使养分顺利到达根系表面，这些养分必须先溶于水，并借助水的移动才有可能移动到作物根系的表面。否则，再好的肥料、再合理的施肥方案都无法取得预期效果。

基于以上分析，在作物生长的水肥管理过程中，将肥料溶解于灌溉水中，可做到水肥供应在时间和空间上的统一，实现水和肥的有机结合，从而满足作物生长的水肥需求。因此，水肥一体化技术的理论基础在于满足了“肥料要溶解成为离子态根系才能吸收”的基本要求。

二、水肥一体化技术应用背景

（一）水肥管理在农业生产中的重要意义

中国有句谚语“有收无收在于水，收多收少在于肥”，这是千百年来农民朋友从农业实践中得出的真知，从中我们也可以看出水肥管理对于农业生产的重要性，它直接影响着作物的产量和品质。在实际的生产栽培管理中，水肥管理是农民朋友最为关心的话题之一，也是作物生产管理中最容易出错的地方。因此，有必要了解一些养分吸收的基本原理，并把它应用到实际的水肥管理中去。

（二）目前农业生产中的水肥管理存在的主要问题

目前，农业生产中有关水肥管理存在的问题多种多样，既有思想认识方面的问题，也有生产经营、管理等方面的问题，致使水肥综合利用效果得不到有效体现、生产效益低下。

1）思想认识上存在不足与偏差。以对气候条件的认识为例，很多人认为华南地区雨量充沛，年降水量在 1800～2000mm，没必要发展设施灌溉。但事实是南方雨量集中，季节性干旱现象明显，严重影响作物的正常生长。此外，水污染日趋严重，水环境恶化使部分地区出现水质性缺水，这也在一定程度上限制了当地农业的发展。

2）受传统灌溉施肥思想限制，灌溉与施肥作业通常是分开进行的。种植户灌溉施肥时，习惯依赖大水、大肥获得高产，只有看得见的大水、大肥才放心，不考虑水是否浪费、肥料有没有被作物吸收、对土壤与作物生长有什么不良影响等。

3）对水肥一体化技术的认识不足。目前，多数种植业者或管理人员对滴灌等灌溉形式还停留在传统认识上，如遇到过设计不合理、管理不善等引起的滴头堵塞等问题，进而对灌溉施肥技术加以否定。再有就是在他们的潜意识中，滴灌是将灌溉水一滴一滴地滴到土壤中，灌水量太少，根本满足不了作物生长的需要。另外，还有对国外技术的过分依赖问题，他们认为只有国外的技术人员来进行规划、设计、安装才是可行的，从而无形之中增加了灌溉施肥技术的应用成本和推广难度。事实上，水肥一体化技术已是一项很成熟的技术措施，除灌溉外，还有包括施肥等其他多方面的优点。

4）投资意识、成本计算等方面的认识不足。在生产实践中，只顾及单位面积的投资额，而不计算灌溉施肥技术的使用给他们带来的肥料、水分、劳动力等方面的节约，以及产量增加、产品品质改善等方面的效益。

5）专业人才缺乏。我国的水肥一体化技术是边学边干的，受过系统培训和训练的专业人员严重不足。很多灌溉系统设计不合理，设备选型错误，安装粗糙，导致使用过程问题多、不方便。比较典型的问题是灌溉不均匀、管道堵塞、压力过大致使管道开裂等；施肥凭经验，科学施肥理论和技术还没有得到普及。

6）缺少成功的示范。水肥一体化技术是这些年发展起来的，相对来讲还算是新技术，很多农户不了解，农民相信看到的胜于听到的。示范是推广水肥一体化技术最重要的手段。目前普遍缺少成功的示范。

7）灌溉、肥料、农艺部门的合作有待加强。

三、水肥一体化技术的优缺点

水肥一体化技术具有显著的优点，同时也存在一定的不足之处。

1．水肥一体化技术的优点

1）节省劳力。在果树的生产过程中，水肥管理耗费大量的人工，如华南地区某些香蕉产地的年施肥次数达 18 次之多。利用水肥一体化技术后水肥同步管理，可节省大量劳力。

2）提高肥料的利用率。水和肥直接输送到根系部位，可使养分快速被根系吸收。传统施肥和灌溉都是分开进行的，肥料施入土壤后，由于没有及时灌水或灌水量不足，肥料存在于土壤中，根系并没有充分吸收。而田间滴灌施肥系统下，氮的利用率高，可达 90%，磷可达到 50%～70%，钾可达到 95%。肥料利用率提高意味着施肥量减少，从而节省了肥料。

3）精准施肥。可根据作物营养规律有针对性地施肥，灵活、方便、准确、快速地控制施肥数量和时间，做到缺什么补什么，实现及时精确施肥。

4）改善土壤环境状况。滴灌灌水均匀度可达 90%以上，克服了畦灌和淋灌可能造成的土壤板结。可以保持良好的水、气状况，基本不破坏原有土壤结构。使用滴灌施肥方法，可以在贫瘠的土地上种植作物，如沙地，水肥管理是个大问题，通常作物很难正常生长，使用滴灌施肥技术后，可保证作物在这些条件下正常生长。国外已有利用先进的滴灌施肥技术开发沙漠，进行商品化作物栽培的成功经验，以色列在南部沙漠地带广泛应用滴灌施肥技术生产甜椒、番茄、花卉等，成为冬季欧洲著名的“菜篮子”基地。在我国，海南乐东等地通过运用滴灌施肥技术，在沙地上大面积种植高品质哈密瓜。

5）提高作物抵御灾害风险的能力。水肥一体化技术使水和肥料供应充足，水肥协调平衡，作物长势好，提高了抗灾害能力。若干旱持续时间长，应用滴灌施肥的作物丰产稳产，而人工灌溉地长势差，产量低。

6）保护环境。我国目前单位面积的施肥量居世界前列，肥料的利用率较低。不合理施肥，造成肥料的极大浪费。大量肥料没有被作物吸收利用而进入环境，特别是水体，从而造成江河湖泊的富营养化。通过滴灌控制灌溉深度，可避免将化肥淋洗至深层土壤从而造成土壤和地下水的污染，尤其是硝态氮的淋溶损失可以大幅度减少。

7）有利于标准化、规模化、商品化种植。水肥一体化技术可在同一时间进行大规模均匀供水、供肥，有利于标准化操作管理。

2．水肥一体化技术的不足

1）设施投入问题。相比较而言，水肥一体化技术系统的一次性投资相对较大，部分用户难以接受，这是限制水肥一体化技术推广的重要因素。

2）管理问题。一是对系统认识、技术管理有一定要求，管理不善，容易导致系统堵塞；二是水肥一体化技术的实施是对传统灌溉施肥技术的革命性变革，需要在施肥量、肥料种类、施肥方法、施肥时间等方面与作物需求实现高度吻合，要求用户要及时转变观念。

3）技术应用问题。在干旱半干旱地区，通过水肥一体化技术系统施肥可能会造成作物的限根效应，造成株型较大的植株生长受限；同时还可能存在土壤盐分积累的问题。这些在降雨充足的地区一般不会发生，而在干旱半干旱地区，可以通过隔一段时间进行一次过量灌溉或覆膜栽培等措施加以解决。

四、水肥一体化技术载体

水肥一体化技术系统通常是以喷灌和微灌系统作为载体，再加上施肥设备组成，具体包括水源、首部枢纽、输配水管网、灌水器等（图 5-2）。

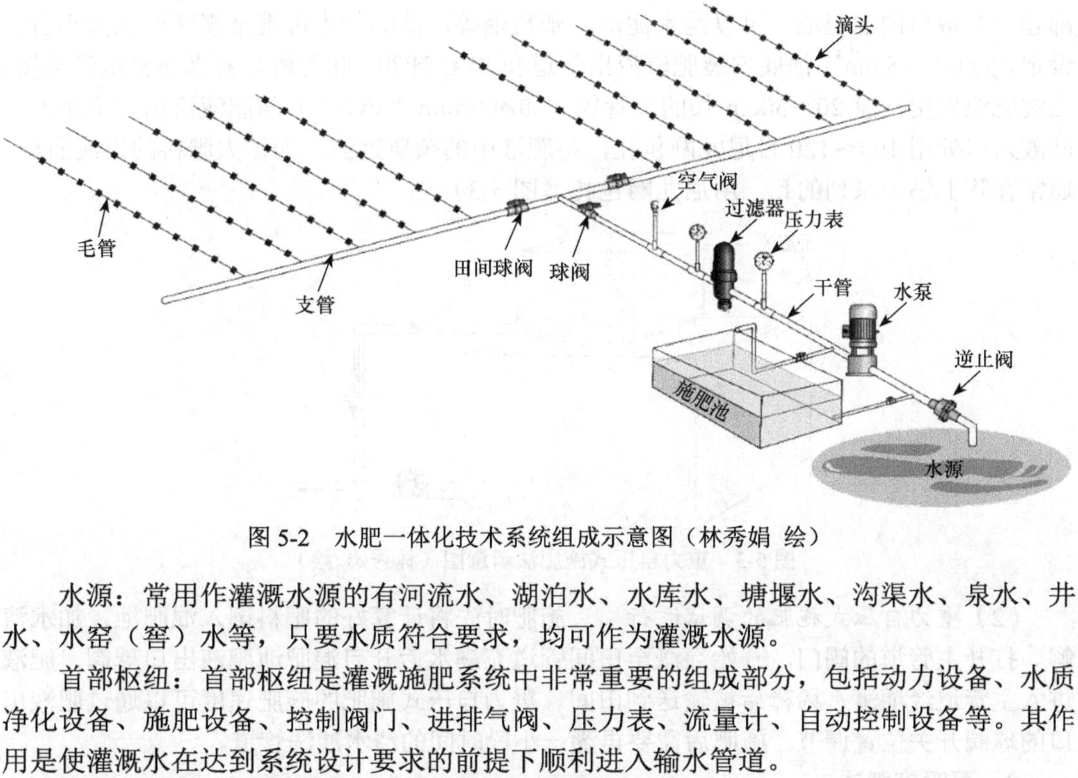

图 5-2　水肥一体化技术系统组成示意图（林秀娟 绘）

水源：常用作灌溉水源的有河流水、湖泊水、水库水、塘堰水、沟渠水、泉水、井水、水窑（窖）水等，只要水质符合要求，均可作为灌溉水源。

首部枢纽：首部枢纽是灌溉施肥系统中非常重要的组成部分，包括动力设备、水质净化设备、施肥设备、控制阀门、进排气阀、压力表、流量计、自动控制设备等。其作用是使灌溉水在达到系统设计要求的前提下顺利进入输水管道。

输配水管网：输配水管网根据系统所辖灌区面积的大小可分为干管、支管和毛管，毛管是微灌系统末级管道，其上安装或连接灌水器。

灌水器：灌水器是整个灌溉施肥系统中最核心的部件，其作用是消减压力，将管道中的有压力水流变为水滴、细流或喷洒状施入土壤。灌水器主要有滴头、滴灌带、微喷头、喷头、渗灌滴头、渗灌管等类型。

喷灌和微灌是现代农业节水技术体系的基本构成。有关水肥一体化技术系统的选择及系统的规划设计、安装与调试等工作请咨询专业人士，切勿随意发挥，以免影响技术应用效果。

五、水肥一体化技术条件下施肥方式方法的选择

（一）施肥方式方法的选择及应用

在设施灌溉条件下，常用的施肥设备或方法主要有：旁通施肥罐、文丘里施肥器、重力自压式施肥法、泵吸施肥法、泵注肥法、注射泵、比例施肥器、施肥机（含移动式施肥机）等。其中以重力自压式施肥、泵吸施肥法、移动式施肥机的应用最为普遍、实用。这里重点介绍重力自压式施肥法、泵吸施肥法和施肥机施肥。

1．重力自压式施肥法

（1）什么是重力自压式施肥法？　在我国南方有很多的丘陵山地果园、茶园等，其灌溉水源主要有两种：一种是引用高处的山泉水，另一种是将山脚水源通过水泵输送到高处的蓄水池。对于这些地区的用户，通常可以在水池旁边高于水池液面处或水池顶部建一个敞口的混肥池，可以是水泥池、塑料桶等，池的大小可根据灌区面积大小自行设定，为0.5～5.0m^3。池底安装肥液流出管道和PVC球阀，此管道与蓄水池出水管连接。在混肥池内用一段20～30cm长的大管径（如ϕ110mm PVC管）与肥液流出管道相连，肥液入口处用100～120目尼龙网包扎，将肥液中的杂质过滤。为扩大肥料的出流面积，通常在管上钻一系列的孔，用尼龙网包扎（图5-3）。

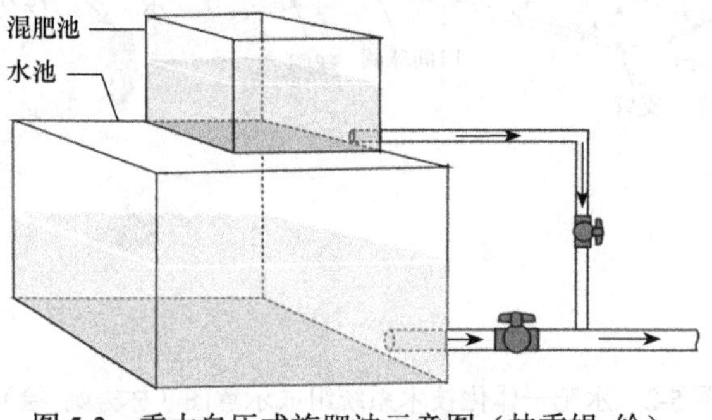

图5-3　重力自压式施肥法示意图（林秀娟 绘）

（2）重力自压式施肥的调试运行　施肥时先将计算好的肥料倒入混肥池，加水溶解。打开主管道的阀门，开始灌溉至田间管道充满水后开启混肥池肥液出口球阀，肥液进入主管道经灌溉水稀释后被输送到田间。重力自压式施肥的施肥速度可以通过肥液出口的球阀开关位置调节。施肥后需要再灌一小段时间的清水冲洗管道。

2．泵吸施肥法

（1）泵吸施肥法简介　泵吸施肥法是目前广泛应用的一种施肥方式，主要用于地面有泵加压的灌溉系统（图5-4）。潜水泵也可以用于吸肥，但需要把吸肥管安装在潜水泵的吸水口。深井泵不宜用泵吸施肥法，其原理是利用水泵吸水管内形成的负压将肥料溶液吸入管网系统，与肥水混合通过管道输送到田间。为防止肥料溶液倒流入水源，一般在吸水管后面安装逆止阀。

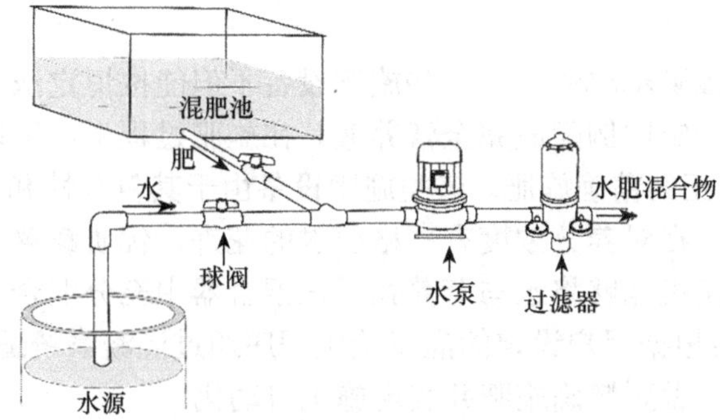

图 5-4 泵吸施肥法示意图

泵吸施肥法操作简单。首先将计算好的肥料倒入混肥池中，然后启动水泵，放水溶解或稀释肥料。然后打开出肥开关，肥料溶液被吸入主管道。液体肥料直接吸肥即可，为加速固体肥料溶解，可以在混肥池中安装一台搅拌机，促进肥料的溶解。如果多个轮灌区需要连续施肥，可以在混肥池内壁上标记刻度，然后将所有肥料一次溶解，按刻度分配到各个轮灌区，或者在肥料管道上安装流量计，精准为每个轮灌区分配肥料。

（2）泵吸施肥法吸不进肥料的可能原因和对策

1）吸肥管尾部未插入肥液液面内。在使用塑料软管作为进肥管时经常会碰到这种情况。在打开进肥开关以后管道的吸力造成进肥管甩动，由于本身质量较轻容易漂浮到肥液的表面，造成吸入空气吸不上肥的同时，也会造成灌溉水泵吸入空气导致管道抖动异常。尽量选择可固定的 PVC 硬管作为吸肥管道（为便于操作，PVC 进肥管底部需要安装底阀）。如果使用软管可在管尾绑上重物（如砖头、铁块等），使管尾沉入肥料桶（混肥池）底部。

2）灌溉水进水管道或进肥管道出现破损。如果灌溉水进水管道或者进肥管道出现破损，则会导致水泵工作出现异常，进而吸不上肥。检查进水和进肥管道是否出现破损，及时维修或更换。

3）逆止阀破损漏气。灌溉水进水管上逆止阀出现破损或者漏气会严重影响系统的稳定。发现问题后及时更换逆止阀。

4）施肥罐阀门未开启。发现问题后等管道水压稳定后开启施肥罐（混肥池）的阀门到合适的位置。

（3）注意事项

1）面积较大的轮灌区（如 $2hm^2$ 以上）吸肥管用 50～75mm 的 PVC 管，方便调节施肥速度。一些农户选用的出肥管管径太小（25mm 或 32mm），当需要加速施肥时，由于管径太小无法实现。对较大面积的灌区（如 $30hm^2$ 以上），可以在肥料池或肥料桶上画刻度。一次性将当次的肥料溶解好，然后通过刻度分配到每个轮灌区。

2）灌溉的水泵功率必须足够大，施肥的同时不能影响正常的灌溉压力。

3）出肥管路开关的闭合度对施肥的速度、施肥量影响较大。在根据施肥时间、施肥面积等因素确定好开关的闭合度以后，如果继续使用尽量不要调整开关的闭合度。

3．施肥机施肥

施肥机按其功能分为多通道精确灌溉施肥机、单通道定量施肥机和移动式灌溉施肥机。

（1）多通道精确灌溉施肥机　一些施肥设备不但能按恒定浓度施肥，还可自动吸取几种营养母液，按一定比例配成完全营养液。在施肥过程中，可以自动监测营养液的电导率和 pH，实现真正的精确施肥。该类施肥设备由于其复杂性和精确性，一般称为多通道精确灌溉施肥机。在对养分浓度有严格要求的花卉、优质蔬菜等的温室栽培中，应用多通道精确灌溉施肥机能够将水与营养物质在混合器中充分混合，进而配制成作物生长所需的营养液，然后根据用户设定的灌溉施肥程序通过灌溉系统适时适量地供给作物，保证作物生长的需要，做到精确施肥并实现施肥自动化。

多通道精确灌溉施肥机优点如下。

1）可实现手动、自动切换。

2）采用大流量注肥器，可设置多路注肥器，注入量大，其中三路可同时实现氮、磷、钾肥的注入，其他路可通过注酸来调节肥液的酸碱度，还可实现注入其他中微量元素肥等功能。

3）具有酸碱度（pH）和电导率（EC）实时在线检测功能。自控系统通过对检测数据的分析，可自动完成肥液酸碱度和电导率的调节，从而实现肥液的自动配比。

4）自控系统内部自带多种施肥程序，可一键完成施肥任务，用户也可自行设定施肥程序。

5）采用大屏幕液晶和触摸屏技术向用户提供操作接口，操作十分方便。

6）扩展性能好，可扩展对施肥末端管道肥液的酸碱度（pH）和电导率（EC）在线检测功能，可与其他作物生长环境信息传感器或采集器进行数据交换或有机集成。

多通道精确灌溉施肥机缺点如下：

1）价格昂贵，一台施肥机目前市场价数万元。

2）操作有一定难度，需要经过专业培训才能熟练操作。

3）维护成本较高，相关元器件依赖相关厂家适配。

（2）单通道定量施肥机　单通道定量施肥机的原理类似于注肥机，是通过施肥机内的小功率泵将肥液注入灌溉管道中，一般施肥机内还会安装一个时控装置，可以通过设定时间来控制泵的运行和停止。单通道定量施肥机造价没有多通道精确灌溉施肥机那么高，在大田作物上的应用已经越来越普遍，尤其是用来施液体复混肥料或者混配好的固体水溶肥料。使用中一般在出肥口安装逆止阀，防止停机时灌溉水倒流入肥料罐中。

单通道定量施肥机的优点如下。

1）管道压力恒定的情况下施肥均匀稳定。

2）可以定时控制，适用于多个轮灌区连续作业。

3）价格适中，操作简单。

4）可以搭配远程控制模块，实现远程施肥作业。

5）适用范围广。既适用于大面积的大田施肥作业，又能满足小面积果园、温室等施肥作业。

单通道定量施肥机的缺点如下。

1）对灌溉管道压力的恒定要求高，在管道压力出现变化的时候可能会导致出肥量波动。

2）重复开机时可能会出现肥料注入不了管道的情况。此时需要拔出连接在灌溉管道注肥口上的肥液管排出空气。

3）更换机井施肥，需要重新测算每分钟的流量，以便确定正确的施肥时长。

4）不能在施肥时实时调控肥料的配方及 pH 等，只能施用已经调配好的肥料溶液。

（3）*移动式灌溉施肥机*　移动式灌溉施肥机是针对小面积果园或菜地及没有电力供应的种植地块而研发的，主要由汽油泵、施肥罐、过滤器和手推车组成，可直接与田间的灌溉施肥管道连接使用，移动方便。当用户需要对田间进行灌溉施肥时，可以用机车将移动式灌溉施肥机拉到田间，与田间的管道相连，轮流对不同的田块进行灌溉施肥。移动式灌溉施肥机可以代替泵房固定式首部系统，成本低廉，能够满足小面积田块灌溉施肥的要求。目前，移动式灌溉施肥机的主管道有 2 寸①和 3 寸两种规格，每台移动式灌溉施肥机可负责 2～7hm^2（图 5-5）。

图 5-5　移动式灌溉施肥机在田间的应用

使用时先将计算好的肥料倒入肥料桶，加水搅拌溶解后方可打开施肥开关。施肥前，先打开田间要施肥区域的开关，开始灌水。等到田间所有灌水器都在正常出水后，打开施肥开关开始施肥。施肥时间控制在 10～60min 为宜，越慢越好（具体情况可以根据田间的干湿状况调整）。

移动式灌溉施肥机优点如下。

1）施肥机移动性强，可自由移动。

2）施肥浓度均一。

3）价格相对便宜，易推广。

4）操作简单。

移动式灌溉施肥机缺点如下。

1）移动比较费力，尤其是在田间移动。

2）需要有人值守，以防肥液抽完吸入空气，还要及时加燃油。

3）只适用于小范围的施肥，无法进行大面积的施肥作业。

（二）肥料的选择与合理施用

1. 肥料的选择

合理地选择肥料是发挥水肥一体化技术优势的重要内容之一。在选择肥料之前，首

① 1 寸≈3.33cm

先要了解灌溉水的基本性质，当水源中含有碳酸根、钙镁离子时，灌溉水 pH 的增加可能引起碳酸钙、碳酸镁的沉淀，从而使滴头堵塞。其次是要了解肥料的基本特性。肥料选择的基本标准是以不影响该灌溉模式的正常工作为前提。要判定一种肥料是否可用于某一灌溉系统，一般有两个可量化的指标。

1）水不溶物的含量。针对不同灌溉模式要求不同，一般滴灌情况下要求杂质含量越低越好，喷灌则要求低一些。

2）溶解速度。与搅拌、水温等因素有关，通常要求在不超过 10min 内溶解。如果采用液体肥料，则不存在溶解速度的问题。

3）对肥料的其他要求。肥料不与硬质和碱性灌溉水反应，避免引起灌溉水 pH 的剧烈变化。肥料之间不会相互反应产生沉淀。

2．肥料合理施用的基本原则

1）水肥协同原则。综合考虑农田水分和养分管理，使两者相互配合，相互协调，相互促进。

2）少量多次原则。施肥总量确定后，折算为当地市场能购买到的具体水溶性肥料。肥料的分配主要遵循“少量多次”的原则。最好是根据作物的养分吸收曲线来分配，吸收多时分配多（如旺盛生长期，果实快速膨大期等），吸收少时分配少（如苗期、果实收获前期等）。“多次”是和常规施肥次数相比较而言的，如为常规施肥次数的三倍或更多，特别是沙土，更应强调“少量多次”。“少量多次”是水肥一体化技术优势能否发挥的最基本原则。

3）养分平衡原则。养分平衡也是水肥一体化技术的核心原则。通常种植户重视氮肥、磷肥、钾肥的施用，但忽略了钙镁及微量元素的补充，最后也不能获得高产优质的结果。现在水溶性复合肥料有多种配方，很多配方除氮磷钾外，还添加了钙、镁及微量元素。如果用单质肥料如尿素、硝酸钾、硫酸镁等，建议种植户通过多种方式达到养分平衡，常用的做法是施入有机肥作基肥、喷施叶面肥补充微量元素、基施磷肥及常规复合肥等。

4）有机无机结合原则。对刚接触水肥一体化技术的农户，为确保发挥技术的作用，强烈建议在肥料选择与施用时要做到有机肥与无机肥配合施用、基肥与追肥配合施用、土壤施肥与叶面施肥配合施用。

3．应注意的问题

1）水源一定要进行严格过滤，这是灌溉系统正常运行的关键。过滤器要定期清洗。

2）选用溶解性好、含杂质少的肥料，如尿素、硝酸钾、氮溶液等。液体肥料具有养分含量高、溶解性好、养分更平衡等优点，非常适合灌溉系统选用。

3）施肥时，先对需要施肥区灌清水，约 20min 后开始施肥。每个区的施肥时间控制在 30～60min。

4）施肥后，应继续灌 15～30min 的清水将管道中的肥液完全排出，否则，灌水器会引发藻类、青苔、微生物等大量繁殖，引起堵塞。

5）对初次使用灌溉系统施肥的用户，施肥量的确定可以以往年的用量为参照，减去一半左右后再按“少量多次”的方法施用。

6）对于一些优质的有机肥如鸡粪等，经沤腐后可通过多级过滤利用灌溉施肥系统施用。

7）经常去田间查看是否有管道破裂、漏水等现象，一经发现要及时修复。

六、水肥一体化技术的应用前景

1. 各级政府部门高度重视

近年来，水肥一体化技术的推广应用越来越受到政府的重视，中央财政投入了大量的资金用于小型农田水利设施建设，如在很多地区安装灌溉设施可以享受政府补贴。21世纪以来，连续20份中央1号文件，都要求把节水灌溉等有助于农业高质量发展的技术措施作为重大战略举措。在中央和地方一系列政策措施出台和不断加大投入的情况下，我国节水灌溉发展驶入了前所未有的快车道。

2. 现代农业生产发展需要

我国作为世界上最大的发展中国家，可耕种土地面积非常有限，其中绝大部分是比较贫瘠的，这就意味着有相当大一部分的土地需要水分和养分的补充。从全国情况看，一是不同地区的施肥水平不均衡，西部和北部地区施肥水平相对较低，而在南方和蔬菜生产集中区则施肥过量；二是养分的分布不均衡，有些地方过多地使用氮肥，导致氮、磷、钾比例失调，而有些地方虽注意了氮、磷、钾肥的平衡施用，但大量元素肥料和中微量元素肥料之间的比例失衡，严重影响作物产量和产品品质的提升；三是施肥技术相对落后，大多数地区依然使用传统的施肥方式，如肥料撒施或大水冲施，这种施肥方式导致肥料利用率低下，不仅浪费大量的肥料资源，也引起大量的能源损失。随着我国经济的发展，劳动力供需矛盾也日益突出，劳动力价格也将越来越高，这在无形中增加了生产的成本。因此，有必要寻求更加精准、高效的灌溉施肥方式，以满足现代农业发展需求。

基于以上诸多因素的分析，让我们看到水肥一体化技术推广应用的重大意义和美好前景，它的合理应用将有利于从根本上改变传统的农业用水方式，大幅度提高水资源利用率。有利于从根本上改变传统施肥方式，最大限度地提高肥料利用效率，减缓因不合理施肥对环境造成的危害；有利于从根本上改变农业的生产方式，提高农业综合生产能力；有利于从根本上改变传统农业结构，大力促进生态环境保护和建设，最终实现农产品竞争力增强、农业增效和农民增收的目的。

七、番茄水肥一体化技术应用实例

水肥一体化技术作为现代农业生产的一项最重要的水肥综合管理技术措施，已经越来越受到广大从业人员的认可和青睐，并在生产中得以快速推广应用。下面以番茄为例简要介绍水肥一体化技术的应用。

番茄是我国广泛种植的蔬菜，灌溉和施肥非常频繁。番茄栽培有露地栽培和设施栽培。露地栽培番茄的产量略低，一般每公顷产量在75～90t，除常规的菜用番茄外，北方还种植大面积的加工番茄；设施栽培番茄的产量较高，当前栽培模式下每公顷产量在105～150t，设施番茄的亩产潜力较大，以色列的设施番茄每公顷产量可达450～675t，荷兰的无土栽培番茄每公顷产量可达975t，当然这与栽培模式、精准的水肥管理及其他配套技术措施的合理应用息息相关。

1. 水分管理

（1）*灌溉方式的选择*　根据不同的地形、土壤及生产条件，番茄生产可供选择的灌溉方式主要有滴灌、喷水带灌溉、膜下喷水带灌溉、浇灌、拖管淋灌等。其中，滴灌是番茄生产的最佳灌溉模式。有关滴灌系统的规划设计、安装与调试，可参考张承林、邓兰生编著的《水肥一体化技术》及郭彦彪、邓兰生、张承林编写的《设施灌溉技术》，也可向相关专业人士咨询。

（2）水分管理要求　从定植到采收末期保持根层土壤处于湿润状态是水分管理的目标。一般保持 0～40cm 土层处于湿润状态。通常滴灌每次灌溉 1～2h，根据滴头流量大小来定。微喷带每次 5～10min。切忌过量灌溉，淋失养分。

2．养分管理

（1）水肥一体化技术条件下施肥方式方法选择　施肥要选用合适的施肥设备，要求浓度均一、施肥速度可控、工作效率高、可以自动化控制。通过灌溉管道施肥有多种方法，常用的有重力自压式施肥法、泵吸施肥法、泵注肥法、施肥机施肥等。

（2）施肥方案的制定　由于各地的土壤、气候、栽培品种等存在差异，施肥方案也不尽相同。因此，各地应结合当地实际制定相应的水肥管理方案，本推荐值仅供参考。

通常生产 1000kg 番茄果实需要带走氮（N）2.2～2.8kg，磷（P_2O_5）0.5～0.8kg，钾（K_2O）4.2～4.8kg，取平均值为氮（N）2.5kg，磷（P_2O_5）0.65kg，钾（K_2O）4.5kg。番茄对钙镁元素的吸收量也较大，每生产 1000kg 鲜果需吸收钙（CaO）1.6～2.1kg，镁（MgO）0.3～0.6kg，应根据土壤情况补充钙镁及其他微量元素。本方案设计中针对大量元素氮磷钾进行设计，按照设施番茄每公顷 120t 的目标产量，则每公顷需要投入 N：120×2.5＝300.0kg；P_2O_5：120×0.65＝78.0kg；K_2O：120×4.5＝540.0kg（表 5-5）。

表 5-5　不同产量情况下番茄养分的需求量　（单位：kg）

产量/（kg/hm^2）	氮（N）	磷（P_2O_5）	钾（K_2O）	钙（CaO）	镁（MgO）
15 000	37.5	9.75	67.5	28.5	6.75
105 000	262.5	68.25	472.5	199.5	47.25
120 000	300.0	78.00	540.0	228.0	54.00

设施番茄种植一般采用“底肥加追肥”的施肥模式，底肥中使用复合肥、过磷酸钙、钾肥等，有条件的每公顷施用 15～30t 腐熟有机肥。本方案中建议每公顷施用 15-15-15 的复合肥 750kg＋硫酸钾 300kg，额外使用 22.5t 腐熟有机肥（羊粪）。查阅羊粪中氮磷钾含量分别为 2.32%、0.46%和 1.28%，则每公顷地块中有机肥供应的养分为 N：15×1500×2.32%×20%＝104.4kg；P_2O_5：15×1500×0.46%×20%＝20.7kg；K_2O：15×1500×1.28%×20%＝57.6kg。底肥养分投入为 N：750×0.15×0.3＝33.75kg；P_2O_5：750×0.15×0.15＝16.875kg；K_2O：（750×0.15＋300×0.5）×0.4＝105kg（有机肥中所带氮、磷、钾养分的当季利用率均为 20%；底肥中氮、磷、钾养分的当季利用率为 30%、15%和 40%）。

假定土壤中的速效氮磷钾养分含量分别为 20g/kg、5g/kg 和 40g/kg，则土壤能够提供的养分 N 为：15×20×0.15×0.7＝31.5kg/hm^2；P_2O_5：15×5×0.15×2.29×0.5≈12.88kg/hm^2；K_2O：15×40×0.15×1.2×0.7＝75.6kg/hm^2。

土壤养分供应量（kg/hm^2）＝土壤养分测定值（mg/kg）×0.15×校正系数（按0.5～0.7）

式中，0.15为将养分换算成每公顷耕层土壤（20cm）可提供养分数量的一个系数；校正系数0.5～0.7为作物可利用土壤速效养分的50%～70%。

综上，番茄追肥所需要的养分量列如下。N：300－104.4－33.75－31.5＝130.35kg；P_2O_5：78.0－20.7－16.875－12.9＝27.525kg；K_2O：540.0－105.0－57.6－75.6＝301.8kg。

设施番茄的追肥采用膜下滴灌施肥模式，其养分利用效率较高，氮的利用率可达70%左右，磷的利用率可达40%左右，钾的利用率可达80%左右。则追肥所需要投入的养分含量为N：130.35/0.70≈186.21kg；P_2O_5：27.525/0.4＝68.8125kg；K_2O：301.8/0.8＝377.25kg。施肥方案的制定，依据底肥施肥情况、各个生育期的养分需求和田间管理情况分配到各个时期（表5-6）。

表5-6　番茄各生育期养分分配表

时期	分配形式	N	P_2O_5	K_2O
苗期	比例/%	10	15	10
	数量/（kg/hm^2）	18.62	10.32	37.73
开花结果期	比例/%	35	35	35
	数量/（kg/hm^2）	65.17	24.08	132.03
成熟采收期	比例/%	55	50	55
	数量/（kg/hm^2）	102.42	34.41	207.49

番茄的追肥，从移栽后一周开始通过滴灌管道施肥，但移栽当天可采用拖管淋灌的方式淋定根水，促进扎根活棵。苗期施肥量较小，从移栽到第一花序开放，这一阶段要促进根系生长和花芽分化；番茄的开花结果期持续时间较长，从第一花序开放到果实成熟，这一阶段要促进开花、坐果及培养理想株型，防止旺长；成熟采收期，是从果实成熟到采收结束，这一阶段以促进果实膨大和成熟转色为主，具体推荐方案如表5-7所示。

表5-7　设施番茄施肥方案

时期	次数	12-16-10/（kg/hm^2）	15-10-30/（kg/hm^2）	14-6-35/（kg/hm^2）	6.5Ca＋2.3Mg＋TE/（kg/hm^2）
苗期	3	60			15
开花结果期	5		75		15
成熟采摘期	8			90	15
合计	16	180	375	720	240

该方案中养分投入量氮（N）187.5kg，磷（P_2O_5）109.5kg，钾（K_2O）382.5kg。养分投入量已满足追肥的养分需求。因使用配方肥设计追肥方案，所以方案中的氮磷钾投入比例未能严格按照各生育期的比例分配，其中的磷投入量高于预期值。番茄均衡的养分吸收，还需考虑底肥和土壤中的养分供应，建议在生产中应根据作物的具体长势情况适当调整施肥方案。需要注意的问题如下。

1）番茄在不同质地土壤上种植，对施肥方案的要求不一样。一般偏黏的土壤，基肥比例较大，追肥次数和用量均较小；而在沙质土或砂壤土上，追肥次数和用肥比例较高。在执行施肥方案时，要先对种植区域的土壤质地进行调查，根据实际情况来确定和调整施肥方案。

2）番茄的养分需求量较大，但在前期培育理想株型时，注意避免植株旺长，旺长植株容易落花落果，影响产量。

3）番茄施肥受栽培条件影响很大。本方案中按照少量多次的原则设计施肥，如果在反季节种植，棚内温度较低时，则应减少施肥次数，适当增加单次施肥的用量，重新分配每次的施肥量。田间较为湿润的情况下，施肥时可减少灌水的时间，以水将肥料带入田间即可，但是也需要注意施肥的浓度，避免烧根伤苗。

案例 3　香蕉同步营养肥及其轻简施用技术

香蕉是我国重要的热带水果，主要分布在广西、云南、海南、广东、福建和台湾等省、自治区，在农业生产和国民经济中发挥重要作用。我国是世界香蕉生产和消费大国，2020 年香蕉栽培面积和产量分居世界第三位和第二位，消费量位居世界第二位。由于香蕉生育期长，需肥量大，需要多次精细施肥才能满足其生长发育需求，而常规施肥模式效率低，施肥次数多，增加了施肥用量及劳动成本。因此，研发适用于香蕉生长的专用配方肥料及轻简施肥技术对推动香蕉产业发展具有重要的意义。

缓控释肥料作为一种新型肥料具有养分释放时间长、养分利用率高、环境友好等优势，是公认的养分高效型肥料，可以实现轻简化施肥。依据香蕉的营养特性，将缓控释肥料与常规肥料按照一定比例掺混而成的控释配方肥（同步营养肥），不仅能够解决香蕉生长过程中施肥用量多、肥料利用率低的问题，而且能实现轻简化施肥，可在促进香蕉高产的同时实现养分高效和环境友好，降低肥料成本，节省施肥劳动力，为香蕉产业绿色、高效、安全发展提供了保障。

一、我国香蕉生产中的肥料与施肥问题

香蕉生育周期长，从移栽到收获需要 10～14 个月，生物量大，香蕉植株的生物量可高达 100～200kg，仅果穗重量就达数十千克。香蕉生长迅速、树体高大、产量高，决定了其周年的好肥性和对肥料的敏感性，因此生育期内对养分的需求量大，肥料用量高，施肥次数频繁。为了获得高产，肥料投入过量和养分配比不均衡现象非常普遍。在香蕉产业中突出的肥料与施肥问题表现为以下各方面。

（一）缺乏香蕉专用肥料，盲目施用化肥

据调查，目前香蕉生产的总投入中，肥料的投入占 40%以上，有些地区的蕉园肥料投入甚至占到总投入的 50%以上。整体而言，我国香蕉栽培过程中的水肥管理水平普遍较低，目前缺乏香蕉专用肥料，更缺乏香蕉施肥用量技术指导，盲目和过量施肥问题突出，如广东蕉农每株香蕉化肥施用量高达 3～5kg，广西蕉农每株化肥施用量也高达 4～7kg，蕉园土壤盐害现象时有发生。

（二）化肥利用率低

相对于其他大田作物，香蕉化肥利用效率普遍偏低，氮肥的利用率在 15%～30%，磷肥的利用率在 5%～10%，钾肥的利用率 20%～30%。导致香蕉肥料养分利用率低的原因主要包括以下几点。

1）肥料结构不合理。香蕉为一种典型的喜钾作物，需氮也较多，需磷较少。而实际生产中，为了保障香蕉营养均衡，农户多选用均衡型复合肥，因此，氮、钾素供应充足时，往往导致磷富集。例如，福建漳州蕉园土壤有效磷含量平均为 291mg/kg，92%的蕉园处于土壤有效磷极高的水平。

2）施肥方法不科学。香蕉施肥大部分是表面撒施，没有采用集中施用方式或者是培土措施，施肥后进行灌溉，导致化肥随水流失和挥发损失，浪费严重。

3）肥料用量的分配比例不合理。生长前期为了促进蕉苗的快速生长，往往施肥量较大，而此时香蕉生物量较小，根系不发达，吸收养分能力有限，因此导致生育前期氮和磷的肥料利用率低。

（三）香蕉生育期长，施肥频繁，施肥劳动力成本高

香蕉种植时间长，大田生长期一般为 10～14 个月。香蕉的根系主要分布在土表 0～20cm，少量根系分布在 40～60cm，养分吸收主要是表层土壤中的根系。生长期内香蕉化肥投入以常规速效化肥为主，易溶于水，肥效期短。肥料施入后会随着雨水或灌溉淋洗到 20cm 甚至 40cm 以下，只有少量养分才能被吸收利用，因此，若想获得较高的香蕉产量，就必须采用多次施肥的方式，一般香蕉田间种植期需要施肥十几次甚至二十余次，施肥用工多，劳动力成本高。

（四）肥料以化肥为主，有机肥投入不足

有机肥料虽然肥效缓慢，但是营养全面，富含微量元素及大量元素和有机质，有利于改良土壤理化性状，提高养分有效性。但是由于当前农家肥少，收集运输不便利，有些规模化养殖场畜禽粪存在重金属超标等原因，香蕉栽培中以化肥来替代有机肥。有机肥投入不足导致土壤板结、土壤酸化和土壤有机质含量下降，影响养分有效性降低，蕉园中微量元素缺乏现象普遍发生，如缺钙、缺硼现象，进而导致香蕉果实的产量和品质受到严重影响。

综上所述，过量和不合理的施肥是香蕉产业普遍存在的问题，因为过量和不合理的施肥不仅增加香蕉种植成本，造成香蕉产量和品质下降，还导致蕉园土壤质量下降。此外施肥次数频繁，劳动成本高制约香蕉产业的发展。如何突破香蕉生产中施肥总量大、施肥次数多、养分流失严重、肥料利用率低等问题，是香蕉产业中亟待解决的难题。

二、香蕉同步营养肥的创建与应用

（一）香蕉同步营养肥的研发

我国化肥利用效率低的主要原因是受肥料本身特性所限，常规化肥溶解快、肥效不

持久、易损失，要提高肥料利用率可以采用少量多次的方式，但该方式与目前我国农村劳动力结构变化相矛盾。因此，提高化肥尤其是氮肥利用率最有效的措施是通过改造肥料物理或化学特性，延缓肥料释放时间，减少损失，即研发缓控释肥料。包膜控释肥料就是化肥物理改性后的缓控释肥料新产品，是在常规化肥颗粒表面包裹疏水性物质，形成一层保护膜而控制肥料养分的释放，从而减少肥料养分的淋溶、挥发和反硝化等损失，是公认的肥料利用率高、损失少、环境友好型肥料。包膜控释肥料养分释放特性可以通过包膜材料、包膜技术和包膜厚度等进行调控，进而实现肥料养分的释放和作物需求相吻合，其肥效期可控制在 1～12 个月，甚至更长。因此，包膜控释肥料在农业上的应用可实现轻简化施肥，是我国农业提质增效的重要技术模式。

由于包膜控释肥料价格高，为了降低肥料施用成本，推动包膜控释肥料在田间大规模应用，樊小林提出了同步营养肥的理念，即以控释氮、控释钾、缓释氮、水溶性氮磷钾为养分源，依据作物的营养特性而制造的缓控释氮磷钾复混肥，并根据地区和作物需求配以适当的钙、镁等中微量元素，从而在促进作物高产的同时实现养分高效和环境友好，还可以有效降低肥料成本，节省施肥劳动力。同步营养肥除考虑缓控释掺混比例外，也考虑到肥料中氮、磷、钾养分的合理配比，养分释放与作物需求相一致，可视为物化测土配方肥施肥理论的载体产品。

针对香蕉生长期施肥量大、追肥次数多、肥料利用率低等问题，国家香蕉产业技术体系土壤肥料与水分管理岗位团队自 2009 年以来，在同步营养理论的指导下，研发了香蕉同步营养肥，即香蕉系列控释配方肥（图 5-6）。香蕉同步营养肥是根据香蕉生长发育、吸收利用养分规律及肥料养分释放特性，采用常规肥料和缓控释肥料制造的三个系列配方肥料，分别是苗期专用型（22-8-15）、旺长期专用型（15-5-25）和蕾/果期专用型（10-5-30）控释配方肥。应用香蕉同步营养肥有效解决了目前香蕉生产中施肥不合理和施肥劳动强度大的产业瓶颈问题，降低了肥料成本，减少了肥料投入用量，节省了 60%以上的施肥劳动力，全生育期仅需追肥 3～5 次，实现了香蕉的轻简化施肥。

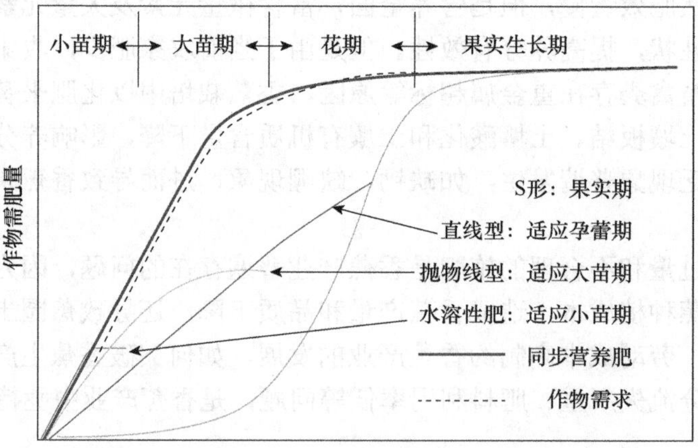

图 5-6 香蕉同步营养肥及其制造原理示意图

（二）香蕉同步营养肥的配方设计

香蕉是需钾多、需氮较多、需磷较少的作物，其中钾的消耗量为氮的 2～3 倍，甚至更高。以巴西蕉为例，每收获 1t 香蕉，需要带走氮（N）1.7～2.0kg、磷（P_2O_5）0.4～0.5kg、钾（K_2O）5.5～6.0kg。不同香蕉品种各生育期对养分的需求数量及比例有一定差异，因此，进行推荐施肥时，既要考虑香蕉的全生育期营养特性，也要注重阶段性营养特性。以巴西蕉为例，其主要有三个发育阶段，第一阶段主要是为了缓苗，促进香蕉根茎叶生长，尽早形成强大树干，施肥原则是在保障钾的情况下多供给氮和磷；第二阶段是促进长树干，促进孕蕾和抽蕾，施肥原则是保障钾的情况下适量多供给氮；第三阶段促进坐果和果实膨大，增加果实含糖量，促进果实品质，施肥原则是重施钾的情况下适量多供给氮素。

香蕉同步营养肥配方设计的总体原则是先构建农艺配方，再构建工艺配方；先构建全生育期配方，再构建不同生育期的配方。配方的核心是基于香蕉营养特性和养分累积规律，结合肥料利用率来设计。以巴西蕉为例，首先根据多年和多地的试验研究结果，确定了适量足量营养前提下每株香蕉 N、P_2O_5、K_2O 的吸收量分别为 114～121g/株、33.2～39.7g/株和 292～337g/株。则其全生育期农学配方是 N∶P_2O_5∶K_2O＝1∶0.31∶2.79；然后参考常规香蕉生产的氮、磷和钾的养分利用率，其中氮利用率按照 25%计算，磷利用率按照 20%计算，钾利用率按照 40%计算，则其相应的 N∶P_2O_5∶K_2O 工艺配方是 1∶0.39∶1.74。最后再根据香蕉苗期、营养体和生殖体共同生长期与生殖生长期的营养规律，氮按 40%、30%和 30%分配，磷按 40%、30%和 30%分配，K 按 15%、40%和 45%分配，确定香蕉苗期、营养体和生殖体共同生长期，生殖生长期同步营养肥（系列缓控释配方肥）的工艺配方分别为（以 45%养分计）：22.1-8.5-14.4、14.4-5.5-25.1 和 9.8-3.8-31.4。根据相关肥料的标准，参考肥料制造工艺和原料特性，香蕉同步营养肥的 3 个肥料配方确定为：22-8-15、15-5-25 和 10-5-30，这三个配方是分别适用于香蕉苗期的高氮型、适用于旺盛生长期的中氮高钾型和适用于抽蕾和果实生长期的高钾型同步营养肥。

香蕉同步营养肥的特点是不同生育期选用不同的配方，苗期专用型（22-8-15）肥料含氮量高，供氮期长，一次施用可满足香蕉苗期 2～3 个月的需求，既有利于苗期香蕉迅速而健壮生长，又可节约施肥劳动力。旺长期专用型（15-5-25）含钾较高，含氮量适中，既能保证香蕉快速生长所需的氮素养分，又能促进香蕉提早孕蕾和抽蕾。蕾/果期专用型（10-5-30）含钾量高，用于香蕉抽蕾期和果实膨大期，目的是促进坐果和果实膨大，提高果实品质，可满足抽蕾期和果实膨大期的营养需要。

（三）香蕉同步营养肥的原料选择

香蕉同步营养肥的原料包括包膜控释肥料和常规肥料，包膜肥料可以选择包膜尿素、包膜磷酸二铵、包膜氯化钾和包膜复合肥等；常规肥料可选择尿素、过磷酸钙、磷酸铵、复合肥、氯化钾、硫酸钾等。采用上述原料与常规肥料按照各阶段配方比例进行掺混，所得肥料即为香蕉同步营养肥。其中包膜控释肥料可根据养分释放时间选择不同肥效期的肥料进行复配，一般建议选择肥效期为 1 个月、2 个月和 3～4 个月的包膜肥料进行混配，缓控释肥料用量比例不超过 30%。此外可以根据蕉园土壤测试情况灵活调整配方，同步营养肥中可添加部分钙镁肥和微量元素肥料。

三、香蕉同步营养肥的轻简施用实例

香蕉同步营养肥中由于包含部分缓控释养分源，尤其是缓控释氮肥和钾肥，因此肥效期较长，可以明显减少追肥次数，一般香蕉全生育期仅需 3～5 次追肥，可以大量节约施肥用工。现以海南巴西蕉组培苗新植蕉为例，介绍香蕉同步营养肥的轻简施用技术。

香蕉施肥一般包括基肥、缓苗肥和追肥，香蕉同步营养肥是作为追肥进行施用。

（1）基肥　香蕉移栽定植前要先施用基肥，基肥主要为有机肥，建议施用商品化有机肥或生物有机肥，也可以施用农家肥，但要充分腐熟后施用。有机肥料一般施用在定植穴上，用量为每株香蕉 2～4kg。一般定植穴直径 50～60cm，深 40cm 左右。将基肥和挖穴的土壤混合均匀后回填至定植穴，不能将基肥直接施入定植穴底部。

（2）缓苗肥　定植后或移栽后的第一个月为缓苗期。缓苗肥用水肥一体化方法浇水肥，肥料为均衡型复合肥，肥料溶液的浓度是 0.5%。每周浇灌 1～2 次，每次每株香蕉苗浇灌 2～4L 肥料稀释溶液。

（3）追肥　生长期追肥选用香蕉同步营养肥。施肥间隔一般为 2～3 个月。现以 4 次施肥为例，介绍新植蕉同步营养肥的肥料配方、用量和施用时期（表 5-8）。

表 5-8　新植蕉同步营养肥的肥料配方、用量和施用时期

施肥时期	肥料配方	用量/（g/株）	施用时期
苗期	22-8-15	300～400	6～8 片叶、假茎高 40～50cm 时施用，同时施 50g 硫酸镁
旺长期	15-5-25	600～800	15～18 片叶、假茎高 130～150cm 时施用
蕾期	10-5-30	450～600	26～30 片叶、假茎高 210～230cm 时施用，同时施 100g 硫酸镁
壮果期	10-5-30	150～200	抽蕾 50%以上时施用

注：可在此基础上，结合有机肥用量、当地气候和土壤类型增减 15%～25%用量

1）第 1 次追肥在大田缓苗 3～4 周后，或香蕉新抽出 6～8 片叶时进行，此时香蕉已经适应了栽植环境，开始加快生长，球茎显露，生长至培土覆盖球头（俗称翻小头）时，应结合翻小头进行第 1 次土壤施肥。追施香蕉苗期的高氮型同步营养肥（22-8-15），将肥料撒施在窄行翻小头时用犁开的沟中，然后覆土并浇水。

2）第 2 次追肥。此次施肥在香蕉的旺盛营养生长阶段，香蕉叶生长至 15～18 片，假茎高 130～150cm，此时香蕉植株树体较高大，根系也较发达，球茎迅速膨大并再次浮露土表，此时期应再次挖土覆盖球头（俗称翻大头），应结合翻大头进行第 2 次施肥。选用旺盛生长期的中氮高钾型同步营养肥（15-5-25），将肥料撒施在翻大头时用犁在香蕉宽窄行开的沟中，结合回犁起垄培土过程覆盖肥料，培土完毕后立刻喷水灌溉。此时重点观察香蕉叶片是否存在缺镁现象，如有缺镁症状，在施肥时每株加施 50g 硫酸镁。

3）第 3 次追肥。第 3 次施肥在香蕉抽蕾前，是香蕉的营养体与生殖体旺盛生长阶段，此时香蕉叶片生长至 26～30 片，假茎高 210～230cm。香蕉进入该阶段时对各种养分的需求量发生了一定的变化，此时香蕉的根系生长缓慢，或基本停止生长。因此，在此阶段施肥操作过程中要特别注意保护香蕉的根系不受损坏，一般宜采用表土撒施，撒施后不要翻动土壤（以免伤根）而直接喷灌。选用高钾型同步营养肥（10-5-30），从第 3 次施肥时开始采用轮换沟施肥法，即将肥料均匀地撒在距吸芽（小蕉树）蕉头 15～40cm 或母株（大蕉树）蕉头 45～85cm 处，上一次施肥位置相对的另外一侧地表上。最好在雨后傍晚施用，天旱季节应灌水后再施肥，撒施完肥料后盖一层薄土或隔夜后喷灌。

4）第 4 次追肥。第 4 次施肥在香蕉抽蕾达 50%以上、第一把反把期，即在香蕉果实

生长发育初期，此时香蕉不再抽生新叶，但是为了香蕉高产优质需要维持一定数量的绿色叶片，生长中心转入果实的生长发育。选用高钾型同步营养肥（10-5-30），施肥时将肥料均匀地撒在母株（大蕉树）蕉头 45～85cm 处，并撒施至第 3 次未施肥的两个相对的位置。最好在雨后傍晚施用，天旱季节应灌水后再施肥，撒施完肥料隔夜后再喷灌一次水，或者撒肥后直接喷灌。

香蕉施肥建议采用集中施用的方法，施肥后覆土。可以采用半环状施肥、两侧条状施肥、单侧条状施肥等方法。如果采用半环状或者单侧条状施肥方法，下一次的施肥要更换成另一侧没有施肥的位置，以保障香蕉树体长势均衡，具体施肥方法见图 5-7。

对称半环状施肥（广东惠州）

半环状施肥（海南乐东）

左右两侧条状施肥（海南澄迈）

单侧条状施肥（海南乐东）

图 5-7　常见香蕉缓控释配方肥施用方法

（4）注意事项　香蕉同步营养肥用量可根据土壤性状、香蕉栽培模式、目标产量等进行适当调整，在山地和沙土上建议每株用 2～3kg，壤土上为 1.5～2kg，留芽蕉苗期施肥量可以相应的减少 30%～40%，其他生育期不变。也可根据目标产量，结合土壤养分供应状况，在推荐量的基础上增减 15%～25%。此外，缓控释肥料尤其是包膜肥料，一般对肥料颗粒硬度均有要求，较常规肥料颗粒硬度大，更适合配合机械化进行施用，也可以配合施肥器械进行施用。

结合国家香蕉产业技术体系平台，香蕉同步营养肥及轻简施用技术已经在我国主要香蕉产区进行试验示范和大面积推广应用，香蕉追肥次数由 10～20 次减少到 3～5 次，施肥省工 60%以上，实现了香蕉栽培的轻简化施肥，香蕉提早 20～30d 收获，香蕉增产 6.3%～12.9%，销售价格增加 50%～100%，明显增加了蕉农收入，氮肥利用率提高 14%～

21%，节约肥料用量 15%～30%。

四、香蕉同步营养肥及其轻简施用技术的原理及意义分析

缓控释肥料，尤其是包膜控释肥料，被公认具有养分释放时间长、利用率高、施肥用量低等优势，可以实现作物施肥轻简化。香蕉同步营养肥是依据异粒变速理论，以缓控释肥料作为部分养分源，基于香蕉的生长发育规律和肥料养分释放规律研发和配制的，其阶段性配方与作物养分吸收特性相吻合。采用常规肥料和缓控释肥料按比例配伍，实现了养分的速缓结合，既降低了肥料成本，实现了缓控释肥料的大规模田间应用，又保留了缓控释肥料养分释放时间长、利用率高的优势，进而实现了香蕉生育期减少施肥次数、高产和高效的目标。较传统肥料和施肥模式相比，应用香蕉同步营养肥的优势表现如下：①肥料养分配比合理，用量少，养分损失少，肥料效率高；②可显著提高香蕉产量；③有利于促进香蕉提早收获，抽蕾整齐，早上市，进而提高收益；④减少大量的施肥劳动力，省时、省工、省事。

尽管我国缓控释肥料研究起步较晚，但是我国政府一直高度重视缓控释肥产业发展，中央一号文件“十一五”发展规划纲要、国家中长期科学和技术发展规划纲要（2006—2020）、石化产业调整和振兴规划（2010）、“十二五”国家科技支撑计划、“十三五”国家重点研发计划等都把缓控释肥作为重点发展的领域。农业农村部《到 2020 年化肥使用量零增长行动方案》中，也将缓控释肥料列入推进新型肥料技术应用的重点任务中。借此机遇，华南农业大学肥料学肥料科学创新团队一直从事缓控释肥料的理论和应用技术创新，已将香蕉同步营养肥作为推广平衡施肥或测土配方施肥技术的模式在我国大面积推广应用。同步营养肥料和施肥技术作为国家测土配方施肥主推技术和产品，已在全国 20 多个省、自治区、直辖市推广应用。与传统肥料和施肥技术相比，采用同步营养肥可以节约肥料和施肥劳动力，减少肥料中养分的损失，提高肥料利用率，降低肥料对环境的污染，从而实现高产高效、优质环保、生态环境安全，对农业可持续发展具有重要意义。

案例 4　华北马铃薯化肥高效应用技术

20 世纪 60 年代后，马铃薯成为继玉米、小麦和水稻之后的第四大粮食作物，其生产对保障粮食安全具有重要意义。根据各地气候、地理条件、栽培制度和栽培类型等的差异，我国将马铃薯栽培区划分为北方一作区、中原二作区、南方冬作区和西南混作区。其中，北方一作区包括：内蒙古、黑龙江、吉林、辽宁中北部、河北北部、山西北部、陕北、宁夏、甘肃、新疆等地；中原二作区包括：山东、河北长城以南、辽南、晋南、陕中南、河南、湖北、湖南、江西、江苏、安徽、浙江等地；南方冬作区包括：广东、广西、福建、海南、云南南部；西南混作区包括：云南、贵州、四川，属于立体气候。总体上，马铃薯种植面积有南增北减的趋势，尤其是西北地区和南方冬作区的种植面积减少较多，而西南地区种植面积在不断增加。

马铃薯产业在世界各国农业生产中都占有重要的位置，以种植马铃薯产业的发展推动农业的发展具有巨大的经济效益及特殊的战略意义，并向规模化、集团化、国际化方向发展。根据联合国粮食及农业组织（FAO）统计数据，1999～2018 年，中国马铃薯的

种植面积为 421.3～503.3 万 hm^2，种植面积表现出先增长后减少的趋势；产量从 5614.0 万 t 增长到 9032.1 万 t，表现出增长的趋势（图 5-8），产量较 1999 年增加了约 60.9%，产量从 12.7t/hm^2 增长到 19.0t/hm^2，增长约 49.6%。新西兰、德国和美国等发达国家马铃薯产量均在 40.0t/hm^2 左右，尤其是新西兰马铃薯产量可达 50.0t/hm^2 左右。中国马铃薯种植面积和产量均居世界首位，氮肥的过量施用是提高产量的主要因素。通过对比不同产区的马铃薯施氮量：北方一作区氮肥投入约 377.0kg N/hm^2；中原二作区氮肥投入约 408.0kg N/hm^2；南方冬作区氮肥投入约 395.0kg N/hm^2；西南混作区氮肥投入约 303.0kg N/hm^2，其中四川省、贵州省、重庆市、甘肃省、云南省、内蒙古自治区等是马铃薯主产区（图 5-9）。在 1999～2018 年，四川省、贵州省、甘肃省、云南省和内蒙古自治区产量从 15.7t/hm^2、12.6t/hm^2、12.4t/hm^2、13.9t/hm^2 和 9.4t/hm^2 增长到 20.9t/hm^2、16.5t/hm^2、17.7t/hm^2、15.7t/hm^2 和 21.3t/hm^2。

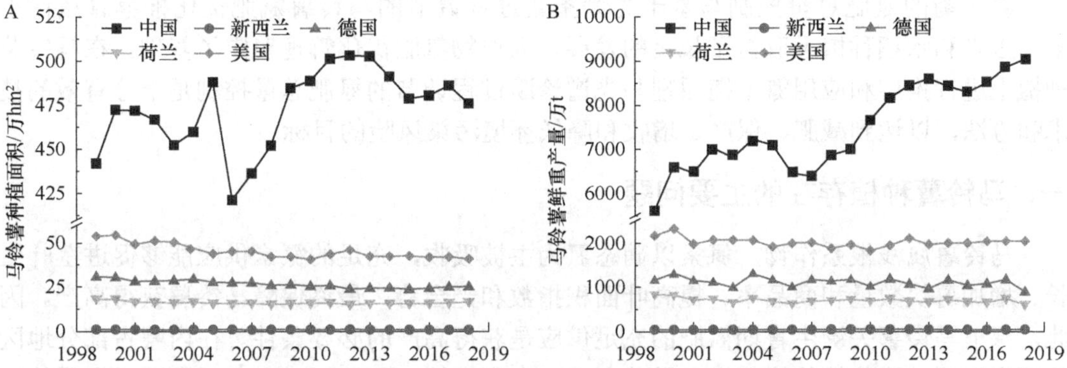

图 5-8　马铃薯主产国家的马铃薯种植面积（A）和鲜重产量（B）情况

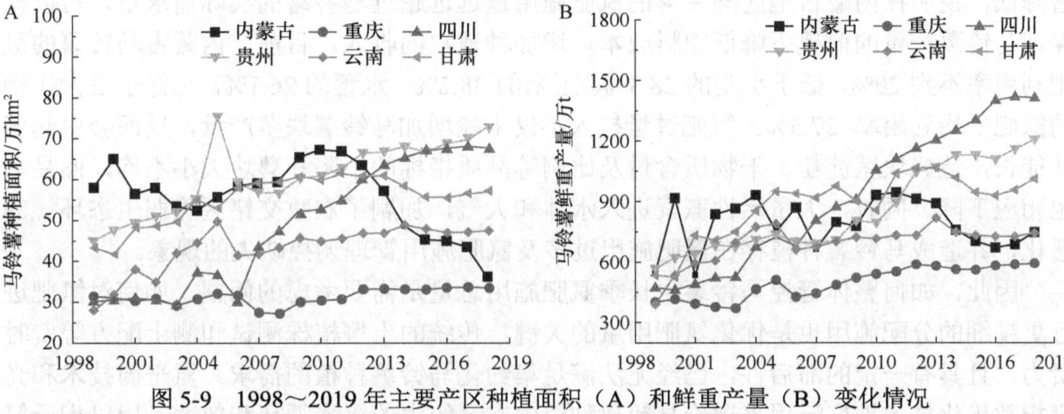

图 5-9　1998～2019 年主要产区种植面积（A）和鲜重产量（B）变化情况

随着马铃薯种植技术的发展和氮肥施用量的增加，较高的氮肥施用量未能在产量上与发达国家持平，说明马铃薯田氮肥的利用率较低，且明显低于发达国家，增加了氮素损失的环境风险和种植的成本。西北地区（以内蒙古地区为主）以温带大陆性气候为主，年均温度 8.7℃左右，年均降水量将近 210mm，土壤类型以棕钙土和棕漠土为主，光热资源较丰富，但有土壤肥力贫瘠、水资源短缺、植被覆盖率较低、生态环境脆弱等特点，氮肥施用以硝态氮肥为主。华南地区气候类型以亚热带季风气候和热带季风气候为主，年均温 21.70℃左右，年均降水量将近 1655mm，土壤类型以赤红壤、红壤和水稻土为主，土壤含有丰富的氮和有机质，氮肥施用以铵态氮肥为主。内蒙古曾是我国马铃薯种植面积最大的省份，种植区域主要分布在阴山沿麓。随着国家农业补贴的不断增加及内蒙古水资源短缺，灌溉方式从大水漫灌逐渐向喷灌、滴灌等节水型灌溉转变，滴灌面积日益扩大。然而，实施过程中仍存在施用氮肥和农药过量的现象，造成严重的环境污染风险，在农业生产过程中未能形成与农业部 2015 年颁发的《到 2020 年化肥使用量零增长行动方案》和《到 2020 年农药使用量零增长行动方案》相匹配的马铃薯氮素营养诊断技术和肥料管理措施。发展新型马铃薯氮素营养诊断技术以解决现代马铃薯种植和农业绿色发展迫切需要解决的问题。2022 年中央一号文件《中共中央 国务院关于做好 2022 年全面推进乡村振兴重点工作的意见》强调，推进农业农村绿色发展，要加强农业面源污染综合治理，深入推进农业投入品减量化，加强畜禽粪污资源化利用，推进农膜科学使用回收，支持秸秆综合利用。

氮平衡的氮肥总量控制与基于光谱指数过程调节的马铃薯氮肥优化推荐算法在小麦、玉米和水稻种植上取得了长足的发展，为作物氮肥优化管理奠定了基础。在马铃薯种植上进行推广和应用氮平衡原理与光谱诊断过程调节的氮肥总量控制是十分有效的技术和方法，以达到减肥、保产、增收和降低环境污染风险的目标。

一、马铃薯种植存在的主要问题

马铃薯属浅根系作物，氮素以硝态氮为主被吸收，充足的氮素供应能够促进茎叶生长、增加薯块数量和商品率、提高叶面积指数和光合势，最终保障马铃薯获得高产。因此，保证马铃薯关键生育期氮肥的充足供应是获得高产的必要条件。在内蒙古部分地区的研究表明，比传统的氮肥投入量减少 40%左右（约 300.0kg N/hm^2），未造成产量的显著降低，说明在内蒙古地区马铃薯的氮肥施用量远远超过马铃薯的实际需求量，可以在保证马铃薯产量的前提下降低肥料成本，增加种植户的收入。目前，内蒙古马铃薯的氮肥利用率不到 20%，低于小麦的 28.3%、玉米的 28.2%、水稻的 26.1%，也低于三大作物的氮肥平均利用率 27.5%。氮肥过量投入不仅未能增加马铃薯块茎产量，反而会引起茎叶徒长，造成块茎淀粉、干物质含量及比例等品质指标的下降和薯块大小不均，商品率也相应下降。同时，大量活性氮素进入水体和大气，加剧了农牧交错区脆弱生态环境的恶化，并造成马铃薯种植存在氮肥施用过多及氮肥施用管理调控缺失的现象。

因此，如何整体管控马铃薯生长季氮肥施用总量是需要考虑的问题，如何对氮肥进行更精细的分配施用也是优化氮肥用量的关键。传统的土壤植株测试和测土配方等费时费力，且具有一定的滞后性，已经无法满足集约化马铃薯种植的需求。氮平衡技术和光谱指数优化技术被广泛用来评价马铃薯种植生态系统中的氮素循环和效率，用以指示氮素管理水平、环境影响程度及政策制定。

二、马铃薯种植化肥高效利用技术方案

（一）氮平衡技术

根据马铃薯在不同生育时期对氮素的吸收规律，对氮肥总量进行多次分配，将生长季中多次追肥过程转化为多个一次追肥的方式进行实施，从而克服马铃薯多次追肥无法

确定阶段性施肥量的困难。通过氮平衡原理综合考虑下一步计划施氮量与当前氮素营养状况，量化氮营养指标与阶段性氮肥供应的关系，从而将马铃薯生长季中多次推荐施氮量控制在氮平衡推荐氮肥用量与临界氮浓度之间，达到滴灌马铃薯多次追肥的目的，建立以氮平衡原理为基础的滴灌马铃薯生长季氮肥优化推荐施肥量。

（二）光谱指数优化技术

随着农业遥感技术的不断发展，基于光谱指数的作物生物量和植株氮素浓度实时监测已经被广泛研究，并用于作物氮肥的优化之中。临界氮浓度稀释曲线是作物临界氮浓度（作物获得最大干物质所需要的最小氮浓度）与作物植株干物质的幂函数关系，已成为生长季氮肥用量推荐的转化桥梁，是判断作物生长中氮素丰缺的重要参考标准，基于临界氮浓度稀释曲线获得的氮营养指数被广泛应用到作物氮素营养诊断中。临界氮浓度稀释曲线易受作物品种和地区的影响，构建本地化的马铃薯临界氮浓度稀释曲线是马铃薯生长季氮肥优化的关键。

三、内蒙古阴山北麓马铃薯化肥高效利用实施案例

（一）基于氮平衡技术马铃薯氮肥优化管理

内蒙古阴山北麓是重要的马铃薯种植主产区，在内蒙古自治区乌兰察布市四子王旗典型种植区进行马铃薯种植氮平衡试验（东经 110°20′～113°，北纬 41°10′～43°22′），该区地处温带干旱、半干旱大陆性季风气候区，年平均气温为 3.4℃，年平均降水量为 280mm，无霜期 78～142d，年积温 2800℃。阴山北麓夏季冷凉的气温对马铃薯块茎的形成及膨大有着明显的促进作用，该地区马铃薯产量高，品质优，市场认可度高。随着马铃薯种植需求的增加，氮肥的过量投入、不合理灌溉和缺失过程调控使多余的氮肥随灌溉水渗漏到土壤下层，流出作物根系生长区域，导致肥料利用率偏低，地下水硝酸盐、亚硝酸盐等超标，也易使氮素以氨的形式挥发到大气当中，造成大量氮素的损失。利用氮平衡施肥技术能够在兼顾作物产量与氮素环境损失的同时，也计算出整个生长季作物的氮肥用量。该方法在小麦、玉米和水稻作物中有突出表现，对于多次施肥的马铃薯种植进行追肥也能促进氮肥利用率。根据马铃薯在不同生育时期对氮素的吸收规律，对氮肥总量进行多次分配，以克服马铃薯多次追肥无法确定阶段性施肥量的困难。利用滴灌设备将氮肥施入马铃薯农田系统，施用比例分别为苗期 20%、块茎形成前期 30%、块茎形成后期 20%、块茎膨大期 20%和淀粉积累期 10%。

内蒙古氮平衡马铃薯种植系统中，氮素过剩或亏缺是基于单位耕地面积上氮素输入与输出的差值获得。氮素输入是指投入农田中各种氮素的总和，如氮肥、有机肥、非生物固氮、氮沉降、灌溉水和种子中的氮等；氮素输出是指输出产品氮素的总和，如作物收获物中的氮等；氮素损失主要包括氨挥发、氧化亚氮排放和淋溶损失等。马铃薯种植中非共生固氮包括自身固氮和联合固氮，从采自内蒙古的马铃薯土壤中检测到的非共生固氮菌有类芽孢杆菌、鞘氨醇杆菌科和叶杆菌素，说明在马铃薯田有非共生固氮。氮沉降是指人类活动导致大量的活性氮排放到大气中，之后随着降雨、降雪及降尘又沉积到地表归还到土壤中。同时，畜牧业发展、化学肥料的使用和能源的消耗，导致大气活性

氮浓度持续升高。当灌溉水硝酸盐达到一定的含量时，通过灌溉带入农田的氮也应该考虑在内。除上述氮素的输入项以外，在马铃薯播种过程中，薯种也输入一定量的氮素，马铃薯播种时块茎带入的氮量可以通过播种量和块茎的含氮量计算。

根据田间定位试验表明，在优化施肥模式下，氮肥最优投入量为279.2kg N/hm^2；统计结果表明，四子王旗地区农民传统氮肥施用量为443.0kg N/hm^2。为改善四子王旗试验点土壤性质和养分情况，施用的含水率为45%的有机肥（羊粪）为4t hm^2，含氮量较高，折合纯氮较高（有机肥用量×0.75%×45%，0.75%为有机肥氮含量），得到通过有机肥进入马铃薯田的氮量为247.5kg N/hm^2。国内外研究估测旱地作物的非共生固氮一般为15～30kg N/hm^2，考虑到氮肥对非共生固氮的抑制作用，内蒙古马铃薯田的非共生固氮量定为15kg N/hm^2。通过总结文献表明，我国北方（华北和东北地区）氮沉降每年输入农田的氮量在 3～34kg N/hm^2。试验区地处温带干旱、半干旱大陆性季风气候，与山西太原较为接近，该地区农田每年氮沉降为14.7kg N/hm^2，故氮沉降量选用14.7kg N/hm^2。阴山北麓滴灌马铃薯灌溉量平均为3000m^3/hm^2，硝态氮含量为22.4mg/L。通过灌溉水中硝态氮含量乘以每年的灌溉量，可以得到每年通过灌溉进入马铃薯田的氮量为 15.2kg N/hm^2。内蒙古阴山北麓马铃薯播种量一般为2250kg/hm^2（鲜重），按80%含水量计算，干重为450kg/hm^2。一般马铃薯块茎中的含氮量为1.1%～1.9%，平均值为1.65%，故块茎带入的氮量为7.4kg N/hm^2。

根据以上基础对阴山北麓四子王旗马铃薯种植区进行氮肥优化试验，验证利用氮平衡推荐施肥技术设计的优化施肥方案和管理调控措施，完善氮肥施用过程管理调控，提高氮肥利用率。试验设空白处理（CK）不施肥、农民传统氮肥处理（Con-PU）施氮肥443.0kg N/hm^{2}和氮平衡优化氮肥处理（Opt-PU）施氮肥279.2kg N/hm^{2}共三个处理，4次重复。通过分析马铃薯生长周期中氮素输入和氮素输出的相互作用关系来验证氮平衡技术在氮肥用量和过程管理调控措施的重要作用。Con-PU和Opt-PU在马铃薯种植的各环节氮素的流动通量如图5-10所示。

1．马铃薯产量与氮肥偏生产力特征

通过对试验处理进行测产，CK 处理的产量为 47.51t/hm^2，Con-PU 处理的产量为62.4t/hm^2，Opt-PU 处理的产量为 66.1t/hm^2。Con-PU 处理的氮肥偏生产力（FPF_N）为90.5kg/kg，Opt-PU 处理的氮肥偏生产力（FPF_N）为 125.5kg/kg。Opt-PU 处理的比农民传统氮肥处理的产量高了3.7t/hm^2，约5.9%；FPF_N高了35kg/kg，约38.7%（图5-11）。通过氮平衡原理对马铃薯种植过程中氮肥的施用进行用量控制和过程管理，能够在降低化学氮肥用量（约 23.7%）的前提下，提高氮肥的偏生产力，稳定马铃薯的产量，有利于马铃薯产业的可持续发展。

$$\text{氮肥偏生产力（}FPF_N\text{，kg/kg）}=\text{产量/氮肥用量}$$

2．氮输出与氮肥利用率特征

通过对马铃薯块茎样品进行氮素测定得知，各试验处理小区氮素输出总量：CK 处理为213.8kg N/hm^2；Con-PU处理为281.1kg N/hm^2，氮肥利用率为37.8%；Opt-PU处理为297.4kg N/hm^2，氮肥利用率为51.4%（图5-12）。Opt-PU处理的氮素输出总量比Con-PU处理的高了16.3kg N/hm^2，约5.8%，氮肥利用率提高了约13.6%。在化学氮肥投入降低（约 23.7%）的情况下，既能保证马铃薯产量（氮素的输出），又能在氮平衡技术的管理

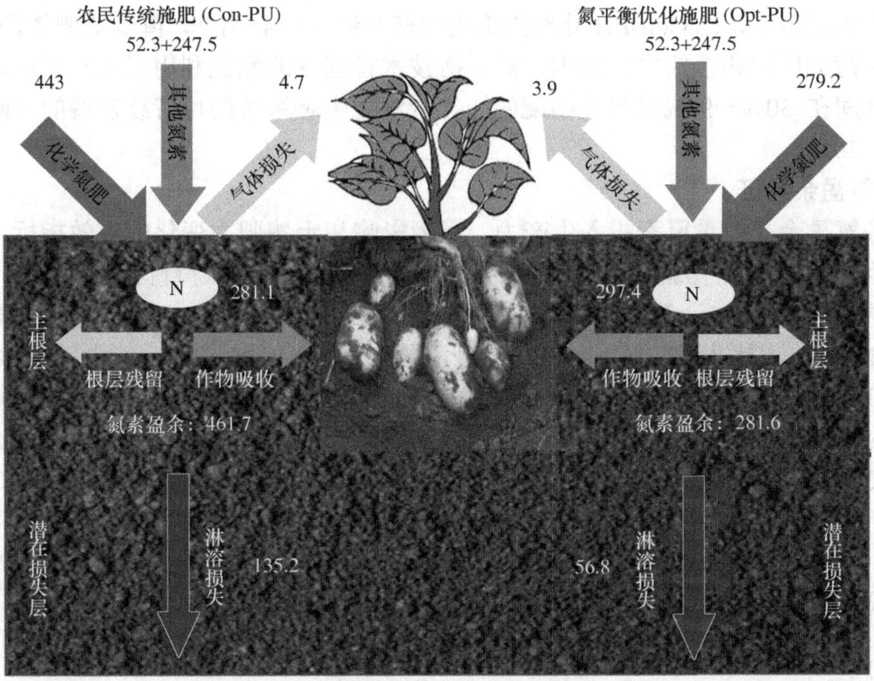

图 5-10　马铃薯种植系统中两种处理下氮素流动通量（单位：kg N/hm^2）

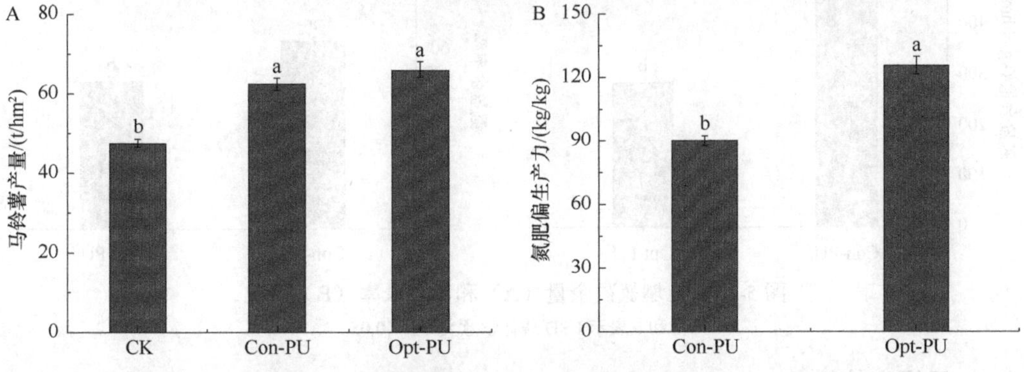

图 5-11　马铃薯产量（A）与氮肥偏生产力（B）

a 和 b 表示 LSD 统计学意义，$P<0.05$，下同

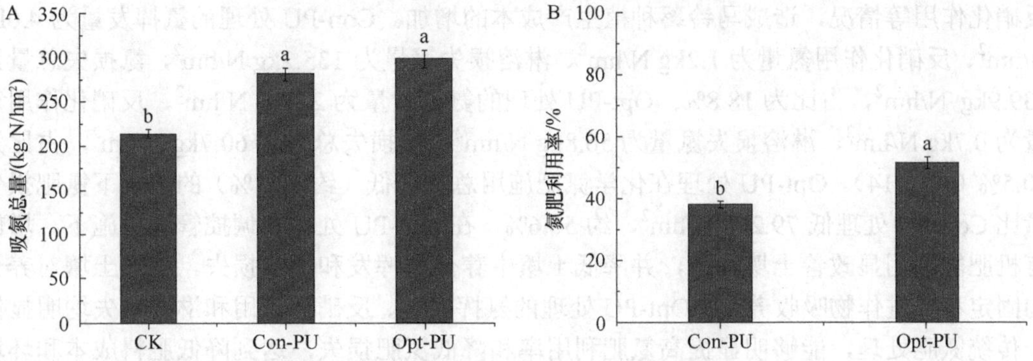

图 5-12　马铃薯生长周期吸氮总量（A）和氮肥利用率（B）情况

下提高氮肥利用率，比 Con-PU 处理措施更能使马铃薯达到高产，降低氮肥资源的消耗、减轻环境污染风险和节约生产成本。氮平衡技术管理下的氮肥利用率与欧盟颁布的氮肥利用率区间在 50%～90%是较为匹配的，符合农业生态系统的可持续发展的（欧盟氮素专家组，2018）。

3．氮盈余特征

土壤氮盈余是衡量氮素投入生产力、环境影响和土壤肥力变化的有效指标，维持土壤-作物体系的氮素平衡就可以在不消耗土壤氮含量的基础上获得目标产量，也不会引起氮素损失（氮盈余的计算是用氮肥总投入－氮肥总输出）。Con-PU 处理氮盈余量为 461.6kg N/hm^2，占比为 62.2%；Opt-PU 处理氮盈余量为 281.6kg N/hm^2，占比为 48.6%（图 5-13）。Opt-PU 处理的盈余量比 Con-PU 处理低 180kg N/hm^2，约为 39%。证明降低化学氮肥（约 23.7%）的投入量，也能保证土壤中有较高的养分存在，不会对土壤造成过度利用，破坏土壤的理化性质。Con-PU 处理的氮素氮盈余量和氮盈余率较高，存在管理调控措施不完善等因素，会有大量氮素损失的潜在风险，不仅提高氮肥成本和地下水污染的概率，也会造成环境风险的增加。通过氮平衡技术可以有效降低氮肥投入成本和环境污染风险，为马铃薯种植业的可持续发展提供理论和指导依据。

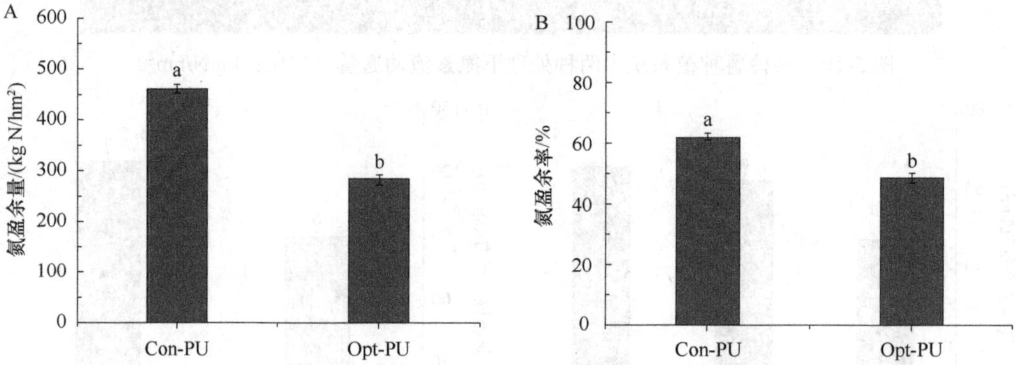

图 5-13　土壤氮盈余量（A）和氮盈余率（B）情况

a 和 b 表示 LSD 统计学意义，$P<0.05$

4．氮损失特征

马铃薯生长周期中存在氮肥的过量施用和管理调控措施的缺失及氮素淋溶、挥发、反硝化作用等情况，造成马铃薯种植生产成本的增加。Con-PU 处理的氨挥发量为 4.0kg N/hm^2、反硝化作用氮量为 1.2kg N/hm^2、淋溶损失氮量为 135.2kg N/hm^2，氮损失总量为 139.9kg N/hm^2，占比为 18.8%；Opt-PU 处理的氨挥发量为 2.7kg N/hm^2、反硝化作用氮量为 0.7kg N/hm^2、淋溶损失氮量为 56.8kg N/hm^2，氮损失总量为 60.7kg N/hm^2，占比为 10.5%（图 5-14）。Opt-PU 处理在化学氮肥施用总量降低（约 22.1%）的情况下氮肥损失量比 Con-PU 处理低 79.2kg N/hm^2，约 56.6%。在 Opt-PU 处理和调控管理措施下，增施有机肥能够明显改善土壤性质，并降低土壤中养分的挥发和淋溶损失，增加土壤对养分的固定和促进作物吸收养分。Opt-PU 处理的氨挥发量、反硝化作用和淋洗损失均明显低于传统氮肥处理，能够明显提高氮肥利用率和降低氮肥损失，达到降低肥料成本和环境污染风险的目的。

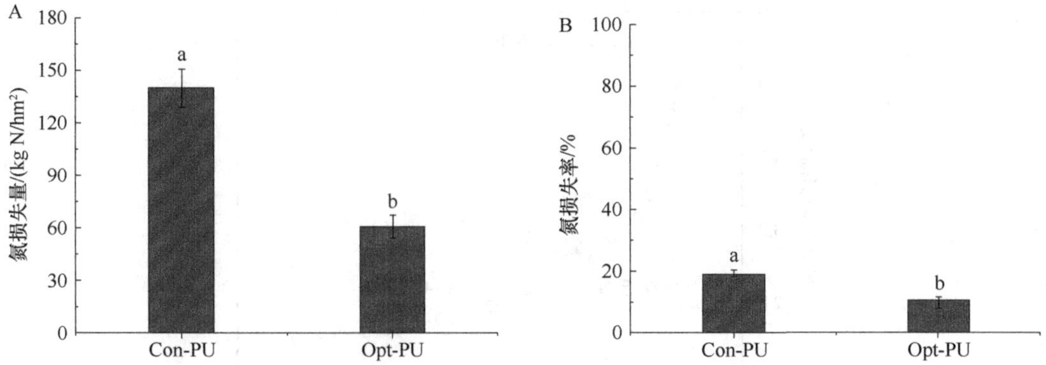

图 5-14　土壤氮损失量（A）和氮损失率（B）情况

a 和 b 表示 LSD 统计学意义，$P<0.05$

5. 总结

阴山北麓四子王旗马铃薯氮平衡技术氮肥施用和调控管理措施试验表明，马铃薯生长周期中，作物氮肥利用率的高低取决于施肥量、施用方式、过程调控管理和作物生长状况。试验中 Opt-PU 处理的氮肥总量比 Con-PU 处理低 36.9%，产量分别为 62.4t/hm^2 和 66.1t/hm^2，产量较为接近，且无显著的差异。Con-PU 处理的氮利用率、氮盈余率和氮损失率分别为 37.8%、62.2%和 18.8%；Opt-PU 处理的氮利用率、氮盈余率和氮损失率 51.4%、48.6%和 10.5%，存在显著差异。

（二）基于优化光谱指数的马铃薯氮肥优化管理

内蒙古阴山北麓是我国重要的马铃薯种植区，为了根据生长季马铃薯氮素营养状况对该地区马铃薯氮肥推荐过程和氮肥用量进行优化，构建了适用于内蒙古阴山北麓地区的马铃薯临界氮浓度稀释曲线，克服了马铃薯品种差异对曲线的影响，并在内蒙古阴山北麓滴灌马铃薯种植中得到了良好的验证。在马铃薯临界氮浓度稀释曲线中，马铃薯的总生物量及整株氮素浓度是用于判断当前马铃薯氮素营养状况的关键指标，而与之密切相关的植株氮素浓度和植株生物量是马铃薯氮素营养诊断的一级指标。光谱指数是目前应用最为广泛的光谱参数，借助不同的遥感平台可以实现不同尺度的作物植株氮素营养诊断，为农田作物氮肥精细管理创造了条件。氮平衡原理在兼顾作物产量和氮素损失风险的同时给出了作物生长季氮肥施用总量。如何根据作物长势将氮平衡推荐的施氮量分配到不同的生育时期是生长季氮肥推荐急需解决的问题。随着研究的深入，研究者先后基于植株干物质、叶片干物质、叶面积指数等建立了临界氮浓度稀释曲线，提高了作物氮素营养诊断的效率和精度。

由于受到作物种内和种间差异及空间异质性的影响，光谱指数波段往往不具备空间上的延展性，需要进行优化设计以适应特定的地区和作物环境。为提高马铃薯植株氮素浓度和生物量的估测精度，通过多年、多品种的田间试验与筛选光谱指数方程和敏感波段位置，提出基于 Opt-mRER 优化光谱指数的马铃薯植株氮素浓度估测模型和基于 Opt-BNI 优化光谱指数的马铃薯地上部生物量估测模型。该模型可以利用近端或低空无人机遥感平台获取的马铃薯冠层光谱数据实时监测植株的氮素浓度和生物量状况，通过地上生物量与总生物量及整株氮浓度（地上和地下部）和植株氮浓度的关系，结合马铃薯临界氮浓度稀释曲线对当前马铃薯植株氮素营养状况进行评估（图 5-15）。

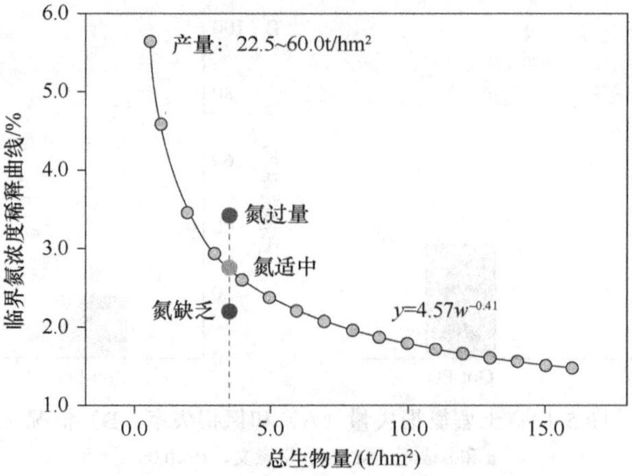

图 5-15　马铃薯临界氮浓度稀释曲线

2021 年该技术在武川县哈乐镇进行了示范，与农民传统氮肥管相比，基于优化光谱指数的马铃薯氮肥优化施用技术在施用 160～180kg N/hm^2 后能够达到与农民传统施氮（450kg N/hm^2）时的马铃薯产量和商品率（图 5-16）。而且能够将农民传统种植时马铃薯田氮盈余（262.9kg N/hm^2）降低到－41.2kg N/hm^2 和－19.4kg N/hm^2，适当负氮盈余消耗了原有土壤中大量存在的氮素，并充分利用了生长季矿化的氮素营养，从而在保证马铃薯产量的同时，显著降低了大量氮盈余带来的环境风险，实现了马铃薯绿色种植的目标（表 5-9）。

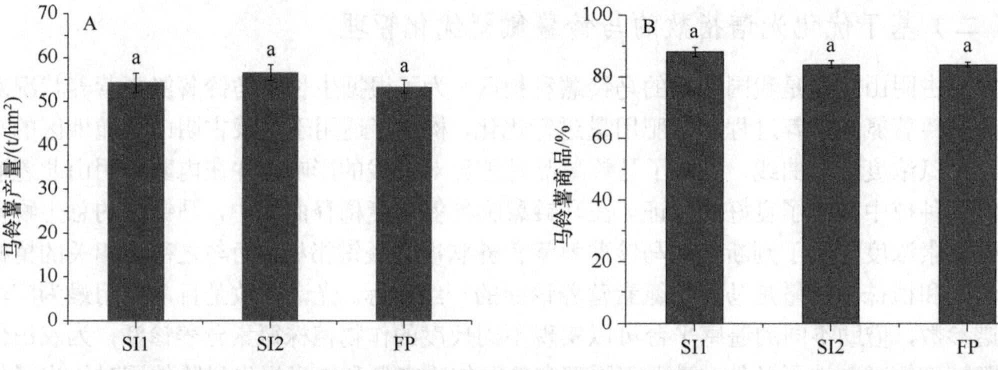

图 5-16　基于优化光谱指数的马铃薯氮肥优化施用技术马铃薯产量（A）与商品率（B）情况

SI1（无底肥）及 SI2（有底肥）与 FP（农民常规施肥）的马铃薯产量与商品率对比，a 和 b 表示 LSD 统计学意义，$P<0.05$

表 5-9　基于优化光谱指数的马铃薯推荐施氮与农民常规施氮管理的环境效应分析

示范田	氮输入量/(kg N/hm^2)	氮输出量/(kg N/hm^2)	NUE/%	氮盈余/（kg N/hm^2）
SI1	224.3	243.7	108.6	－19.4
SI2	213.3	254.3	118.7	－41.2
FP	502.3	239.4	47.7	262.9

注：氮素输入来源包括肥料氮素和自然氮素，其中自然氮素来源主要包括非共生固氮量为 15.0kg N/hm^2、氮干湿沉降量为 14.7kg N/hm^2、灌溉水中氮总量为 15.2kg N/hm^2、薯种氮总量为 7.4kg N/hm^2

四、马铃薯高效种植的原理及意义分析

利用氮平衡原理和优化光谱指数的马铃薯种植技术对氮肥用量有着明确的指导作

用，由于植株氮素养分来源于土壤矿化和外界肥料供氮，若出现氮素营养过剩或缺乏的状况，可利用氮平衡原理和遥感技术中基于光谱诊断过程调节的马铃薯氮肥优化推荐算法来估测的植株氮素浓度、生物量和临界氮浓度稀释曲线，计算出缺乏或过量的氮肥，并从当前的计划施肥量中扣除或补充这部分氮肥。在保证产量和供给作物生长的条件下降低了氮肥总量，提高了氮肥的利用率，降低了在土壤一作物生态系统中氮肥损失率，并减少导致土壤生态系统偏贫瘠的情况发生。在马铃薯种植的过程中充分利用氮平衡原理和优化光谱指数来指导马铃薯种植氮肥的施用方案，控制氮肥施用量和完善过程管理调控措施，降低氮肥成本和环境污染风险。同时，为耦合作物氮素营养需求规律与土壤和肥料氮素供应提供了有力的保证，解决生长过程中无法根据马铃薯作物氮素养分的状况进行氮肥优化管理的难题，从而实现对马铃薯种植氮肥施用过程的调控。

通过促进开展马铃薯种植的绿色发展情况评价，实施生态保护修复重大工程，支持牧区发展和牧民增收，研发和推广应用减碳增汇型农业技术，探索建立碳汇产品价值实现机制，推进乡村生态振兴指导意见的制定等。同时，国家一直积极推进智慧农业发展，促进信息技术与农机农艺融合应用，并加强农民数字素养与技能培训，推动“互联网＋政务服务”向乡村延伸覆盖。智慧农业的不断发展能够拓展农业农村大数据的应用场景，为制定发展评价指标体系提供理论支持。

案例 5 小麦专用肥研发与应用

一、小麦生产及施肥现状

1. 小麦生产情况

施肥是保障作物高产稳产的关键措施之一，对作物产量的贡献率达 30%～50%，但不合理施肥会影响作物产量与品质（金继运等，2006）。1970～2018 年，我国化肥使用量增长率是粮食产量增长率的 8.7 倍，化肥施用过量和不足现象普遍存在。小麦作为我国的主要粮食作物，2021 年产量达 13695 万 t，我国小麦种植面积 2357 万 hm^2，占全国粮食作物播种面积的 20.7%。有 44.8%的小麦施氮量达 250～300kg/hm^2，而处于此施肥范围的水稻和玉米分别占 9.6%和 12.1%。我国主要麦区农户小麦产量和生物量平均为 6.0 t/hm^2 和 13.2t/hm^2，氮（N）、磷（P_2O_5）和钾（K_2O）肥用量平均为 191.1kg/hm^2、112.8kg/hm^2 和 53.4kg/hm^2，春麦区农户氮、磷和钾肥用量平均分别为 171.7kg/hm^2、108.9kg/hm^2 和 10.6kg/hm^2，旱作区分别为 154.3kg/hm^2、111.8kg/hm^2 和 32.6kg/hm^2，麦玉区分别为 236.4kg/hm^2、128.1kg/hm^2 和 74.0kg/hm^2，稻麦区分别为 177.5kg/hm^2、77.0kg/hm^2 和 71.8kg/hm^2，春麦区过量施氮农户较少，为 34%，其次是麦玉区、稻麦区和旱作区，分别为 42%、55%和 63%。

2. 小麦施肥存在的突出问题

氮、磷、钾肥普遍施用过量。我国普遍存在氮肥和磷肥施用过量现象，内蒙古氮肥施用量最高，达到 400.0kg/hm^2，而黑龙江最低为 72.8kg/hm^2，相差近 4.5 倍；陕西磷肥施用量最高，黑龙江最低，分别为 122.6kg/hm^2 和 26.7kg/hm^2；山东省钾肥施用量为

113.4kg/hm^2，云南仅为 14.0kg/hm^2。从各区域单质肥料施用过量程度来看，内蒙古、云南、新疆、江苏、河北等省份的氮肥施用量均达到其配方肥施用上限值的 2.9 倍。相比而言，磷肥施用过量程度相对较低，陕西省磷肥施用量是其配方肥施用量上限值的 1.4 倍；钾肥过量施用主要省份有山西、新疆、宁夏、山东、河南、河北、陕西、内蒙古、黑龙江和江苏。

农民习惯施肥氮磷钾分配不合理。调查河南省冬小麦主产区 82 个县 2277 个样点的“不施肥、习惯施肥、推荐施肥”的试验数据发现，冬小麦产量变异主导因素是土壤和气候资源的地理差异，施肥影响次之，土壤养分影响最低。根据冬小麦产量和土壤养分丰缺情况，确定氮磷钾优化施用量在 120～210kg/hm^2、45～105kg/hm^{2}和 45～120kg/hm^2；按区域总量计，氮磷钾优化用量较地方专家推荐量分别节约 14.2%、40.0%和 39.5%，较农民习惯用量分别节约 20.9%、41.1%和 17.5%。农民习惯施氮、磷量普遍偏大，钾用量局部不足；推荐方案中氮、磷用量未明显降低，而钾普遍增加，增施钾肥是冬小麦单产提高的主要原因。习惯施肥和推荐施肥均存在氮磷钾用量与冬小麦产量、土壤养分的空间匹配性欠佳的问题（赵亚南等，2021）。

小麦专用肥针对性不强、应用效果较差：肥料品种单一、气候和土壤针对性不强导致的肥料利用率低是冬小麦生产中面临的主要问题，小麦专用肥研发与应用是解决这一瓶颈的关键举措，目前冬小麦专用肥配方单一，仍以通用型配方为主，主要着眼于养分总量控制和不同养分比例，未能充分考虑不同土壤类型养分供应特征和作物养分需求，往往简单地按照每 100kg 产量所需氮、磷、钾养分数量生产，针对性差。同时，由于缓释材料价格、加工工艺、人工成本和产业规模等多方面因素的影响，缓/控释类小麦专用肥价格高，性能不稳定，大面积推广有限。

二、小麦营养特性及高效施肥技术方案

1．小麦营养特性

冬小麦于秋季播种，生育期一般为 230～270d，需经历冬前出苗、分蘖、越冬、返青、拔节、孕穗、灌浆等生育阶段，是需肥较多的作物之一。每生产 100kg 小麦籽粒，需要从土壤中吸收纯 N 2.8～3.2kg、P_2O_5 1～1.5kg、K_2O 3～4kg。冬小麦冬前分蘖期吸收养分较多，越冬时吸收较少，返青后又大量吸收，拔节到开花期达到吸收高峰。冬小麦一生对氮素的吸收有 2 个高峰期，首先是分蘖—越冬期，冬小麦对养分的吸收以氮素为主，占氮素总吸收量的 12%～14%，此时麦苗小，根系发育弱，对养分供应的敏感性较强，必须保证养分的充足供应。其次是拔节—孕穗期，随着气温升高，冬小麦植株生长迅速，对氮素吸收量急剧增长，占氮素总吸收量的 35%～40%，是各生育时期中吸收氮素最多的时期，直至抽穗、开花时才明显缓慢下来。冬小麦对氮、磷的吸收规律类似，但对钾的吸收集中于抽穗开花以前。

冬小麦缺氮时植株矮小，茎短而纤细，叶片稀少，叶色发黄，分蘖少而不成穗，严重时无分蘖，穗小粒少。缺磷时植株矮瘦，生长迟缓，叶色暗绿，叶尖紫红色，叶鞘发紫，症状从叶尖向茎部扩展，从老叶向幼叶发展，不分蘖或少分蘖，植株抗寒力差，抽穗成熟延迟，穗小粒少。缺钾时新叶呈蓝绿色，叶质柔弱并卷曲，叶尖及边缘枯黄，老叶焦枯，茎秆短而细弱，易倒伏，分蘖不规则，成穗少，籽粒不饱满。缺钙时植株生长

点及叶易死亡，植株矮小或簇生状，幼叶不易展开，幼苗死亡率高，叶片呈灰色，已长出的叶子也常出现失绿现象，根系短且分枝多，根系分泌透明黏液黏附于根尖上。缺锌时主要表现为叶褪色，叶尖停止生长，叶片失绿，节间缩短，植株矮化丛生。缺铁时叶面失绿，小麦幼苗期出现叶脉失绿黄化，逐渐整叶失绿，叶面呈黄白色。

冬小麦吸收的氮素来源于肥料和土壤的比例约为6∶4，基肥和追肥氮对冬小麦氮素的吸收具有同等贡献，适当增加追施氮肥的比例可减少氮肥损失。一般情况下，随着施氮量增加，氮肥利用率和土壤残留率降低，损失率显著增加。由于氮素转化较快（包括氨挥发、硝化/反硝化及淋溶等），分次施肥比一次性施肥氮肥利用率更高，追施氮肥利用率显著高于基施氮肥，损失率则低于基施氮肥，拔节期追施氮肥利用率较高。

2. 冬小麦高效施肥技术方案

1）养分资源综合管理技术。中国农业大学主导的养分资源管理的理论和技术提出，将改进施肥技术与挖掘植物高效利用养分的生物学途径相结合，将科学施肥与优化耕作栽培管理相结合，协调肥料综合效益目标。具体说来，该理论以土壤养分和肥料效应的时空变异规律为主要依据，同时考虑环境补给及土壤养分的生物活化，分别进行养分实时监测和施肥调控（王兴仁等，2003）。例如，在河南省冬小麦上应控制底肥氮用量，适期晚播，建立合理的小麦群体结构，拔节前结合浇水重施氮肥，孕穗期补氮，可达到兼顾有效穗数和穗粒数的效果，保障冬小麦优质增产，基于该理论配制的专用肥较农民习惯施肥显著提高了冬小麦产量，同时可提高籽粒1%的蛋白质含量，减少氮素表观损失70kg/hm^2。

2）小麦养分专家系统推荐施肥。根据土壤性质、小麦产量水平、施肥习惯及秸秆还田状况等推荐施肥策略的养分管理专家（nutrient expert，NE）系统推荐施肥，其原理是基于产量反应和农学效率进行推荐施肥，满足当前推荐施肥需求，适应小农户生产管理方式的推荐施肥和养分管理方法，可有效避免施肥过量或不足等问题。小麦养分专家施肥推荐与农民习惯施肥相比，降低了7.6%～55.8%的氮肥用量，调整了磷肥和钾肥用量，使小麦产量增加了0.1%～4.3%，纯收益增加了533～1734元/hm^2，氮、磷和钾肥农学效率及回收率多表现出增加趋势或达显著水平（串丽敏，2013）。

3）小麦测土配方技术。测土配方施肥是实现冬小麦绿色高质量发展的重要举措。以土壤测试和肥料田间试验为基础，根据冬小麦需肥规律、土壤供肥性能和肥料效应，在合理施用有机肥料的基础上，提出氮、磷、钾及中微量元素等肥料施用量、施肥时期和施用方法。测土配方施肥技术的核心是调节和解决冬小麦需肥与土壤供肥之间的矛盾，同时有针对性地补充冬小麦所需养分，缺什么就补什么，需要多少补多少，实现各种养分平衡供应，满足冬小麦需要，达到提高产量、改善品质、节支增收的目的。目前，全国测土配方施肥技术应用面积已达到了1.29亿hm^2，节约氮肥27.23kg N/hm^2，总计减排量达到了2500.35万t CO_2当量，其中氮肥田间施用量的减少导致农田总共减排1171.83万t CO_2当量（张卫红等，2015）。

三、小麦专用肥研发与应用技术要点

1. 小麦专用肥配方拟定

基于测土配方施肥工作获得了大量土壤养分数据和肥料效应试验结果，研究人员初步建立了主要作物养分丰缺指标和推荐施肥指标体系，针对不同区域作物进行研究，揭示其生产基本规律，提出了基于“大配方、小调整”的区域施肥技术。大配方的提出方便了企业生产工艺的优化控制和区域总量控制，而我国农田布局以农户分散经营为主，“小调整”能达到更为精确的养分管理。针对冬小麦产业发展需求，通过企业和科研院所研发相应的区域冬小麦专用肥“大配方”和局部配方“小调整”的施用技术，为冬小麦专用肥的配方设计提供了参考。

针对河南省按照地理条件划分的5个区域（平原适宜区、稻麦轮作区、南部盆地区、中部丘陵区、西部山地区），对2829组小麦田间试验和83.71万组土壤养分数据（1247组“3414”试验和1582组“三区示范”试验）进行Meta分析，结合土壤养分分别推荐了5个磷、钾肥水平，在氮磷钾推荐用量基础上，建立了8个基肥＋追肥配方和9个一次性基施配方，并建立了河南不同区域的施肥配方图。在基肥＋追肥配方中，全省N-P_2O_5-K_2O 以 15-19-11、16-17-12、17-16-12 覆盖面积较大，在一次性基施配方中以24-12-9和25-12-8所占的区域最大。对河北省5个不同市（县）潮土、褐土区发现，增加氮磷比例有利于提高冬小麦有效穗数和穗粒数，而增加钾比例有利于提高冬小麦穗粒数，将原小麦专用肥配方 18-18-6、15-20-10 优化调整为 18-18-9、18-23-6、23-18-6、19-20-10，示范户84.6%平均增产9.1%，新增经济效益1081元/hm^2。

2. 小麦专用肥生产

冬小麦专用肥所选原料应在肥料市场容易购买、粒径大小基本一致，性质较好，有利于提高肥效和工效。掺混肥比较常用的原料有尿素、控失尿素、磷酸一铵、大颗粒氯化钾等。按生产1t冬小麦专用配方肥（20-16-12，控速比5∶5）计算，选用普通尿素（含N 46%）、控失尿素（含N 45%）、磷酸一铵（含N 11%，P_2O_5 44%）和大颗粒氯化钾（含K_2O 60%）为原料。配方肥用料计算方法如下：

1）计算磷肥用量：1000kg×16%÷44%≈364kg。

364kg磷酸一铵含N量：364kg×11%≈40kg。

2）计算控失尿素量：控失尿素中缓释氮肥占50%，故总施氮量1/2由控失尿素提供，即（1000kg×20%÷2）÷45%≈222kg。

3）计算尿素用量：冬小麦配方肥中普通尿素占总氮量的1/2，由磷酸一铵和尿素提供，故计算尿素用量时须减去磷酸一铵中的氮（1000kg×20%÷2－40）÷46%≈130kg。

4）计算氯化钾用量：1000kg×12%÷60%＝200kg。

总量：磷酸一铵364kg＋控失尿素222kg＋尿素130kg＋氯化钾200kg＝916kg。

上述各肥料用量计算确定后，选用颗粒相近的化肥原料，用搅拌机或利用智能配肥机将各原料按比例机械掺混，配制小麦专用缓释掺混肥，成本低，使用方便。

3. 小麦专用肥应用

针对不同气候区、土壤类型及肥力水平，开展了一系列小麦专用肥应用效果研究。在豫北基肥施用小麦专用肥（15-10-10）375～525kg/hm^2，起身期追施尿素170～200kg/hm^2，孕穗期追施尿素65～90kg/hm^2，可显著提高冬小麦产量，籽粒蛋白质、湿面筋含量平均提高1.04%和11.1%，稳定时间平均延长7.9min，氮素表观损失也显著降低。冬小麦专用肥（24-15-8）在豫南地区中等肥力土壤较农户习惯施肥显著提高小麦拔节期和成熟期分蘖数、穗粒数和产量，降低了株高，防止小麦倒伏，取得了良好效益。关中地区施用氮磷钾配方为20-15-10的冬小麦专用肥，用量为400～500kg/hm^2，返青期每追尿素100～150kg/hm^2，分别增产和增收38.4%和38.9%。

四、小麦专用肥配方优化实例

在探索冬小麦专用肥“大配方”的基础上，将中微量元素、多功能添加剂、新型包膜材料等加入，优化冬小麦专用肥配方，进一步提高冬小麦专用肥效果。

1．中微量元素复配

在小麦专用肥（18-15-12）的基础上添加了Mg、S、Zn、B等中微量元素，转鼓造粒后，基施750kg/hm^2，返青至拔节期追施尿素150kg/hm^2，可平均增产9.9%，经济效益平均提高14.5%（王好斌等，2021）。

2．缓释材料造粒

一次性基施缓释氮占全氮≥20%的新型环保缓释肥（18-12-10）600kg/hm^{2}可提高冬小麦有效穗数和粗蛋白质含量。氮素当季利用率达41.56%，较常规施肥提高了11.41%（何佩华等，2018）。黄褐土缓释小麦专用肥（24-16-5）600kg/hm^2，较常规复合肥（25-16-8）750kg/hm^2，可增加小麦穗数和千粒重，增产4.6%，每亩产值增加50.6元，节约N投入2.9kg，P_2O_5投入1.6kg，K_2O投入2.0kg（程传凯，2022）。

3．氨基酸及腐植酸类生物刺激素配施

喷施麦类专用含氨基酸水溶性液体肥料［游离氨基酸含量≥100g/L，微量元素含量（Fe＋Mn＋Zn）≥20g/L］可使冬小麦显著增产16.3%（朱春弟等，2022）。重壤土小麦基施配方肥（22-12-6）600kg/hm^2，拔节孕穗肥施尿素187.5kg/hm^2，喷施氨基酸类叶面肥增产效果明显，且氨基酸类和腐植酸类叶面肥混合施用较单个叶面肥施用增产效果更显著（严桂江等，2019）。

4．有机物料及微生物菌剂添加

与无机复合肥（15-15-15）相比，生物有机无机复合肥（15-40）（17-17-6）增加了小麦分蘖期的分蘖数、干物质量、生物量和叶片叶绿素含量的相对值，增产19.9%。以木霉菌肥代替30%化肥施用，分别提高了盐胁迫下小麦株高、根长和根数达10.91%、43.45%和42.86%，同时显著提高了小麦叶片苯丙氨酸解氨酶活性和叶绿素含量，降低了丙二醛含量和过氧化氢含量，改善了土壤生态环境，增强了小麦的抗病能力，提高了小麦产量（刘畅等，2021）。

整体上，小麦合理施肥必须综合考虑土壤条件、气候特征、小麦需肥规律，选择合适的肥料品种和数量、施肥时间、施肥方式平衡施用，保证更多的肥料被作物吸收，从而获得最大经济产量。首先，未来应推动有机肥料与无机肥料配合施用，提高速效肥和缓释肥的利用率，促进农业可持续发展与资源合理利用。其次，发展和应用肥料管理技术，利用全国测土配方施肥等先进的科技成果，开发新型材料，采用相应策略调整肥料的产品结构，将其转化为切实可行的冬小麦专用肥产品，通过产学研相结合，加速推广应用。此外，应注重冬小麦专用肥施用的配套机械开发，探索适宜的水肥一体化模式和肥药协同增效模式，实现冬小麦高效施肥和绿色生产。

案例 6　玉米专用肥研发及应用

一、玉米生产及施肥现状

（一）玉米生产情况

玉米是集粮食、饲料和工业原料于一体的优势作物。1998 年开始，世界玉米总产量已超过稻谷和小麦，居世界三大谷物之首。中国玉米在 20 世纪 40 年代后稳步发展，21 世纪的前 20 年突飞猛进，与 20 世纪末相比，其种植面积增长了 4～5 倍，总产量增加了 10 倍以上。2020 年，中国玉米播种面积为 4126.4 万 hm^2，分别占农作物和粮食作物播种面积的 24.6%和 35.3%。此外，2020 年中国粮食作物总产量为 66949.2 万 t，其中玉米总产量为 26066.5 万 t，占比 38.93%。河南省是中国的主要玉米种植区，2020 年，河南省夏玉米播种面积为 381.8 万 hm^2，占中国玉米总播种面积的 9.25%；产量为 2342.4 万 t，占玉米总产量的 8.99%。因此，玉米在未来保障我国粮食安全中具有重要地位和作用。

在生长发育特性方面，玉米属于高光效 C_4 作物，生育期短、生物量大、氮磷钾养分需求量高。玉米一生中吸收的氮素最多，钾次之，磷最少。一般每生产 100kg 玉米籽粒，需要吸收氮（N）2.59kg，磷（P_2O_5）0.48kg 和钾（K_2O）2.17kg。高产夏玉米出苗至拔节期氮的相对吸收量为 7.3%，拔节期至大喇叭口期为 37.2%，大喇叭口期至吐丝期为 14.5%，吐丝期至吐丝后 15d 为 32.7%，至此累计吸收量已达总量的 91.7%。对磷的吸收量出苗至拔节期为 4.06%，拔节期至大喇叭口期为 26.88%，大喇叭口期至吐丝期为 6.59%，吐丝期至吐丝后 15d 为 17.43%，吐丝后 15～30d 为 33.51%。对钾的吸收，出苗至大喇叭口期的累积吸收量占总吸收量的 74.33%，吐丝后 30d 达到最大吸收量。

（二）玉米施肥存在的主要问题

1．肥料用量不合理

生产实际中农民受“施肥越多，产量越高”“想高产多施肥”等传统观念的影响，玉米种植中普遍存在过量施肥现象。目前，我国玉米主产区平均氮肥用量为 257kg/hm^2，氮肥偏生产力仅为 26kg/kg，而优化条件下可达 57kg/kg。全国玉米钾肥平均用量仅为 K_2O 31kg/hm^2，总体水平较低，且不同区域钾肥用量差异较大。研究表明，当前我国农户玉米施肥总体超量，以最优化肥偏生产力为依据，北方玉米推荐氮、磷、钾肥平均施用量分别为 193kg/hm^2、86kg/hm^2 和 60kg/hm^2。此外，我国北方 7 省 373 个玉米田间试验及农民习惯施肥数据统计显示，目前玉米种植区农民习惯施肥 N、P_2O_5、K_2O 为 225kg/hm^2、61kg/hm^2、47kg/hm^2，而基于养分专家系统推荐 N、P_2O_5、K_2O 施用量则为 157kg/hm^2、56kg/hm^2、67kg/hm^2，在节约 1/3 肥料的条件下可多获益 748 元/hm^2。根据 2005～2010 年中国玉米主产区进行的 1752、7081 和 6328 组氮、磷和钾肥肥效试验数据并参考有关文献资料，我国玉米氮、磷、钾适宜推荐量分别为氮（N）181kg/hm^2、磷（P_2O_5）75kg/hm^2 和钾（K_2O）54kg/hm^2。根据玉米种植区土壤肥力水平、玉米营养特性研制筛选适合本区域使用的玉米专用配方肥，可有效提高玉米产量和肥料利用率，减少肥料损失，降低环境风险。

2．施肥结构不合理

目前，玉米施肥中存在着重化肥、轻有机肥，重氮肥、轻磷钾肥，重大量元素、轻中微量元素等问题。黄淮海夏玉米种植区小麦-玉米轮作体系中，小麦收获后玉米通常直接贴茬种植，加上农村劳动力缺乏、商品有机肥价格较高及肥效缓慢，有机肥施用较少。此外，玉米生长发育过程中不仅需要大量元素还需要中微量元素，而目前市售成品复合肥营养元素含量往往以氮磷钾为主，仅靠土壤供应无法满足玉米对中微量元素的需求。因此，政府应大力推广秸秆还田，增施有机肥，优化氮磷钾配比，补施中微量元素。肥料企业和经销商应根据当地土壤养分状况，因缺补缺，生产多功能、多元素复混（合）肥料，从而实现我国施肥结构平衡。

3．农机农业融合度有待进一步增强

农机农业的有机结合是实现高效施肥的有效途径，施肥机械是减少肥料损失的研究重点。我国玉米生产中往往使用小型农机具，大型深耕深松机械较少，多处于试验阶段且无法大量生产。目前，玉米机械施肥存在种子和肥料用量不明，施肥机械条施较多、穴施机械少，种子肥料位置不能精准调节控制等问题，造成部分肥料损失，自动化程度低和施肥器易堵塞。且在未来一段时间内，大型化、自动化和智能化仍是施肥机械发展的重要方向。根据实际需求研制施肥机械将农机与农艺有机高效结合有利于实现玉米高效施肥。

二、玉米高效施肥技术

高效施肥是指在作物营养供应的各个环节上，采用现代技术手段，最大限度地提高肥料利用效率，实现作物高产优质，减少资源浪费，保护生态环境的施肥技术。玉米高效施肥技术主要有测土配方施肥、灌溉施肥、精准施肥和养分资源综合管理等。高效施肥的目标也从单纯提高产量和肥料利用率转化为对环境友好、资源高效和生产高效。

（一）测土配方施肥技术

测土配方施肥是根据作物需肥、土壤供肥规律和肥料效应，提出氮、磷、钾及中微量元素的合理配方。测土配方施肥包括测土、配方、配肥、供应和施肥指导5个核心环节。自2005年国家测土配方施肥工程实施以来，全国各地均开始进行测土配方施肥研究，如“3414”试验，取得了一系列研究成果，摸清了土壤养分状况，制定了作物科学施肥技术规程，研制了作物专用肥并得以推广应用。

（二）灌溉施肥技术

灌溉施肥技术又称为水肥一体化施肥技术，即将肥料随水施入土壤，保证了肥料养分的浓度和强度，利用水肥耦合效应，利于作物根系对养分的有效吸收，降低肥料损失，提升肥料利用率。目前灌溉施肥主要包括表面灌溉（沟灌和渠灌）、滴灌和喷灌。与传统施肥相比，灌溉施肥技术具有以下优势：一是水分和养分可充分融合直接供给到玉米根系区域；二是水分和养分可均匀供给，获得更高效益；三是灌溉施肥可有效减少水分和养分用量，提高水肥利用率，降低生产成本，节约能源投入。通过水肥一体化技术实现关键生育期及时灌水和施肥，以水促肥，水肥同步促生长，提高水肥利用效率，进而提高玉米产量。

（三）精准施肥技术

精准施肥也称为变量施肥，其核心是采用 3S 技术、生物技术和农机技术实现不同区域采用不同施肥策略。精准施肥的理论是地块内的土壤养分变异，其核心技术是变量管理技术。精准施肥的目标是经济、环境和资源达到最大化效益。通过大数据手段、云技术、GIS 和 AI 技术构建精准养分管理平台，实现肥料施肥的精准化。精准施肥的关键技术是根据施肥区域土壤养分变异规律，利用高光谱无人机等实现作物的无损伤营养诊断和建立合理施肥模型，采用适宜施肥方式等进行的特定施肥技术。

（四）养分资源综合管理技术

传统的施肥技术主要是从作物生产的角度管理养分，着重考虑对化肥的优化管理，对有机肥及环境养分如大气沉降的影响考虑较少，也很少研究过量氮磷等养分的投入对环境造成的污染问题，具有一定的局限性。养分资源综合管理可以通过充分利用各种养分资源，避免不合理施肥所带来的环境问题，实现作物优质高产及环境保护的协调。养分资源综合管理涉及面广泛，需要多种技术的综合，主要分为农田养分资源管理和区域养分资源管理。

农田养分资源管理主要从农田生态系统平衡观点出发，利用全部自然及人工养分资源，通过有机肥化肥合理配施、土壤培肥与保护、生物固氮、品种改良、农机农艺融合等相关技术的综合应用，协调农业生态系统养分投入与产出平衡，实现养分资源高效利用及作物高产与环境保护相协调的目标。区域养分资源管理则是一种宏观的管理行为，针对各区域的养分资源特征，以总体生态、环境和经济效益最大为原则，制定并实施目标区域总体的养分资源高效利用管理策略。

三、玉米专用肥研发及应用

根据土壤理化性质、玉米需肥规律、肥料特性及气候特点等因素研制和生产应用玉米专用肥，对于实现玉米科学施肥和提质增效具有重要意义。本案例结合在河南省温县开展夏玉米测土配方施肥、专用肥配方制定及肥效田间示范应用研究，着重阐释玉米专用肥研发步骤与技术流程，明确肥料示范应用效果，为夏玉米专用肥的研制与应用提供依据。

（一）温县夏玉米施肥现状调研分析

采用问卷调查及访谈交流相结合的方式，于 2020 年 7～8 月对温县 70 个玉米种植大户开展施肥现状调研。结果显示，温县夏玉米产量水平整体较高，平均为 8778.7kg/hm^2，高于全国平均值 43.8%（全国平均产量约为 6104kg/hm^2）。温县农户玉米施肥以化肥为主，有机肥占比较小，仅为 13.9%。温县农户对于测土配方施肥工作比较认可支持，75.4%农户表示愿意在下季种植时进行测土配方施肥并施用玉米专用配方肥。在施肥方式上，有 64.1%的农户基肥采用种肥同播方式进行，17.2%的农户选择开沟施肥，仅有 3.1%的农户直接撒施。除基肥外，约 25.0%的农户在夏玉米生产过程中进行追肥，大都在 7 月底（大喇叭口期前后）进行。追肥多以开沟方式进行，占比 31.3%，选择叶面喷施和撒施的农户相当，均各占 18.8%。施肥量方面，夏玉米基肥氮（N）、磷（P_2O_5）、钾（K_2O）平均施用量分别为 257.1kg/hm^2、68.1kg/hm^2 和 55.9kg/hm^2；追肥则分别为 126.1kg/hm^2、85.8kg/hm^2 和 85.8kg/hm^2。

（二）温县夏玉米种植区土壤样品采集与测试

在调研的基础上，采集代表性夏玉米种植户 0～20cm 耕层土壤样品 171 份，分别测试其 pH、有机质、碱解氮、有效磷和速效钾含量。温县土壤有机质含量平均为 14.1g/kg，变幅为 5.9～28.3g/kg，属较低水平。碱解氮含量平均为 41.4mg/kg，变幅在 6.1～92.8mg/kg，整体较低。土壤有效磷含量均值为 18.6mg/kg，属中等水平。速效钾含量为 209.5mg/kg，较为丰富。根据全国第二次土壤普查土壤养分分级标准，温县土壤有机质处于四级水平（10～20g/kg），碱解氮处于五级水平（30～60mg/kg），有效磷含量处于三级水平（10～20mg/kg），速效钾含量处于一级水平（＞200mg/kg）。

（三）温县夏玉米专用肥配方确定

玉米专用肥配方设计要有较强的针对性，须根据土壤肥力水平、玉米营养特性和肥料特性，结合田间试验等加以确定。基于前期夏玉米田间试验和调研结果，温县玉米平均产量为 8700kg/hm^2，农民施肥主要配方为 30-5-5 和 28-6-6。此外，玉米籽粒每 100kg 经济产量所需氮、磷、钾量分别为 2.60kg、0.86kg 和 2.14kg。分析发现，农民习惯施肥可满足玉米生长氮肥的需求，但无法满足磷、钾肥需求。依照土壤和植株养分分析结果，考虑周年轮作养分盈余情况，温县夏玉米推荐施用 N、P_2O_5、K_2O 量分别为 220kg/hm^2、75kg/hm^2 和 90kg/hm^2。按照调研结果，温县农户玉米追肥比例不高，根据作物需肥特性，借助缓释技术，通过一次性施肥实现作物高产高效和简化施肥，用一定量的缓释尿素来代替普通尿素，保证一次施用能够满足玉米整个生长期的要求。综合分析，玉米专用肥设计配方为 28-10-12，其中缓释氮素占比 50%。

（四）夏玉米专用肥用料计算

夏玉米专用肥所选原料应在肥料市场容易购买、粒径大小基本一致，性质较好，有利于提高肥效和工效，掺混肥比较常用的原料有普通尿素、磷酸一铵、包膜尿素、大颗粒氯化钾等。

按生产 1t 夏玉米专用配方肥（28-10-12，缓释氮素占 50%）计算，选用普通尿素（含 N 46%）、包膜尿素（含 N 42%）、磷酸一铵（含 N 12%，含 P_2O_5 48%）和大颗粒氯化钾（含 K_2O 60%）为原料。配方肥用料计算方法如下：

1）先计算磷肥用量：1000kg×10%÷48%≈208kg。

208kg 磷酸一铵含 N 量：208kg×12%＝25kg。

2）计算包膜尿素量：包膜尿素中缓释氮肥占 50%，故总施氮量 1/2 由包膜尿素提供，即（1000kg×28%÷2）÷42%＝333kg。

3）计算普通尿素用量：夏玉米配方肥中普通尿素占总氮量的 1/2，由磷酸一铵和尿素提供，故计算尿素用量时须减去磷酸一铵中的氮（1000kg×28%÷2－25）÷46%＝250kg。

4）计算氯化钾用量：1000kg×12%÷60%=200kg。

总量：磷酸一铵 208kg+包膜尿素 333kg+尿素 250kg+氯化钾 200kg=991kg。

（五）夏玉米专用肥加工

上述各肥料用量计算确定后，选用颗粒相近的化肥原料，用搅拌机或利用智能配肥机将各原料按比例机械掺混再进行包装，配制夏玉米专用缓释掺合肥料（blended fertilizer，B.B.肥料），成本低，使用方便。

（六）夏玉米专用肥示范应用

基于夏玉米专用肥配方，利用配肥站配制夏玉米专用肥（28-10-12）。2020 年 6～10 月在温县进行田间示范应用，每亩施肥 50kg，种肥同播，较农民施肥（30-5-5）增产 17.51%。

四、夏玉米专用肥配方优化建议

（一）依据田间试验优化配方

应针对当地泛用品种和典型土壤类型布置多个配方肥示范试验，基于示范结果，根据土壤类型和品种特性，对专用肥配方进行微调优化。利用“3414”田间肥效试验建立肥料效应函数，分析不同施肥水平对作物产量及肥料利用率的影响，计算获得经济最佳施肥量，对配方进行优化调整。

（二）依据土壤养分状况优化配方

ASI 法又称为“土壤养分系统研究法”。该法利用通用浸提剂提取测定土壤的 15 个养分指标，对土壤养分快速测定，再根据目标产量需求、土壤养分测定值和养分分级指标推荐施肥量。该技术在不同土壤类型上进行了大量的田间试验及应用示范，效果良好。

（三）依据养分专家系统配方

养分专家（nutrient expert，NE）系统是基于产量反应和农学效率，利用计算机软件决策系统进行推荐施肥，可根据土壤性质、产量水平、施肥习惯及秸秆还田状况等针对具体地块快速给出个性化的施肥方案。已有大量试验证明玉米养分专家系统推荐施肥具有较好的增产增收效果，可根据 NE 系统推荐施肥情况对配方进行优化调整。

案例 7　花生化肥高效应用技术

花生，又名“长生果”，富含蛋白质和油脂。花生属半干旱植物，耐干旱、贫瘠和酸性土壤，适应性强，世界各地种植广泛，是全世界公认的四大油料作物之一。世界上花生的主产区主要在亚洲。目前，位居世界前列的花生主产国主要有中国、印度、美国等。我国是世界上最大的花生生产和消费国，花生的单产、总产及产值均居世界首位。我国花生的种植面积仅次于印度，位居世界第二位。花生是我国第二大食用植物油源和蛋白质资源，栽培面积仅次于油菜，2020 年播种面积为 473.08 万 hm^2（表 5-10），位列油料作物第二，占油料作物栽培总面积的 1/4；但花生总产量位居全国油料作物之首，总产量近 1799.27 万 t（2020 年），占油料作物总产量的 50%以上。目前，花生已成为我国少有的几种优势作物之一，花生生产不仅担负着确保我国食用油安全的重任，也肩负着实现企业增效、农民增收和乡村振兴的重大使命。大力发展花生生产有利于农业种植业结构的调整，提高农民收入，促进国民经济发展。

表 5-10　1978 年以来我国花生播种面积、产量及单产

年份	播种面积/万 hm^2	产量/万 t	单产/（kg/hm^2）
1978	176.81	237.70	1344.36
1980	233.91	360.03	1539.20
1985	331.83	666.36	2008.10
1990	290.71	636.85	2190.69
1991	287.99	630.33	2188.68
1992	297.59	595.33	2000.49
1993	337.94	842.11	2491.89
1994	377.57	968.22	2564.34
1995	380.94	1023.46	2686.68
1996	361.57	1013.85	2804.05
1997	372.16	964.79	2592.42
1998	403.91	1188.62	2942.78
1999	426.82	1263.85	2961.09
2000	485.55	1443.66	2973.25
2001	499.13	1441.57	2888.18
2002	492.06	1481.76	3011.35
2003	505.68	1341.99	2653.82
2004	474.51	1434.18	3022.44
2005	466.23	1434.15	3076.10
2006	396.01	1288.69	3254.22
2007	394.48	1302.75	3302.40
2008	424.58	1428.61	3364.77
2009	437.65	1470.79	3360.64
2010	452.73	1564.39	3455.45
2011	458.14	1604.64	3502.47
⋮	⋮	⋮	⋮
2020	473.08	1799.27	3803.28

注：数据来源《中国统计年鉴》

我国花生分布甚广，从炎热的南方到寒冷的北方，各个地区均有花生栽培。既有较多零星种植地区，也有较大的集中种植产区（表 5-11）。2012 年我国花生种植面积超过 10 万 hm^2 的主要产地有河南、山东、辽宁、河北、广东、四川、湖北、安徽、广西、江西、湖南、吉林、江苏等 13 个省份。这 13 个省份的花生种植总面积和总产量分别达 419.41 万 hm^2 和 1516.72 万 t，分别占全国花生种植总面积的 91.54%，占全国花生总产量的 94.52%，成为我国花生的主要产地。其中，种植面积超过 15 万 hm^2 的有河南、山东、辽宁、河北、广东、四川、湖北、安徽、广西、江西等 10 个省份，这些省份花生种植面积占全国的 84.18%，总产量占全国的 87.98%。河南和山东是我国花生种植面积最大的两个省份，均超过 66 万 hm^2，分别为 101.06 万 hm^2 和 79.71 万 hm^2。

表 5-11 2012 年我国各省（市）花生播种面积、产量及单产

序号	省份	播种面积/万 hm^2	产量/万 t	单产/（kg/hm^2）
1	河南	101.06	429.79	4 252.93
2	山东	79.71	338.59	4 247.71
3	辽宁	37.71	116.54	3 090.53
4	河北	36.02	128.92	3 578.93
5	广东	33.44	90.85	2 716.37
6	四川	25.86	62.75	2 426.37
7	湖北	19.22	68.74	3 577.16
8	安徽	18.89	84.34	4 464.92
9	广西	17.95	47.46	2 644.30
10	江西	15.79	43.75	2 771.25
11	湖南	11.89	31.97	2 688.72
12	吉林	11.85	36.02	3 040.60
13	江苏	10.02	37.00	3 692.00
14	福建	9.96	25.70	2 581.16

一、花生的营养特点与施肥突出问题

花生为豆科植物，共生的根瘤菌能固定空气、土壤中的游离氮素，供给花生部分氮素营养。花生需要平衡吸收多种营养物质才能正常生长发育，不仅根系能够吸收营养物质，叶片、果针与幼果也有较强的吸收能力。因此，根据其营养吸收特点合理施用肥料，是提高花生产量、优化品质、增加效益、维持生态平衡的重要措施。

（一）花生的营养特点

1．氮素

花生吸收的氮素的主要形态是铵态氮（NH_4^+）和硝态氮（NO_3^-）。铵态氮被吸收后，可直接利用，与有机酸作用合成氨基酸和蛋白质；硝态氮被吸收后，经硝酸还原酶还原成铵态氮。花生由根系吸收的氮素，首先运转到茎叶，然后再输送到果针、幼果和荚果。花生对氮素的吸收总量，不论早熟品种还是晚熟品种，均表现为随生育期的推进和生物产量的增加而增多，而各生育期吸氮量占全生育期吸氮总量的比例为：早熟种以花针期最多，晚熟种以结荚期最多，幼苗期和饱果期较少（表 5-12）。

表 5-12　花生各生育期对氮素（N）的吸收动态（占全生育期总量的百分比，%）

品种类型	幼苗期	开花下针期	结荚期	饱果期
早熟品种（‘白沙 1016’）	7.1	58.4	23.7	10.8
晚熟品种（‘蓬莱一窝猴’）	4.7	53.5	53.8	8.0

花生所吸收的氮素在各器官的分配比例，不同生育期也不相同。幼苗期和开花下针期，氮的运转中心在叶部，叶部干物质中氮的含量分别为 3.94%和 3.86%。结荚期氮的运转中心转向果针和幼果，其干物质中氮的含量为 3.15%～3.82%。饱果期的运转中心转向荚果，其干物质中氮的含量为 3.53%～3.88%。

花生对肥料氮的吸收利用率因气候、土壤条件（地力、质地、水分等）、肥料（种类、用量、施用期等）、花生品种类型的不同而有差异。因年度间、不同土壤质地、不同肥力水平略有差异，但其总的趋势是一致的。在施用氮肥的同时，配合施用磷肥，可显著提高花生对氮素的吸收利用率。不同类型花生品种，对施入土壤中的肥料氮的吸收利用率差异比较明显。总的趋势是丰产类型品种对氮的吸收利用率高，低产类型品种吸收利用率低。

土壤、肥料、根瘤菌 3 种氮源的供氮率受土壤质地、土壤肥力、氮肥用量、氮肥种类、花生品种等因素的影响。随氮肥用量的增加，肥料和土壤的供氮率增加，而根瘤菌的供氮率则显著减少。中等肥力的砂壤土，不施氮肥时土壤供氮率为 19.24%，根瘤菌供氮率为 80.76%；在氮素用量为 112.5kg/hm^2 以下时，根瘤菌供氮＞土壤供氮＞肥料供氮；氮肥用量在 150kg/hm^2 时，土壤供氮＞根瘤菌供氮＞肥料供氮；氮肥用量在 225kg/hm^2 时，土壤供氮＞肥料供氮＞根瘤菌供氮（表 5-13）。氮肥用量与肥料供氮、土壤供氮均呈极显著正相关（$r=0.9896$ 和 $r=0.9932$），与根瘤菌供氮呈极显著负相关（$r=-0.9926$）。

表 5-13　氮肥不同用量对花生 3 种氮源的供氮率影响

施氮量/（kg/hm^2）	植株总氮量/（mg/盆）	各种氮源供氮率/%		
		肥料	土壤	根瘤菌
0	1715.5	0	19.24	80.76
37.5	1875.5	6.37	23.09	70.54
75.0	1969.0	11.71	29.10	59.19
112.5	2050.5	16.65	36.31	47.04
150.0	1965.0	20.71	41.63	37.66
225.0	2040.0	26.52	49.04	24.44

2. 磷素

花生植株体吸收磷素后，大部分转化为有机物，一部分仍保持无机物形态。花生植株体中磷的分布不均匀，根、茎生长点较多，嫩叶比老叶多，荚果和子仁中很丰富。花生整个生育期对磷素的吸收是苗期和饱果期少，开花下针期和结荚期多，珍珠豆型早熟品种开花下针期多于结荚期，普通型晚熟品种开花下针期少于结荚期（表 5-14）。

表 5-14　花生各生育期对磷素（P_2O_5）的吸收动态（占全生育期总量的百分数，%）

品种类型	幼苗期	开花下针期	结荚期	饱果期
早熟品种（‘白沙 1016’）	8.2	58.0	15.5	18.3
晚熟品种（‘蓬莱一窝猴’）	6.3	20.8	64.7	8.2

花生吸收的磷素，幼苗期的运转中心在茎部，含磷 0.44%；开花下针期运转中心由茎部转向果针和幼果，果针和幼果含磷 0.53%；结荚期运转中心仍集中于果针和幼果，含磷 0.44%～0.64%；饱果期的运转中心为荚果，含磷 0.54%～0.73%。另外，花生入土后的果针、幼果、初成型的荚果均可直接从土壤中吸收磷素，主要供其自身需要。其吸收能力的强弱，与荚果的发育状况有关，越是幼龄吸收能力越强。据山东省花生研究所测定，入土果针、幼果、初成型荚果吸收 ^{32}P 的脉冲百分数分别为 67.7%、20.2% 和 12.1%。

花生根系吸收的磷素，首先运转到茎叶，然后再输送到果针、幼果和荚果。同列侧根吸收的磷，优先供应同列侧枝。莱阳农学院和山东省花生研究所进行 ^{32}P 示踪试验，根部施用 ^{32}P 后 48h，地上部各部位均能测到 ^{32}P，但以施 ^{32}P 侧根的同列侧枝的 ^{32}P 最多，为全株总量的 28%～33.4%，而与其对生的另一侧枝则仅为 5.3%～6.8%。花生根系吸收的磷素有相当数量供给根瘤菌，因而有“以磷增氮”之说。

3．钾素

钾素以离子态被花生吸收。花生生育期植株含钾量可高达 4%，主要集中在花生最活跃的部位，如生长点、幼针、形成层等。钾在花生植株内很易移动，随着花生的生长发育从老组织向新生部位移动，幼芽、嫩叶、根尖中均富含钾，而成熟的老组织和籽仁中含量较低。花生对钾的吸收以开花下针期最多，结荚期次之，饱果期较少（表 5-15）。花生吸收的钾素，幼苗期的运转中心在叶部，开花下针期的运转中心由叶部转入茎部，结荚期和饱果期的运转中心仍在茎部。

表 5-15　花生各生育期对钾（K_2O）的吸收动态（占全生育期总量的百分比，%）

品种类型	幼苗期	开花下针期	结荚期	饱果期
早熟品种（‘白沙 1016’）	12.3	74.7	12.4	0.6
晚熟品种（‘蓬莱一窝猴’）	7.4	49.8	36.9	5.9

4．钙素

花生是喜钙作物，需钙量大，仅次于氮、钾，居第三位。与同等产量水平的其他作物相比，约为大豆的 2 倍，玉米的 3 倍，水稻的 5 倍，小麦的 7 倍。钙在花生体内的流动性差，在花生植株一侧施钙，并不能改善另一侧的果实质量。花生根系吸收的钙，除根系自身生长需要外，主要输送到茎叶，运转到荚果的很少。山东省花生研究所以普通型晚熟大花生品种‘宫家庄半蔓’为供试材料，采用 ^{45}Ca 示踪试验，研究结果表明，根系吸收的钙在各生育期均运往叶片最多，苗期 73.2%，花针期高达 81.1%；运往茎部的占第二位，且随生育期的推进逐步增加，到收获期茎部含钙量达 32.1%。输送到生长点和荚果的数量很少，至收获期生长点、荚果的含钙量分别仅为 4.6%和 13.3%（表 5-16）。

表 5-16　不同生育期 ^{45}Ca 在花生各部位的分布

植株部位	苗期		花针期		结荚期		收获期	
	脉冲	分布量比/%	脉冲	分布量比/%	脉冲	分布量比%	脉冲	分布量比/%
生长点	80	3.0	2 646	1.4	16 888	1.2	5 835	4.6
茎	284	10.7	25 098	13.0	216 449	15.2	40 874	32.1
叶	1 940	73.2	156 977	81.1	1 031 415	72.2	51 800	40.7
根	348	13.1	8 513	4.3	33 942	2.4	11 848	9.3
荚果	～	～	365	0.2	128 693	9.0	16 991	13.3
合计	2 652	100.0	193 599	100.0	1 427 387	100.0	127 348	100.0

花生除根系吸收钙外，叶片、果针、幼果均能吸收钙。叶片吸收的钙主要运往茎枝，很少运至荚果。荚果发育所需要的钙素营养，主要依靠荚果本身自土壤和肥料中吸收。Bledsoc 等研究报道，将 ^{45}Ca 标记的石膏施入花生结实区时，果针、幼果吸收的钙素有 88.3%积累在荚果中，运送到茎叶的部分只有痕量。山东省花生研究所采用 ^{45}Ca 示踪，研究表明，荚果吸收钙的能力，随荚果的发育进程而减弱，其对钙的吸收分布，入土果针为 15.5%，幼果果皮为 59.5%，幼果子仁为 7.5%，初成型荚果果皮为 16%，初成型荚果子仁为 1.5%。

花生各生育期对钙的吸收量以结荚期最多，开花下针期次之，幼苗期和饱果期较少（表 5-17）。花生吸收的钙素在植株体内运转缓慢，幼苗期的运转中心在根和茎部，开花下针期果针和幼果开始直接从土壤中吸收钙素，结荚期根系吸收的钙素主要随蒸腾流在木质部中自下向上运输，果针和幼果对钙的吸收量明显增加，饱果期吸收钙量减少。

表 5-17　花生各生育期对钙的吸收量（占全株总量的百分比，%）

生育期	全株总量		营养体		生殖体	
	累积量	绝对量	累积量	绝对量	累积量	绝对量
幼苗期	10.0	10.0	10.0	10.0	—	—
开花下针期	46.2	36.2	43.9	33.9	2.3	2.3
结荚期	85.5	40.3	76.9	33.0	9.6	7.3
饱果期	100.0	13.5	83.5	6.6	16.5	6.9

5. 镁素

镁以离子状态被花生根系吸收。镁在体内移动性较强，可向新生部位转移。花生生育初期镁多存在于叶片，到结实期又转入子仁，并以核酸的形式贮藏在子仁中。

6. 硫素

硫以硫酸根离子被吸收，进入花生植株体后，大部分被还原成硫，进一步同化为含硫氨基酸。硫也能被花生荚果吸收，且荚果吸收更快。硫的吸收高峰在开花盛期，此前硫主要集中在茎叶里，根部较少；成熟期荚果中占 50%左右。花生植株体内的含硫量与含磷量大致相当，一般占干物质重的 0.1%～0.8%。据报道，开花盛期叶片含硫量迅速增加，峰值达 0.4%，其余时期叶片含硫量均在 0.2%左右。

7. 微量元素

花生对微量元素的需要量极小，吸收利用量也很少。花生对硼、钼、铁、锰比较敏感，施用效果较好。花生是需硼中等的作物，硼在花生植株体内的含量一般为干物质重的 0.01%～0.03%。硼比较集中地分布在茎尖、根尖、叶片和花器官中。花生一生中对硼的吸收以苗期最多，占 46.9%，花期占 31.2%，收获期占 21.9%。花生对钼的需要量极少，是微量营养元素中最“微量”的元素。花生所吸收的钼，用于固氮作用的量大于用于植株其他代谢反应的量。花生对钼的吸收量与土壤有效钼有关，土壤有效钼随着土壤 pH 的升高而显著增加，如 pH 增高一个单位，花生籽仁中的钼含量加倍。花生根、茎、叶的含钼量以初花期＞结荚期＞收获期。钼素主要积累在籽粒中。花生吸收的铁进入植株体后，流动性很小，老叶中的铁不能向新叶转移。锌、锰、铜对铁有拮抗作用。花生对锰的吸收随土壤 pH 的升高而降低，在酸性土壤，锰很易被利用，可能导致花生锰中毒；而在 pH 较高的土壤中，锰的可利用率可降低到缺素临界点。

（二）花生的施肥问题

花生是豆科作物，自身具有固氮能力，然而花生自身的固氮作用不能满足其高产对氮素营养的需求，还必须施用氮肥。过多地施用氮肥和在不适宜的阶段施用氮肥均会抑制花生结瘤和根瘤固氮活性，从而降低共生固氮作用，故生长初期应适当控制氮素的施用。受传统习惯的影响，农民大多凭经验施肥，造成土壤有效养分极度不平衡，主要表现在氮、磷、钾比例失调，氮、磷肥超量。从施肥时期上看，磷肥和钾肥更多地被农户用作基肥，作基肥要比作追肥效果好。而对于氮肥，基施比例过大会造成生育后期脱肥，抑制根瘤固氮作用。因此，氮肥应该是减少基肥用量，加大追肥比例。追肥还应注意在花生下针前进行，因为下针以后难以追肥。从提高氮肥利用率、减少氮素损失和充分发挥根瘤共生固氮的角度，在花生的实际生产中应避免氮肥作基肥“一炮轰”的策略，而应将氮肥施用时期后移，并适当提高后期追肥比例，这有利于提高氮肥吸收利用率和降低土壤氮素的表观盈余量，从而减轻氮肥对根瘤共生固氮的抑制作用，减轻氮肥施用对环境的污染及资源的浪费。花生施肥存在的主要问题包括以下几点。

1）施肥结构不合理。氮、磷肥特别是氮肥施用普遍过量，而钾肥施用相对不足。

2）有机肥施用农户少，施用量很低。

3）施用方法不当。追肥撒施，肥料暴露于地表，氮肥易伤叶和挥发损失，磷钾因移动性差不能进入耕层而无法被吸收。

4）在山地丘陵低产田地块采用“一炮轰”方式施肥。

二、花生化肥高效应用技术方案

根据花生需肥规律和产量水平，确定合理的调减幅度、氮磷肥施用比例和用量；花生施用 N∶P_2O_5∶K_2O 控制在 1∶1.5∶2 左右。施足基肥，适当追肥。普遍调减氮磷化肥的用量。氮肥分期施用，适当进行氮肥的后移，根据花生生长状况适时适量进行追肥，掌握“壮苗轻施、弱苗重施，肥地少施、瘦地多施”的原则。另外，增施有机肥，提倡有机肥和化肥配合施用。

三、花生化肥高效应用技术案例

根据我国花生的发展变化，依据纬度高低、热量条件、地理位置、地貌类型、气候条件和不同生态类型品种适宜的气候区指标，参照前人对花生产区的区划，结合我国种植业区划、化肥区划和花生的分布特点，将我国花生复混肥农艺配方分为 7 个生态类型区：黄河流域花生区、长江流域花生区、东南沿海花生区、云贵高原花生区、黄土高原花生区、东北花生区、西北花生区。

每个生态区制定一个花生的区域专用复混肥料配方，此配方在花生高产区使用区域大配方时可适当增加施肥量，以满足花生高产的需求，对于中产花生区可根据花生生长状况和株型进行适当的调整肥料用量。每个生态区内的高、中、低产花生田各制定一个花生专用复混肥料配方（表 5-18）。

表 5-18　不同花生生态区专用复混肥料配方

生态区划分与命名		$N-P_2O_5-K_2O$ 施肥量/（kg/亩）		
		施肥总量	基肥用量	追肥用量
黄河流域花生区	大配方	8-8-12	6-8-12	2-0-0
	高产田	8-9-12	6-9-12	2-0-0
	中产田	7-8-10	5-8-10	2-0-0
	低产田	6-8-9	4-8-9	2-0-0
长江流域花生区	大配方	7-5-6	5-5-6	2-0-0
	高产田	8-6-6	6-6-6	2-0-0
	中产田	7-5-6	5-5-6	2-0-0
	低产田	6-5-6	4-5-6	2-0-0
东南沿海花生区	大配方	9-5-9	5-5-9	4-0-0
	高产田	10-5-9	6-5-9	4-0-0
	中产田	9-5-9	5-5-9	4-0-0
	低产田	8-4-8	4-4-8	4-0-0
云贵高原花生区	大配方	7-7-9	5-7-11	2-0-0
	高产田	8-7-10	5-7-10	3-0-0
	中产田	7-7-9	4-7-10	3-0-0
	低产田	6-6-8	3-6-8	3-0-0
黄土高原花生区	大配方	7-6-7	5-6-7	2-0-0
	高产田	8-6-7	6-6-7	2-0-0
	中产田	7-6-7	5-6-7	2-0-0
	低产田	6-6-7	4-6-7	2-0-0
东北花生区	大配方	7-7-9	5-7-9	2-0-0
	高产田	8-7-9	6-7-9	2-0-0
	中产田	7-7-9	5-7-9	2-0-0
	低产田	6-7-9	4-7-9	2-0-0
西北花生区	大配方	7-6-7	5-6-7	2-0-0
	高产田	8-6-7	6-6-7	2-0-0
	中产田	7-6-7	5-6-7	2-0-0
	低产田	6-6-7	4-6-7	2-0-0

四、花生专用复混肥农艺配方制定依据及意义分析

（一）花生专用复混肥农艺配方制定的依据

我国农业地域广阔，自然条件复杂，种植制度多样，影响农业生产的因素众多。花生种植区域广泛，且多种植于薄地丘陵区。不同农业生态区花生专用复混（合）肥料农艺配方制定以农业生态分布与区域划分为基础，依据土壤养分供应特征、作物养分需求规律及肥效反应，结合区域气候特征，优化确定配方。

制定花生专用复混肥农艺配方，需要考虑以下几点：①花生需肥量和氮、磷、钾素化肥的需肥比例；②花生对肥料的当季吸收利用率和肥效反应；③花生植株体内的氮素来源，其有根瘤固氮、土壤和肥料供氮三个方面，根瘤菌供氮率与施氮量呈极显著负相关，肥料、土壤供氮量与施氮量呈极显著正相关；④花生的施肥习惯。

（二）花生专用复混肥农艺配方制定的方法

农业部 1985 年在山东省沂水县召开“全国配方施肥技术经验交流会议”，会议资料归纳为“三类六法”，其技术关键是确定施肥量。

第一类：地力分区（级）配方法。是按土壤肥力高低分成若干等级或划分出一个肥力均等的田块作为一个配方区，利用土壤普查资料和过去的田间试验成果，结合群众的实践经验，估算出这一配方区比较适宜的肥料种类和施用量。具体应用时，可将自然生态区域分为几个片，每片按地力水平分为 2～3 级，每级按土壤养分含量状况和田间试验结果，结合当地群众施肥经验，分别计算出这一级配方区主要作物比较适宜的肥料品种和施用量。

第二类：目标产量法。是根据作物产量的构成，作物所需养分由土壤和肥料两方面供应的原理计算施肥量。目标产量确定以后，通过计算作物需要的养分数量来决定施肥用量。

第三类：通过田间试验，找出最优处理，确定肥料的最佳用量。

1．测土施肥法

测土配方施肥是以土壤测试和肥料田间试验为基础，根据作物对土壤养分的需求规律、土壤养分的供应能力和肥料效应，在合理施用有机肥料的基础上，提出氮、磷、钾及中微量元素肥料的施用数量、施用时期及施用方法的一套施肥技术体系（张福锁，2006，2011）。通过测土施肥法确定复混（合）肥料的配方，就是用测土施肥原理得出的推荐施肥的养分投入量换算为复混（合）肥料养分的配比。

2．作物营养法

不同作物的营养特性具有显著差异。例如，马铃薯、棉花等需要充足钾素的供应；豆科作物可利用根瘤固氮，需氮肥相对较少，但对磷钾需求多。可根据这些作物的营养特性进行复混（合）肥料配方制定（张志明，2000）。一般来说，谷类粮食作物施肥选择高氮磷低钾型复混（合）肥，以达到提高产量的目标；豆科作物选用低氮高磷钾型复混（合）肥，以达到“以磷增氮”、提高产量的目标；棉花、马铃薯等经济作物可施用高钾型复混（合）肥，以提高纤维强度或淀粉的含量，增加产量。另外，还可根据作物的营

养临界期对养分的需求特性制定专用的复混（合）肥料配方。

3. 区域配方法

区域配方法是依据各区域的习惯施肥状况确定目标产量（贾可等，2008）。即以肥料区划和习惯施肥作为主要依据，设置相应参数。根据区域内种植作物的产量水平和轮作制度确定土壤养分盈亏，进而对配方中的养分进行调整。由于复混（合）肥料主要作基肥施用，故大田作物上通过基肥与追肥的比例明确基肥养分施用量（主要是氮肥），折算出基肥复混（合）肥氮肥含量。

4. 15-15-15 延伸法

15-15-15 生产技术成熟，产品质量可靠，各种工艺参数都已获得，生产方便。因此，在 15-15-15 复混（合）肥料的基础上通过小幅度增减养分生产的专用肥料，对生产企业具有降低生产成本和节约原辅材料的优势，便于推广应用。例如，对于玉米、水稻和小麦等大田作物增氮减磷钾，对于蔬菜和果树等经济作物增钾，即可达到专用肥料的生产和使用要求。

（三）花生专用复混肥农艺配方制定的意义

化学肥料作为重要的农业生产资料，在农业生产中发挥着重要作用。科学合理施肥可显著提高农作物单产和肥料利用率。花生专用复混肥农艺配方是根据花生的需肥特点、土壤特点和肥料特性等因素科学设计的，因此花生专用复混肥具有较高的肥效及肥料利用率。专用复混肥的推广施用，是保证我国农业可持续发展的一项重要措施，也是充分发挥有限的肥料资源效能的重要途径。

案例 8　氰烯菌酯新靶标的发现及其产业化应用

镰刀菌（*Fusarium* spp.）可引起小麦赤霉病、水稻恶苗病等多种作物重大病害。由禾谷镰刀菌复合种（*Fusarium graminearum* complex）引起的小麦赤霉病是当前影响我国小麦产业发展的重大病害之一，该病害主要发生在我国长江中下游小麦产区，常年发生面积为 4000 万～5000 万亩。气候变暖、抗病品种缺乏及秸秆大量还田等因素，加剧了该病害的流行，近五年，全国年均发病面积约 7800 万亩，约占小麦种植面积的 20%，对小麦的安全生产构成了严重威胁。赤霉病菌在侵染的小麦粒中能够产生大量脱氧雪腐镰孢霉烯醇（deoxynivalenol，DON）等真菌毒素，被人畜食用会引起呕吐、腹泻、流产、死胎等问题，严重威胁食品安全，因此小麦赤霉病在我国已被列为一类农作物病害。由藤仓赤霉复合种（*Gibberella fujikuroi* species complex）引起的水稻恶苗病（rice bakanae disease）是一种常见的水稻病害，在亚洲、非洲及南美洲等水稻产区均有发生，严重威胁水稻生产。通常情况下能够引起水稻减产 10%～30%，发病严重时达到 50%以上。此外，水稻恶苗病病原菌可产生真菌毒素，包括伏马菌素（fumonisin）、赤霉素（gibberellin）、镰刀菌素 C（fusarin C）和镰刀菌酸（fusaric acid）等，对人畜的健康构成严重威胁。在我国，水稻恶苗病在各水稻产区均有发生，其中以两广地区、长江中下游平原、湖南及江西等地区发生尤为严重。近年来，随着水稻品种选育和粳稻种植规模的不断扩大，水稻恶苗病的发生呈现上升趋势。

由于国内外缺乏高抗品种及常用镰刀菌对杀菌剂抗性的发展，镰刀菌病害的防治难度日益加大，不仅可造成重大产量损失，而且罹病农产品还因镰刀菌毒素污染威胁食品安全。创制和筛选新型杀菌剂是防治镰刀菌病害的有效手段之一，项目组前期与江苏省农药研究所股份有限公司合作，发现我国自主创制的杀菌剂氰烯菌酯对小麦赤霉病菌和水稻恶苗病菌具有优异的活性，但是其作用机制未知，使用技术尚未成熟，限制了其产业化规模。针对以上问题，南京农业大学联合相关单位，攻坚克难，发现了杀菌剂新靶标，基于氰烯菌酯毒理学及抗性风险研发了扩大抗菌谱、延缓抗药性的增效减量用药系列新技术，氰烯菌酯系列产品也成为防治赤霉病和恶苗病家喻户晓的首选药剂。

一、小麦赤霉病和水稻恶苗病防控中的突出问题

小麦赤霉病由多种镰刀菌引起。在我国，禾谷镰刀菌（*F. graminearum*）和亚洲镰刀菌（*F. asiaticum*）最为常见，美洲和欧洲的主要病原菌是禾谷镰刀菌。该病害是典型的温湿气候型重大流行性病害，小麦抽穗扬花期的高温高湿天气特别容易导致病害暴发成灾。目前，除长江中下游麦区种植的‘扬麦’‘宁麦’‘镇麦’等一些春性品种有较好的抗病性之外，我国大部分麦区种植的品种对赤霉病缺乏抗病性。但受品种特性的限制，‘扬麦’‘宁麦’等品种在淮河以北地区不能种植，因此，生产上缺乏兼具优质、高产、抗病的优良品种。

近年来，秸秆还田技术的推广应用使赤霉病菌在秸秆上大量繁殖，致使田间菌源量增加，从而加重了小麦赤霉病的流行风险。使用化学杀菌剂是防治该病害的主要手段之一，多菌灵、戊唑醇等杀菌剂是我国防治赤霉病的主要药剂，但是由于长期使用，江苏、安徽、浙江、上海等地已普遍出现对多菌灵的抗性菌株，使多菌灵药效显著下降，而江苏、安徽、山东、河南、湖北等地也已出现对戊唑醇的低抗菌株。

赤霉病菌在侵染小麦时会产生脱氧雪腐镰孢霉烯醇（DON）和玉米赤霉烯酮（ZEN）等真菌毒素，严重威胁食品安全，其中以 DON 毒素为主。DON 毒素是小麦赤霉病菌一个非常重要的致病因子，能够帮助病原菌侵入和扩展。此类毒素不仅可以结合真菌的核糖体干扰蛋白质翻译，而且还可以激活细胞内蛋白激酶活性，选择性调控基因的表达及细胞凋亡。DON 毒素具有很强的细胞毒性和胚胎毒性，能引起人类食管癌、IgA 肾病、克山病和大骨节病等，DON 毒素污染的小麦及其产品若被人畜食用，会引起呕吐、腹泻、流产、死胎等问题，严重危害人畜健康，因此该毒素已被联合国粮食及农业组织和世界卫生组织确定为最危险的自然发生食品污染物之一。目前世界上 100 多个国家制定了赤霉病菌毒素的限量标准，我国农产品中 DON 毒素限量标准为 1mg/kg。

水稻恶苗病广泛发生在各水稻种植区包括亚洲、非洲和北美洲等，在我国以江苏、浙江、安徽、湖南、广东、广西、江西、上海、黑龙江和辽宁等地区发病较严重，发生严重时可使水稻减产 70%以上。水稻恶苗病不仅造成水稻减产和品质下降，影响大米的农艺性状，而且还能产生包括赤霉素、镰刀菌素和伏马菌素等多种真菌毒素，损害人体健康。引起水稻恶苗病的病原菌是藤仓赤霉复合种（*Gibberella fujikuroi* species complex），包括藤仓镰孢菌（*F. fujikuroi*）、层出镰孢菌（*F. proliferatum*）和拟轮枝镰孢菌（*F. verticillioides*）等，其中藤仓镰孢菌是我国水稻恶苗病的主要致病菌。水稻恶苗病是种传病害，目前还没有发现对水稻恶苗病菌产生高抗的水稻品种，但不同品种之间体现的抗

性程度有差别，一般来说，杂交水稻比常规水稻感病，籼稻比粳稻感病。生物防治和农业防治在生产上效果欠佳，目前主要以化学防治为主，通常使用多菌灵、咪鲜胺等化学药剂浸种，但是田间水稻恶苗病菌对多菌灵和咪鲜胺已普遍产生抗性，导致多菌灵和咪鲜胺药效下降甚至丧失。

二、氰烯菌酯产品防治小麦赤霉病和水稻恶苗病技术方案

氰烯菌酯（2-氰基-3-氨基-3-苯基丙烯酸乙酯）是由我国南方农药创制中心江苏基地（现为江苏省农药研究所股份有限公司）创制的一种结构新颖、作用方式独特、具有自主知识产权的氰基丙烯酸酯类杀菌剂。南京农业大学周明国教授团队对氰烯菌酯的生物学进行了系统研究，发现氰烯菌酯是一种专化性强的选择性杀菌剂，主要对镰孢菌表现抑菌活性，特别是对禾谷镰孢菌（*F. graminearum*）、藤仓镰孢菌（*F. fujikuroi*）的菌丝生长产生抑制，EC_{50}值分别为0.141μg/mL、0.459μg/mL，相对毒力是多菌灵的4.06倍和1.43倍；该药剂可以被小麦根部吸收并向上输导，但不能被穗颈吸收和向下输导；在田间，对小麦赤霉病具有良好的保护和治疗作用，优于相同剂量的多菌灵；该药剂不仅能够有效地治理田间多菌灵抗药性群体，防治小麦赤霉病的发生，而且能够延缓小麦衰老和增加小麦产量，降低DON毒素污染水平。

综合运用传统和现代实验技术，发现肌球蛋白-5是氰烯菌酯的主要作用靶标，同时也是一类重要的杀菌剂新靶标。明确了氰烯菌酯通过抑制肌球蛋白-5 和腺苷三磷酸酶（ATPase）的活性、破坏胞质运输、阻止细胞发育发挥杀菌作用的机制及抑制DON毒素生物合成的机制，探明了与肌球蛋白发挥功能相关的伴侣蛋白、丝束蛋白、肌球蛋白2B基因、氧化还原和活化代谢途径对氰烯菌酯毒理学的调控作用。在130多年的杀菌剂发展史上，肌球蛋白是继相对容易发现的酶蛋白和结构蛋白等杀菌剂分子靶标之后发现的首个第三类安全性极高的马达蛋白类选择性新靶标。国际杀菌剂抗性行动委员会（Fungicide Resistance Action Committee，FRAC）基于该项目成果，将原来“有丝分裂和细胞分裂”的杀菌剂作用方式重新命名为“细胞骨架和马达蛋白”，将氰烯菌酯的作用方式单独分类为B6，开辟了马达蛋白抑制剂农药创制新方向。

氰烯菌酯的选择性是基于肌球蛋白-5在不同物种中的分化，只对与禾谷镰刀菌肌球蛋白-5具有97%以上氨基酸同源性的小麦赤霉病菌、水稻恶苗病菌等几种镰刀菌具有抗菌活性。肌球蛋白-5至少有12个氨基酸残基可发生总频率为23.9%的不同抗药性水平变异，揭示了各位点变异频率及抗性风险。FRAC 基于该成果将氰烯菌酯的抗性风险及治理策略单独编码为47，为肌球蛋白抑制剂的科学应用提供了科学依据。

基于DON是致病因子和氰烯菌酯抑制毒素合成及其选择性毒理学机制的研究成果，研发了以氰烯菌酯为核心的具有扩大抗菌谱、治理抗药性、增效减药作用的25%氰烯菌酯悬浮剂、48%氰烯菌酯·戊唑醇悬浮剂、20%氰烯菌酯·己唑醇悬浮剂、30%氰烯菌酯·叶菌唑悬浮剂、12%氰烯菌酯·种菌唑悬浮剂等5种系列产品。前3种产品已获得农药登记并开始大面积推广应用。后两种产品已经进入新农药登记程序。

1．氰烯菌酯系列产品在防治小麦赤霉病中的使用技术方案

药剂选择：25%氰烯菌酯悬浮剂、48%氰烯菌酯·戊唑醇悬浮剂、20%氰烯菌酯·己唑醇悬浮剂等氰烯菌酯系列产品，或戊唑醇、丙硫菌唑、氟唑菌酰羟胺等产品。

施药时间：整个生长季共喷雾施药两次，第一次在小麦扬花初期（扬花 5%～10%时），5～7d（扬花 80%～90%）后第二次施药。

施用剂量：25%氰烯菌酯悬浮剂 100～200mL/亩，48%氰烯菌酯 · 戊唑醇悬浮剂 40～60mL/亩，20%氰烯菌酯 · 己唑醇悬浮剂 110～140mL/亩，其他药剂按照标签推荐剂量使用。

2．氰烯菌酯系列产品在防治水稻恶苗病中的使用技术方案

药剂选择：25%氰烯菌酯悬浮剂、48%氰烯菌酯 · 戊唑醇种子处理悬浮剂，或咪鲜胺、咯菌腈等产品。

施药方式：浸种。

施药剂量：25%氰烯菌酯悬浮剂 2000～3000 倍液，48%氰烯菌酯 · 戊唑醇种子处理悬浮剂 6000～8000 倍液，其他药剂按照标签说明中的剂量使用。

三、氰烯菌酯系列产品防治小麦赤霉病和水稻恶苗病实例

2011 年起，连续 7 年在常用药剂抗性严重的江苏、安徽、上海、河南、黑龙江农垦等地组织技术推广示范。2016 年，在江苏泰兴两次施用 48%氰烯菌酯 · 戊唑醇悬浮剂 50mL/亩防治小麦赤霉病，防治效果达到 90.6%，麦穗籽粒饱满呈金黄色，而两次施用 40%多 · 酮可湿性粉剂 125g/亩的对照组对小麦赤霉病的效果仅为 54.5%，麦穗瘪呈黑色（图 5-17）。

24g氰烯菌酯 · 戊唑醇　　50g多酮

图 5-17　氰烯菌酯 · 戊唑醇悬浮剂防治小麦赤霉病的防治效果（2016，江苏泰兴）

图 5-18　25%氰烯菌酯悬浮剂防治水稻恶苗病效果（2015，黑龙江农垦）

2015 年，在黑龙江农垦使用 25%氰烯菌酯悬浮剂 2000～3000 倍液对水稻种子进行浸种处理，对水稻恶苗病的防治效果达到 100%（图 5-18），而对照药剂咪鲜胺对水稻恶苗病的防治效果为 93.2%。

使用肌球蛋白抑制剂系列产品喷雾防治小麦赤霉病和种子处理防治水稻恶苗病，每亩用药分别为 15～25g 1～2 次和 0.5g 有效成分 1 次，较原来防治赤霉病用多菌灵 50（a.i.）g/亩 2～3 次和防治恶苗病用咪鲜胺 2（a.i.）g/亩 1～2 次，减少用药

40%～75%。使用该成果系列技术产品防治小麦赤霉病平均效果达 85% ，防治水稻恶苗病平均效果达 95%，与多菌灵和咪鲜胺的防效 30%～70%（防效在不同地区因抗药性发生严重度而异）相比，平均防效提高 40%。防治赤霉病不仅每亩增产 50kg 以上，同时还显著降低了谷物真菌毒素的污染，保证了小麦品质和正常售价。防治水稻恶苗病每亩平均减少损失 5%～7%，增产 25kg/亩以上，保障了粮食和食品安全，取得了巨大生态、社会和经济效益。

四、氰烯菌酯防治小麦赤霉病和水稻恶苗病原理及意义分析

针对我国稻麦重要粮食作物的镰刀菌病害及毒素污染控制难题，通过长期系统研究发现了极其重要的杀菌剂新靶标肌球蛋白-5 及其药理学和选择性机制，基于此研发了以镰刀菌专化性肌球蛋白抑制剂氰烯菌酯为核心技术的系列新技术，创新了科技成果快速转化和推广应用的模式和策略，取得了巨大生态和社会经济效益，为解决事关粮食安全和食品安全的重大国家需求、推动新型杀菌剂创制和农作物重大流行性疫病持续高效绿色防控的科技进步做出了重要贡献，促进了我国农业绿色高质量发展。

案例 9　华南区柑橘害虫精准化学防控技术

华南地区是我国柑橘的主产区，特别是近 5 年以广西和福建为主，柑橘产业有了较大的发展，在地方经济社会发展中发挥了重要作用。至 2018 年，华南区柑橘种植面积达 75.829 万 hm^2，占全国种植面积的 30.49%；柑橘产量 1619.9 万 t，占全国产量的 39.15%，柑橘成了许多县市的支柱产业和山区脱贫致富产业（表 5-19）。然而，由于华南区高温多湿的气候特点、柑橘品种多样、果实留树栽培及设施栽培的兴起，柑橘病虫发生与危害严重，果农对有害生物的化学农药防控依赖性强，滥用农药问题突出。调查结果显示，华南区果农杀虫剂年使用量占农药使用量的 50%以上；用药次数平均为 16，高的则达 20 多次；每次用药种类数平均为 3 种，高达 7 种，可造成农药利用率不高、植物药害、果品质量安全和农业环境面源污染等问题。提高柑橘害虫害螨化学防控技术是柑橘农药减量增效的重要环节（罗义灿等，2018）。

表 5-19　华南区（广西、广东、福建、海南）柑橘生产发展状况

年度	栽培面积/（万 hm^2）	产量/万 t	全国面积占比/%	全国产量占比/%
2018	75.829	1619.9	30.49	39.15
2017	79.612	1414.36	32.69	37.06
2016	72.31	1260.18	31.11	35.09
2015	62.759	1202.99	28.15	33.25
2014	49.912	1134.65	23.10	33.75
2013	56.857	1054.66	26.13	33.00
2012	52.884	1013.21	25.04	32.80
2011	52.929	949.7	25.48	33.16
2010	52.806	873.27	26.07	33.82

续表

年度	栽培面积/（万 hm^2）	产量/万 t	全国面积占比/%	全国产量占比/%
2009	52.855	833.95	26.42	33.74
2008	50.769	776.63	26.71	33.81

注：2018 年广西 38.815 万 hm^2、湖南 38.426 万 hm^2、四川 30.622 万 hm^2、江西 32.683 万 hm^2、广东 23.113 万 hm^2、湖北 22.723 万 hm^2、福建 13.167 万 hm^2、浙江 8.823 万 hm^2

一、华南区重要的柑橘害虫（螨）及化学防控突出问题

柑橘适宜生长于温暖多湿的亚热带地区，其物候期长，病虫种类多，危害重。据统计，在柑橘上主要的病害种类有柑橘黄龙病、柑橘溃疡病、柑橘疮痂病、柑橘煤烟病、柑橘流胶病、柑橘碎叶病、柑橘衰退病等，柑橘害虫有 2 门 4 纲 14 目 109 科 467 属 865 种，危害严重的有 50 多种。华南区气候高温多湿，偶有台风，冬季温暖，且种植柑橘品种多样，有利于柑橘害虫害螨的常年高发频发，危害严重。特别是近年来，柑橘木虱的大发生，导致柑橘黄龙病的流行暴发，对华南区的柑橘产业发展造成了严重影响。华南区重要的柑橘害虫害螨有柑橘红蜘蛛、锈蜘蛛、木虱、潜叶蛾、橘小实蝇，而较常发生的害虫有介壳虫、蚜虫、粉虱、天牛、蓟马等。据惠州市、韶关市、梅州市共 27 个乡镇柑橘病虫害的种类调查，主要发生的病害有柑橘黄龙病、柑橘溃疡病、柑橘炭疽病等，主要的虫害有柑橘红蜘蛛、木虱、锈蜘蛛、潜叶蛾、橘小实蝇等。

1）柑橘红蜘蛛，为华南区危害最为严重的叶螨，常年中等或严重发生，大棚栽培园较重发生。在砂糖橘、年橘、贡柑、沃柑等品种的百叶螨量一般为 250～350 头，高的 1600 头；百叶卵量一般 400～600 粒，高的 2000 粒。

2）柑橘锈蜘蛛，为华南区危害最为严重的果螨，常年中等或局部严重发生，在滴灌植株发生较重。在贡柑、砂糖橘和沙田柚等品种的百叶螨量一般为 150～800 头，高的 2300～3500 头；百果螨量一般为 600～1500 头，严重的 7000 头。

3）柑橘木虱，为华南区柑橘毁灭性病害柑橘黄龙病的传播媒介害虫，为害新梢，常年偏轻或中等，局部偏重发生，在年橘、砂糖橘等品种的园内虫株率一般为 3.5%，百梢虫量 0.5 头。

4）柑橘潜叶蛾，为华南区重要的柑橘新梢害虫，造成的伤口在多雨季节易引起柑橘溃疡病严重发生，常年中等或局部偏重发生。在年橘、砂糖橘等品种晚夏梢百叶虫量为 5～18 头，早秋梢百叶虫量为 8～10 头。

5）橘小实蝇：为华南区重要的果实害虫，对产量影响大。常年中等或局部偏重发生，一般早熟品种果园成虫数量较大，沙田柚和蜜柚园单瓶日均性诱捕蝇量 18.1 头和 1.9 头；砂糖橘园单瓶日均性诱捕蝇量 3～15 头。

我国柑橘病虫害防治对化学农药的依赖性较高，而华南区则更为明显。据粗略估算，华南区 2018 年柑橘农药使用量约为 2.9 万 t（亩用药 3.1kg），其中杀虫杀螨剂、杀菌剂和除草剂使用量分别占比 51.6%、38.7%和 9.7%。近年通过大力推动病虫害绿色防控策略，化学农药的使用量已实现零增长，但杀虫剂的使用量仍然偏大，杀虫剂是柑橘上农药减施增效的重点环节。对广东部分地区的调查显示，广东柑橘上使用的农药品种约有 50 种，各药剂种类的比例为 25（杀虫剂）：22（杀菌剂）：4（除草剂），杀虫剂是当前

果农使用种类和数量最多的一类农药。使用的杀虫剂中有机磷类品种最多，占35%；其次为新烟碱类和拟除虫菊酯类，各占20%。使用的杀菌剂中唑类品种数最多，占47.6%；其次为含铜制剂，占23.8%。除草剂主要使用草甘膦和草铵膦。

从防控柑橘病虫害的药剂资源来看，我国有充足的农药品种和产品数量，完全可以应对柑橘病虫发生的化学防控需要。我国柑橘上现有登记的有效农药产品数共计 2827 个，其中杀虫杀螨剂占 68%、杀菌剂占 13%、除草剂占 17%；登记产品涉及的农药有效成分共计 262 个，其中杀虫杀螨剂、杀菌剂和除草剂分别占比为 57%、37%、6%。登记的农药产品中有 51%属复配制剂，其中草甘膦类登记产品 361 个、阿维菌素类 312 个，是产品数最多的两种农药。近年来，我国柑橘用农药中高效低毒和特异性农药数量越来越多，能满足柑橘病虫害绿色防控的发展需要。

华南区柑橘害虫化学防控存在两个突出问题，即农药滥用和害虫抗药性问题。

农药滥用主要表现在三方面。一是不管有没有病虫发生盲目用药，除冬季外每隔 15～25d 定期打药（一梢二、三药），打保险药，年施药次数 20 次以上；二是不管药剂需不需要和能不能混合使用，为了降低施药人工成本，5 种以上多种药剂混合使用；三是不管田间病虫的药剂敏感性，随意加大施药浓度，对药剂效果不放心，超浓度用药。农药的滥用造成药剂浪费、柑橘药害、害虫抗药性、果品农残超标和果园面源污染等一系列问题，是柑橘害虫化学防控技术提升的关键问题。

华南区柑橘生产上大量的农药使用，必然对柑橘害虫害螨产生大的选择压，导致抗药性的产生。目前，柑橘的主要害虫害螨均已有抗药性的报道，特别是对柑橘红蜘蛛、木虱、橘小实蝇等害虫种群的抗药性有较系统深入的研究。据统计，柑橘红蜘蛛已经对分属有机磷类、有机氯类、有机硫类、有机锡类、拟除虫菊酯类、氨基甲酸酯类、杂环类、新型季酮酸类及新型生物源类的九大类的 DDT、氟乙酸酯、阿维菌素、双甲脒、苯螨特、乐杀螨、三硫磷、三唑锡、杀螨酯、内吸磷、三氯杀螨醇、乐果、敌杀磷、乙硫磷、甲氰菊酯、噻螨酮、异亚砜磷、对硫磷、芬硫磷、哒螨灵、灭螨猛、八甲磷、螺螨酯、螺虫乙酯、司替罗磷、三氯杀螨砜、克杀螨、联苯肼酯等 28 种杀螨剂产生了不同程度的抗性，对甲氰菊酯、三唑锡、毒死蜱等敏感性下降较快，而阿维菌素、螺螨酯、螺虫乙酯和哒螨灵仍具有较高毒力。柑橘木虱在华南区的多个地理种群对吡虫啉、噻虫嗪、呋虫胺、啶虫脒、毒死蜱、高效氯氰菊酯、高效氟氯氰菊酯、丁硫克百威和虫螨腈等多种杀虫剂已产生不同程度的抗药性，如广东惠州等地田间种群对吡虫啉的抗性达 15.12 倍，对噻虫胺处于敏感性下降阶段，对啶虫脒和溴虫腈处于敏感阶段；而柑橘木虱广西种群则对呋虫胺产生了 17.1 倍的抗药性，对吡虫啉、啶虫脒和噻虫嗪也产生了一定的抗药性。橘小实蝇的多个广东地理种群对敌百虫、高效氯氰菊酯、阿维菌素等药剂的最高抗性水平分别达到 100.23 倍、26.00 倍和 29.07 倍（田发军等，2018）。

二、华南区柑橘害虫精准化学防控技术

化学防控技术具有快速高效的优势特点，但也存在易造成害虫再猖獗、次要害虫上升、农药残留等劣势特点。根据 2020 年 3 月 17 日国务院通过的《农作物病虫害防治条例（草案）》，农作物病虫害防治实行预防为主、综合防治的方针，鼓励和支持使用生态

治理、健康栽培、生物防治、物理防治等绿色防控技术和先进器械及安全、高效、经济的农药。因此，柑橘害虫害螨的化学防控一定是以种群数量达到防治指标为基础，解决好施药时机、施药种类和施用剂量问题，达到精准防控的目的。在农药使用时，不使用禁用农药、慎用限用农药，不超范围、不超浓度使用农药，一定要守规、安全、科学用药。

1. 柑橘幼年树的害虫精准化学防控

柑橘幼树的害虫防控重点是保障树冠（春夏秋梢、枝干）和根系生长，柑橘红蜘蛛、木虱、潜叶蛾、蚜虫、粉虱、天牛、根线虫等为害新梢新叶和枝干，根系的害虫也需列入防控方案，不存在锈蜘蛛、橘小实蝇、吸果夜蛾、介壳虫等害虫危害果实的问题。华南区推荐无病虫大苗覆膜种植模式，可缩短幼树期，减少病虫害的发生为害。

柑橘幼树的害虫化学防控以预防性施药为主，一年用药2～5次。重点做好冬季清园和修剪控害工作。华南区柑橘害虫的精准化学防控方案为，冬季柑橘休眠期使用石硫合剂或松脂合剂等药剂清园1次，减少害虫虫源基数；春初结合施肥或灌溉系统根区施用长持效期内吸性杀虫杀螨剂（如阿维菌素类和新烟碱类药剂）1次；其他时期结合园内害虫发生情况，或根区施药1次，或树冠施药广谱性杀虫杀螨剂2～3次。

2. 柑橘结果树的害虫精准化学防控

柑橘结果树的害虫防控重点是保干保梢（春秋梢）、保花保果，防止病媒性害虫（木虱、潜叶蛾、蚜虫、粉虱等）的种群发生。华南区柑橘害虫精准化学防控的技术核心是要解决好果农盲目滥施药和害虫抗药性问题，其方案构成如下。

（1）*冬季清园施药*　华南区柑橘病虫多发的重要原因就是冬季气温高，越冬病虫基数高。利用柑橘冬季休眠期，使用石硫合剂或松脂合剂等杀虫杀螨杀菌的广谱性药剂清园1次，可以有效降低柑橘生长季病虫害的发生和成灾，达到事半功倍的效果。

（2）*按防治指标适时用药*　改变按物候期施药的观念，依据虫情测报数据，按防治指标开展化学防治是精准防控的关键。目前，果农基本上习惯于按柑橘物候期定期施药，华南区大多有“一梢二、三药”的做法，即一次梢期施药2次或3次。物候期法虽然与植保目标紧密相连，但病虫的发生与物候期却没有必然联系。如果环境条件不适宜，或是农业和生物防控措施等发挥了好的作用，在某些物候期病虫害的发生可以得到良好控制，这时再施药就是浪费，属于盲目用药。在华南区，可参照现有的柑橘主要害虫防治指标使用（表5-20）。

表5-20　柑橘主要害虫防治指标

害虫	指标	参考文献
红蜘蛛	成若螨3～5头/叶，螨卵17～18粒/叶；新叶成若螨6～8头/叶	冯健君，1994；黄明度等，2005；李隆华，2010
锈蜘蛛	成若螨2.5头/果；10%果实出现成若螨	黄方能，1992；黄明度等，2005
木虱	园内见虫；0.1头/株	黄明度等，2005；余继华，2009
潜叶蛾	0.74头/叶；秋梢平均3～4头幼虫/10叶	黄美玲，1997；黄明度等，2005
橘小实蝇	2.2头/瓶（甲基丁香酚诱捕器）；园内出现雌成虫	张小亚，2012；黄明度等，2005

续表

害虫	指标	参考文献
介壳虫类	矢尖蚧：秋梢叶片上越冬雌成虫数20头/百叶；春季0.5头/梢 圆蚧类：第一代初龄幼蚧盛发期10%以上果实有虫；初龄幼蚧盛发期10%以上果实有虫3头以上；10%叶或果见活蚧 红蜡蚧：初龄幼蚧盛发期5%以上叶片有活蚧 糠片蚧：5%叶或果上见活蚧 黑点蚧：5%叶或果上见活蚧 紫蛎蚧：2%叶或果上见活蚧 橘长蛎盾蚧：2%叶或果上见活蚧 橘粉蚧：15%叶或果上见活蚧 吹绵蚧：5%叶或嫩枝上见活幼蚧	张权炳，1996；张志恒，2000；王洪祥，2001；黄明度等，2005
蚜虫类	25%以上的新梢有无翅蚜；10%～15%幼芽上见蚜虫	张志恒，2000；黄明度等，2005
粉虱	黑刺粉虱：夏秋季5%叶片有虫；25%新梢上见若虫 柑橘粉虱：25%新梢上见若虫	张志恒，2000；黄明度等，2005
叶甲类	恶性叶甲：春夏秋梢期10%新梢有卵开始孵化 潜叶甲：春梢10%新梢有卵开始孵化	张志恒，2000
花蕾蛆	5%花蕾有虫产卵	张志恒，2000
橘光绿天牛	幼虫1头/株以上	黄明度等，2005
角肩蝽	10%植株见成虫或若虫	黄明度等，2005
吸果夜蛾类	5%果实受害	黄明度等，2005
蓟马	10%果实见虫	黄明度等，2005
凤蝶类	25%新芽或梢受害	黄明度等，2005

（3）根据害虫田间种群药剂敏感性选择用药　由于柑橘品种、立地条件差异和用药水平的不同，柑橘害虫田间种群对药剂的敏感性差异较大，有些害虫在某些地区对一些高效药剂已产生抗药性，不能发挥正常的控害作用。果农对抗药性害虫通常是通过加大用药量来保证药效，会造成药剂浪费、药害和农药残留等问题。农药的科学使用必须以害虫田间种群药剂敏感性为基础，选择使用高效低毒药剂，按推荐量使用。

害虫田间种群的药剂敏感性以敏感种群的药剂 LC_{90} 以上剂量或其两倍量为诊断剂量。当诊断剂量下田间种群试虫死亡率低于50%时，该药剂不能选择使用；当死亡率在80%左右，应考虑暂停使用或适当提高浓度使用。选择使用的药剂必须是诊断剂量下能达到靶标害虫的田间试虫100%死亡率的药剂种类。

三、柑橘木虱精准化学防控案例

柑橘木虱（*Diaphorina citri* Kuwayama）是华南区重要的柑橘害虫，其本身造成的危害并不太严重，但因能传播柑橘黄龙病这样的柑橘毁灭性病害而必须严加防控。柑橘木虱在华南区年发生6～12代，寄主种类多，周年可见成虫，一年中随新梢的生长有春秋两个发生高峰，夏季受高温影响种群数量有所抑制。

1. 柑橘木虱田间种群发生测报及防治指标

柑橘木虱的防治主要是为了控制柑橘黄龙病的传播扩散，因此防控的重点是减少成虫数量。虽然若虫具有传毒能力，但它一般不会树间转移，可以不予理会。成虫的防控一是要压低园内种群数量，二是要阻止园外成虫入园。目前我国柑橘木虱的发生测报仅依据园内调查，没有结合园外调查。本案例在前期研究基础上提出，柑橘木虱田间种群发生测报由园内成虫数量调查加园外具孔诱虫板诱捕数量构成。

1）柑橘木虱种群发生园内调查：按果园面积，每 10 亩为一个区（10 亩以下果园按一个区计），从每区离果园边 2～5 行植株中随机选取东南西北中 5 个点，每点选相邻的 2 株树，每株树调查 10 根以上不同方向的新梢，记录成虫数。柑橘木虱的发育历期约为 16.5d，从每个梢期的新梢萌芽期开始，每隔 15～16d 田间调查一次，确定是否需要施药。当园内柑橘木虱成虫数≥0.1 头/株，即可启动施药防控。

2）柑橘木虱园外成虫入侵调查：在果园南面外围 2～5m 处，悬挂柑橘木虱专用的具孔诱虫黄板 5 张，每张间隔 2m，悬挂高度略高于园内植株树冠中部高度，挂板后第 3 天调查诱捕成虫数。从每个梢期的新梢萌芽期开始，每隔 15～16d 园外调查一次，记录诱捕成虫数，确定是否需要施药。当园外柑橘木虱成虫数≥0.2 头/板，表明有较大园外入侵可能，无论园内是否有虫，即可启动施药防控。

2．柑橘木虱田间种群药剂敏感性测定及选药试剂盒应用

（1）杀虫剂对柑橘木虱成虫的诊断剂量　采用药膜法测定不同杀虫剂对柑橘木虱敏感种群成虫的毒力，以 2 倍 LC_{99} 剂量值为诊断剂量（表 5-21）。

表 5-21　部分杀虫剂对柑橘木虱成虫的诊断剂量

药剂	毒力方程	LC_{99}/（mg/L）	诊断剂量/（mg/L）
吡虫啉	$Y=-2.29+2.17X$	135.42	270.84
噻虫嗪	$Y=-2.78+2.58X$	94.45	188.90
啶虫脒	$Y=-4.63+2.80X$	304.83	609.66
吡丙醚	$Y=-4.85+2.84X$	358.41	716.82
高效氯氟氰菊酯	$Y=-1.98+2.89X$	30.87	36.96
联苯菊酯	$Y=-1.40+2.84X$	18.48	61.74
溴氰菊酯	$Y=-2.24+2.47X$	70.11	140.22
毒死蜱	$Y=-6.12+3.02X$	620.44	1240.88
喹硫磷	$Y=-9.25+3.06X$	709.03	1418.06

（2）田间种群敏感性诊断试剂盒应用　根据各药剂的诊断剂量制成玻管测试盒。从田间采集柑橘木虱成虫置试管内，每管 10 头虫、重复 3 次。处理 30min 后，观察试虫死亡数，根据死亡率确定药剂的敏感性。死亡率 90%以上为敏感种群；死亡率 60%～90%为敏感性下降；死亡率 60%以下为抗性种群。通过诊断测定广东惠州、从化、增城、广州 4 个柑橘木虱种群成虫的敏感性发现，在候选的 9 种杀虫剂中，适合惠州种群选用的药剂有 7 种，有 2 种需考虑停用或加大剂量使用；适合从化种群选用的药剂有 3 种，有 1 种需停用；适合增城种群选用的药剂只有 1 种，有 1 种药剂需停用；所有候选药剂均适合广州种群选用。吡虫啉已不适合多个种群使用。

3．柑橘木虱防控供选杀虫剂种类

目前登记在柑橘上防治柑橘木虱的药剂仅有 15 种，其中单剂有 6 种，混剂有 9 种，可供选用的药剂种类相对有限。单剂 6 种分别是噻虫嗪、吡丙醚、螺虫乙酯、高效氟氯氰菊酯、喹硫磷、联苯菊酯；混剂 9 种分别是高氯 · 吡丙醚、联苯 · 螺虫酯、螺虫 · 吡丙醚、螺虫 · 噻嗪酮、吡丙 · 噻嗪酮、阿维 · 螺虫酯、高氯 · 毒死蜱、啶虫 · 毒死蜱、氯氰 · 毒死蜱。曾经的登记药剂稻丰散、溴氰菊酯、唑虫酰胺及阿维 · 唑虫胺已不能用于柑橘木虱防控。

四、华南柑橘害虫精准化学防控原理及意义分析

针对华南柑橘病虫多发及果农盲目用药问题，为了改变依物候用药的观念、强调防治指标化学防控依据，提出了田间种群药剂敏感性选药试剂盒诊断法，有效解决了施药时期及施药种类问题，达到了对特定害虫的精准、高效化学药剂防控，减少了药剂使用次数和使用药剂量，对减少农业面源污染和农产品安全具有重要意义。

我国学者对作物病虫害化学防控指标的研究早在 20 世纪 60 年代即已开始，目前基本上对主要农作物的重大病虫害均已建立防治指标，但在生产实践应用上仍未得到足够重视，盲目用药现象仍较普遍（曾粟，1965）。近年来，选药试剂盒用于农化产品应用指导有了快速发展。邱军强等（2011）最早研发了一种海水养殖中细菌性疾病快速选药试剂盒，用于指导海水养殖病害药剂防控。目前，已有多种选药试剂盒被研发出来，用于指导水稻、棉药、果菜等病虫害的药剂防控（李明等，2013；吕敏等，2018）。

化学农药等农化产品的盲目滥用导致的环境污染和食品安全问题受到公众的广泛关注。党的十八大报告首次系统性地提出大力推进生态文明建设，强调要把生态文明建设放在突出地位，明确指出“建设生态文明，是关系人民福祉、关乎民族未来的长远大计”。作物病虫害的精准化学防控，能有效减少农药使用量，达到高效防控目的，不仅直接影响农业生产，更与农作物质量安全和农业生态文明密切相关。

案例 10 应用送嫁药防治水稻一代二化螟技术

二化螟［*Chilo suppressalis*（Walker）］属鳞翅目螟蛾科，别名钻心虫、蛀心虫，是为害我国水稻最为严重的常发性害虫之一。分蘖期受害的水稻出现枯心苗和枯鞘，孕穗期、抽穗期受害出现枯孕穗和白穗，灌浆期、乳熟期受害出现半枯穗和虫伤株。该虫在我国主要分布于云南、四川、贵州、湖南、湖北、浙江、江苏、江西、福建、河南等地，南、北方稻区均受其害。近年来，受耕作制度变更、单双季混栽、水稻品种更替及部分地区农药使用不合理等因素影响，水稻二化螟种群数量呈明显回升趋势，20 世纪江西上高县二化螟常年主害代为一代，21 世纪初个别年份二代在中稻为害较重，与一代同为主害代，三代和不完全四代发生都轻，而 2016 年，二代、三代、不完全四代与一代同为主害代，且程度远远重于一代。主害代别的增加，导致田间二化螟世代重叠严重，重发为害自 6 月下旬初开始至 10 月下旬，长达 120d，发生为害时期延长，全年田间现 7 个明显的为害高峰。其中一代二化螟的产卵峰期通常在早稻秧苗期至本田初期，对其的防治质量直接影响全年二化螟的发生基数和发生程度。江西、湖南等地农民习惯在移栽秧苗前施用送嫁药，对控制早稻一代二化螟、减轻大田期二化螟发生基数和发生程度有较好效果。

送嫁药是指水稻移栽（包括机插、抛栽或人工栽插等方式）前在秧苗期使用的最后一次农药，包括防病、防虫、补充营养和增加抵抗力的药剂等，类似于女儿出嫁前送嫁妆，到了新家能快速适应生活。秧苗带药移栽，不但确保秧苗健壮不带病虫害，预防、减轻或推迟大田病虫的发生和为害，有效减轻水稻分蘖期病虫的防治压力，还具有省工、省力、省药的特点，从而起到事半功倍的效果。

一、水稻二化螟防控中的突出问题

1. 二化螟的药剂多抗性导致长江中下游部分稻区高效防治药剂缺乏

二化螟是水稻主要害虫之一。我国对于二化螟的防治主要采取化学防治措施。自 20 世纪 50 年代开始，二化螟田间种群相继对杀虫单（双）、三唑磷、氟虫腈及毒死蜱等杀虫剂产生了中到高水平抗性。2008 年，双酰胺类杀虫剂氯虫苯甲酰胺开始在水稻上推广使用，由于其独特的杀虫机制和对鳞翅目害虫优异的控制效果，氯虫苯甲酰胺等双酰胺类杀虫剂及其混剂成为我国长江中下游稻区二化螟防治上的主防药剂。2010～2013 年进行的我国 7 省 68 个二化螟田间种群对双酰胺类杀虫剂敏感性测定中，大多数种群对氯虫苯甲酰胺处于敏感水平阶段，只有少数种群表现出低水平抗性；2014～2016 年，监测到浙江和江西部分种群上升为中等水平（27.8～77.6 倍）（赵丹丹等，2017），但到 2017～2018 年，江西、浙江及湖南种群对氯虫苯甲酰胺已达高水平抗性，其中江西南昌种群抗性水平最高（536.8 倍），安徽和湖北大部分种群也升至中等水平（10.7～58.1 倍）抗性；2019～2021 年，高抗区域扩展至安徽、湖北及华南稻区，而江西南昌种群的抗性高达 1293.1 倍。由此可见，二化螟对氯虫苯甲酰胺的抗性呈现逐年上升和明显的区域扩增趋势。

随着双酰胺类杀虫剂抗性水平的上升，其对二化螟的田间防效也显著降低（如 2017 年浙江余姚地区氯虫苯甲酰胺对二化螟的防效仅为 20%左右），因而大环内酯类杀虫剂阿维菌素和甲维盐成为这些抗性地区防治二化螟的常用药剂。但 2018 年抗药性监测结果已发现部分种群对阿维菌素产生了高水平抗性，使得阿维菌素和甲维盐的田间用药量逐渐增加（5%阿维菌素使用量增加到 200～300mL/亩）。有机磷类杀虫剂毒死蜱和三唑磷及沙蚕毒素类杀虫剂——杀虫单曾是防治二化螟的主要药剂，但因 21 世纪初期二化螟对三唑磷和杀虫单产生了高水平抗性而用量下降，部分地区敏感性虽有恢复，但一经再用，抗性很快上升。乙基多杀菌素、甲氧虫酰肼等药剂抗性上升快，且田间防效无法与当初的双酰胺类和阿维菌素类媲美。

2. 二化螟的防控再次成为水稻生产中的重要问题

2016 年冬前调查二化螟越冬虫源基数偏高，华南、江南稻区有效虫源面积分别比 2015 年增加了 8.1%和 6.1%。华南、江南、长江中游、东北大部分稻区每亩活虫数为 2500～4400 头，湘中南局部地区二化螟每亩幼虫量高达 4 万～5 万头，江西省多地亩均残虫量过万头，局部田块十几万头（全国农业技术推广服务中心，2017）；2017 年浙江平湖市乍浦镇出现二化螟集中为害倒伏田块，严重田块每亩虫量达 26.9 万头，基本颗粒无收（杨强等，2020）。表明二化螟再次成为水稻生产上害虫防控的重要问题。造成二化螟再次大发生的原因是多方面的，主要为耕作栽培制度的变化和二化螟对主要防治药剂的抗药性。

单双季水稻混栽，油菜、茭白等插花种植是二化螟发生量大的一个重要原因。近年来，耕作制度随种植业结构调整，形成粮经、单双混种的格局。二化螟越冬场所扩大，越冬虫源发育进度参差不齐，造成一代二化螟成虫出现多个高峰。水稻品种多而复杂，旱育、直播等多种栽培措施并存，使得水稻的分蘖期、破口期相对拉长，导致大田中桥梁田、易害田增多，为螟虫的生长取食及繁衍转化提供了优越的条件。而在湖南、江西及浙江东南部等单双季水稻混栽区，有早稻作为过渡，发生量明显高于纯单季稻区和纯双季稻区（何嘉等，2017）。在安徽和湖北双季稻区，早稻翻耕造成越冬虫源死伤率高，早稻收割造成二代损伤；江苏和安徽等稻麦两熟地区早稻推迟移栽而越冬代虫源产卵寄主缺乏，从而导致二化螟在这些地区发生较轻。

二化螟对主要防治药剂的抗药性是近年二化螟发生量大的另一个重要原因。2013 年后的田间调查和抗药性监测结果表明，浙江、江西等双酰胺类药剂使用频繁的稻区二化螟抗药性逐年升高，田间防效逐年降低，这些地区二化螟发生也较重，且因二化螟对多种药剂均产生不同程度的多抗现象而造成缺乏防治二化螟的高效药剂，进而连续几年冬前残虫量居高不下。二化螟抗药性发展快的原因主要是农药防治中存在诸多问题：①不按剂量用药和盲目用药，一些农民不按农药标签推荐剂量而是凭经验兑药，随意加大用药量；为节省人工，施用药液量普遍不足；防治过度与防治不足现象在二化螟防治中同时存在。②不适时用药现象突出，很多农民见虫施药，而不是按害虫预测预报信息适时施药防治。在二化螟大发生地区，一些农民反映施用多次药剂后田间防治效果仍然不好，怀疑农药存在质量问题。经植保技术人员调查证实，主要原因是没有抓住低龄幼虫期用药，一些农民施药时幼虫已发育至高龄，造成药效效果下降。③农民对植保、农药知识的匮乏导致其盲目购买农药。市场上农药品种众多、农药名称混杂，造成农户购药时自己没有主见，片面听取农药经销商的推荐，而农药经销商更多地从赚钱和省工角度考虑而推荐农民多种农药同时施用，从而造成同一类型农药连续多次使用，加速抗药性的产生。

二、送嫁药在一代二化螟防治中的使用技术方案

1）用药时间：一般在秧苗移栽前 3～5d 使用。用早了药剂提前生效而影响持效期，用晚了药剂还没有吸收，不利于药剂在大田发挥作用。

2）药剂选择：需要综合不同作用机制药剂的抗药性水平、内吸性、持效性、安全性等因素，一般建议选用具内吸传导性、持效期长、活性高的农药，如内吸性强、持效期长的氯虫苯甲酰胺等。

3）药剂用量：按照秧苗从秧田移栽到大田的比例，在低抗性地区，建议选用大田 1/2 的剂量；在中等抗性地区，建议选用大田相同的剂量；高抗区如无其他内吸性强、持效性好的药剂，则不推荐使用该项技术。

用药过程中要严格遵照施药技术规范，结合本地区二化螟的抗药性情况，选择适合本区域的送嫁药药剂品种，科学安全用药。

三、送嫁药防治一代二化螟案例

2017 年，由全国农业技术推广服务中心组织实施，分别在安徽省庐江县、湖北钟祥市进行了氯虫苯甲酰胺防治一代二化螟的送嫁药试验，结果表明：药后 21d、30d 及 40d，秧盘施药量等同于大田用药量时，氯虫苯甲酰胺送嫁药对安徽庐江和湖北钟祥二化螟的防治效果分别为 94.5%和 92.8%，89.0%和 100%，100%和 99.18%；秧盘施药量为大田用

药量的 1/2 时，氯虫苯甲酰胺送嫁药对两地二化螟的防治效果分别为 94.5%和 91.2%，82.1%和 96.23%、100%和 97.44%；而在二化螟对氯虫苯甲酰胺高抗区江西南昌的防治效果分别为 85.6%和 73.8%，65.7%和 80.5%，71.9%和 62.8%（表 5-22 和表 5-23）。

表 5-22　2017 年氯虫苯甲酰胺送嫁药对安徽庐江二化螟防治的试验结果

药剂名称	制剂用量/（g/hm^2）	药后 21d		药后 30d		药后 40d	
		枯鞘株率/%	防治效果/%	枯鞘株率/%	防治效果/%	枯心株率/%	防治效果/%
氯虫苯甲酰胺	15000	0.2	94.5	0.6	92.8	1.7	89.0
	7500	0.2	94.5	0.7	91.2	2.8	82.1
	900	0.5	83.5	2.2	73.6	5.4	65.2
清水对照	—	2.9	—	8.2	—	15.5	—

表 5-23　2017 年氯虫苯甲酰胺送嫁药对湖北钟祥二化螟防治的试验结果

药剂名称	制剂用量/（g/hm^2）	药后 21d		药后 30d		药后 40d	
		枯鞘株率/%	防治效果/%	枯鞘株率/%	防治效果/%	枯心株率/%	防治效果/%
氯虫苯甲酰胺	22500	0.00	100.00	0.00	100.00	0.08	99.18
	11250	0.59	96.23	0.00	100.00	0.24	97.44
	900	3.90	75.08	2.13	57.06	4.85	48.13
清水对照	—	15.65	—	4.96	—	9.36	—

四、送嫁药防治一代二化螟的原理及意义分析

一代二化螟的产卵峰期通常在早稻秧苗期至本田初期，对其的防治质量直接影响全年二化螟的发生基数和发生程度。一代二化螟防治中的突出问题是一代二化螟为害期长，蛾峰幅度大，峰次多。以江苏宿迁为例，2009 年 5 月 27 日～2009 年 6 月 2 日为第 1 次蛾高峰，宿迁市站及宿城区测报点累计诱蛾 30 头。6 月 21 日～6 月 29 日为第 2 次蛾高峰，累计诱蛾 16 头。两次蛾峰相距 20d 以上，而且在两峰之间螟蛾仍然不断。安徽省庐江县测报点 2022 年 4 月 19 日初见二化螟蛾，4 月 22 日至 4 月 27 日第一次蛾高峰累计诱蛾 412 头，5 月 10 日至 5 月 18 日第二次蛾高峰累计诱蛾 1665 头，5 月 20 日至 6 月 2 日第三次蛾高峰累计诱蛾 1459 头。三个蛾峰前后持续 41d，这均给防治带来一定的难度。

常规的杀虫剂喷雾防治技术往往是见虫打药，即虫等药。由于水稻二化螟 2 龄幼虫开始钻蛀稻茎为害，因此卵孵高峰至二龄幼虫钻蛀前是杀虫剂的防治适期，即施药适期为蛾高峰后 7d 左右，而在其后由于幼虫在水稻茎秆内取食，接触足量药剂的机会大幅度降低。尤其当田间存在多个蛾高峰时，很难保证施药期均能遇上防治适期。20 世纪 90 年代至 2013 年，氟虫腈和氯虫苯甲酰胺分别作为当家品种应用于防治二化螟，高效、速效且持效期可以达到 15d 以上，因此一代二化螟可以得到有效控制。但自 2014 年浙江、江西省部分稻区二化螟对氯虫苯甲酰胺产生 40～70 倍的抗性后，氯虫苯甲酰胺在中等-高抗地区田间药剂防治效果明显下降，一代二化螟防治中的问题凸显，存活下来的二化螟生长繁殖后可直接影响 2～4 代二化螟的发生量和为害程度。

水稻“送嫁药”由见虫后打药改为提早用药防治，即药等虫，能起到“压前控后、防小保大、节本增效”的作用（张帅等，2018）。例如，1亩秧田的水稻秧苗可供80～100亩大田机插，通过使用“送嫁药”将大田用药前移至秧田施药，一是可以防止秧田（苗床）二化螟卵孵化后扩散至大田，同时能对水稻苗期、分蘖期的二化螟起到预防控制作用；二是将本田早期的多次喷雾防治缩减为秧盘用药一次，减少了农药使用量，有效地保护了农田生态；三是降低了生产成本，提高了农业经济效益。

案例11　渭北旱塬保护性耕作春玉米田高效化学除草技术

保护性耕作技术是对农田实行免耕、少耕，尽可能减少土壤耕作，并用作物秸秆、残茬覆盖地表，用化学药物来控制杂草和病虫害，从而减少土壤风蚀、水蚀，提高土壤肥力和抗旱能力的一项先进农业耕作技术。1992年以来，在农业部农业机械化管理司的推动下，我国北方粮食主产区大范围推行以机械化生产为主，免、少耕和秸秆覆盖为核心的保护性耕作（conservation tillage）技术取得了增产增收、节本增效和改善环境的效果。然而，农田病虫草害的发生与耕作方式和栽培制度有密切关系，耕作方式的变化会导致农田病虫草害种群结构、发生规律的变化。随着保护性耕作技术应用范围扩大，生产也出现了一些新问题，尤其是病虫草害加重、成灾风险增加及缺乏与机械化操作相匹配的防治技术等，成为限制保护性耕作技术应用的主要问题之一。

玉米作为我国重要的粮食作物，在我国农业种植中占有重要地位，也是我国北方黄土高原旱作农业区主要种植的粮食作物之一，推广实施保护性耕作无疑将取得明显的经济、生态和社会效益。国内外研究发现，不同耕作制度对田间杂草种类和数量的消长有很大的影响。由于长期免耕，残茬覆盖，土层结构不变，大量的杂草种子随残茬而落入土壤表层，杂草种子库的输入量逐年增加，而输出量逐年减少，杂草已上升为最主要的限制要素之一。因此建立和完善一年一熟春玉米保护性耕作田的高效化学除草技术将为玉米高产丰收提供技术支撑。

一、渭北旱塬一年一熟区保护性耕作玉米田杂草发生种类及危害

玉米田草相复杂，单双子叶混生，这些杂草为害农作物的特点为：一是生命力极强，生长相当旺盛；二是生长快，成熟早，不整齐，种子易落，出苗分段；三是有着惊人的繁殖能力和生存力；四是有强大的传播力和传播途径；五是适应能力极强。玉米田主要杂草有田旋花、反枝苋、灰绿藜、荠菜、狗尾草、稗草等。

1．田旋花（*Convolvulus arvensis* L.）

分布于东北、西北、华北和华东的部分省区。生长于耕地、荒地或路旁，常与狗尾草、刺儿菜等混生。主要危害棉花、豆类、玉米、小麦、果树等作物，也是小地老虎和盲椿象等的寄主。

2．反枝苋（*Amaranthus retroflexus* L.）

分布于东北、华北，西北、江苏、河南也有。生长于旱作田或荒地、路边，常与蟋蟀草、马唐、藜等一起危害作物。主要危害棉花、花生、玉米、豆类、薯类、瓜类、蔬菜和果树等。

3．灰绿藜（*Chenopodium glaucum* L.）

世界恶性杂草，广布世界各地。我国各地都有，生长于农田、路旁、荒地、宅旁等处，常成同一种群或与萹蓄、马唐等混生。主要危害麦类、棉花、豆类、薯类、蔬菜、花生、玉米和果树等，是地老虎、棉铃虫的寄主。

4．荠菜［*Capsella bursa-pastoris*（L.）Medic.］

分布于全国。适生于肥沃、较湿润的土壤，干旱点也能忍耐。常与播娘蒿、打碗花等一起为害。有时也可形成小片种群，主要危害小麦、油菜、绿肥、蔬菜等作物，也是棉蚜、麦蚜、桃蚜、棉盲蝽和白菜病毒病、甘蓝霜霉病等的寄主。

5．狗尾草［*Setaria viridis*（L.）Beauv.］

分布于全国各地。生长于农田、路边或荒地。耐干旱与瘠薄，常与马唐、大画眉草等一起危害作物。主要受害作物有谷子、棉花、豆类、花生、玉米、高粱和果树等。狗尾草也是秆蝇、稻苞虫、水稻细菌性褐斑病等的寄主。

6．稗草［*Echinochloa crusgalli*（L.）Beauv.］

世界恶性杂草，广布世界各地，我国各地都有。生长于低湿农田、荒地、路旁或浅水中。主要危害水稻，是稻田最严重的杂草之一，影响稻谷的产量和质量，低湿地的大豆、棉花、玉米等作物也受其害；稗也是稻飞虱、稻椿象、稻夜蛾、黏虫等的寄主。

对保护性耕作与传统耕作两种模式下杂草发生量比较发现，保护性耕作模式下杂草危害更严重。2006～2009年连续4年在陕西省黄陵县玉米田，分别于春玉米播种期、出苗期、拔节期、孕穗期等不同的生育期对传统耕作模式和保护性耕作模式下的渭北旱塬一年一熟区玉米田间杂草发生情况进行了调查（表5-24），并分析了传统和保护性耕作春玉米田的主要杂草发生特点。结果发现，渭北旱塬保护性耕作春玉米田的主要杂草为田旋花、灰绿藜、反枝苋、荠菜、狗尾草、稗草、刺儿菜、苦苣菜等。其中优势杂草为田旋花、灰绿藜、反枝苋，但在玉米的各生长发育期，主要杂草类别有所不同。各期主要杂草种类如下。

表5-24　不同耕作模式下春玉米不同生育期杂草发生情况调查

生育期	耕作模式	株数/（株/m^2）							
		离子草	田旋花	灰绿藜	反枝苋	狗尾草	稗草	茵陈蒿	其他
播种期	传统	0.56	0.11	0	0	0	0	0.11	0.10
	保护	1.78	1.67	6.56	0	0	0	0	1.22
出苗期	传统	0.11	2.56	0.11	0	0.67	0	0.22	0.78
	保护	1.56	7.11	0	0	0	0	0	1.33
拔节期	传统	0	5.89	4.45	3.33	2.11	0	0	0.22
	保护	0	7.67	10.33	6.78	3.12	0	0	0.56
孕穗期	传统	0	1.67	17.22	4.33	55.67	7.00	15.00	0.67
	保护	0	22.50	34.22	9.89	25.00	5.89	36.00	2.67

1）播种期：离子草［*Chorispora tenella*（Pall.）DC.］、荠菜［*Capsella bursa-pastoris*（L.）Medic.］、茵陈蒿（*Artemisia capillaris* Thunb.）、麦家公（*Lithospermum arvense* L.）

等。其中，以离子草为优势杂草。

2）出苗期：田旋花（*Convolvulus arvensis* L.）、灰绿藜（*Chenopodium glaucum* L.）、离子草、荠菜、刺儿菜［*Cephalanoplos segetum*（Bge.）Kitam.］、苦苣菜（*Sonchus oleraceus* L.）、狗尾草［*Setaria viridis*（L.）Beauv.］等。其中，以田旋花为优势杂草。

3）拔节期：田旋花、反枝苋（*Amaranthus retroflexus* L.）、灰绿藜、狗尾草等，其中，前三种为优势杂草。

4）孕穗期：田旋花、反枝苋、灰绿藜、狗尾草、稗草［*Echinochloa crusgalli*（L.）Beauv.］、茵陈蒿、蒺藜（*Tribulus terrestris* L.）、龙葵（*Solanum nigrum* L.）等，其中，以田旋花、反枝苋、灰绿藜和茵陈蒿三种为优势杂草。

通过对渭北旱塬一年一熟区玉米田两种耕作模式的调查发现杂草的发生量明显不同，且保护耕作模式下，杂草的发生量明显高于传统耕作模式。杂草危害成了限制保护性耕作的主要因素之一，免耕玉米田中杂草与作物矛盾尤为突出，管理不善易引起草荒，对田间杂草群落的组成结构也可产生影响。

二、保护性耕作春玉米田化学除草技术

杂草防治一般指通过一定的除草措施将草害压低到经济允许水平以下，即根据经济阈值进行防治，主要措施有以下几种：①物理防治，利用机械耕作、中耕、刈割、人工拔除、锄草、灌水、覆盖、火焰、电磁能等物理方式进行除草；②农业及生态防治，通过作物轮作、作物抑制、作物播种期与株行距调整、灌溉与排水等措施进行杂草防除；③生物防治，利用昆虫、病原菌、病毒、动物及植物间的异株克生作用进行杂草治理；④化学防治，应用各种化学除草剂防除杂草。

保护性耕作的四项主要技术之一即为改翻耕控制杂草为喷洒除草剂或机械表土作业控制杂草。化学除草的具体技术有土壤处理和茎叶处理。

1. 土壤处理

通常由杂草根部吸收，通过非共质体途径传导的除草剂，以及由杂草的种子、胚轴、幼芽或芽鞘吸收，抑制杂草萌发或杀死杂草幼苗的除草剂大多做土壤处理。某些生理生化选择性较差的除草剂往往通过土壤处理以形成位差选择，从而具有应用价值。土壤处理的施药方法包括以下几种。

1）混土施药法。某些易光解、易挥发的土壤处理剂及由杂草根部、下胚轴等部位吸收的除草剂，在施药后必须及时混土，在干旱时，混土处理可增大药剂与杂草吸收部位的接触，从而提高除草效果。混土施药法又可分为表层混土、浅混土、深混土和层施等形式。

2）普通喷雾法。喷雾法仅需将药剂喷施于土表，而不必混土，是土壤处理尤其是稻田或稻茬田土壤处理最常用的一种施药方法。

3）撒施法。撒施法也是一种普遍的施药方法，主要用于稻田、稻茬麦田等土壤湿度较大的农田做土壤处理。撒施法的主要优点是省工、方便，尤其在缺水的丘陵山地实用意义较大，在某些特殊条件下，撒施法比普通喷雾法奏效。

另外还有泼浇法、甩施法、灌注法等。

2. 茎叶处理

主要由叶片吸收，由共质体途径传导的除草剂，应采用茎叶处理方式施药。茎叶处理能够较好地避免土壤处理的许多缺点，主要是其药效较稳定，比土壤处理至少可节省1/4的药剂。茎叶处理的除草方法，按喷液量可分为大容量喷雾、低容量喷雾和超低量喷雾；根据施药的方式，有别于喷雾法的有涂抹法等；根据施药的范围，相对于全面施药的方法有苗带（行间）喷雾和定向喷雾等。

在生产中选择哪一种施药方法应根据药剂和器械的性能及具体的各种条件而定。但无论采用何种施药方法，均要求将药剂均匀地施在标靶上，做到不重施、不漏施、不飘失、不流失。为此，除要求严格掌握施药条件和方法外，还要调节好施药的器械，防堵塞，防雾化不良，特别是使各个喷嘴流量保持一致，使喷雾器处于最佳的工作状态。在施用超高效除草剂时，因用药极少，要做到二次稀释，即先配成母液，第二次再兑足水喷施；撒施法在配制毒土时也应用二次稀释法；有些粉剂在兑水稀释时尤其要充分搅拌，所有这些都是为了确保施药均匀。

科学合理地使用除草剂是保障保护性耕作成功的重要因素之一。杂草对玉米植株的竞争开始于玉米出苗后2～3周，如果在玉米出苗后2～5周没有防治措施，玉米将减产10%～20%。Zimdahl的研究结果表明，玉米出苗后的前6周是杂草与玉米的竞争临界期，在这段时间内杂草对玉米产量的影响是决定性的。乙草胺、莠去津等为玉米田常用除草剂。其单用或与其他除草剂混用均可有效防除玉米田常见杂草。例如，娄国强通过对免耕玉米田不同除草剂的使用方法和用量研究表明，田间若以禾本科杂草为主可用单剂防治，若禾本科杂草和阔叶杂草混生使用混剂为好，且采用土壤处理法防效最佳。可见，在不同地域不同种植模式下，玉米田除草技术存在一定差异。

三、渭北旱塬一年一熟区保护性耕作玉米田高效化学除草案例

针对渭北旱塬一年一熟区保护性耕作玉米田杂草发生规律和特点，在传统耕作和保护耕作两种耕作模式下，分别以96%金都尔乳油900mL/hm^2、70%乙草胺乳油900mL/hm^2及40%莠去津悬浮剂2250mL/hm^2进行了播前、播后土壤处理及茎叶处理研究，于药后15d分别调查两种土壤处理（表5-25），于25d后测定了对主要杂草田旋花和灰绿藜的防效（表5-26）。表5-25结果表明除草剂土壤处理区和对照区玉米幼苗的株高、叶色与空白对照区基本一致，无任何药害症状，说明两种药剂均对玉米安全。由表5-26可知，两种耕作模式下3种除草剂不同处理对杂草的防治效果。其中在传统耕作模式下70%乙草胺乳油播前处理的防效优于96%金都尔乳油，96%金都尔乳油播后处理的防效优于70%乙草胺乳油，而两种处理的最优防效均与40%莠去津悬浮剂效果相当。在保护耕作模式下两种药剂的两种处理方式的杂草防效相当，差异不显著，且均高于茎叶处理的40%莠去津悬浮剂。在传统耕作模式下两种药剂播后处理对田旋花的防效差于播前处理，而茎叶处理没有防效效果；两种药剂播前、播后处理对灰绿藜的防效无差异，但均高于茎叶处理；在保护耕作模式下播前、播后封闭处理明显要优于茎叶处理，96%金都尔乳油在播后封闭使用可完全防除各种杂草。结合表5-27产量变化情况，可以看出保护性耕作模式下，使用96%金都尔乳油播后封闭处理产量显著高于其他两种处理，并且也高于传统耕作模式的三种处理。

表 5-25 除草剂土壤处理对玉米出苗的安全性调查结果（15d 后）

耕作模式	处理方式	药剂	株数/株	株高/cm
传统耕作	播前封闭	A	18.7	10.0
		B	17.7	9.0
		CK	18.3	10.0
	播后封闭	A	18.0	9.0
		B	17.0	10.0
		CK	18.3	10.0
保护耕作	播前封闭	A	17.7	9.0
		B	18.3	9.0
		CK	17.0	9.0
	播后封闭	A	18.0	10.0
		B	17.0	9.0
		CK	18.0	9.0

注：株数为每小区 3m 长 2 行玉米出苗数的平均数；株高为调查总株数株高的众数；A 为 96%金都尔乳油 900mL/hm^2；B 为 70%乙草胺乳油 900mL/hm^2

表 5-26 两种耕作模式下 3 种除草剂不同处理对杂草的防治效果（25d）

耕作模式	处理方式	药剂	防效/%			总防效/%
			田旋花	灰绿藜	其他	
传统耕作	播前封闭	A	100	100	39.3	75.7bc
		B	100	100	96.5	98.6a
	播后封闭	A	79.3	100	80.6	84.8b
		B	62.4	100	66	72.7c
	茎叶处理	C	0	85.5	100	87.7b
保护耕作	播前封闭	A	30.1	94.4	96.5	82.8b
		B	100	66.7	93.4	91.4ab
	播后封闭	A	100	100	100	100a
		B	100	94.3	98.9	98.4a
	茎叶处理	C	54.4	88.3	100	80.3c

注：A 为 96%金都尔乳油 900mL/hm^2；B 为 70%乙草胺乳油 900mL/hm^2；C 为 40%莠去津悬浮剂 2250mL/hm^2。表中数据为 3 次重复之平均值，同一列数据后的小写字母表示方差分析（Duncan's）在 0.05 水平上有显著差异；其他杂草主要包括狗尾草、反枝苋、荠菜、离子草等

表 5-27 两种模式下 3 种除草剂不同处理对玉米产量的影响测定结果

耕作模式	处理	株高/m	百粒重/g	穗粒重/g	产量/(kg/hm^2)	比对照增加/(kg/hm^2)
传统耕作	对照	2.58	21	150	8325	—
	播前 A	2.59	16.8	128	7104	−1221
	播前 B	2.57	17.8	134	7437	−888
	播后 A	2.57	19.9	152	8436	+111

续表

耕作模式	处理	株高/m	百粒重/g	穗粒重/g	产量/(kg/hm²)	比对照增加/(kg/hm²)
传统耕作	播后 B	2.61	20.3	150	8325	0
	C	2.57	22	162	8991	+666
保护耕作	对照	2.76	22.3	160	8880	—
	播前 A	2.8	28.7	164	9102	+222
	播前 B	2.81	26.7	174	9657	+777
	播后 A	2.75	25	186	10323	+1443
	播后 B	2.78	25.1	172	9546	+666
	C	2.77	21.2	172	9546	+872

综上，通过两种耕作模式三种不同处理对杂草防除效果及玉米产量的比较分析，发现96%金都尔乳油在播后苗前土壤处理对渭北旱塬保护性耕作春玉米田杂草防效优良，玉米产量高达10323kg/hm^2，比对照增加1443kg/hm^2。因此确定96%金都尔乳油在播后苗前土壤处理为渭北旱塬保护性耕作春玉米田杂草最佳防效技术。

四、渭北旱塬保护性耕作玉米田高效化学除草的原理及意义分析

杂草问题历来是保护性耕作所关注的主要问题之一。早期的农学家在尝试减少耕作的时候常常失败，其原因在于杂草难以得到有效控制。直到20世纪中叶高效除草剂的问世，才使得保护性耕作模式成为可能。自20世纪末以来，我国北方粮食主产区大范围推行以机械化生产为主，免、少耕和秸秆覆盖为核心的保护性耕作技术。但随着保护性耕作技术应用范围扩大，草害加重、成灾风险增加及缺乏与机械化操作相匹配的防治技术成为限制该技术应用的主要问题之一。因此探索建立一套适于渭北旱塬保护性耕作玉米田杂草防控体系，不仅为当地玉米的高产丰收保驾护航，还为保护性耕作田的杂草防控提供研究思路。

本案例技术针对性地解决了黄土高原渭北旱塬一年一熟春玉米保护性耕作田杂草的高效防除问题。技术结合了保护性耕作机械化生产特点和化学除草优点，通过播后苗前处理，将土壤表层杂草种子有效地防除于萌芽期和造成危害之前，确保玉米苗期杂草发生轻微，后期玉米起身后杂草不能与其形成竞争，从而达到对玉米整个生长周期杂草的防控目的。此套措施不仅节省了后期人力、财力的投入，还确保了玉米的稳产丰收。对该地区生态环境和社会经济的可持续发展具有重要意义。

案例12 稻田害鼠的高效化学防控

我国是农业鼠害的高发区之一，每年鼠害的发生面积超过2500万hm^2，损失粮食50亿～150亿kg。近年来，我国农区鼠害进入新一轮高发期，农业鼠害明显加重，其中华南地区鼠害呈重发态势，水稻、玉米、花生和甘薯等粮油作物的鼠害较重，产量损失率可达10%～30%，局部严重的田块甚至完全失收。

一、稻田害鼠的种类及其危害

危害水稻的害鼠种类较多，主要有黄毛鼠（*Rattus losea*）、板齿鼠（*Bandicota indica*）、褐家鼠（*Rattus norvegicus*）、黑线姬鼠（*Apodemus agrarius*）、小家鼠（*Mus musculus*）、东方田鼠（*Microtus fortis*）、四川短尾鼩（*Anourosorex squamipes*）、黄胸鼠（*Rattus tanezumi*）和针毛鼠（*Niviventer fulvescens*）等。我国地域辽阔，主要稻作区的生态环境、温度、湿度、降水量等气候因素千差万别，主要害鼠的种类也存在一定的差异。在广东、广西、海南和福建稻作区，黄毛鼠、板齿鼠和褐家鼠是主要的为害源，在丘陵山地针毛鼠的为害也较重；在长江中下游稻作区，黑线姬鼠、褐家鼠、东方田鼠和黄毛鼠为主要害鼠；东北稻区主要的害鼠为黑线姬鼠、褐家鼠、小家鼠和黑线仓鼠（*Cricetulus barabensis*）等；而西南稻区害鼠的种类普遍较多，主要害鼠包括四川短尾鼩、褐家鼠、黄胸鼠、卡氏小鼠（*Mus caroli*）和大足鼠（*Rattus nitidus*）等（图 5-19）。

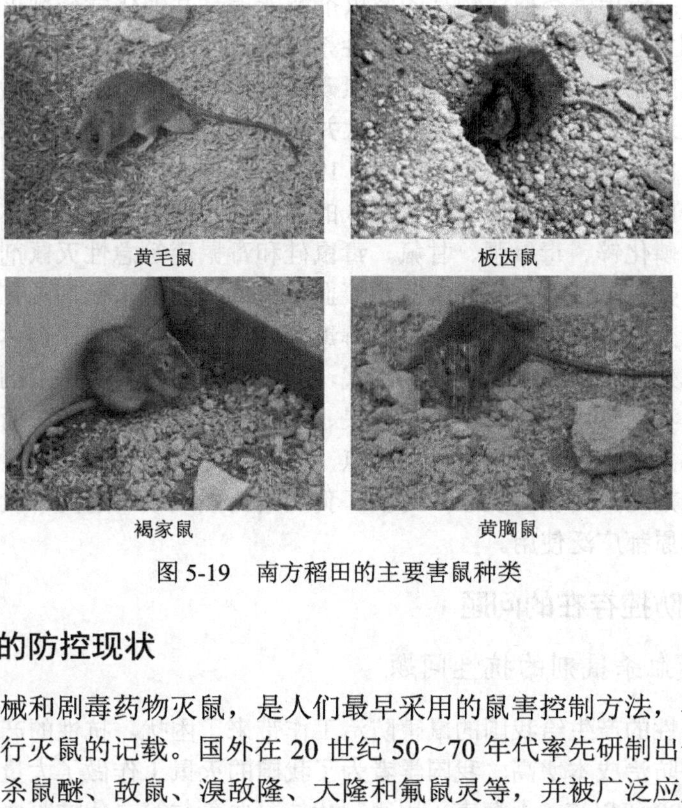

图 5-19　南方稻田的主要害鼠种类

二、水稻害鼠的防控现状

使用捕鼠器械和剧毒药物灭鼠，是人们最早采用的鼠害控制方法，早在公元前我国就有利用砒霜进行灭鼠的记载。国外在 20 世纪 50～70 年代率先研制出一批抗凝血杀鼠剂，如杀鼠灵、杀鼠醚、敌鼠、溴敌隆、大隆和氟鼠灵等，并被广泛应用于鼠害控制，但由于杀鼠剂的研发难度极大，至今 40 多年尚无灭鼠新药面世。而我国在 20 世纪 70 年代末期才开始大面积推广使用抗凝血杀鼠剂，对遏制日益猖獗的鼠害势头起到了重要的作用。自综合治理（IPM）概念提出后，国内外先后开展了生态治理、生物防治、不育控制、抗凝血剂灭鼠和物理灭鼠等方面技术的探索研究，研究集成多种技术，使快速、持久地控制鼠害的综合治理技术成为研究的趋势（张知彬等，1998）。虽然我国在鼠害综合治理技术研究及示范中已取得了显著成效，但受制于我国现有的农业尚未形成大范围的集约化种植，缺乏鼠害专业化防控组织，组织农户大面积推广应用该技术的难度较大。

目前，国内外仍主要采用见效快、成本低、易推广的抗凝血剂灭鼠的方法。

随着全球变暖、种植结构调整和农村城镇化发展及杀鼠剂抗药性的扩展，灭鼠剂的用量显著增加而防效下降，由此带来的生态风险和农产品安全风险也日益增大（郭永旺等，2013）。国内围绕提升灭鼠剂利用率及防治效果、降低杀鼠剂生态风险等方面做了一些探索研究，涉及鼠害治理的组织管理模式、毒饵的制备、防治时机、投饵方法及投饵量等诸多环节，解决了稻区鼠害绿色防控实践中的一些技术难题。针对华南稻区提出了“生态调控和生物防治为基础、杀鼠剂精准防控相结合”的鼠害可持续治理技术。

三、杀鼠剂的种类及存在问题

杀鼠剂是指用于预防或杀灭有害啮齿动物的农药的统称。狭义上的杀鼠剂仅指用于毒杀作用的化学药剂，如配制成毒饵的肠道毒物。广义上的杀鼠剂还包括通过呼吸道能熏杀鼠类的熏蒸剂，如磷化氢、氯化苦等；使鼠类失去繁殖能力的不育剂，如雷公藤甲素、α-氯代醇等；防止鼠类损坏物品的驱鼠剂及能提高其他化学药剂灭鼠效率的增效剂等。目前杀鼠剂主要分为急性杀鼠剂和慢性杀鼠剂，急性杀鼠剂多是可引起神经、呼吸和代谢系统中毒的药物，包括磷化锌、毒鼠磷等。慢性杀鼠剂主要是指抗凝血杀鼠剂，其作用机制是促进微细血管隔壁渗透性增大并抑制维生素 K 的合成，以干扰体内凝血过程，导致体内出血不止而死亡（董天义等，1998；Pelz et al.，2005）。

我国使用杀鼠剂用于鼠害防治具有悠久的历史，早期主要使用急性杀鼠剂。目前，我国已禁止使用磷化锌、毒鼠强、甘氟、毒鼠硅和毒鼠磷等急性灭鼠剂，生产应用的杀鼠剂产品中大多数都是抗凝血类药剂。抗凝血杀鼠剂较其他杀鼠剂具有明显的优越性，如适口性好、防效高、作用缓慢并有特效解毒剂等，在控制农田、森林和草原鼠害等方面取得了良好成效。抗凝血杀鼠剂分为两代，其中第一代抗凝血杀鼠剂的慢性毒力大、急性毒力较小，我国常用的品种包括杀鼠灵、杀鼠醚和敌鼠钠盐等；而第二代抗凝血杀鼠剂具有慢性毒力大、急性毒力也大的特点，如溴敌隆、溴鼠灵（大隆）和氟鼠灵等。这些抗凝血杀鼠剂对人畜相对安全，对猫、狗及其自然天敌引起的二次中毒也较轻，在农田、森林、草原都广泛使用。

四、害鼠化学防控存在的问题

（一）抗凝血杀鼠剂的抗性问题

杀鼠剂抗药性的产生给我国的鼠害防治工作带来了困扰。抗性的产生导致我国灭鼠难度增加，鼠害防治成本增高。我国学者为了我国的灭鼠工作做了大量的抗性监测与治理技术研究。1990 年以来，上海市采用第一代抗凝血剂与第二代抗凝血剂交替使用的策略防控鼠害，家栖鼠对杀鼠灵和溴敌隆的抗性水平在 1990～2011 年均呈明显的衰退趋势，黄胸鼠对杀鼠灵和溴敌隆的抗性水平稳中有降。Ma 等（2018）进行的基因分析和实验室耐药试验均表明，第一代抗凝血杀鼠剂和第二代抗凝血杀鼠剂的交替使用，可以使湛江和哈尔滨市的褐家鼠对杀鼠灵的耐药性频率降低，有可能是对抗褐家鼠对杀鼠灵产生抗药性的有效策略。华南稻区的黄毛鼠、褐家鼠对杀鼠灵已产生了抗药性个体，但是该地区还可以通过交替使用第一代和第二代抗凝血杀鼠剂来延缓鼠类抗药性的扩展速度

（冯志勇等，2007）。

事实上，现有的研究结果都表明，长期的单一使用第一代抗凝血杀鼠剂是欧美抗凝血杀鼠剂抗性发生的关键原因。而我国的鼠类并没有像欧美其他地区那样产生不可控制的抗药性，与我国长期提倡第一代抗凝血杀鼠剂和第二代抗凝血杀鼠剂轮换使用的防控策略有关，有效地延缓了我国鼠类对抗凝血杀鼠剂抗性的发展。

（二）杀鼠剂的环境问题

杀鼠剂的广泛使用同样面临着生态风险问题，可能导致非靶标动物误食中毒及环境残留。非靶标动物误食第一代抗凝血杀鼠剂后，会很快地将药物排出，但吸收第二代抗凝血杀鼠剂后代谢较慢，可对非靶标动物造成毒害作用（董天义等，1998）。有调查显示，在西藏和内蒙古草原应用第二代抗凝血杀鼠剂后，发现了鸟类杀鼠剂中毒的毒性病例（Liu，2019），使用时应尽量采用毒饵站技术。近年来，人们越来越关注第二代抗凝血杀鼠剂对非靶标生物的残留物和危害，鉴于第二代抗凝血杀鼠剂对环境的影响，建议优先使用第一代抗凝血杀鼠剂而慎用第二代抗凝血杀鼠剂，同时关注杀鼠剂在靶标生物体内的运行代谢情况、在环境中的残留情况及残留物对非靶标生物的影响，做好动态监测工作。

五、华南稻田害鼠化学防控技术要领

依据鼠类发生规模主要受庇护所、食物源和捕食风险等因素制约的灾变机制，宜采用生态调控措施和增加捕食性天敌的方法来降低害鼠的生态容纳量，为治理鼠害创造有利的条件。黄秀清等根据水稻产业的实际情况及防治成本，推算出水稻鼠害的经济允许损失为1.64%，相当于植株受害率1.23%，依据水稻植株受害率（y）与水稻受害前黄毛鼠的捕获率（x）呈直线正相关的研究结果（$y=-0.27+0.29x$），以经济系数为2，稻区黄毛鼠的防治阈值为4.1%～6.2%（黄秀清等，1990）。实施化学防控前，应监测害鼠的栖息分布及数量动态，当防治适期的害鼠密度超过防治阈值时才使用高效的抗凝血杀鼠剂毒饵，并采用“一役达标”的灭鼠策略对鼠类进行精准防控，实现高效、低风险地控制稻区鼠害。

1．加强组织协调，开展统防统治

稻区害鼠的栖息分布多为聚集分布，并伴随水稻生育期的变化出现季节性迁移现象。其栖息地大多位于杂草茂密的高大土堆及人畜不易到达的隐蔽场所，农户自发在承包地灭鼠的方法难以取得良好效果。为确保科学灭鼠措施的落地实施，实现高效低风险地控制鼠害，须由基层政府协调组织灭鼠专业队开展统防统治工作，或由防控专业机构提供规模化和专业化的鼠害防治服务。

2．开展鼠情监测和抗性风险评估，指导选药用药

采用夹夜法或鼠类智能监测设备开展鼠情监测，及时、准确地掌握稻田及其周边环境中害鼠的栖息分布及其数量动态，为灭鼠策略及精准防治提供基础数据支撑。同时，采用致死期食毒法（lethal feeding period，LFP）或血凝法（blood clotting response，BCR），定期监测农田主要害鼠对抗凝血杀鼠剂的抗药性，依据检测结果来指导选药用药。

3．使用抗凝血杀鼠剂高效毒饵，精准足量用药

第二代抗凝血杀鼠剂灭鼠具有高效、快捷和易推广的优点，是目前国内外应用最为广泛的鼠害控制方法，但也有灭后种群回升速度快及可能引发杀鼠剂生态风险的问题。为高效、低风险地控制鼠害，专业队统防统治是精准防控的保障前提，同时还须做好高效毒饵的制备、灭鼠时机的选择、投饵点及投饵量的精准控制等关键技术工作。

1）高效毒饵的制备。杀鼠剂灭鼠时主要采用毒饵法（诱饵＋杀鼠剂），但鼠类机警、新物反应大，对人为投放的食物需适应 2～3d 才放心摄食，部分害鼠甚至对毒饵产生了拒食性。因此，制备适口性好、药物利用率高、保鲜时间长的高效毒饵尤为重要。

杀鼠剂的选择。应选用适口性好、高效、安全的抗凝血杀鼠剂，严禁使用毒鼠强、氟乙酰胺等国家禁止使用的剧毒鼠药。目前国内外研制的抗凝血杀鼠剂只有两代，品种也极少，包括以敌鼠钠盐、杀鼠醚为代表的第一代抗凝血剂和溴敌隆、杀它仗、大隆等第二代抗凝血剂。由于害鼠对抗凝血剂具有交叉抗性，而我国的部分农田害鼠已对第一代药物产生了抗性但仍对第二代药物敏感，应根据当地主要害鼠的抗性发生动态，合理地选择杀鼠剂的品种。防治时应优先采用第一代抗凝血剂。在第一代抗凝血剂抗性显著的地区宜采用第二代药物和第一代药物轮换使用的策略，在连续使用第二代药物 2～3 年后，轮换使用第一代抗凝血剂一年，待抗药性减轻或消失后再选用第一代抗凝血剂灭鼠。

毒饵的选择：不宜采用易造成人畜误食中毒的诱饵，如鱼、肉、米面食品、花生和水果等，而应选择害鼠喜食的地产谷物作为诱饵，并按所选杀鼠剂的标准配制方法制备毒饵，或直接选购适口性较好的毒饵产品。南方农区害鼠普遍喜食稻谷，在田间的保鲜时间较长，人们常用它制作毒饵灭鼠，但需适当提高药物的使用浓度。主要是由于大多数的抗凝血剂都难于透过谷壳进入米粒，鼠类摄入的药物只有 20%左右，而黏附在稻壳表面的多数药物最终流失在农田环境中。为此，可使用一些有机溶剂作为渗透剂，提高药物的利用率并减少杀鼠剂的生态风险（姜洪雪等，2020）。

2）采用“一役达标”的灭鼠策略。华南农区主要害鼠的繁殖力强，如黄毛鼠在 3～10 月的月平均繁殖指数高达 123%，杀灭 50%的害鼠时下个月的种群数量甚至会超过灭鼠前。因此，应科学选择 2～3 个灭鼠时间节点，集中人力物力开展统防统治，确保防效 85%以上，以延长鼠密度恢复时间，将主要农作物最易受害时期的鼠密度维持在较低水平。在选择灭鼠时机时，首先要考虑灭鼠后保护的作物种类多、时间长，要在主要保护对象的鼠害高峰期前；其次，还要考虑害鼠种群的繁殖状况、害鼠栖息地集聚程度、数量消长趋势及天气因素等。根据华南区的生产实际情况，稻区每年要全面灭鼠两次，第一次为冬春季二月，中旬至三月上旬，第二次为八月中下旬。

3）应用毒饵站技术。华南稻区潮湿，降水频繁，为避免雨水冲刷造成的药物流失及因毒饵霉变影响灭鼠效果，防止毒饵被暴雨冲入溪流造成水土污染，采用毒饵站投放毒饵是有效的解决办法。可选用口径 10cm、长度 40cm 以上的瓦筒毒饵站或 PVC 管，布放在害鼠的栖息地及活动频繁的地方，通常每 10m 左右布放 1 个，每个毒饵站投放 100g 左右的毒饵，毒饵取食完后及时补充。

4）实施精准防控提高防效，降低杀鼠剂的用量及其生态风险。全面灭鼠要抓住重点，为实现防治效果 85%以上的目标，不仅要对农田各种生境进行全面灭鼠，对周边的村庄、禽畜场、工厂、饭店、仓库等场所也要投饵灭鼠。但因害鼠的栖息空间分布极不均衡，不同生境的鼠密度可相差数倍甚至数十倍，因此要根据农田和周围环境特征及害鼠的活动痕迹，准确确定重点灭鼠区域。在土堆高大、杂草丛生的害鼠主要栖息环境，要适当增加投饵点和投饵量进行重点灭鼠，如鱼塘、高大排灌渠道、江河围堤、机耕路和道路两侧、荒地、弃耕地、山坡坎边、养殖场及村庄、饭馆外围等。

毒饵投放要到位。毒饵要投放在鼠洞口、鼠道及经常活动的隐秘地点，害鼠出洞后便能很快发现毒饵，在这些隐蔽场所害鼠才能长时间停留下来取食毒饵，可显著提高毒饵的取食率。害鼠行踪隐蔽，它们往往栖息于土堆高大并有茂密杂草覆盖的地方或杂物堆中，可以通过投饵时的现场巡查，准确定位鼠类的栖息地位置及主要活动路线，并把这些位点作为重点投饵点。此外，沟底、排水口、涵洞和贴近田埂的田面也是老鼠进入作物地时的出没通道，也可在这些地方投放适当的毒饵。

毒饵要投放够量。为确保大多数的害鼠取食的毒饵都达到致死量，灭鼠时必须足量投饵，但投饵过多时又会造成浪费并增大生态风险，可采用毒饵量化技术科学确定所需的毒饵总量。研究结果表明，广东农区的灭鼠效果与毒饵指数［毒饵投放量（kg/hm^2）/捕获率（%）］呈显著正相关，回归方程分别为：冬春季 $y=15.52+136.55x$，夏季 $y=-3.98+145.48x$。由此可以推算出，冬春季及夏季灭鼠时预期防效均为85%时，单位面积（hm^2）所需的最低投饵量（kg）分别为捕获率×0.52和捕获率×0.62。此外，现场投饵时还应根据鼠洞口或鼠道的大小及鼠道的密集程度，灵活把握不同投放点的投放量。若鼠洞口大、鼠道密集，则表明栖息的害鼠体型大、数量较多，需适当增加投饵点及投放量，确保毒饵足够害鼠取食一周。

六、广东江门市新会区稻田害鼠化学防控案例

夹夜法定期监测的结果表明，江门市新会区稻区的害鼠种类有黄毛鼠、卡氏小鼠、板齿鼠、褐家鼠和黄胸鼠等，其中黄毛鼠的种群数量及生物量占比分别达到60.57%和52.43%，为第一优势鼠种及主要的害鼠。抗性监测的结果显示，新会区黄毛鼠对第一代抗凝血杀鼠剂产生了抗药性，其中2019～2022年的抗性率为18.18%～45.24%。而该地区板齿鼠的数量比例为15%～20%，但其生物量占比高达30%～40%，对水稻生产的危害也较大。为此，依据这两种重要害鼠的灾变特点及生态习性，制订了有针对性的科学防控对策及技术措施。

1．根据鼠类灾变规律及发生趋势，选择合理的防治适期

因华南稻区主要害鼠的灭后回升速度快，防治适期应选择在二月中旬至三月上旬及八月中下旬，并采用“一役达标”的灭鼠策略，使每次防治的毒杀效果尽量达到85%以上。

2．选择合理的灭鼠药物，制备高效毒饵

鉴于主要害鼠对第一代抗凝血剂的抗性率已达18.18%～45.24%，采用连续使用第二代抗凝血剂溴敌隆或溴鼠灵三年，再轮换使用第一代抗凝血剂杀鼠醚一年的杀鼠剂协调使用技术。以害鼠喜食的新鲜干稻谷为诱饵，使用二甲基甲酰胺作为渗透剂，按所选杀鼠剂的标准配制方法制备成高效毒饵。

3．组建灭鼠专业队开展统防统治

针对害鼠活动范围广、迁移扩散能力强的防治难点，当地政府应高度重视鼠害防治工作，由村委挑选责任心强的5～10个农民组建灭鼠专业队实施统防统治。经过灭鼠技术培训的专业队负责制备和投放毒饵，确保科学灭鼠措施的落地实施，是高效低风险地控制鼠害的重要前提（图5-20）。

4. 实施精准防控，提高防治效果

一是根据防治适期当地的鼠密度监测结果，做出进行全域化学防治还是挑治局部区域的科学决策。二是要确定化学防治时所需的精准投饵量，其中冬春季灭鼠时毒饵用量为每亩 250～300g，而 8 月中下旬灭鼠为 300～350g。三是在农田范围及周边的村庄、禽畜场、工厂、饭店等进行全面灭鼠，但要重点防控土堆高大、杂草丛生的害鼠主要栖息地，如鱼塘、排灌渠道、江河围堤、荒地、弃耕地、机耕路、养殖场及村庄、饭馆外围等（图 5-21），有条件的可使用毒饵站。四是将毒饵投放到鼠洞、鼠道及活动频繁的其他地方，同时还应根据鼠洞、鼠道的大小及鼠道的密集程度，科学掌握不同饵点的投放量，确保做到投饵到位又够量，才能达到防效 85%以上的预期目标。

图 5-20　技术人员进行鼠情监测培训

图 5-21　应用栖息地灭鼠技术进行防治

七、华南害鼠高效化学防控原理及意义分析

1. 原理分析

华南稻田主要害鼠的活动范围大、迁移扩散能力强，害鼠的栖息地多分布在鱼塘、排灌渠道、江河围堤、荒地、弃耕地、机耕路等处，农户零散进行防治的控害效果差。基于害鼠栖息地呈聚集分布的特点，组织灭鼠专业队或聘请专业防控机构开展大面积统防统治工作，才能取得好的防治效果。

根据害鼠区域性发生动态确定用药方案，专业防控精准用药，即“用对药、用准药、用足药”是达到害鼠高效化学防控的重要前提。通过监测害鼠的种类、栖息分布、数量发生动态及抗药性程度，在害鼠种群数量超过防治阈值时，选择抗药性风险低的抗凝血杀鼠剂及害鼠喜食的诱饵配制成高效毒饵，利用毒饵指数科学确定所需的投饵量，采用栖息地灭鼠技术和毒饵站施药法，在鼠洞口、鼠道及经常活动的隐秘地点精准投药，实现“一役达标”的防控目的。

2. 意义分析

水稻是我国的主要粮食作物，高效控制鼠害，减少水稻产量损失对保障我国粮食安全具有重要意义。此外，防控鼠害对维护生态安全及人民身体健康也有重要的作用。统防统治是我国政府提出的农业有害生物防控措施，我国社会主义体制具备大规模组织协调的优势，为实施水稻害鼠化学防治的统防统治工作提供了有力的制度保障。害鼠精准用药防控是我国近年来“农药化肥减量增效”技术研发的新成果，对减少农业面源污染、保护生态环境起到积极作用。

案例 13　农药穴施高效防控蔬菜病毒病

蔬菜病毒病素有“蔬菜癌症”之称，近年来，发生面积不断扩大，主要表现为蔬菜病毒病大流行频率上升，受害的蔬菜种类增多，损失加重。几乎所有种类的蔬菜都会感染病毒病，但以番茄、辣椒等茄科和黄瓜等葫芦科蔬菜发病最为严重，许多地块的发病率都在 80%左右，产量损失达 50%以上，一些地块甚至绝收。

一、蔬菜病毒病的种类

1．茄科蔬菜病毒病

茄科作物病毒病病原较多，发生较为严重，主要由烟草花叶病毒、黄瓜花叶病毒、马铃薯 X 病毒等侵染所致，危害症状有 3 种表现：幼苗矮缩、叶片出现花斑，表现出花叶症状的称为花叶型，是较为常见的一种病害类型；有的叶片狭长，叶肉组织退化，色淡卷曲，节间缩短，严重的形成管状，称为卷叶型；有的在叶、叶柄及茎上出现褐色或黑色不死条斑，病茎容易折断，病果有坏死斑和凹陷，表现畸形，称条纹型。

番茄是蔬菜的主要品种，病毒病已成为番茄植株上仅次于真菌病害的第二大病害。自 1909 年美国发现番茄上的病毒——烟草花叶病毒（tobacco mosaic virus，TMV）以来，世界各地相继报道了多种可侵染番茄的病毒。近年来，番茄病毒病危害严重，发病率可达 50%～70%，给番茄产量造成了较大损失。番茄发病后表现出黄化、矮化、蕨叶、丛枝、花叶、坏死、曲叶、曲顶、黄顶及畸形、斑驳等症状，常见的症状有花叶、蕨叶、条斑等，以花叶最为普遍。除烟草花叶病毒、黄瓜花叶病毒和黄化曲叶病毒外，新的病毒病不断发生，番茄产业造成较大影响。

1915 年，澳大利亚最早进行了番茄斑萎病毒（tomato spotted wilt virus，TSWV）病的报道，随后相继在多个国家报道了该病毒病的发生和危害。20 世纪 90 年代，番茄褪绿病毒（tomato chlorosis virus，ToCV）病发现于美国，目前已经蔓延至世界多地。在我国，该病毒病是最近发现的新病害，在珠江三角洲、广东、广西、北京等地均有报道，且造成 30%～40%的产量损失。番茄褪绿病毒是长线形病毒科（Closteroviridae）毛形病毒属（*Crinivirus*）的成员，危害世界许多地区多种作物，引起严重的褪绿和黄化。番茄褪绿病毒可造成番茄植株活力的降低进而导致产量的下降，在田间和温室均造成大量的损失。

2．葫芦科病毒病

葫芦科病毒病主要由黄瓜花叶病毒、烟草花叶病毒、南瓜花叶病毒和甜菜花叶病毒侵染所致。病毒随多年生植株、病株残余组织或种子在田间越冬。病毒主要通过种子、汁液、蚜虫、白粉虱和蓟马等传播，田间传毒媒介防治不及时及粗放的田间管理模式均能加重病毒病的发生及危害。

黄瓜病毒病是黄瓜生产中发生较为严重的病害，全国各地均有发生。黄瓜病毒病为系统性病害，主要由黄瓜花叶病毒、甜瓜花叶病毒和烟草花叶病毒在黄瓜生长过程中单独或复合侵染引起。该病害在夏、秋季节发病严重，对黄瓜的品质和产量有明显影响。

3．十字花科病毒病

十字花科病毒病可危害白菜、萝卜、油菜、甘蓝、芥菜等，是十字花科蔬菜生产上常见的三大病害之一。我国十字花科蔬菜病毒病主要由芜菁花叶病毒、黄瓜花叶病毒、烟草花叶病毒单独或复合侵染所致。此外，某些地区还有白菜沿脉坏死病毒、萝卜花叶病毒、花椰菜花叶病毒等。

大白菜在苗期和成株期均可感染病毒病，苗期受害损失较重。大白菜病毒病一般在春夏季发病严重，发病程度可达5%～15%，严重时高于20%。而且一旦发病，会引发多种病害，严重影响大白菜的品质和产量。染病后会表现出不同的症状，如畸形花叶、叶片绿色浓淡不均、皱缩黄化等。

芜菁花叶病毒病广泛分布于世界各地，是一个全球性的重要病害。以TuMV为主的病毒病在大白菜上的发病率通常为10%～30%，严重的达80%～90%。且寄主广泛，除了侵染白菜，还可侵染油菜、甘蓝、萝卜、卷心菜和芥蓝等其他十字花科蔬菜。

4. 豆科病毒病

豆科病毒病近几年呈加重趋势，且在全国各地产区均有发生，严重影响豆科植物的产量及品质。豆科植物病毒病多由豆类花叶病毒侵染所致，种子带毒是豆科病毒病的初次侵染源，可随调种远距离传播，保护地豆科蔬菜、田间越冬的野生植物及病残体也可成为毒源。

二、病毒病的传播

1. 病毒病的传播途径

病毒是专性寄生病原，只能利用植物代谢物来维持它们在寄主组织内的繁殖和传播。病毒没有自主传播机制，它们主要依赖其他生物主要是媒介昆虫进行传播，主要传播途径包括：①媒介传播，病毒的自然传播多数依靠昆虫、菟丝子等媒介，其中以刺吸式口器的害虫较为突出。刺吸式口器的害虫对植物体造成伤口，病毒从伤口侵入植物体内。②汁液接触传播，田间进行的许多农事活动都可以传染病毒病，如番茄、甜椒、瓜类蔬菜抹杈环节，在没有特意避开已发病植株时，打掉病毒植株的枝杈，汁液存留于手上，当对健康植株进行抹杈时就能传播上。同时叶片间的互相摩擦使病毒可通过轻微的伤口传播。③摩擦传播，从蔬菜的根茎、块茎、鳞茎、接穗、砧木等介体进行传播，病毒病可以通过整枝、打杈等农事操作机械传播，或带毒植物随风雨自然传播。④种子带毒和土壤病残体传播，在育种时若没有做好病毒的预防，生产的种子极有可能带有病毒，带毒种子销售到全国各地也会加剧病毒病的传播。

2. 病毒病的传播生物介体

病毒没有自主传播机制，它们主要依赖其他生物主要是媒介昆虫进行传播。其中重要的媒介昆虫包括蚜虫、叶蝉、飞虱、烟粉虱和蓟马等。例如，烟粉虱是番茄黄化曲叶病毒病的主要传播介体，烟粉虱获毒后可终生传毒。番茄斑萎病毒主要是以蓟马，特别是西花蓟马为媒介在寄主植物植株间进行传播。2011年，在巴西戈亚斯州的一个商业种植园中发现一些马铃薯植株受到了ToCV的侵染，并且该种植园B型烟粉虱发生严重。Wintermantel等证实B型烟粉虱为番茄褪绿病毒的主要传播介体，烟粉虱虫口密度的增加会导致当年番茄褪绿病毒的大发生。

芜菁花叶病毒和黄瓜花叶病毒可由蚜虫和汁液摩擦传播，但在田间，病毒主要是通过蚜虫传播，如菜缢管蚜、桃蚜、甘蓝蚜、棉蚜等，因此通过防治传毒介体昆虫，可以有效地控制病毒病的传播和发展。一些蔬菜如番茄、辣椒、瓜类、菜豆等因为果肉和花粉携带病毒导致种子带毒，甜瓜花叶病毒可通过种子传播。

病毒可通过蔬菜的根茎、块茎、鳞茎、接穗、砧木等介体进行传播，如南瓜花叶病毒。嫁接过程中蔬菜细胞间发生融合，病毒未脱离活体寄主，因此在培育嫁接苗时就要避免从病毒母株上取接穗，也要淘汰有病毒的砧木。菟丝子等寄生植物也可以传播病毒病。此外，病毒病可以通过机械，或通过整枝、打杈等农事操作，或通过带毒植物随风雨自然传播。

三、病毒病的防治

病毒病的控制基于两个原则：①病毒病尚无法治愈；②病毒病只能通过预防手段来控制。因此，蔬菜病毒病的综合防治应贯彻“预防为主，防治结合”的植保方针，主要有抗病品种选育、种子消毒、加强田间管理、防治媒介昆虫和使用抗病毒药剂等。近年来，蔬菜病毒病日益严重，但缺乏效果较好的防治病毒病的药剂。

选用抗病品种是防治病毒病的重要途径，多数抗病品种可以抵抗病毒的复制和扩散，但不同的蔬菜品种对于不同病毒病的抗性差异很大，要针对当地主要毒源，因地制宜选用抗病品种。抗病品种的使用须注意提纯复壮，以确保品种抗病性不会退化。此外，利用杂交一代的优势，也是提高品种抗病性的一种方法。

病毒病的防治应贯穿于整个农事操作中，如加强苗期管理、肥水管理，增强瓜秧的抗病能力。对于可通过汁液摩擦传毒的，在进行打杈、打顶、摘心、摘花等农事行为时，须将病株与健株分开操作，避免病毒的传播。另外，病毒病的发生与播种期有密切关系，因此需适期播种，避开媒介昆虫高发期。

目前，生物防治主要是应用一些已商品化的天然抗病毒物质进行病毒病的防控。生物防治制剂对植物安全、低残留且无环境污染。生物制剂的主要防控原理包括：①可以对侵染植物的多种病毒有较好的钝化作用；②保护型物质如月桂醇、褐藻酸钠等喷在植株上后会形成膜状物质，可以防止或削弱病毒的入侵，对由机械摩擦传染和蚜虫传染的植物病毒有一定的抑制作用；③诱抗物质被植物吸收后，能调节植物生长并抑制病毒在植株体内的转移，如赤霉素、芸薹素等可对番茄、辣椒、西瓜等蔬菜病毒有较好的疗效，还有些植物源抗病毒剂在喷施后可引起促进植物生长的内源激素含量的增加，虽然植物中病毒含量没有降低，却可以有效抑制病毒症状的产生。抗病毒生物制剂在植物发病前或是初期使用，对病毒病可达到较好的防效，登记较多的有香菇多糖、抗生素农药——宁南霉素、混合脂肪酸等。

抗病毒化学药剂的开发一直是国内农药创制领域的一个难点，毒氟磷是我国新开发出来的具有自主知识产权的抗病毒化合物，是由贵州大学以绵羊体内的一种化合物——α氨基磷酸酯为先导开发的一种生物源抗病毒药剂。毒氟磷对水稻黑条矮缩病毒、烟草花叶病毒和番茄花叶病毒等表现出优异的活性，目前已在水稻、烟草、黄瓜、番茄、西瓜、马铃薯上登记使用。此外，吗胍·乙酸铜由盐酸吗啉胍和乙酸铜复配而成，药液通过植株表面的水气孔进到植株体内，可抑制核酸、蛋白质合成，从而抑制病毒的复制，控制病毒的发生发展。

大多数植物病毒病是通过介体昆虫传播的，控制传毒介体昆虫是防治植物病毒病的重要措施，尤其是秧苗期防虫对病毒病的防治具有重要意义。病毒病侵染越早，发病越重，危害也越大，因而防治宜早不宜迟。防治传毒介体可以通过物理诱杀和驱避，也可以使用生物农药，如使用银灰色或白色反光塑料薄膜或铝光纸，可以起到拒蚜的作用，将矿物油喷于植株上也有阻止介体传毒的作用。但是，农业害虫防治最快捷有效的途径离不开化学农药的使用。

四、蔬菜病毒病穴施片剂防控技术方案

1．药剂选择

噻虫嗪、吡虫啉、啶虫脒和烯啶虫胺等为常用的环境相容性好、内吸性好，且对粉虱、蚜虫等媒介昆虫活性高的化学药剂，剂型为片剂。

2．用药剂量

1）播种期用药：5%或10%烯啶虫胺片剂。

2）移栽期用药：20%噻虫嗪、烯啶虫胺、啶虫脒或吡虫啉片剂。

3．用药方法

1）播种期用药：在育苗盘底部撒入1cm深度的土壤，放入1片药剂后至少覆土3cm，放入种子后，继续覆土浇水。

2）定植期用药：在蔬菜定植时施药，在根部周围距离根部3cm处放入1片药剂，定植后要浇水，常规管理，注意不能干旱，保证根部充分吸收。

五、山东寿光番茄褪绿病毒（ToCV）病穴施片剂防控案例

由于育苗工厂管理严格，在番茄出苗至移栽阶段，无论是否在播种时施用烯啶虫胺片剂（5mg和10mg），番茄烟粉虱数量都很低。移栽时使用噻虫嗪（40mg）片剂，第32天时对烟粉虱的防治效果仍高达79.5%～83.2%，第46天时还有56.1%～62.9%的防效。播种时烯啶虫胺10mg，移栽期噻虫嗪40mg片剂处理，对烟粉虱的防效优于噻虫嗪叶面喷雾（表5-28）。

表5-28　新烟碱片剂在移栽后第32天和第46天时对烟粉虱和番茄褪绿病毒的防治效果

药剂处理	烟粉虱防效/%		病情指数		病毒病防效/%	
	32d	46d	32d	46d	32d	46d
5mg 烯啶虫胺片剂/种子	48.9c	30.1c	6.2b	15.2b	31.9d	16.0c
10mg 烯啶虫胺片剂/种子	51.2c	35.0c	4.0cd	13.7c	56.0bc	24.3b
5mg 烯啶虫胺片剂/种子 40mg 噻虫嗪片剂/移栽	79.5b	56.1b	2.7e	10.7d	70.3a	40.9a
10mg 烯啶虫胺片剂/种子 40mg 噻虫嗪片剂/移栽	80.9ab	57.2b	2.2e	10.9d	75.8a	39.8a
40mg 噻虫嗪片剂/移栽	83.2ab	62.9a	3.8cd	13.8c	58.2b	23.8b
60（a. i.）g/hm^2 噻虫嗪叶面喷雾	85.0a	63.9a	4.4c	13.2c	51.6c	27.1b
未施药对照	—	—	9.1a	18.1a	—	—

注：每列数字后不同字母表示数值间差异显著（$P \leqslant 0.05$），未处理对照组烟粉虱活虫数为136.4头/株；“—”表示无此数据

未用药剂处理的对照组番茄植株在移栽后 20d 即出现番茄褪绿病毒症状，叶片主脉或基部叶片出现绿色斑点或轻微褪绿。而直到移栽后 30d，在片剂处理的番茄叶片上才观察到症状。与未处理植株的 ToCV 病情指数相比，常规配方产品叶面喷施和穴施片剂均能显著控制 ToCV。移栽后 32～46d，病害发生严重度逐渐增强，病害指数显著升高。播种期施用烯啶虫胺片剂 5mg 和 10mg，移栽期施噻虫嗪片剂 40mg 对 ToCV 的防治效果最好，32d 时对病毒病防效分别为 70.3%和 75.8%，防效比噻虫嗪叶面喷雾高 20%以上，比仅移栽期施用片剂高 12%以上。同时减少施药次数 1～2 次，减少农药施用量 20%～30%。

六、蔬菜病毒病穴施片剂的防控原理及意义分析

苗期是蔬菜病毒病控制的重要时期，利用一些杀虫剂和抗病毒药剂的内吸传导特性，在播种期和定植期穴施片剂，药剂活性成分可随种子发芽出苗及生长，或随根部吸收传导至地上部植株中，并通过昆虫取食进入虫体，可降低虫口密度，减少病毒发生概率。穴施片剂具有环保隐蔽和有效成分缓慢释放的特点，可保证在对作物安全的情况下持续供应药剂，实现精准用药。本技术要点主要针对烟粉虱、蓟马和蚜虫传播的病毒病防治，适用于辣椒、番茄和黄瓜等蔬菜作物，其他蔬菜可根据情况适当调整。

农药的内吸作用是将农药施到作物的某一部位如根、茎、叶、种子上，能被作物吸收到体内，并随着植株体内液体的流动而传导到远离施药点的部位。害虫通过刺吸植物汁液而死亡，内吸杀虫剂的作用方式属于胃毒作用。本项技术中，播种期采用烯啶虫胺片剂进行穴施，有效成分随种子萌发传导分布到番茄幼苗中，施药后 42d 内幼苗中可检测到一定剂量的药剂（图 5-22A），28d 内对烟粉虱的防效大于 80%（图 5-22B）。播种 42d 内，经药剂提取和高效液相色谱（HPLC）检测，5mg 片剂处理的地上部植株中烯啶虫胺含量为 12.55～46.28μg/g，10mg 处理为 30.79～102.07μg/g，15mg 处理为 14.89～111.99μg/g。14～28d 中对温室内自然发生的烟粉虱的防效均达到 80%以上（图 5-22）。

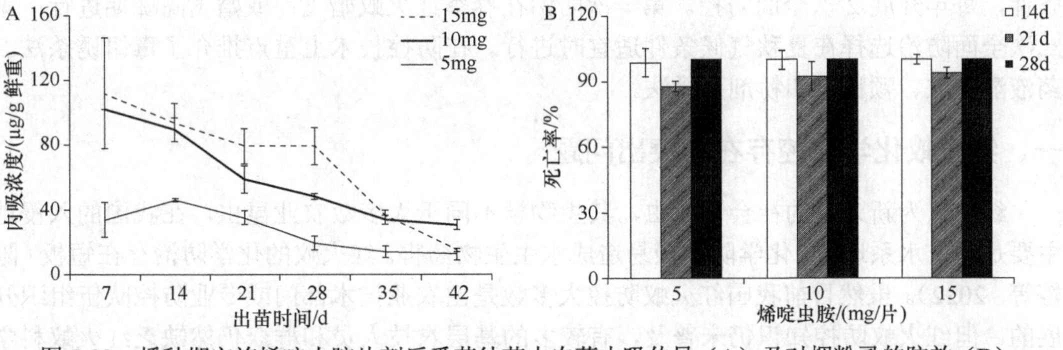

图 5-22 播种期穴施烯啶虫胺片剂后番茄幼苗中农药内吸传导（A）及对烟粉虱的防效（B）

农作物病虫害防治的基本原则是“预防为主，综合防治”。蔬菜病毒病的防控同样需要遵守这个原则。健康的种苗对于蔬菜病毒病的防控至关重要，采用片剂伴随播种和秧苗移栽进行土壤穴施，实现了农药的隐蔽施用和缓释控释，对媒介昆虫及其传播的病毒具有精准持效控制作用。此外，还可以有效降低农药的施用次数和叶面喷雾带来的环境污染，减少蔬菜中农药残留的危害，确保了菜篮子安全，也有利于粮安天下。

案例14 红火蚁两步法化学防控

红火蚁（*Solenopsis invicta* Buren）原产于南美洲巴拉那河流域，是一种具有强大繁殖力和竞争力的外来入侵害虫。该虫属世界公认百种最具危险性的入侵物种之一，不仅危害农林业生产、公共安全和生态环境，还具有较强的攻击性，给生产生活、人畜安全带来威胁。红火蚁入侵能力强，从20世纪初至今已从原产地南美洲部分国家扩张至中美洲、北美洲、澳洲、亚洲等24个国家和地区。我国于2004年在广东省吴川市最早确认发现红火蚁（曾玲等，2005）。2021年，农业农村部公布的数据显示，红火蚁已入侵大陆的12个省、448个县（市、区）。受带土苗木、草皮、建筑材料等商品及气候条件等因素影响，红火蚁在广东等省仍呈较快速度传播、疫情有发生重的势头。

为有效阻击红火蚁的传播蔓延和控制其猖獗为害，除被侵入地区政府部门大力开展监测、实施防控外，我国科技人员也在红火蚁监测、检测、生物学和生态学、发生危害规律、防除药剂及技术等多个方面开展了研究，取得了丰富的研究成果（陆永跃等，2019）。

化学防控是入侵害虫最重要的防控手段之一。我国从发现红火蚁入侵后开展了大量药剂毒理学研究，发现红火蚁对大多数杀虫剂的触杀毒性均较敏感，多杀菌素、茚虫威等药剂具有良好的传导毒力，为红火蚁的药剂产品研发和防控应用提供了良好基础（曾鑫年等，2007；潘达强等，2014；郭文举等，2015）。我国于2013年颁布了《红火蚁化学防控技术规程》，规定了红火蚁化学防控的策略、适期、技术、药剂、效果评定等内容，并要求要做好安全防护和档案管理等工作，对红火蚁有效化学防控有较好的指导意义。

我国红火蚁的防控策略是，按防控目标要求，结合地理环境，科学全面地监测红火蚁发生情况，确定防控的重点和具体方法；主要采用点面结合、诱杀为主的技术，选择合适的药剂防治红火蚁，并对发生区内高风险调出物品进行检疫处理；科学评价防控效果，指导下一步的防控工作，是红火蚁化学防控的主要策略。防控适期是根据本地气候条件，每年开展2次全面防控。第一次防治在春季红火蚁婚飞前或婚飞高峰期进行；第二次全面防治选择在夏秋气候条件适宜时进行。在防控技术上重点推介了毒饵诱杀法、药液灌巢法、颗粒剂和粉剂灭巢法。

一、红火蚁化学防控存在的突出问题

红火蚁为新入侵的社会性昆虫，其生物学不同于大多数农业昆虫，在我国的入侵地主要是南方水系地区，化学防治极易造成水生生物药害。红火蚁的化学防治存在短板（陈婷等，2022）。虽然目前我国红火蚁防控大多数是由农业技术部门或专业防控队伍组织开展的，但红火蚁防控知识仍未普及，有较多的基层农技人员和群众仍然缺乏红火蚁科学防控知识，有些地方还按大田作物害虫施药方法防治红火蚁，或采取火烧、脚踩等错误的防治方法，致使蚁巢内的红火蚁逃逸、分巢，加快了红火蚁的扩散蔓延。在防治药剂方面，最大的问题是农技人员对红火蚁生物学和药剂特性不够了解，药剂使用时机和顺序出现错误，导致防效不理想。此外，虽然我国已投入大批量生产的红火蚁药剂有20多个品种，但高效稳定环保的防治药剂仍较缺乏，药剂产品质量不稳定，效果参差不齐。

红火蚁化学防控需要严格按要求使用有效登记药剂。灭蚁灵是一种非常高效的有机氯类蚂蚁防控药剂，残留期长，我国在20世纪80年代已禁止生产与使用，但仍有不法人员生产销售含该药剂的产品。氟虫胺曾在我国登记用于红火蚁防治，药效较好，使用量占红火蚁防控农药总使用量的18.8%（丁林华，2022）。氟虫胺药剂含有目前已知最难降解的有机污染物全氟辛烷磺酸（perfluorooctane sulfonates，PFOS）成分，我国已决定从2020年起禁止氟虫胺用于红火蚁药剂的生产、销售与使用。此外，诸如氟虫腈等对水生生物毒性大的药剂需要慎重使用。

二、红火蚁两步法化学防控技术

红火蚁防治两步法（two-step method）最早由美国得克萨斯州推荐，并被证明是对大面积发生地最有效的红火蚁化学防控方法。两步防治法的第一步是在整个红火蚁发生区撒施毒饵剂处理，第二步是蚁巢定点药剂处理。这一方法已被证明对红火蚁的发生为害有非常好的控制效果。

1．撒施毒饵剂处理

春季和秋季是红火蚁生长活跃期，工蚁喜在晴朗天气的傍晚和夜间觅食，并在巢内经幼蚁将食物哺饲给蚁后。春季或秋季在红火蚁发生区全面撒施红火蚁毒饵，目的主要是毒杀蚁后或让蚁后不育，根除蚁群。毒饵必须是觅食性好的高传导毒力药剂，以胃毒剂或生长发育调节剂为主，作用缓慢，需要数周乃至数月才能显示效果。特别要注意，毒饵处理不能扰动蚁巢，也不能在处理前用其他药剂杀灭工蚁。

2．蚁巢定点药剂处理

红火蚁蚁巢一般明显突出于地面，易于识别。在全面毒饵处理后至少一周才可开始蚁巢定点处理，目的是快速消除蚁群个体数量。主要利用触杀性粉剂、颗粒剂、液剂等逐个处理蚁巢，杀灭工蚁等各类个体。扰动蚁巢可以提高蚁巢处理的药效，但要切防扰动后红火蚁对施药人员的攻击，以防被蜇伤。

三、广州某区红火蚁两步法化学防控案例

广州某区位于广州市南端的珠江水系，面积60多平方千米。该区农业经济以水产养殖为主，区内鱼塘、农田、绿化地、荒地等生境多样，红火蚁发生较为严重。在区农业服务中心的主持下，组织专业技术力量开展了红火蚁发生疫情监测及“两步法”防控工作，通过3年的防控实践，取得了良好的控害效果。

1．红火蚁发生疫情监测

按照《红火蚁疫情监测规程》（GB/T 23626—2009）和《广东省农业厅红火蚁发生点、监测区范围划定和管理办法》（粤农〔2013〕25号）文件要求，2019年10月对该区红火蚁发生区域的主要生境包括农田、果园、苗圃、杂草荒地、绿化地、草坪、公园、鱼塘基堤等开展红火蚁发生及地理信息系统（GIS）数据调查，共计281个调查监测点。分别以每100m^{2}活动蚁巢数或平均每个诱集器红火蚁工蚁数为评价指标，将调查数据处理后导入ArcGIS，建立红火蚁发生程度分布图。

调查结果显示，该区红火蚁大范围发生，平均发生程度为2级，其中鱼塘基、河堤和荒草地发生较为严重，达到3级发生，蚁巢数量和工蚁数量较多（表5-29）。园林绿化地等区域红火蚁发生程度次之，而在农田和学校区域发生程度较低。

表 5-29　广州某区红火蚁发生情况

生境类型	调查点数	平均活蚁巢数/(个/100m²)	平均诱集工蚁数/(头/瓶)	发生等级
鱼塘基	30	0.95	93.1	3
河堤	32	0.53	70.9	3
荒草地	9	0.67	144.6	3
市政绿化地	55	0.32	45.2	2
园林苗圃	11	0.22	38.1	2
公园	50	0.11	17.8	2
农田	68	0.08	14.5	1
学校	26	0.05	12.4	1
总数/平均	281	0.37	54.6	2

2．两步法施药防控处理

根据《红火蚁化学防控技术规程》和该区红火蚁发生范围与程度，红火蚁防控专业队选择在 2019 年秋和 2020 年春、秋时节施药。所用药剂为 0.015%多杀菌素饵剂和 0.5%氟虫腈触杀粉剂。灭蚁饵剂采用专业人员一字排开式机具施药（图 5-23）。发生程度 3 级以上区域施药量为 15kg/hm^2，3 级以下区域施药量为 10kg/hm^2。使用毒饵剂时地表适宜温度为 21～35℃，地面应较干燥，使用后 6h 内无降雨，如地面潮湿或施药后 6h 内淋水，会影响饵剂药效，需再次补施。在完成第一步毒饵剂施药后一周，再对活蚁巢进行第二步触杀粉剂单巢处理。直径 30cm 以上大蚁巢的用药量为 30～50g/巢，小蚁巢的用药量为 15～30g/巢。单巢处理时，无论是用粉剂还是药液灌巢，通过开巢处理，可迅速让药剂直接接触到虫体，能提高药效，但要严密防范受到红火蚁叮咬。

图 5-23　红火蚁饵剂撒施处理作业队

3．药效评价

经过秋—春—秋 3 次两步法药剂防控处理后，药剂防控区红火蚁的发生得到了有效的控制，活蚁巢平均防效为 95.8%、工蚁平均防效为 96.0%（表 5-30）。在公园、学校和农田区，红火蚁得到了基本根除，但在鱼塘基、河堤和荒草地等原红火蚁较高发生区，防控较为困难，仍有少量红火蚁蚁巢和工蚁存活。

表 5-30　两步法防控红火蚁的药效

生境类型	调查点数	平均活蚁巢数/（个/100m²）			平均诱集工蚁数/（头/瓶）		
		处理前	处理后	防效/%	处理前	处理后	防效/%
鱼塘基	30	0.95	0.12	87.4	93.1	9.8	89.5
河堤	32	0.53	0.03	94.3	70.9	6.4	91.0
荒草地	9	0.67	0.05	92.5	144.6	12.7	91.2
市政绿化地	55	0.32	0.01	96.9	45.2	1.5	96.7
园林苗圃	11	0.22	0.01	95.5	38.1	0.2	99.5
公园	50	0.11	0	100.0	17.8	0.0	100.0
农田	68	0.08	0	100.0	14.5	0.0	100.0
学校	26	0.05	0	100.0	12.4	0.0	100.0
总数/平均	281	0.37	0.03	95.8	54.6	3.8	96.0

四、红火蚁两步法化学防控原理及意义分析

两步法能有效控制红火蚁的发生，其原理是依据红火蚁具有工蚁觅食、交哺传导及清巢行为等的生物学特点，优先发挥杀蚁饵剂取食，经幼蚁传导至蚁后，从而杀灭整个蚁群的功能；然后，发挥扰动蚁群后触杀药剂黏附虫体、清巢行为引起二次中毒的功能，实现杀灭工蚁的目的。

红火蚁在我国的入侵发生得到了党中央的高度重视，温家宝总理亲自批示要做好红火蚁疫情防控工作。此后，一直是由政府指导组织并拨出专款采购药剂，通过专业化社会服务开展红火蚁的防控，表明党中央对我国生态安全和人民群众健康的高度重视。

随着我国经济国际化与区域化快速发展及“一带一路”等重大战略的实施，加上口岸通关一体化和快速化政策，有害生物原有地理隔离、生态屏障和管理限制等逐渐被削弱，甚至被打破，在不同国家之间、我国不同区域之间物种更容易持续迁移、转移，导致外来有害生物传入频率和扩散扩张风险剧增。因此建立起一套行之有效的预防、阻击、控制与管理的技术措施与技术标准体系非常必要（陆永跃等，2019）。

案例 15　挂包法防治椰心叶甲

椰心叶甲（*Brontispa longissima* Gestro）原产于印度尼西亚和巴布亚新几内亚，是棕榈科植物上的一种世界性入侵害虫，被多国列为检疫性有害生物，主要危害棕榈科植物的心叶，具有繁殖速度快、破坏性强和防治困难等特点（彭正强等，2019；张志祥等，2004）。自 20 世纪初开始，该虫成为太平洋岛屿的椰子树和其他棕榈科经济植物的重要害虫，在越南和马尔代夫等地大面积发生，仅 2001 年就在越南使 600 万株椰树受害。随着棕榈科植物国际化贸易的深入，椰心叶甲在世界范围内广泛分布于热带及亚热带的棕榈科植物种植区（黄振裕等，2014）。1994 年 3 月，我国大陆地区首次在海南截获椰心

叶甲，2002 年在海南省首次发现椰心叶甲的危害，之后迅速在海南暴发成灾，并扩散至华南沿海有种植棕榈科植物的地区。资料显示，椰心叶甲在海南暴发后，给海南造成了 1.5 亿元的经济损失，并给全省的椰子树造成了毁灭性打击。而除海南之外，在广东地区也造成了近 50 万棕榈科植物受害或死亡（吕宝乾等，2012）。

椰心叶甲入侵我国之后，相关专家参照国际上有害生物危险性分析方法，从有害生物的国内、国外分布情况，潜在的危害性，受害寄主经济重要性，定植和扩散的可能性及管理难度等方面进行定性和定量分析，表明椰心叶甲风险性较高，在我国属于高度危险的森林有害生物（黄振裕等，2014）。而利用生态位模型和分析软件对椰心叶甲在中国大陆地区的潜在分布区进行了预测，结果表明，椰心叶甲在中国的潜在分布区主要集中在华南和华东地区（陆永跃和曾玲，2004）。为了有效阻击该虫对我国椰子、槟榔及整个棕榈产业的危害，保护海南等热带亚热带地区的绿色生态安全和自然景观，国家林业和草原局、海南省林业局、海南省森林资源监测中心等部门联合相关科研单位开展了对该虫的防控攻关，在阐明该虫生物学和生态学特点、摸清入侵成灾规律的基础上集成了一套集植物检疫、疫情监测、化学防治、生物防治于一体的防控技术体系。

目前针对椰心叶甲的防治方法主要为化学防治，而在绿色防控的生态发展需求下相关生物防治的研究也在稳步推进。在椰心叶甲入侵早期，相关研究人员开展了大量的药剂毒理学研究，发现吡虫啉、阿维菌素和甲维盐等药剂对于该虫的触杀活性优异（侯华民等，2012）。温海波等（2014）发现烯啶虫胺对椰心叶甲的幼虫具有较强的胃毒作用，同时也表现出显著的杀卵作用。最新研究发现，10%虫螨腈与 10%唑虫酰胺复配的微乳剂对槟榔上的椰心叶甲触杀效果显著（吴朝波等，2021）。除喷雾药剂的筛选之外，为了配合根区施药的防治方法，有关学者也对根施杀虫剂开展了研究，结果发现噻虫胺、氯氟氰菊酯对椰心叶甲成虫具有很强的毒杀作用，而两者复配使用具有协同增效的作用（冯岗等，2018）。最新研究还发现 1%联苯・噻虫嗪颗粒剂通过土壤撒施处理对防治槟榔上椰心叶甲的幼虫和成虫均有较好的效果，且持效期可长达一个月以上（杨海中等，2022）。张志祥等（2008）根据椰心叶甲的危害特点和南方潮湿多雨的气候特点，在前期药剂毒理学的研究基础上开发出了椰甲清淋溶性粉剂挂袋法防治椰心叶甲，取得显著防效的同时，也被列为了“国家重点新产品”，并是国家林业和草原局推介的椰心叶甲防治药剂。

一、椰心叶甲化学防控的突出问题

椰心叶甲在侵入我国初期，由于缺乏天敌控制、生态位空缺及食物充足的原因，种群发展迅速，在棕榈科植物上暴发成灾。在这一现状下，通常采用喷雾防治的方法来快速压低虫口密度（侯华民等，2010）。然而椰心叶甲主要危害部位位于植株顶部的心叶，隐藏在折叠的心叶内部，喷雾药剂很难触及靶标害虫，且由于棕榈科植物植株高大，通常需要借助云梯、高压水枪等工具将药剂送达植株顶部，不仅施药方式存在诸多困难，对于缺乏相关设备的普通种植户也不切实际（张志祥等，2008）。根区施药和茎干注射法对于防治植株高大的林木害虫具有重要的实用价值，然而对于药剂的内吸传导作用和植株的输导能力有较高的要求。赵志英等（2003）对 5 种药剂的茎干注射法和根部埋药法防治效果进行调查发现，具有内吸传导和胃毒作用的甲胺磷、灭多威等药剂效果较差，这可能与棕榈科植物特殊的输导组织有关，其散生的维管束并不能使药液较好地被输送到心叶部位。而冯岗等（2018）发现噻虫胺与氟氯氰菊酯的复配剂在对椰子树进行根区施药的处理下，一个月后的防效可达到80%以上，表明具有内吸性传导的药剂田间防治效果也存在差异性。郑常格等（2010）发现不同棕榈科植物生理上的差异会影响药剂的防治效果，如打孔施药法对大王椰上的椰心叶甲相较于椰子树上的防治效果更明显。综上，在椰心叶甲的化学防控中，如何将药剂精准投放至心叶部位是关键。

二、挂包法防治椰心叶甲技术方案

在国内，华南农业大学徐汉虹教授最早提出挂包法防治椰心叶甲，并研制开发出椰甲清淋溶性粉剂，该成果荣获广东省农业技术推广奖一等奖，此法已被广泛推荐用于省际棕榈科植物调运时椰心叶甲的预防及发生区椰心叶甲的防除。挂包法主要技术有以下几点。

1）药剂选择：目前开发的椰甲清淋溶性粉剂主要成分为杀虫单和啶虫脒，药剂的贮存期为2年，持效期可达6个月以上。杀虫单和啶虫脒均为中等毒性，在中性条件下稳定，其中杀虫单水中溶解度较高，为1.335g/mL，啶虫脒水中溶解度低，为4.2mg/mL，两者搭配可达到速效和持效的目的。

2）施药量：不同棕榈科植物的施药量有差异，以椰甲清淋溶性粉剂（一包20g）为例，椰子树、大王椰子和老人葵等每株需使用2包，而槟榔、针葵等每株使用1～2包。

3）挂袋方法：大型棕榈科植物需要挂2个药包，其中1个药包固定在未展开心叶的上端，另1个药包固定在靠近心叶受害较重的新叶上方内侧，并将新叶与心叶捆绑在一起。

4）用药时间：挂包法防治椰心叶甲的其中一个重要技术要点是利用天气发挥药剂的防治效果，施药时间需结合天气预报，在挂包期间需要有多次的降雨天气以保证药剂可以随雨水流入心叶部位。

三、海南挂包法防治椰心叶甲案例

试验一：海口市东营中学校园内靠沟边有矮椰子树30多株，选9棵虫口密度大的椰子树进行试验，树高3m左右，树龄4年，粗细均匀。

试验二：海南省农垦卫生学校校园内有两块椰子树林，选树高4～5m，树龄6年，粗细均匀的9棵椰子树进行试验。

天气情况：2003年8月23日施药，8月24日遇十二号台风，8月29日、8月30日为小到中阵雨。9月3日至9月9日为小到中雨。后来又遇十三号台风，降水量较充足。2003年12月雨量较少，2004年1月雨量较充沛。

药剂处理办法：采用了两种药剂处理方式，分别为45%啶虫脒（30%）·杀虫单（15%）可湿性粉剂（椰甲清）、90%万灵粉剂，每株挂一包，每包重20g。施药前先调查了虫口基数，东营中学在药后第8天、第15天、第52天、第70天、第123天调查各药剂处理下的虫口密度，农垦卫生学校在药后的第4天、第41天和第124天调查各药剂处理下的虫口密度，并计算各药剂处理虫口减退率、校正虫口减退率和防治效果。

防治效果：试验地的两种挂包处理，其椰子树新叶都已长出，明显不同于对照（表5-31和表5-32）。

表 5-31　东营中学椰甲清防治椰心叶甲药效

处理及稀释倍数	重复	药前虫口基数	药后第 8 天					药后第 15 天					药后第 52 天					药后第 70 天					药后第 123 天				
			活虫数/头	虫口减退率/%	平均虫口减退率/%	校正虫口减退率/%	防效/%	活虫数/头	虫口减退率/%	平均虫口减退率/%	校正虫口减退率/%	防效/%	活虫数/头	虫口减退率/%	平均虫口减退率/%	校正虫口减退率/%	防效/%	活虫数/头	虫口减退率/%	平均虫口减退率/%	校正虫口减退率/%	防效/%	活虫数/头	虫口减退率/%	平均虫口减退率/%	校正虫口减退率/%	防效/%
对照	1	103	175	−69.90	−59.26			243	−135.92	−98.68			216	−109.71	−90.57			324	−214.56	−186.77			401	−289.32	−255.30		
	2	124	208	−67.74				261	−110.48				238	−91.94				350	−182.26				457	−268.55			
	3	137	192	−40.15				205	−49.64				233	−70.07				361	−163.50				422	−208.03			
椰甲清	1	178	0	100.00	99.16	100.00	99.47a	0	100.00	99.19	100.00	99.59a	0	100.00	99.16	100.00	99.56a	11	93.82	85.69	97.85	95.01a	57	67.98	70.01	90.99	91.56a
	2	183	0	100.00		100.00		1	99.45		99.72		0	100.00		100.00		35	80.87		93.33		37	79.78		94.31	
	3	159	4	97.48		98.42		3	98.11		99.05		4	97.48		98.68		28	82.39		93.86		60	62.26		89.38	
90%万灵	1	137	3	97.81	97.17	98.63	98.22a	6	95.62	95.62	97.80	97.79a	117	14.60	24.81	55.19	60.54b	233	−70.07	−76.96	40.69	38.29b	393	−186.86	−189.14	19.26	18.62b
粉剂	2	156	5	96.79		97.99		4	97.44		98.71		105	32.69		64.68		246	−57.69		45.01		405	−159.62		26.93	
	3	129	4	96.90		98.05		8	93.80		96.88		94	27.13		61.76		262	−103.10		29.18		414	−220.93		9.67	

表 5-32 农垦卫生学校椰甲清防治椰心叶甲药效

处理及稀释倍数	重复	药前虫口基数	药后第4天					药后第41天					药后第124天				
			活虫数/头	虫口减退率/%	平均虫口减退率/%	校正虫口减退率/%	防效/%	活虫数/头	虫口减退率/%	平均虫口减退率/%	校正虫口减退率/%	防效/%	活虫数/头	虫口减退率/%	平均虫口减退率/%	校正虫口减退率/%	防效/%
对照	1	124	207	−66.94	−37.64			238	−91.94	−65.85			379	−205.65	−168.89		
	2	138	164	−18.84				207	−50.00				356	−157.97			
	3	151	192	−27.15				235	−55.63				367	−143.05			
椰甲清	1	216	3	98.61	99.01	98.99	99.29a	0	100.00	99.63	100.00	99.77a	42	80.56	81.66	92.77	93.18a
	2	178	0	100.00		100.00		2	98.88		99.32		29	83.71		93.94	
	3	192	3	98.44		98.86		0	100.00		100.00		37	80.73		92.83	
90%万灵粉剂	1	216	7	96.76	96.90	97.65	97.77a	138	36.11	27.22	61.48	56.12b	368	−70.37	−91.31	36.64	28.85b
	2	178	6	96.63		97.55		134	24.72		54.61		354	−98.88		26.04	
	3	192	5	97.40		98.11		152	20.83		52.27		393	−104.69		23.88	

在海口市东营中学在药后第 8 天和第 15 天观察，椰甲清粉剂的防治效果分别为 99.47%和 99.59%；90%万灵粉剂分别为 98.22%和 97.79%，两药剂没有显著差异。第 52 天、第 70 天和第 123 天观察，椰甲清粉剂平均防效为 99.56%、95.01%和 91.56%；90%万灵粉剂平均防效为 60.54%、38.29%和 18.62%，两药剂存在显著差异。在海南省农垦卫生学校内用椰甲清粉剂处理，药后第 4 天防效达 99.29%，90%万灵粉剂为 97.77%，两药剂没有显著差异。第 41 天和第 124 天椰甲清粉剂的防效达 99.77%和 93.18%；90%万灵粉剂的防治效果为 56.12%和 28.85%，两药剂存在显著差异。

90%万灵粉剂在两次试验中，试验前期大约 20d，能控制椰心叶甲的危害；但处理 15d 后椰心叶甲虫口密度又开始上升，持效性较差，且由于此药剂毒性高，不适合挂包推广。

四、挂包法防治椰心叶甲的原理及意义分析

挂包法防治椰心叶甲的原理在于：①优选内吸性杀虫剂，兼顾药剂的水溶性，使药剂达到既能快速压低虫口密度，同时又能保持较长的持效期和因为药剂的内吸性只向上传导运输的特点，可使流到心叶的药剂留在心叶内，而流到心叶下的药剂通过内吸向上传导至心叶内，从而有效杀死在心叶为害的椰心叶甲；②结合危害发生地气候，将控释药袋悬挂于棕榈科植物的心叶上方，下雨时，雨水渗透至药袋内，使药剂随着雨水流到害虫聚集的心叶部位，而华南尤其是海南地区全年雨水充沛，且多阵雨的气候特点为药剂的持续释放提供了条件，保障了药剂较长的持效期。

挂包法防治椰心叶甲的方式中，药剂的释放部位与害虫的危害部位高度一致，体现出了典型的精准施药特点，不仅可以提高农药的有效利用率，降低农药的使用量，同时也保护了当地的生态环境，尤其是维护了海南地区的生态旅游资源。挂包法作为全国首个通过省级鉴定的防治椰心叶甲的成果，成为我国棕榈科植物上椰心叶甲防治的重点推介方法，此外，应马尔代夫共和国等地的技术请求，挂包法也走出国门走向国际，援助当地防控椰心叶甲。

案例 16　种子处理剂防治种苗期病虫害技术

农业生产中，在播种前对农作物良种进行消毒处理是确保种子健康的经济、有效和简便易行的措施，是农业丰产、丰收的有力保障。我国于 20 世纪 50 年代开始推广浸种、拌种技术，用于防治地下害虫和种传、土传病害。20 世纪 60 年代苏联人首先提出种衣剂的概念，70～80 年代在美国、德国等西方发达国家得到快速发展。80 年代初北京农业大学李金玉教授成功研制了由克百威和多菌灵组成的第一个种衣剂产品，并逐步研制开发了适用于我国不同生态区、不同作物和不同防治对象的种衣剂系列产品，对其进行大面积地推广和应用。1994 年，中华人民共和国国家经济贸易委员会将种衣剂列入产学研高科技产业化项目。1996 年，农业部开始实施“种子工程”，使我国种子包衣技术得到大力推广应用。可以说种子包衣技术是植保领域中科学用药的一次革命，由于种子包衣为精准隐蔽用药，防治效果和增产作用明显，因此，目前种子处理剂已成为我国农药行业中发展最快的一个分支，种子包衣技术也已成为我国病虫害绿色防控和农业可持续发

展的重要组成部分。

一、种苗期病虫害的发生危害及种子处理的重要作用

1. 作物种苗期病虫害的发生危害

作物的种传、土传病害和地下害虫每年造成严重的缺苗断垄，产量损失20%～30%、严重达50%～60%及以上，甚至绝收，严重影响作物产量和品质。其中，种子是重要的初侵染来源，带菌率是种子播种品质的一个重要指标。通常，随着种子的调运，病原物可进行近远距离的传播，引起田间发病，给农业生产带来巨大的损失。例如，我国的棉花枯萎病和黄萎病就是由美国引入的‘斯（S）字4号’品种传入我国南通、南京、上海、泾阳、运城等地，以后随着国内棉种的调运广泛传播，病区日益扩大，20世纪80年代已遍及21个省、自治区、直辖市，危害严重，严重时年损失皮棉达10万t以上。随后由于坚持采用种子化学处理及其他配套措施，基本控制住了病势的发展，但病原菌一旦在土壤中定植，仅仅依靠单一的防治方法，很难达到完全根除的目的，只要条件适宜，即可导致病害的发生和危害。

2. 种子处理剂剂型类别

种子处理是一种用于防治种传、土传病害和地下害虫最简便、经济、有效的方法。在国际上有许多类型和品种的种子处理剂，这主要取决于种子的类型及各国病虫及土壤状况。按其组成大致可分为四大类型。

1）物理型（又称泥浆型或丸粒化型）：主要用于小粒种子丸粒化或不规则种子标准化，可增加种子单粒重，提高种子流动性，控制有效成分释放等。

2）化学型（即农药、肥料、激素型）：其中含有杀虫剂、杀菌剂、植物生长调节剂、常量元素或微量元素等。

3）生物型：利用有益微生物为有效成分制成种衣剂处理种子，可防止污染，保护环境。

4）特异型：用于特殊目的的种子处理，如为了蓄水抗旱、抗寒、逸氧、抑制除草剂残效等。

目前发展数量较多的为化学型种衣剂，在美国、日本及欧盟等发达地区被广泛使用；物理型种衣剂主要用于种子丸粒化或不规则种子标准化，便于机播和减少播种量，在欧洲的甜菜、烟草、番茄、花卉等农作物生产中物理型种衣剂发挥了重要作用；生物型种衣剂已有少量登记产品投产应用；用于水稻的逸氧型种衣剂及干旱地区作物种子包衣所用的是以高分子吸水剂为组分的特异型种衣剂，也是现今研制开发的热点之一；开发难度大的含选择性除草剂的种衣剂也在研制之中。

按农药加工分为不同剂型：水悬浮型、水乳型、悬乳型、干胶悬型、微胶囊型和水粉散粒剂型等。以上化学型中的水悬浮种衣剂在我国种子处理剂中占比70%以上。

悬浮种衣剂（flowable concentrate for seed coating，FSC）是一种用于植物种子处理的、具有成膜特性的农药制剂。通常种衣剂是由活性成分（杀虫剂、杀菌剂、生长调节剂、微肥等）、成膜剂、润湿分散剂、警戒色和其他助剂经湿法粉碎加工制成的农药水悬浮剂，它是将固体的农药和其他辅助成分超微粉碎成一定细度范围而制成的一种具有特殊功能的、可流动的、稳定的均匀悬浮液体，可直接或经稀释后包覆于种子表面，形成

具有一定强度和渗透性的保护膜。

悬浮种衣剂与用于浸种（seed soaking）和拌种（seed dressing）的农药乳油、粉剂、可湿性粉剂等其他农药液体制剂和固体制剂不同。由于其含有成膜物质，包在种子表面能立即固化成膜形成种衣，即形成一层特殊的包衣膜，而其他剂型一般只是黏附在种子表面不能成膜。种衣剂形成的这层膜在土壤中遇水吸胀透气而不被溶解，从而保证种子正常发芽所需的水分和空气通过，使农药和种肥等物质缓慢释放，进而实现杀灭地下害虫、种子带菌消毒和苗期病害防治，以及改进作物品质和提高产量等功效。

种子包衣可以有效地防止病虫害随种子的调运、推广形成大面积的扩散和跨地区传播；同时，由于采用地下隐蔽精准施药，极大地减轻了农药对环境的污染，一次包衣在一定生长期内（40～60d）为种子种苗提供充足的药物保护，不但起到防病治虫保苗作用，还可提高种子发芽率、促进种苗健康生长发育，为种苗后期生育打下良好基础。种衣剂含有警戒色，使良种具有特定标志，可使“粮”“种”分开。另外，种子包衣可使小粒种子大粒化，便于机械化作业和精量播种，提高种子质量，明显降低播种量。

目前，悬浮种衣剂已成为我国推广种子包衣技术使用最广泛、使用量最大的种子处理剂。

二、种子处理剂防控种苗期病虫害的技术方案

种苗处理是控制种传、土传病害和地下害虫发生发展的有效手段，该方法的优点是操作简单、经济、省药、省工，有利于减少农药对环境的污染和保护天敌。药剂通过种子处理精准施用到种子表面，相当于给种子穿上了一层“防弹背心”，药剂可通过保护作用，在种子表面建立药剂隔离带，阻挡土壤中病原物侵入或对地下害虫进行驱避，或通过内吸传导作用，进入萌动的种子胚乳和胚部并传导到幼苗体内病原物侵入部位，杀死病原物，为作物健康生长保驾护航。但实际生产中影响种子处理效果的因素比较多，一定要重视种子处理的主要技术要点，否则种子处理后会影响种子的正常发芽和出苗，田间出现缺苗断垄情况，导致药害产生。

种子处理的主要技术要点如下。

1. 包衣种子应具备的条件

包衣的种子必须是经过精选、清选的优良品种或杂交种，含水量一定要符合良种要求才能进行包衣。另外，种子的成熟度、净度、发芽率、破损率等指标必须符合（达到）良种标准。包衣后的种子存贮时一定要控制好环境湿度，建议在干燥恒温环境中存放。

2. 种衣剂产品的选择

根据不同地区不同作物生态特点、土壤营养状况和病虫害发生情况，选用安全、有效的种衣剂产品，并且选择后须进行室内安全性实验和田间多点试验示范，确定出适宜的种衣剂产品和安全有效用量后再进行推广应用。

3. 种子包衣方法

根据产品标签上标注的安全有效的包衣比例（药剂有效成分含量/100g 种子），采用如下机械或手工包衣的方法，将药剂均匀地包被在种子表面，室温下晾干后装袋保存，相关要求见包衣注意事项。

1）机械包衣方法：大量种子适宜采用包衣机包衣，按照作物良种所需种衣剂的不同

药种比，调整包衣机上的调节装置使其准确之后按照包衣机操作程序进行包衣即可。其优点是用药量准确，包衣效果好，工效高，对操作人员安全，适用于大量种子成批处理，有利于建立包衣、包装、贮藏、销售于一体的良种社会化服务体系。

2）手工包衣方法：不具备包衣机械或小批量种子可采用手工包衣。手工包衣一般有两种方法：一种是用一个适当大小的圆底容器作为包衣工具，按照药种比例称量好种子和种衣剂，先放入种子，边搅拌边加入种衣剂直到包衣均匀；另一种称为“塑料袋串滚法”，将种药按比例称好，种药依次放入塑料袋或尼龙编织袋内，扎紧袋口，两人各拉一头串动数次直到包衣均匀。

4．种子包衣安全性测定

采用砂皿法测定种子包衣的安全性：60 目（0.2～0.3mm）灭菌细砂，加入重量比为17%的水，拌匀。每个培养皿皿底加入 2/3 左右皿高的细砂，压实。将包衣种子播种于砂床上，保证种子之间间距大于 1cm 以上，以免药剂间的干扰，加盖皿盖。在光照条件、25℃下培养，分别于 3d 和 7d 后调查记录包衣处理及对照的发芽势和发芽率，同时观察发芽种子根部有无畸变现象，并记录各处理中霉变的种子数量及比例。

5．包衣的注意事项

1）质量第一，把好三关，即种衣剂质量关、包衣机质量关及包衣种子质量关。

2）种衣剂是良种包衣专用剂型产品，不能用于田间喷雾，以免引起作物药害或籽粒中农药残留累积及人畜中毒。

3）种衣剂为配方固定的药剂，可直接或经稀释后包覆于种子表面。包衣时一般不能添加其他药肥，否则易引起沉淀絮凝，影响成膜性能，且易引起药害。进行包衣前要先将种衣剂充分摇匀，并立即称量使用。

4）良种包衣处理时间一般至少在播种前两周，若包衣后立即播种，有些产品种衣固化成膜效果可能欠佳，影响药效。

5）包衣种子应单仓贮存，不能与粮食或饲料混贮，更不能食用或作饲料，存放地点应远离食堂及儿童游戏场所。

6）购进或包衣剩余的种衣剂要专人妥善保管，放在干燥、阴凉处保存。禁止与食物、粮食共同存放，严防种衣剂、包衣种子被人误食。同时要防止药剂受冻。

7）包衣操作人员要穿戴劳保服装，戴好口罩、医用乳胶手套，按农药使用规定和包衣操作规则进行包衣，防止中毒，如不慎溅到面部和手，立即用肥皂洗净，重者请医生诊治。

三、种苗处理化学防控案例

（一）咯菌腈·精甲霜灵·嘧菌酯悬浮剂防治水稻恶苗病的田间药效评价

水稻恶苗病又称徒长病，是水稻生产的重要病害，在我国水稻主产区均有发生。主要病原为藤仓镰孢菌（*Fusarium fujikuroi*）。带菌种子是水稻恶苗病发生的主要初侵染源。通过种子药剂处理是防治水稻恶苗病的有效手段。

1．材料

供试药剂：11%咯菌腈·精甲霜灵·嘧菌酯悬浮剂（后简称咯·精·嘧 FS，深圳诺普信农化股份有限公司），62.5g/L 精甲·咯菌腈悬浮种衣剂（后简称精甲·咯菌 SC，先正达公司）。

水稻品种：垦稻 31。

试验地点：黑龙江省鸡西市。

2. 试验设计

试验设 5 个处理，分别为：11%咯菌腈·精甲霜灵·嘧菌酯悬浮剂 200g/100kg、400g/100kg、600g/100kg 种子 3 个处理剂量拌种，对照药剂 62.5g/L 精甲·咯菌腈悬浮种衣剂 400mL/100kg 种子包衣，以清水拌种作对照（CK）。每个处理设置 4 次重复，小区面积 $20m^2$，各小区随机排列。

病情调查标准：《农药田间药效试验准则（二）》（GB/T 17980.104—2004）第 104 部分：杀菌剂防治水稻恶苗病。

3. 结果与分析

试验结果显示，11%咯菌腈·精甲霜灵·嘧菌酯悬浮剂拌种处理水稻种子能有效地防治水稻恶苗病的发生。最低剂量 200g/100kg 种子拌种处理对恶苗病的防效达到 88.9%，当用药量提高到 600g/100kg 种子后，恶苗病的防效达到 97.3%，显著优于对照药剂 62.5g/L 精甲·咯菌腈悬浮种衣剂 400mL/100kg 种子的防效（表 5-33）。

表 5-33 药剂处理对水稻恶苗病的防治效果

序号	药剂处理/（g/100kg 种子）	恶苗病防效/%			
		重复 1	重复 2	重复 3	平均防效/%
1	咯·精·嘧 FS 200	82.7	89.9	94.2	88.9b
2	咯·精·嘧 FS 400	88.8	92.3	91.3	90.8ab
3	咯·精·嘧 FS 600	96.9	97.1	97.9	97.3a
4	精甲·咯菌 SC 400	83.7	83.1	89.6	85.5b

注：小写字母分别表示 5%水平差异显著性

4. 结论与讨论

试验结果表明，11%咯菌腈·精甲霜灵·嘧菌酯悬浮剂拌种处理对水稻恶苗病具有良好的防治效果，其防效随着使用剂量的增加而提高，在 200～600g/100kg 种子的剂量范围内拌种处理，对水稻种子出苗安全，对恶苗病的防效为 88.9%～97.3%。建议 11%咯菌腈·精甲霜灵·嘧菌酯悬浮剂可作为防治水稻恶苗病的优选药剂，用于水稻种子处理。

（二）精甲霜灵·吡唑醚菌酯·咯菌腈悬浮种衣剂防治大豆根腐病的田间药效评价

大豆根腐病是一种分布广、危害重、难防治的世界性土传病害。引起根腐病的病原较为复杂，主要有镰孢菌（*Fusarium* spp.）、腐霉菌（*Pythium* spp.）、疫霉菌（*Phytophthora* spp.）、丝核菌（*Rhizoctonia* spp.）等。病原菌种类的复杂性和不同地区之间分布的差异性，导致大豆根腐病的防治难度极大。通过种子处理剂防治大豆根腐病是生产中防治该病害的主要手段。

1．材料

供试药剂为：6.5%精甲霜灵·吡唑醚菌酯·咯菌腈悬浮种衣剂（后简称精·吡·咯SC），35%多菌灵·福美双·克百威悬浮种衣剂（简称多·福·克SC）。

水稻品种：龙达3号。

试验地点：黑龙江省北安市。

2．试验设计

试验设4个处理，分别为：精·吡·咯SC 200g/100kg种子和300g/100kg种子2个处理剂量包衣种子，对照药剂多·福·克SC 1250g/100kg种衣剂包衣种子，以清水拌种作对照（CK）。每个处理设置4次重复，小区面积100m^2，各小区随机排列。

病情调查标准：《农药田间药效试验准则（二）》（GB/T 17980.88—2004）第88部分：杀菌剂防治大豆根腐病。

3．结果与分析

试验结果显示，6.5%精甲霜灵·吡唑醚菌酯·咯菌腈悬浮种衣剂包衣处理大豆种子能有效地防止大豆根腐病的发生。大豆出苗10d后对田间病害发生情况进行调查，结果显示，精·吡·咯SC按照200g/100kg种子和300g/100kg种子两个剂量包衣处理大豆种子，对根腐病的防效分别为86.06%和90.90%，均显著优于对照药剂多·福·克SC处理；出苗60d后，精·吡·咯SC处理对根腐病的防效大于95%，对照药剂多·福·克SC处理的防效为75.67%。收获后对试验田进行测产，精·吡·咯SC处理的亩产分别为159.99kg和168.55kg，增产幅度分别为12.04%和18.03%，优于对照药剂多·福·克SC处理（表5-34）。

表5-34　药剂处理对大豆根腐病的防治效果

序号	药剂处理/（g/100kg种子）	出苗10d		出苗30d		出苗60d		折合亩产/kg	产量增减率/%
		平均病指	平均防效/%	平均病指	平均防效/%	平均病指	平均防效/%		
1	精·吡·咯SC 200	0.65	86.06a	0.93	84.38a	0.65	95.26a	159.99	+12.04
2	精·吡·咯SC 300	0.11	90.90a	0.83	86.03a	0.46	96.12a	168.55	+18.03
3	多·福·克SC 1250	1.67	64.82b	2.02	65.94b	3.74	75.67b	153.35	+7.39
CK		4.81	—	5.93	—	15.37	—	142.80	—

注：小写字母分别表示5%水平差异显著性

4．结论与讨论

试验结果表明，6.5%精甲霜灵·吡唑醚菌酯·咯菌腈悬浮种衣剂包衣处理大豆种子能有效地防止大豆根腐病的发生，其防效随着使用剂量的增加而显著提高。6.5%精甲霜灵·吡唑醚菌酯·咯菌腈悬浮种衣剂按照300g/100kg种子的包衣浓度处理大豆种子，对大豆根腐病的防治效果达96.12%，并可提高大豆的产量，增产18.03%，具有很好的生产应用前景。

四、种子处理剂化学防控原理及前景分析

1. 种子处理剂化学防控原理

种衣剂包衣在种子的表面，形成包覆度大于85%的种衣，当种子播入土壤中后，种衣遇水只吸胀而不被溶解，因为种衣剂中的关键助剂成膜剂是由不同聚合度的高分子材料配制而成的，含有大量羟基、羰基等活性基团，对农药分子及微量元素等有很好的亲和性。种衣在种子周围形成防治病虫的保护屏障，对种子消毒并防止土传病菌的侵染和土壤中地下害虫的危害。种子发芽出土，通过成膜剂的空间网状结构中的微细孔道，将其所携带的各种农药的有效成分及微量元素从地下种衣缓慢释放，减少了药、肥料在土壤中的流失，提高药肥利用率可达90%以上，药物可被植物内吸传导到未施药的地上部，从而继续发挥防治病虫害的作用。有些种衣剂中添加的植物生长调节剂起到了化学调控的作用，微量元素则可以防止缺素症。种衣剂的作用原理可以简单概括为4个方面。

1）种子表面带菌消毒处理，即种衣剂包衣种子后可直接对种子表面携带的病原菌和虫瘿具有抑制和杀灭作用。

2）保护、驱避作用，即药剂包被在种子表面后可在种表形成一层保护屏障，对种围和土壤中有害生物具有驱避作用。

3）内吸传导作用，即药剂可以从种表内吸至种子内部，再传导到地上，分布到作物幼苗未施药部位，继续起到防病治虫作用。

4）延长药剂持效期作用，即种衣剂利用包膜（种衣）将农药、微肥充含其内，从而形成一个微型药库，缓慢释放，延长药肥持效期可达50～60d。

为实现种子处理剂的安全、高效利用，需要掌握以下几点。

1）根据病虫害发生特点，关注种子处理剂中农药有效成分的组成情况，选择合适的种衣剂产品。

2）选择优良种子，严格按照标签上标注的包衣比例（药种比）进行种子包衣，包衣过程中要确保包衣均匀度符合要求；避免超量使用药剂，以免造成药害。

3）包衣后的种子要进行包衣安全性测定，同时注意包衣种子存放的环境温湿度，保持干燥条件，避免包衣种子在存放期间含水量提高而加速种子的老化。具体见包衣过程及注意事项要求。

2. 种衣剂应用前景和思政意义

我国是农业大国，种子处理技术是以种子为载体的隐蔽施药方式，是植物病虫害防治措施中最为经济、简便和有效的科学防控技术，符合目前农药减量增效、绿色防控和农业可持续发展的要求。种衣剂一直保持着较快的发展态势。目前，推广覆盖的主要作物包括小麦、玉米、水稻、棉花、大豆、油菜、花生和蔬菜等。随着新药剂、新助剂的研发和新病害、新虫害的发生，种子处理剂的品种和类型将不断扩大，将为我国粮食安全和农业可持续发展提供有力的技术支撑。

一粒种子改变一个世界。党中央、国务院高度重视种业振兴。2021年审议通过了《种业振兴行动方案》，这是继1962年出台《关于加强种子工作的决定》后，再次对种业发展作出重要部署，是我国种业发展史上具有里程碑意义的一件大事。良种包衣技术是一项充分挖掘作物遗传基因潜力的重要措施，既可为当前的传统作物栽培服务，也是未来

以基因工程为基础的现代种业发展不可缺少的技术措施之一，有着广泛的科技发展前途，其市场能力和销售量逐年递增，市场潜力巨大。

案例 17　植保无人机施药控害技术

植保无人机施药控害技术作为自动化高效的现代施药技术，不仅可以解决劳动力短缺的问题，还可以提高农药的使用效率，达到农药减施增效的目的。2014 年中央一号文提出“加强农用航空建设”以来，航空植保在中国取得了井喷式的发展。据统计，截至 2020 年底，我国植保无人机的保有量已达 11 万架（作业面积已经突破 10 亿亩次），其中，90%以上是多旋翼电动无人机。多旋翼电动无人机具有使用成本低、操作保养简单、起降灵活、不需要专用的机场等优点，已经广泛用于水稻、小麦、玉米、甘蔗和果树等农林生产的病虫害防治。

一、植保无人机施药的突出问题

植保无人机茎叶喷施农药属于高浓度低容量施药范畴，其喷施特点与传统的大容量低浓度施药有显著差异。植保无人机作业原理主要是利用自身旋翼产生的风场使雾化后的雾滴向靶标运动，此过程极易受温度、湿度和自然风等因素的影响，因而，对喷施药剂的环境友好性、作物安全性、抗蒸发性、抗飘失性等性能有更高的要求。国外针对植保无人机喷雾特点，已经研制出适合无人机喷施的飞防专用药剂，如日本登记的航空植保药剂有 293 种，韩国登记的有 110 种。目前，我国飞防专用药剂和助剂的研发尚处于起步阶段，大多使用常规农药制剂减少稀释倍数经由无人机喷施，施药效果不稳定，药害时有发生，特别是果树作业高度高，雾滴极易发生飘移，其环境生态风险也随之增大。通过在常规药剂中添加飞防用展着剂（飞防助剂），改善药剂性能，减少飘移，提高植保无人机施药效果，是应对这一问题的有效途径，并已在日本、美国等得到了成功的应用。

植保无人机在我国的应用过程，针对植保无人机目前的施药现状，参考国内外相关材料并结合田间实际操作，总结植保无人机施药技术要领，针对靶标作物种植环境、冠层结构和叶面特性、主要病虫害危害特征和无人机施药作业特性，优选植保无人机机型，优化作业参数，通过添加农药展着剂调控农药雾滴的性质，增强飞防喷施药液的对靶性，从而改善雾滴在作物冠层的分布，提高雾滴的穿透性和均匀性。

二、植保无人机施药技术要领

参考国内外相关材料并结合田间实际操作，总结以下植保无人机施药技术要领。

1．植保无人机选择

植保无人机应符合《植保无人飞机 质量技术评价规范》（NY/T 3213—2018）标准。

2．施药作业的天气条件

施药适宜温度为 15～30℃，湿度大于 50%，风速小于 3m/s，在大风、大雨或霜冻前不施用农药。

3．作业人员

作业人员须获得植保无人机操作许可证，并且作业时须与电动无人机保持 10m、油动无人机保持 20m 以上的安全距离。

作业人员须熟知相关农药安全注意事项并做好安全措施，佩戴安全帽、手套、口罩，穿作业服等防护装备。

4. 药剂

药剂应符合国家相关政策的规定，且登记在特定作物上使用。应避免使用在低容量航空喷洒作业的稀释倍数下对作物容易产生药害的药剂；应选择合适的飞防助剂，促进药液的沉积和铺展，以提升防治效果。

5. 作业前的准备

确保作业区域附近无水产养殖区、养蜂区、养蚕区等，若存在以上区域，应评估潜在风险，并设定适宜的隔离带。在施药区域边缘设置明显的警告牌，非工作人员不准进入施药喷洒区。

作业前，应按使用说明书对植保无人机进行调试，试飞至少 5min，确保植保无人机运行正常，状态良好。选择空旷、没有人员经过的区域作为起降点。

作业前应综合地块、天气、作物病虫害情况、植保无人机性能等合理规划航线，选择合适的亩用液量、作业高度、作业速度和喷幅宽度。

6. 作业过程中的要求

作业过程中若风速超过 3m/s 时，应立即停止作业，当风速符合要求后再进行作业。

作业过程中，应按照既定的航线和作业参数进行作业。并对作业地块进行扫边作业，保证田块四周药剂覆盖。

7. 作业后要求

作业后要求如下：①作业完成后如有漏喷的区域，应根据情况及时采取补救措施，确保作业效果和质量；②作业完成后作业地块树立警示标志，标明药剂类型、施药时间、安全间隔期等；③作业完成后应及时清洗植保无人机和配药设备，清洗后的废弃溶液不能随意处理；④作业完成后及时记录作业及用药情况。

8. 施药作业质量评价

植保无人机的施药作业质量一般通过雾滴密度和变异系数进行评估，每亩施药量在 0.5～1.0L 时，对于内吸性农药雾滴密度应不少于 15 个/cm^2，对于非内吸性农药雾滴密度应不少于 20 个/cm^2；每亩施药量在 1.0～3.0L 时，对于内吸性农药雾滴密度应不少于 20 个/cm^2，对于非内吸性农药雾滴密度应不少于 30 个/cm^2；每亩施药量在 3.0L 以上时，对于内吸性农药雾滴密度应不少于 30 个/cm^2，对于非内吸性农药雾滴密度应不少于 50 个/cm^2；雾滴密度分布均匀性变异系数均应不超过 45%。

9. 防治效果的检查

作业结束后，应进行药效调查和跟踪。

三、植保无人机在热带果树上的作业参数优化实例

影响植保无人机作业效果的因素很多：飞机本身的构造包括旋翼类型、旋翼个数、飞机载重等；飞行参数包括飞行速度、飞行高度；喷雾系统包括喷头类型、雾滴粒径、每亩施药量等；环境条件包括温度、湿度及风速等。针对某一款已经市场化的植保无人机，其构造基本确定，环境条件也难以改变。一般对植保无人机的飞行参数和喷雾系统

进行优化使其雾滴分布达到最佳状态。而研究多因素试验普遍采用正交试验设计，即利用正交表，科学挑选试验条件，合理安排试验，通过对试验结果的分析，推断出最优施药作业参数。

1. 电动四旋翼植保无人机在荔枝树上的作业参数优化

试验方法：2019 年 11 月于海口市琼山区三门坡镇进行试验，供试作物是在冬梢生长发育期的妃子笑荔枝树，平均株高为 1.8m，行距 5.0m。试验时温度（26±2）℃，湿度（50±2）%，风速为 0～1.0m/s（无风）。使用极飞 P20 四旋翼电动植保无人机，采用 3 因素（亩用液量、作业高度和作业速度）、3 水平（作业参数水平的设置参考田间施药作业参数）的正交试验。每组试验选择树体健壮、树冠大小一致的自然圆头形，平均冠幅 3.0m，树高 1.8m 的 3 棵荔枝树进行采样（每组试验都选择相同的 3 棵树），每棵树设置 27 个采样点，采样点设置见图 5-24。

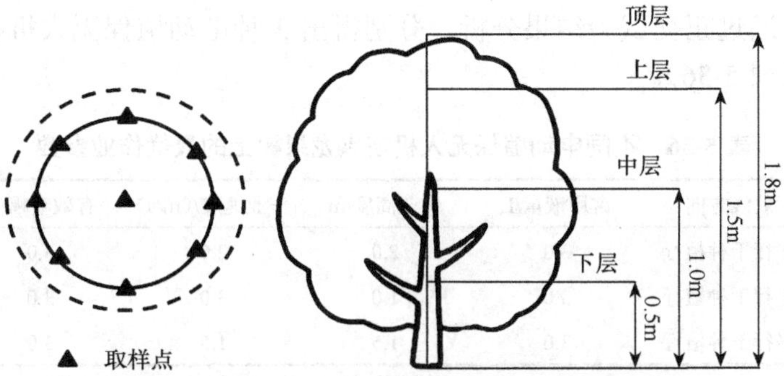

图 5-24　植保无人机喷施荔枝树取样点示意图

试验结果：通过正交试验结果分析得出最优作业参数，亩用液量为 3.0L、作业高度为 2.0m、作业速度为 4.0m/s。通过验证试验（表 5-35）表明，此施药作业参数下，在荔枝树冠层雾滴的分布密度均为 60 个/cm^2 以上，且变异系数小于 20%。

表 5-35　验证试验结果

指标	上层	中层	下层
雾滴沉积密度/（个/cm^2）	63.39±6.19	66.76±6.42	61.80±8.58
雾滴覆盖率/%	5.93±1.41	6.80±8.88	6.76±6.40

2. 不同电动植保无人机在火龙果树上的作业参数优化

试验方法：2019 年 12 月于广西壮族自治区南宁市武鸣区进行试验，供试火龙果平均株高为 1.5m，行距 4.0～6.0m。试验时温度为（18.0±2.0）℃，湿度为（60.0±2.0）%，风速为 0～2.0m/s（微风）。使用 F5A 单旋翼电动植保无人机、大疆 T16 六旋翼电动植保无人机和极飞 P20 四旋翼电动植保无人机，设置 3 个变量（航线方向、作业高度、作业速度），采用 1 因素 2 水平、2 因素 3 水平（作业参数水平的设置参考田间施药作业参数）的正交试验，每组试验选择同一种植行的 3 棵大小基本一致的火龙果树取样，每两棵之间间隔 1.5m（每组试验都选择相同的 3 棵树），每棵树 18 个取样点（图 5-25）。从提高冠层雾滴沉积分布和穿透性的角度出发，筛选出适合火龙果树的植保无人机的最优作业参数。

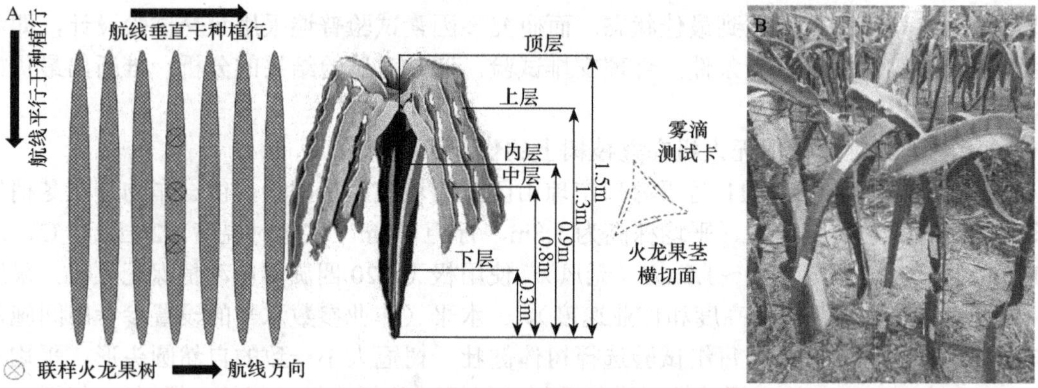

图 5-25　植保无人机喷施火龙果树取样点

A．示意图；B．现场图

试验结果：通过正交试验结果分析，分别得出 3 种电动植保无人机在火龙果树上的最优作业参数（表 5-36）。

表 5-36　不同电动植保无人机在火龙果树上的最优作业参数

电动植保无人机	航线方向	亩用液量/L	作业高度/m	作业速度/(m/s)	有效喷幅/m	喷雾粒径/μm
F5A 单旋翼	平行于种植行	3.0	2.0	2.0	3.0	110.0
大疆 T16 六旋翼	平行于种植行	3.0	1.0	3.0	3.0	—
极飞 P20 四旋翼	平行于种植行	3.0	1.5	1.5	3.0	110.0

四、植保无人机防控芒果蓟马案例

蓟马是常年危害芒果的主要害虫之一。为保障植保无人机的施药效果，通过在乙基多杀菌素悬浮剂中添加展着剂以实现制剂体系的优化，改善药液在靶标植物叶片上的附着、润湿、展布等界面特性，减少药液的蒸发和漂移。通过对照常规施药器械对芒果蓟马的防治效果，来验证植保无人机施药的作业效果。

试验方法：试验在三亚市崖城区芒果园进行。常规施药器械，背负式电动喷雾器，压力喷头，施药量为每棵果树 1L。常规器械试验果树，共选择 9 棵芒果树，树龄均 10 年以上，使用药剂为：60g/L 乙基多杀菌素（艾绿士）、农药展着剂（中国热带农业科学院环境与植物保护研究所研制，专利号：ZL201910520472.2）。试验共设 3 个处理，每个处理 3 棵芒果树，各处理组分别为：清水对照、乙基多杀菌素（稀释 1000 倍）、乙基多杀菌素（稀释 1000 倍）＋农药展着剂（稀释 1000 倍）。植保无人机：极飞 P20 四旋翼电动植保无人机，离心喷头。作业参数：亩用液量 3L，作业高度 3.0m，作业速度 3.0m/s。试验共设 3 个处理，各处理组分别：清水对照组、乙基多杀菌素（稀释 75 倍）、乙基多杀菌素（稀释 75 倍）＋农药展着剂（稀释 100 倍）。每个处理组面积为 24m×30m，至少设置 6 条航线，在每个施药区中间航线选取 3 棵树进行防治效果调查。施药前调查各处理组虫口基数，检查第 3 天的虫口密度，并计算各处理组的防治效果。

试验结果如表 5-37 所示，使用背负式电动喷雾器未添加农药展着剂对芒果蓟马第 3 天的防治效果为 84.9%，添加展着剂后其第 3 天的防治效果为 86.3%。植保无人机未添加农药展着剂的防治效果为 63.79%，添加展着剂后防治效果为 85.71%。表明添加展着剂后提高了乙基多杀菌素对芒果蓟马的防治效果，植保无人机施药达到了地面常规施药的防治效果。

表 5-37 常规施药器械和植保无人机对芒果上蓟马的防治效果

	药液稀释倍数	亩用液量/L	施药时期	防治效果/%
常规施药器械	乙基多杀菌素 1000 倍	30	梢期	84.90
	乙基多杀菌素 1000 倍＋展着剂 1000 倍	30	梢期	86.30
植保无人机	乙基多杀菌素 75 倍	3	花期	63.79
	乙基多杀菌素 75 倍＋展着剂 100 倍	3	花期	85.71

五、植保无人机施药控害的意义分析

随着我国城镇化水平的提高及人口老龄化程度加深，劳动力短缺已经成为威胁我国农业稳定和可持续发展的重要问题，而农业机械化是解决这一问题的关键措施。植保无人机具有省时、省力、省水、省药、高效、安全、灵活等优点，符合我国一些土地小型化和碎块化的国情。同时对于突发性的大面积病虫害，植保无人机施药可以单机或多机编队作业，能在较短时间内完成大面积的统防统治任务，并且其作业成本仅为常规作业的 1/3～1/2，能同时解决我国农业小型分散经营模式下病虫害的机械化防治和突发性大面积病虫害防控的难题。植保无人机大规模的应用能很大程度上提高我国农业的机械化水平。

农药的减施增效是我国农业高质量发展和绿色发展的必然要求和重要举措。有调查发现我国农药利用率仅为 35%，农药利用率低导致农药的过量使用，严重威胁着农产品质量安全和农业生态环境安全。航空施药技术有效地结合低容量或超低容量喷雾技术，能大幅提高农药的利用率，减少农药施用量，是我国实现农药减量的重要手段。

因此，植保无人机施药技术对推动我国农业机械化发展，解决我国农业劳动力不足，稳定我国农业生产，实现我国农业现代化和可持续发展具有重要意义。

案例 18 熏蒸剂及储物熏蒸杀虫技术

一、储藏物害虫及其危害

储藏物害虫（stored-product pest）是指生活在仓库、加工厂里为害动植物及厂房、建筑物、货栈、商店、居室、图书馆、档案馆、博物馆、交通运输工具、机器设备等内的害虫。它们在干燥的储藏物如粮食、油料、食品、农副土特产品、中药材、烟草、棉、麻、丝绸、蚕茧、皮毛、羽毛、纺织品、茶叶、纸张、动植物标本、图书、档案、文物、竹木及其制品、电缆和塑料制品及进出口贸易货物等内能正常生活、繁殖，其包括为害储藏物的昆虫、螨类及捕食、寄生这些害虫的天敌昆虫及动物。

储藏物害虫种类很多，全世界已记载的储藏物昆虫约 500 种，我国已记录储藏物昆虫 242 种、螨类 141 种，其中分布较广且为害较重的有 50 余种。常见种类有仓储甲虫（如赤拟谷盗、黑菌虫、黄粉虫、大谷盗、锯谷盗、长角扁谷盗、米象、玉米象、绿豆象、巴西豆象、咖啡豆象、药材甲、烟草甲、档案窃蠹、大理窃蠹、谷斑皮蠹、黄斑露尾甲、谷蠹、竹蠹、褐粉蠹、双钩异翅长蠹等)、仓储蛾类(如印度谷螟、麦蛾、米蛾、粉斑螟、袋衣蛾等)、啮虫(如嗜卷书虱、鳞啮虫)、衣鱼(如毛衣鱼)、螨类(如粉螨、毒厉螨)等。另外，捕食性天敌有隐翅虫、步甲、蠼螋、小花蝽、拟蝎等，寄生性天敌有小蜂等。此外，粮食、食品的鼠雀为害也不容忽视。

储藏物害虫具有虫体小、体色暗淡、喜黑暗、食性广而杂、繁殖快、适应性强、分布广等特点，且耐热、耐寒、耐干、耐饥、耐药，取食的主要成分是淀粉、脂肪、糖类、蛋白质、纤维素等。其危害主要有三方面。

1)取食造成直接重量损失。

2)取食、排泄、蜕皮、尸体等，影响粮食、食品的色、香、味，造成质量损失。

3)排泄、产热等原因造成霉菌生长，发生霉变。

我国是世界上的人口大国，同时也是农业大国和粮食储藏大国。粮食在储藏过程中容易遭受害虫、害螨、微生物、鼠、雀等有害生物的为害，从而造成不同程度的经济损失，保护储藏的粮食不受有害生物的为害则是保障粮食安全的重要任务。

早期监测储藏物害虫的最好方式是设置性信息素诱捕器进行诱捕，而防治储藏物害虫最有效的方法就是使用熏蒸剂进行密闭熏蒸杀虫处理。

二、熏蒸剂及其应用状况

熏蒸剂是指在常温下容易挥发成毒气的液体、固体，或利用化学反应能产生毒气的固体药剂，用于熏杀害虫、螨类和微生物，或用作土壤消毒。

自1854年法国最早使用二硫化碳熏蒸防治谷象后，逐渐产生了近40种化学熏蒸剂。许多熏蒸剂在使用中或使用后，都因出现了这样或那样的不良性能而被取消或限制使用。一些国家目前获准使用的熏蒸剂主要有磷化氢、溴甲烷、硫酰氟、二氧化碳、氮气、敌敌畏、氯化苦、氢氰酸等。

我国早在公元前11世纪西周时期，就用牡鞠、嘉草、莽草等植物杀虫剂熏杀粮食害虫。使用熏蒸剂防治粮食害虫始于20世纪50年代初期，药剂种类主要有氯化苦、溴甲烷和氢氰酸等。由于成本、安全性和仓库封闭性能等原因，氯化苦现已很少使用；溴甲烷主要用于进出口货物的检疫熏蒸，近年来被列为破坏大气臭氧层物质而被禁用；氢氰酸已不再使用。20世纪60年代开始使用磷化氢，它由于在成本、药效、施用方法、残留毒性及安全防护等方面具有独特的优点，现已成为生产中使用量最多的熏蒸剂。但近年来储藏物害虫对磷化氢的抗性在全球范围内有增加的趋势。此外，熏蒸剂还有硫酰氟，用于处理粮食、皮毛、木材等中的害虫。

1987年，我国在《粮油储藏技术规范》(试行)中规定的熏蒸剂包括磷化氢(其发生物为磷化铝片剂、丸剂、粉剂和磷化锌)、氯化苦、溴甲烷、敌敌畏等。但上述几种熏蒸剂的应用前景不容乐观。

1. 淘汰中的溴甲烷

溴甲烷又名甲基溴，分子式为CH_3Br，分子量94.95，沸点3.6℃。在空气中的相对密度为3.27。微溶于水，易溶于乙醇、乙醚、氯仿、苯、四氯化碳、二硫化碳，腐蚀铝、镁和它们的合金。用乙醇或丁烷气体作为燃料，以铜丝置于火焰上的测卤灯，作为检测溴甲烷浓度的简便方法。熏蒸后溴甲烷的最大允许残留量为 $1mg/m^3$。

从熏蒸杀虫角度来说，溴甲烷是一种性能优良的熏蒸剂。我国自 20 世纪 50 年代应用以来，广泛用于储藏物的熏蒸杀虫，土壤、花卉、苗木、蔬菜、水果的杀虫灭菌，进出口贸易货物的检疫熏蒸及各类建筑物如古建筑、文物、仓库、船舶、车辆、飞机、食品加工厂等的熏蒸。

溴甲烷对土壤具有很强的穿透能力，能穿透到未腐烂分解的有机体中，从而达到杀虫、灭菌、除草的目的。土壤熏蒸后，残留的气体能迅速挥发，短时间内可播种或定植。因此，溴甲烷是最受农民欢迎的一种土壤熏蒸剂。由于溴甲烷无色无味，为了保证使用者的安全，常常在溴甲烷中加入 2%的催泪剂作为警戒气体。

然而溴甲烷是一种消耗臭氧层的化学物质，1987 年签署的《蒙特利尔议定书》规定限制使用氟氯化碳和其他耗竭臭氧的化学物质，其中包括氟利昂、溴甲烷。根据《蒙特利尔议定书》的《哥本哈根修正案》，发达国家于 2005 年淘汰溴甲烷，发展中国家也于 2015 年淘汰溴甲烷。此前有研究表明，对于减缓和控制全球变暖，《蒙特利尔议定书》所带来的效果比《京都议定书》要高出 5～6 倍，因此，《蒙特利尔议定书》也被前联合国秘书长安南称赞为“迄今唯一最成功的国际协议”。目前已有 191 个发达国家和发展中国家签订了该协议，并且逐步淘汰了 95%的消耗臭氧层的化学物质。

中国政府已于 2003 年 4 月批准了《蒙特利尔议定书》的《哥本哈根修正案》。按照该议定书，中国应在 2005 年前将溴甲烷消费量消减到 1995～1998 年平均消耗量的 80%，到 2015 年前除检疫熏蒸外完全淘汰溴甲烷。

2．替代溴甲烷的快速熏蒸剂

硫酰氟是一种无机化合物，分子式为 SO_2F_2，分子量 102.06，沸点−55.2℃。常温常压下为无色无味有毒气体，在空气中的相对密度为 2.88。稍溶于水，溶于乙醇、苯、四氯化碳。化学惰性，高温时不分解，在 400℃时仍是稳定的，反应性不太强。在苛性碱水溶液中缓慢水解，在氢氧化钾乙醇溶液中迅速作用，得硫酸与氟化钾，氨解得硫酰胺。硫酰氟由于具有扩散渗透性强、杀虫谱广、残留量低、散气时间短、低温下使用方便、对发芽率没有影响和毒性较低等特点，目前广泛用于仓库、货船、集装箱、建筑物、水库堤坝、白蚁防治及园林越冬害虫、活树蛀干害虫的防治。

但是，硫酰氟作为熏蒸剂的主要缺点就是对昆虫卵的杀灭效果较差；硫酰氟遇水进行化学反应产生硫酸，对活体植物有严重的药害。检测硫酰氟浓度和残留量需要使用价格昂贵的进口硫酰氟检测仪，其实硫酰氟并不是一种理想的快速熏蒸剂，使用硫酰氟替代溴甲烷是迫不得已。作者近年来研究表明，在硫酰氟中加入质量 10%～20%的 CO_2 混合熏蒸，可以起到增效作用，提高杀卵效果。熏蒸后硫酰氟的最大允许残留量为 $5mg/m^3$。

中国于 20 世纪 80 年代初就已开始试制硫酰氟，目前两家硫酰氟生产厂家都是在 20 世纪 90 年代引进的美国硫酰氟生产线，现在设备快到报废年限，将面临硫酰氟停产后没有快速熏蒸剂使用的尴尬境地。

美国科学家最新研究表明，硫酰氟散发到空气后会成为一种强效温室气体，其危害大于科学家先前的判断。麻省理工学院全球气候变化科学学院的主任罗恩·普林（Ron Prinn）说：“硫酰氟这样的熏蒸剂在消灭农业和建筑物的害虫方面非常见效，所以在溴甲烷遭到淘汰禁止生产后，工业界便把硫酰氟作为它合适的替代产品，但我们的最新研究发现，它其实是一种强效温室气体。”建筑物或谷物仓被硫酰氟熏蒸后，这种物质在空气中会保留多久，普林解释道：“我们的分析表明，硫酰氟在空气的存在寿命是 36 年，比科学家原先断定的要长 8 倍。大部分留在空气中的硫酰氟都被海洋吸收了。但是随着人们对它的大量使用，它日渐成为一种强效温室气体。”1kg 硫酰氟排放到大气中对全球变暖的影响是 1kg CO_2 的 4800 倍。虽然空气中只存在极少量的硫酰氟，约 1.5 兆分之一，即每一兆空气分子中，只有 1.5 个是硫酰氟，但它却在以每年 5%的速度增加。相比较而言，大气中现存的硫酰氟的含量要远远低于 CO_2 含量，空气中含有的硫酰氟约为 2000t，CO_2 为 30 亿 t 左右。

3．面临严峻挑战但仍要长期使用的磷化氢

磷化氢常温下为无色气体，但有特殊的腥臭味，分子式为 PH_3，分子量为 34.04，沸点−87.8℃。在空气中的相对密度为 1.214。微溶于冷水，不溶于热水，易溶于乙醇和乙醚。受热可分解，易氧化，易自燃，与空气混合有爆炸危险。当浓度为 0.002～0.004mg/L 时，可闻到气味。磷化氢是由磷化铝、磷化钙和磷化锌经过不同的化学反应途径产生的，磷化铝和磷化钙是利用空气中的水蒸气而产生磷化氢，而磷化锌是与酸或碱溶液反应产生磷化氢。

纯磷化氢气体在常温下比较稳定。用磷化铝、磷化钙和磷化锌产生磷化氢气体的同时，还产生少量易燃的双膦（P_2H_4），当磷化氢浓度在局部空间达到 26mg/L，再加上双膦的存在时便会自燃着火，产生烟雾（五氧化二磷）。其化学反应式如下。

$$2P_2H_4+7O_2 \longrightarrow 2P_2O_5+4H_2O$$

$$2PH_3+4O_2 \longrightarrow P_2O_5+3H_2O+\text{大量热（发火）}$$

$$P_2O_5+3H_2O \longrightarrow 2H_3PO_4$$

$$2PH_3+3Cu \longrightarrow Cu_3P_2\text{（黑色）}+3H_2$$

因此，使用磷化氢熏蒸粮食食品加工厂、仓库时，应将带铜的机器设备、仪器仪表、电路板等撤除，或用涂油、塑料薄膜密封等方法加以保护。

磷化氢是目前最常用的粮食熏蒸剂。在众多的熏蒸剂中，属毒性较低的一种，具有操作简便、条件易控制、药效较显著、成本较低廉等优点，已基本取代氯化苦等老一代熏蒸剂。经验证明，若操作不当，防护不周，出现事故时处理不妥，仍不时有中毒事故发生。我国规定磷化氢的最高允许浓度为 $0.3mg/m^3$。

磷化氢作为熏蒸剂的主要缺点就是易自燃，对昆虫卵和蛹的药效较差，需要密闭熏蒸处理较长时间，当温度低于 10℃时熏蒸药效较差，对金属铜有强烈的腐蚀性。20 世纪 80 年代，作者曾在云南省边境城市畹町冬季低温的条件下，用磷化铝熏蒸处理小白芸豆，散毒后检查发现豆子里面已经羽化但尚未破壳飞出来的巴西豆象成虫还有一部分是存活状态，由此表明磷化氢在低温条件下熏蒸杀虫效果较差。

磷化氢作为熏蒸剂已有 70 年的历史，长期以来一些不科学的使用使害虫对其抗性日益增加。采用磷化氢熏蒸粮食时掌握合理的气体浓度至关重要。在实际应用中，对于不同仓房、不同时间、不同虫种、不同虫态、不同害虫抗性程度等的有效浓度都会有差异。一般而言，磷化氢杀死害虫的浓度因密闭条件、环境温度、害虫发生情况等应有所变化。

为了保证杀虫效果，应做好对磷化氢气体浓度的检测工作，以保证粮堆各部位总是维持有效的磷化氢杀虫浓度。这对于避免熏蒸失败，更进一步说，对于防止害虫对磷化氢抗药性的发展具有更重要的意义。

2002年发布实施的《磷化氢环流熏蒸技术规程》（LS/T 1201—2002）中针对不同害虫情况、不同粮食温度等条件推荐了100～350mL/m^3的磷化氢浓度，密封时间为14～28d及以上。从近几年的应用情况看，这些参数基本可以指导成功熏蒸，但对于一些抗药性或耐药性特别高的害虫如锈赤扁谷盗，实际熏蒸浓度应就高处理或更高一些。

保证熏蒸过程中磷化氢浓度的有效、均匀分布与施药技术、方法和手段是分不开的。国内在施药技术上做出了许多有益的探索，较为实用可行的技术主要有缓释施药法、仓外磷化氢发生器施药法、仓外钢瓶混合气施药法等。在促使磷化氢均匀快速的分布方面，采用环流技术是对大型深层粮堆熏蒸的有效方法。近几年，我国在磷化氢环流技术应用方面发展迅速，居于世界领先水平，从仓外移动式和仓外固定式环流装置，发展到仓内膜下环流熏蒸；从大型仓房的普遍应用，发展到中小型仓房，甚至露天储粮，从仓外气体施药发展到自然潮解结合环流施药等。

4. 熏蒸能力有限或面临淘汰的熏蒸剂

1）敌敌畏向粮堆内的扩散性差，又容易被粮食吸附，实仓用于粮面熏蒸，也适用于空仓、加工厂、包装器材、铺垫材料等的杀虫处理。敌敌畏对哺乳动物的作用机理是抑制胆碱酯酶，其毒性解除很快，但被敌敌畏抑制的害虫的胆碱酯酶不容易复活，因此害虫的中毒是不能解除的。敌敌畏用于空仓杀虫时，尤其是高大仓房，施药后气体的分层会对杀虫效果有影响，应注意高处有效浓度的保持。英国政府最近决定，禁止出售约50种杀虫剂，原因是它们含有可能导致人类癌症和神经紊乱的敌敌畏。据报道，这一决定是根据英国杀虫剂顾问委员会的意见做出的。该委员会认为，不排除长期接触敌敌畏导致皮肤癌、肝癌和乳腺癌的可能性。这项决定涉及约50种常被居民家庭用于杀灭苍蝇、飞蛾、黄蜂和蟑螂等昆虫的杀虫剂。有关企业已经在推出不含敌敌畏的替代产品。科研人员将对敌敌畏的致癌特性做进一步研究。

2）氯化苦。按现行规范氯化苦可用于处理谷物和植物产品，但不可熏蒸成品粮、花生仁、芝麻、棉籽、种子粮（安全水分以内的豆类除外）和发芽用大麦。由于不易散气，地下仓不宜使用。熏蒸温度最好在20℃以上。氯化苦是有高度刺激性的催泪毒剂，可以很小比例加入其他熏蒸剂充当警戒气体。氯化苦还具有杀菌和杀真菌性，对金属有腐蚀作用，应注意金属表面和设备的保护。氯化苦可强烈刺激眼睛，还可造成肺损伤。被熏蒸物品的反应生成物的残余含有无机硝酸盐和亚硝胺。20世纪80年代，作者在云南省泸西县调查发现用氯化苦熏蒸后的玉米颜色由黄色变成了绿色。1917年法国首先使用氯化苦，1934年日本开始禁止用于米谷中，其原因就是其化学结构中有亚硝基，可能有致癌作用。

3）氢氰酸。氢氰酸在水中的溶解度很高，会给水分高的物质带来损害。它溶于水后为一种稀酸。这种酸不仅会使这些被处理的物品变得难吃，人食用后还可能有危险，而且它还有可引起烧伤、枯萎或褪色等作用。对人和高等动物是一种烈性速效毒药，可能对植物造成药害，用于种子上安全，但不推荐用于鲜果和蔬菜。氢氰酸常压下吸附能力很强，对一些物品的渗透力不强。氢氰酸对人体的慢性影响表现为可引起人神经衰弱综合征，如头晕、头痛、乏力、胸部压迫感、肌肉疼痛、腹痛等，并可产生眼和上呼吸道刺激症状。皮肤长期接触后，可引发皮疹，表现为斑疹、丘疹、极痒等。1877 年开始用作熏蒸剂，1886 年美国加利福尼亚州发明在帐篷下用氢氰酸熏蒸树木防治介壳虫。20 世纪 50 年代，其曾是我国使用的主要熏蒸剂，因毒性过大和经济方便性等原因被磷化氢替代。氢氰酸曾广泛用于熏蒸仓储建筑结构如面粉厂，后被使用更为方便的溴甲烷替代。目前在法国、德国、瑞典、新加坡等仍获准用于处理飞行器或建筑物。

5. 环境友好但应用成本较高的熏蒸剂

广义地说，充氮和充二氧化碳气调也可视为采用这些气体的熏蒸处理，即二氧化碳和氮气也可视为熏蒸剂。气调的基本原理在 1970～1980 年已有较多研究，但其实质性的应用也主要在薄膜密封的储粮场所。我国近几年建有气调示范仓，从杀虫效果来说是有保证的。但其大面积推广却受到建设和应用成本的制约，如每增加一亿斤①的仓储量就将增加 300 万资金的高投入。气调技术应用需要较高的环境气密性，在温度低于 20℃的情况下效果不好，且通常需要的熏蒸时间比磷化氢还要长（Adler，2000）。在国外也有现场制氮机充氮气调，也存在经济成本问题。即使在澳大利亚气调储粮应用也很少。同时，人们也在探索在气调时加入增效剂的方法，以降低处理成本和加快杀虫速度。国外也有人曾试验气调结合高压杀虫，杀虫效果可以明显提高，但处理费用也很高。

6. 研究中的熏蒸剂

由于害虫抗性，许多研究者都在致力于新熏蒸剂品种的开发和如何更加合理有效地利用磷化氢熏蒸杀虫的研究，虽有一定进展，但成效并不乐观。

1）氧硫化碳（carbonyl sulfide）在工业上用于碳氧化物、硫代酸、硫代碳酸盐和噻唑的合成。澳大利亚于 1993 年注册专利用于熏蒸储藏物中的害虫和螨类。此药剂有较好的渗透性，对许多害虫有较好的毒杀作用。用氧硫化碳处理大麦用量 $17g/m^3$、油籽 $15g/m^3$。用后气体分布均匀，6h 后浓度变化 8%。7d 后处理的大麦仓中平均浓度 $13g/m^3$，油籽仓中 $12g/m^3$。熏蒸 7d，试验的 6 种甲虫、3 种书虱、1 种蛾类幼虫和 1 种皮蠹幼虫全部被杀死。

氧硫化碳是大气中自然存在的化学物质，是地球硫循环的重要部分，一般浓度在 0.5（±0.05）$\times 10^{-9}$mg/kg，也就是说，人类总是暴露在低浓度的氧硫化碳气体中。氧硫化碳在粮食中的存在浓度为 0.05～0.1mg/kg。$50g/m^3$ 以内密闭 1～5d 可以有效杀死多种害虫，通常采用剂量 $20g/m^3$ 以内密闭 5d 较好。在熏蒸后散气用 0.4kW 风机通风 2～4h，可使粮食中氧硫化碳低于澳大利亚规定的最高残留标准 0.2mg/kg，实仓熏蒸表明，用氧硫化碳处理的粮食中的残留与没有用氧硫化碳熏蒸的对照仓无明显区别。

用氧硫化碳处理过的粮食制作面包、面条、糕点没有影响，对大麦发芽、麦芽汁、啤酒、油、粕残留均不超标。氧硫化碳在硫化氢（浓度在 0.1%以上）存在时，会对铜有腐蚀作用，对钢、铁、塑料、纸等有破坏作用。

2）甲基磷。Chaudry（2000）对甲基磷（CH_3PH_2）的杀虫效果进行了研究，试验发现甲基磷可杀死锯谷盗、赤拟谷盗、米象和锈赤扁谷盗等。与敏感的害虫相比，甲基磷对抗磷化氢的害虫有更高的害虫死亡率，毒力比敏感害虫高近 7 倍。他认为分子中的甲基对抗性害虫虫体的解毒酶起了作用。甲基磷比空气重 1.5 倍。可与磷化氢（$1.5g/m^3$）

① 1 斤=0.5kg

结合使用以杀死敏感害虫和抗磷化氢害虫。甲基磷的检测可用带火焰检测器的气相色谱仪进行。

3）植物源物质。已有许多研究者对植物源物质进行了试验，试图找出可以用于防治储粮害虫的熏蒸物质。从总体报道情况看，一些物质确实对储粮害虫具有熏杀作用，但主要是对暴露状态的害虫试验。由于源于植物具有挥发性的物质通常分子量和沸点比较大，在作为熏蒸剂应用的性能上有着先天性不足，期望从此途径发现新的性能优良的储粮熏蒸杀虫剂的前景也不被看好。

7. 重新评价的熏蒸剂

1）甲酸乙酯（ethylformate，ETF）多年来用于干果的熏蒸。在许多植物中自然存在，有些食品（干果）中也有。实验室研究发现甲酸乙酯杀虫效果快，在谷物中可快速降解，但在粮食中吸附量也很大。甲酸乙酯是一种老熏蒸剂，可作为溴甲烷的替代物而被重新研究。它在熏蒸后通常被降解而不是解吸，其降解产物也是食品中自然存在的物质，所以甲酸乙酯对粮食品质和发芽无不良影响。实仓熏蒸表明，甲酸乙酯效果不太理想，但对设备和器材的熏蒸效果很好。使用剂量达 90g/t，采用 4%的水溶液处理，密封 24h 可有效杀死米象、赤拟谷盗和谷蠹。甲酸乙酯的安全浓度为 100mL/m^3。国外专家认为，甲酸乙酯是敌敌畏较为合适的替代品。

2）二硫化碳曾用于处理谷物，易燃烧或爆炸。法国 1869 年用它来防治葡萄根瘤蚜，是应用昆虫学历史上的一个里程碑。低浓度时没有警戒性，可以通过皮肤吸收。在粮食熏蒸中因多种原因已多年不用，最近为了在某些情况替代溴甲烷而进行重新评价。

3）环氧乙烷曾用于处理谷类、杂粮和某些植物产品，广泛用于低温消毒医疗用品和仪器及食品和调料品的防腐。实用浓度对许多细菌、真菌和病毒具有毒杀作用，对植物有剧毒，影响种子发芽。环氧乙烷极易燃烧、爆炸，常和二氧化碳等气体配合使用。南京曾经发生过 1 次环氧乙烷熏蒸消毒，现场爆炸死亡了好几个人。环氧乙烷有烃基化和诱发突变的特性，对人有潜在的致癌作用。对害虫的毒力大约属于中等程度。我国规定只用于有小麦矮腥黑穗病的小麦处理。

8. 新熏蒸剂研究开发前景

化学杀虫剂虽然给害虫防治带来了许多方便和挽回了许多损失，但由于害虫抗药性的发展及化学药剂这样和那样的缺点，有许多药剂已被淘汰，或正在、将要被淘汰。人们也寄希望于研究开发出新的药剂，然而事情并非想象的那样简单。据当前资料，人们经过筛选约 20000 种化合物才能得出 1 种具有商业价值的化学药剂。而将 1 个新的药剂推向市场需耗资 6000 万～1.5 亿美元，从初步筛选到商业化应用要耗时 7～10 年。另外，人们目前可供应用的物质资源是有限的，其中具有生物活性（有杀虫作用）的数量更少，有生物活性又具有优良熏蒸杀虫剂性能的物质更是稀少。可以说，迄今为止，人们还没有找到一种理想的熏蒸剂。所以，新熏蒸剂研究开发前景很不乐观。现今之计，对于储粮熏蒸杀虫来说，还要在磷化氢的科学应用和保护其使用寿命上做文章，磷化氢是当前和以后很长时间仍将继续使用的储粮熏蒸剂。另外，在以往使用的剂量下，磷化氢气体熏蒸后不会在粮食上造成有害残留，在人们对食品安全日益重视的今天，也是其主要的优势之一。目前国际贸易中对于磷化氢熏蒸处理过的粮食也被认为是无有害残留的。

三、熏蒸杀虫技术要领

各种熏蒸剂除 CO_2 外，对人都是有毒的，使用不当可造成人员中毒、死亡或熏蒸物品的污染，有的还可能发生燃烧、爆炸。因此，使用熏蒸剂的人员，要有高度的责任感和严谨的科学态度，按照有关规定，认真进行操作，加强安全防护措施。

熏蒸杀虫工作的全过程，可分为熏蒸前的准备、熏蒸投药、散毒和残渣处理三个步骤。

1. 熏蒸前的准备

1）做好现场调查及熏蒸前的准备工作，首先是到现场摸清下列情况：①害虫的种类、密度、虫态和主要活动栖息部位；②熏蒸物品的种类、数量、用途、含水量、杂质、储藏时间、堆放形式、堆码高度、仓库或堆码的温湿度和空气温湿度等情况；③仓储设施或堆码的结构、密封性能、内部机器设备及与四周居民住房的距离等情况；④了解近期天气预报；⑤测量仓房和堆码的体积。

2）制订熏蒸技术方案，报单位负责人。根据现场调查，制订熏蒸技术方案。对调查的情况进行综合分析，本着安全、经济、有效的原则，选用合适的熏蒸剂种类，确定投药量、投药方法、密封方法、防护措施和注意事项。根据熏蒸工作量确定参加人数，按规定选定参加人员。熏蒸技术方案要向单位负责人汇报，批准后方可进行熏蒸工作。

3）熏蒸用品和器材。根据选用的熏蒸剂种类和投药方法，准备好投药、密封、循环、散毒、安全防护的用品和器材。

4）整理堆码或熏蒸物品。整仓散装物品熏蒸要扒平表面，留好通道，出入口要方便、安全。包装物品熏蒸，要堆码牢实，堆垛之间架放木托盘，预留好出入口，便于人员安全行走。加工厂熏蒸，凡暴露的金属机器、仪器仪表等容易受到腐蚀的物品，要撤卸移出或将暴露部位涂以机油或用塑料薄膜密封保护。

5）负责熏蒸指挥人员对投药人员要进行组织分工，交代任务，明确责任，需要先进行 1～2 次现场演习。大型熏蒸要与当地公安、卫生部门取得联系，说明熏蒸剂的种类和性能等情况，一旦发生人员中毒事故，便于及时组织抢救。

2. 熏蒸投药

1）磷化铝熏蒸投药由上而下，自里向外循序进行，而溴甲烷、硫酰氟熏蒸须仓外管道投药。负责救护和清点人数的人员，要密切注意投药人员的动态。任务完成后，要准确及时清点退出现场的投药人员。

2）投药人员全部撤出后，封门人员及时封门。

3）投药完毕 1h 后，要使用检测仪对熏蒸的仓房或堆码四周进行熏蒸剂泄漏检测，一旦发现毒气泄漏，立即补漏。

4）磷化铝熏蒸，密闭期间每隔 2～3d 检测 1 次磷化氢浓度，低于设计浓度时，要及时补充磷化铝。

3. 散毒和残渣处理

1）通风散毒：放气一律从仓房外部开启门窗，先开上层，后开下层；先开下风方向，后开上风方向。放气一定注意环境卫生，放气开始要及时到下层风向 100m 内进行毒气浓度检测，必要时，放气第 1 天只开上部门窗，第 2 天再开下部门窗。原则上放气的第 1 天下风向 30m 内不得有人停留。

2）处理残渣：磷化铝和溴甲烷熏蒸通风散毒后，应及时处理残渣、残液。处理残渣要佩戴防毒面具和滤毒罐。残渣和残液应在离水源较远的地方挖坑深埋。

3）熏蒸散毒后，应检查熏蒸杀虫效果、检测熏蒸剂的残留量及粮食发芽率。

4）散毒后要采取有效的防虫措施，或表层拌储藏物防护剂，防止再次感染害虫。

5）做好熏蒸全过程的记录。

四、熏蒸剂使用中的突出问题

1）熏蒸剂种类匮乏。熏蒸剂要求分子量低，常温下或经化学反应后呈气体状态，渗透力强，杀虫迅速，致使新熏蒸剂的开发难度非常大。中国目前正式登记注册的熏蒸剂只有几种，常用熏蒸剂只有磷化铝、硫酰氟、溴甲烷这 3 种，而溴甲烷现仅限于检疫熏蒸用。相较于农作物使用的农业杀虫剂，熏蒸剂的种类十分匮乏，这也使得当储藏物害虫对某种熏蒸剂产生抗药性后，可以替换的熏蒸剂种类十分稀缺。限用了溴甲烷，导致现在无土壤熏蒸剂可用。

2）储藏物害虫的抗药性问题。长期、大量、单一、亚致死剂量使用某种熏蒸剂，导致某些储藏物害虫对该熏蒸剂产生了抗药性，降低了熏蒸杀虫效果。突出的问题是在全球都出现了储藏物害虫对磷化氢的抗性日趋严重，如不能很好解决此问题，未来将面临无低廉、有效的熏蒸剂的境地。

3）人员的生命安全问题。熏蒸剂的毒性一般较高，属高毒神经性毒剂，由此带来了熏蒸剂影响熏蒸操作人员和周围环境人员的生命安全问题。我国每年出现因为熏蒸剂操作、使用不当导致的人员中毒、死亡事故，绝大多数情况都是熏蒸操作人员对熏蒸剂的性能掌握和理解不透彻，对熏蒸杀虫过程中可能出现的风险考虑不周全，加上熏蒸杀虫技术操作不严谨，现场组织管理不力，熏蒸投药人员的安全防护措施欠缺，外围环境人员离熏蒸场所的安全距离不够，投药后熏蒸剂毒气的泄漏检测点和散毒后熏蒸剂的残留量检测点未全覆盖，以及对现场出现的异常情况处置不当造成的。美国还出现过使用硫酰氟熏蒸过的木屋别墅，散毒期间枕头里面海绵吸附的硫酰氟毒气未经充分通风散发出去，导致 1 对夫妇夜晚死亡的事故。

4）磷化铝熏蒸的自燃、爆炸问题。磷化铝需要吸收空气中的水蒸气才能发生化学反应产生磷化氢气体杀虫，而高浓度磷化氢气体很容易自燃，若在暴雨天投药或顶部漏雨流到磷化铝接药容器内，可快速产生高浓度磷化氢气体，从而发生自燃、爆炸的事故。例如，全国发生了多起储存的烟叶使用磷化铝熏蒸，在暴雨天气或漏雨导致磷化氢自燃、爆炸，烧毁了整个烟仓的事故；又如深圳发生过 1 次白天在潮湿的沙滩上使用磷化铝熏蒸塑料薄膜密封堆码的木材，当天夜晚就发生了整堆木材着火烧毁的事故。

5）熏蒸处理后的药害问题。高蛋白质、高脂肪、液态的有机物不能使用熏蒸剂进行熏蒸，因为熏蒸后会导致有机物变质；带铜的机器设备、仪器仪表、电路板不能使用磷化铝进行熏蒸，否则会腐蚀铜；活体植物不能使用磷化铝、硫酰氟熏蒸，否则会出现严重的药害；硫酰氟熏蒸前，须将熏蒸场所及散毒通道摆放的绿色植物盆景、鱼缸搬离熏蒸场所外围 100m 远，否则熏蒸场所内的硫酰氟毒气和散毒时挥发出来的硫酰氟毒气 1～3d 会引起严重的活体动植物药害（图 5-26）。20 世纪 80 年代，作者曾在云南省边境城市畹町发现用磷化铝熏蒸处理过的鲜艳未覆膜的红色、黄色纸张和艳丽的昆虫标本出现了严重的褪色现象。

图 5-26　硫酰氟引起散毒通道处观赏植物的药害

五、熏蒸杀虫实操案例

1. 立筒仓大麦磷化铝熏蒸杀虫实操案例

广州市黄埔区储藏大麦的立筒仓，每年 4～11 月，使用 56%磷化铝丸剂 8～12g/m^3，于粮面、仓底投药，密闭熏蒸杀虫 7～14d，可以达到彻底杀死赤拟谷盗、亚扁粉盗、大谷盗、锯谷盗、谷蠹、长角扁谷盗、书虱、粉螨等储藏物害虫的效果（图 5-27）。但是，每年 12 月至次年 3 月，广州处于低温季节，使用磷化铝熏蒸杀虫效果会降低。

图 5-27　立筒仓大麦熏蒸投放磷化铝

2. 大米加工厂溴甲烷熏蒸杀虫实操案例

广州市白云区大米加工厂，每年 1～12 月，使用 99%溴甲烷 25～30g/m^3，胶管仓外投药，密闭熏蒸杀虫 36～48h，可以达到彻底杀死赤拟谷盗、烟草甲、米象、米扁虫、锯谷盗、谷蠹、黑菌虫、长角扁谷盗、印度谷螟、书虱、粉螨等储藏物害虫的效果（图 5-28）。

图 5-28　大米加工厂熏蒸称量投放溴甲烷

3．奶粉厂硫酰氟熏蒸杀虫实操案例

广州市黄埔区奶粉加工厂，每年 1～12 月，使用 99.5%硫酰氟 30～40g/m^3，高压胶管仓外投药，密闭熏蒸杀虫 72～96h，可以达到彻底杀死赤拟谷盗、烟草甲、长角扁谷盗、印度谷螟、书虱、啮虫、粉螨等储藏物害虫的效果（图 5-29）。

图 5-29　奶粉厂熏蒸投放硫酰氟

六、熏蒸杀虫的原理及意义分析

熏蒸杀虫的原理是利用熏蒸剂在常温下易于挥发，或通过化学反应产生易于挥发的气体，在密闭空间内，通过挥发产生的熏蒸剂毒气渗透到储藏物的内部深处，以气态分子的形式通过害虫的表皮或气门进入其呼吸系统，进而渗透进虫体的血淋巴，与生物靶标酶结合，导致害虫高度兴奋，最后衰竭死亡。

熏蒸剂具有渗透性强、杀虫效率高、易于通风散发等特点。当储藏物已经发生害虫，或害虫潜藏在不易发现和不易接触的地方时，使用熏蒸剂对于防治储藏物害虫十分有效。熏蒸剂适宜在仓库、帐幕、建筑物、车厢、船舱、飞机等能完全密闭的场所使用，可以有效地杀死隐蔽的害虫或微生物。

使用熏蒸剂防治储藏物害虫，可以在不移动储藏物的情况下，达到彻底杀死害虫的目的，其经济性、可操作性等都是其他防治方法无法比拟的。

熏蒸剂的使用剂量需根据熏蒸场所空间体积计算（单位为 g/m^3），浓度根据熏蒸时间、熏蒸场所密闭程度、被熏蒸物的量和对熏蒸剂毒气的吸附能力等确定。

熏蒸杀虫效果与熏蒸剂的理化特性、被熏蒸物的吸附性、环境的温湿度、有害生物的种类及熏蒸场所的密封性、熏蒸剂毒气的分布均匀度等因素相关，要充分发挥熏蒸剂的药效，需要对以上各种影响因素进行深入分析，在安全性完全有保障的前提下，才能实施熏蒸杀虫处理。若不具备密闭熏蒸的基本条件，决不能实施熏蒸处理。

案例 19　农作物的农药药害鉴定与处理

农化产品的质量不合格和不合理使用会导致药（肥）害。近年来，农化产品的药（肥）害事件频频发生，造成了重大农业损失，产生的经济纠纷复杂，引起了农业管理、质量监督和司法部门的高度重视。在药（肥）害事件中，农药药害发生情况重于化肥肥害情况，具有发生药害的作物种类和引起药害的农药种类增多、造成的经济损失较大、引发的经济纠纷增多的特点；而化肥肥害主要是由钾肥和氮肥引起的，目前已知产生肥害的作物种类也相对较少。在作物药（肥）害的鉴定与处理实践中，要特别注意它们与植物病害在症状上有较大的区别（表 5-38）。

表 5-38　农作物药（肥）害与病害的症状区别

症状	药害	肥害	病害
斑点型	分布没规律，有轻有重；斑点大小、形状变化大	发生普遍，植株出现症状的部位较一致，如黄瓜氮过剩产生的肥害，初期叶小有斑点，叶片镶金边，严重时叶片焦枯；斑点型缺素如柑橘缺铜主要表现为在果实表面产生许多褐斑点，柑橘缺钼在新梢成熟叶片形成黄斑等	生理性发生普遍，出现部位较一致；具有发病中心，斑点形状较一致
畸形型	具有普遍性，在植株上表现局部症状	伴随叶片颜色的改变，比如草莓氮过量不仅会导致新叶扭曲，还会使叶色贪青浓绿	病毒零星发病，表现系统性症状，在叶片上伴有碎绿明脉、皱叶等症状
枯萎型	无发病中心，先黄化，后死株，过程迟缓，输导组织无褐变	肥害引起的枯萎多是烧根、烧叶	病害植株维管束堵塞，蒸发量大时，先萎蔫后失绿死苗，根茎导管常有褐变
缓长型	有药斑或其他症状	表现为根系生长差从而影响长势	发僵表现根系生长差，缺素则叶色发黄或暗绿等

一、农作物农药药害的分类

农药药害是指农药质量问题或使用不当而影响敏感植物正常生长发育的现象，包括作物体内生理变化异常、生长停滞、植株变态甚至死亡等一系列症状。按药害症状出现时间的迟早，可将农药药害划分为 4 种类型。

1. 急性药害

一般发生很快，症状明显，施药后几小时到几天之内出现症状为急性药害。一般表现为种子发芽率下降；根系短粗肥大、缺少根毛、表皮变厚发脆；茎秆扭曲、表皮破裂；叶片上出现斑点焦灼、穿孔或失绿、黄化、畸形、变厚、卷叶甚至枯萎、脱落等症状；果实上出现斑点、畸形、变小、落果等症状；花上表现枯焦、落花、变色、腐烂、落蕾、授粉不良等症状；植株生长迟缓、矮化甚至全株枯死。

2. 慢性药害

施药后数十天才出现症状，且症状不明显的为慢性药害。这种药害往往很难诊断，易和其他生理性病害相混淆。诊断时，可采用了解病虫害发生情况，施药种类、数量、面积和植株对照的方法。植物生长调节剂、内吸性除草剂、三唑类杀菌剂易出现慢性药害。多数慢性药害在长时间内表现为生长缓慢、发育不良、开花结果延迟、落果增多等症状，造成产量降低，风味、色泽、品质等恶化。

3. 残留药害

当季作物不发生药害，而残留在土壤中的药剂对下茬较敏感的作物产生药害。例如，玉米田使用西玛津除草剂后，往往对下茬油菜、豆类等作物产生药害。多在下茬作物种子发芽阶段出现症状，轻者根尖、芽梢等部位变褐或腐烂，影响正常生长；重者烂种、烂芽，降低出苗率或完全不出苗，容易和肥害等混淆。

4. 二次药害

二次药害是指农药使用后对当茬作物不产生药害而残留在植株体内，药剂可转化成对植物有毒的化合物，当秸秆还田或作为有机肥用于农田时，会使后茬作物发生药害。例如，应用稻瘟醇防治水稻稻瘟病后，用稻草做堆肥，在腐熟发酵的过程中残留在稻草上的稻瘟醇被微生物分解成对作物有严重药害的三氯苯甲酸、四氯苯甲酸及五氯苯甲酸。如果把这种堆肥用于水稻、豆类、瓜类等作物，就会引起幼苗畸形等二次药害。

二、农作物产生药害的影响因素

1. 农药方面

1）农药的理化性质。在一般情况下，农药对作物都有一定的生理影响。一些广谱性的除草剂喷施到作物的绿色部位，作物吸收后会干扰植物苯基丙氨酸的生物合成，使植物茎叶枯黄、根基腐烂而枯死。无机农药和水溶性、渗透性大的农药易引起作物药害。

2）农药质量。使用质量差、含杂质或变质的农药是引起药害的重要因素，农药质量的好坏会影响乳化性能或喷雾质量，甚至会导致理化性状改变。

3）混合使用不当。农药之间混用不当也是造成药害的一个因素，某些杀草剂混用后就会降低药效并出现药害，如 2,4-D 丁酯和杀草丹的混用，禾草克和苯达松的混用，拿捕净和苯达松、杂草焚的混用等。

4）药液浓度。农药的使用剂量和喷施浓度超过了植物的承受能力，也可产生药害，如用内吸磷涂茎浓度超过 5%，喷洒浓度超过 0.2%容易发生药害。

5）喷施次数。重喷和连喷会引起药害。

6）施药方法。施药方法同作物药害有一定关系。

2. 作物方面

1）作物种类和品种。不同作物对每一种农药表现出不同程度的抗药性和敏感性。十字花科、茄科、禾本科等作物的抗药力较强，而豆科作物的抗药力则较弱。

2）作物生育期。作物不同生育期对药剂的敏感反应有较大的差异。作物的生长期较休眠期耐药力差，拔节期、孕穗期、开花期耐药力较差。

3）植株部位。作物各个部位之间对药剂敏感性差异较大，如瓜类的叶片多皱纹，叶面气孔较大、角质层薄，易聚集农药，抗药力较弱。

4）作物长势。作物长势弱、抗药性差也会产生药害。

3. 环境方面

1）温度。气温的高低直接影响农药的活性，也关系到作物的安全性。例如，在干旱高温条件下，对西瓜喷撒硫黄粉防治病害，容易造成严重药害；在干旱条件下，使用虎威氟磺胺草醚对黄豆田除草，黄豆叶片也易产生药害。

2）湿度和降雨。湿度过大、水分过多是引起药害的原因之一。在高湿条件下，使用禾耐斯除草易产生药害。

3）风力和风向。在喷施除草剂时，风可导致除草剂产生雾滴飘移，造成敏感作物药害。

4）土壤质地。黏性重、有机质含量高的土壤对农药黏附力较强，药剂在土壤中移动性小，不易产生药害，而有机质含量低的土壤、沙质土壤上的农作物易产生药害。

三、农作物药害鉴定与处理存在的问题

农作物的农药药害可以造成农作物大面积减产甚至绝收，影响农民利益、农业生产和农村的和谐社会发展。农药药害的鉴定与处理存在农业行政法律法规依据严重不足和专业性与技术性要求极高两方面的问题。我国《农药管理条例》明确了农药药害鉴定由县级以上农业农村部门负责组织实施，但相应的实施办法尚未健全，药害的鉴定与处理依据尚不统一或缺乏。农药药害的产生可以归因于药剂、作物、环境三大因素，但涉及的因子非常多，涉及产品质量、销售服务、农民使用和防治对象等多个专门性问题，常成为纠缠不清的矛盾焦点。这些因子还可以相互作用、错综复杂、无法重现。农作物的生长和药害症状的时效性限制也给药害的调查、鉴定、处罚和赔偿带来了很大的困难。除明显的急性药害外，其他的药害类型鉴定一般都有较高的技术难度。

四、农作物农药药害的鉴定

农产品生产企业、食品和食用农产品仓储企业、专业化病虫害防治服务组织和从事农产品生产的农民专业合作社等农药使用者应当建立农药使用记录，并尽可能保留一定的农药样品。当农药使用后，发现疑似作物药害事故时，农药使用者、生产企业、经营者和其他有关人员要及时报告当地农业部门，由农业部门组织采取措施，在保留好相关记录和物证的基础上，尽快控制事态的恶化，减少损失、化解矛盾。当存在药害事故纠纷或是行政与司法诉讼需要时，由当事人或相关单位向县级以上农业部门提出事故鉴定申请，由县级以上农业部门组织技术鉴定和调查处理。

（一）农药药害鉴定申请

使用农药后，农作物的生长（有明显症状）、产量和质量等出现不良状况，当事人或有关机构需向事发地县级以上农业农村部门提出农作物农药药害鉴定申请，说明鉴定的内容和理由，并提供以下材料：①涉及的当事人的证件；②农药产品、标签、农药使用说明；③农作物品种、种植状况、生育期、药害症状；④施药地点、时间、用量、方法和用药期天气情况等样品、资料与信息材料。农作物农药药害鉴定由事发地县级以上农业农村部门组织实施；对跨县、市的药害鉴定，可由上一级农业农村部门受理和组织实施。

农业农村部门在收到药害鉴定申请后，应及时审核处理，并通知申请人其申请是否予以受理。当审核申请资料时发现提供的农药产品和标签及样品等资料不全，或有确凿理由判定作物不良症状不是由农药药害所引起，或所申请鉴定的农作物生长期已错过农药药害症状表现期，或受当前技术水平限制而无法进行鉴定等情况，可不予受理鉴定申请。

（二）成立药害鉴定专家组

农药药害的鉴定具有很强的专业性和技术性。农业行政主管部门应成立由农学、植物保护和农药等专业技术人员组成的农药药害事故鉴定专家库。县级以上农业农村部门在受理了有关药害的鉴定申请后，应从专家库中随机抽取不少于 5 位专家组成的药害鉴定专家组开展药害事故的鉴定及损失评估工作，必要时可由农业农村部门派出或邀请种子、栽培、气象、土壤肥料等方面的专家参加。

（三）药害鉴定技术要点及方法

1. 药害鉴定的法律法规依据

农药药害鉴定要以《农药管理条例》《农药对作物安全性评价准则》《农作物病虫害防治条例》等有效法律法规和技术标准为依据。

2. 现场调查与室内分析检测及模拟试验

专家组应通过药害田间现场调查、听证会、样品的室内分析检测，或涉诉农药安全性模拟试验等技术途径，结合已有正式公开发表的研究结果，对药害原因、药害类型、药害的因果关系、药害程度及作物损失等做出技术鉴定，并出具鉴定意见。

任何单位和个人不得干扰农药药害鉴定工作。如遇申请人或相关当事人不配合药害鉴定工作，或需鉴定的现场已不具备鉴定条件，或因其他因素使鉴定工作无法开展等情况时，专家组可以说明情况，终止农药药害鉴定工作。

3. 药害鉴定报告

专家组完成药害技术鉴定后，相应的农业农村部门应根据专家组的鉴定意见，出具农作物农药药害鉴定书。鉴定书须载明申请人名称、地址、受理鉴定日期、鉴定的依据、对鉴定过程的说明、鉴定意见（是否药害，药害程度及对农作物造成的损失）及其他需要说明的问题。

五、农作物农药药害的处理

农药药害事故的处理要以事实为依据，以保护农民合法权益为原则，一般按照行政调解制度进行调解处理。经调解不成而终止调解的或调解协议书生效后无法执行的，由当事人向人民法院提起诉讼。

农业农村部门组织农药药害当事人按照自愿调解的原则进行调解。由于农业生产有季节性比较强的特点，一般在形成鉴定意见之日起一个月内结束调解。调解不成的应当及时终止调解。达成调解协议后，签订药害纠纷调解协议书，写明药害调查过程、鉴定结果、调解事项及达成协议的结果。

农药经销单位销售假冒伪劣或严重违规农药造成严重药害的，除应负赔偿责任外，还应给予行政处罚。构成犯罪的，依法追究刑事责任。

六、嘧霉胺农药引起甜樱桃树药害鉴定及处理案例

据顾双平等（2017）报道，2014 年 4 月，有一果农发现自家种植的 0.18hm^2 的 10 年生甜樱桃树有轻微的灰霉病，遂往农药零售商处购买农药。零售商听说是防治灰霉病，便推荐该果农购买了嘧霉胺杀菌剂用于防治，并告知了要按照说明书使用，但未介绍该农药的特点和使用技术。该药剂登记的有效成分为嘧霉胺，含量 40%，剂型为悬浮剂，登记作物名称为黄瓜，防治对象灰霉病，推荐用药量为有效成分 375～562.5g/hm^2，施用方法为喷雾。果农将药剂兑水配制成 320g/kg 浓度药液，单一药剂电动喷雾器喷雾处理，折合用药量为有效成分 444.4g/hm^2。用药 3d 后，80%的甜樱桃植株出现了黄叶、落叶、落果、枯萎等症状，从而导致几乎绝收，经济损失严重。农药零售商在得知事件后，说出于同情送了一些植物生长调节剂作为缓解药剂给果农使用，但认为该农药“三证”齐全、质量合格，既不能认定该药剂用在了甜樱桃树上，也不能认定甜樱桃植株出现的不良症状与使用嘧霉胺农药有关。果农与农药零售商之间产生了是否属于农药药害和经济赔偿纠纷。果农向当地法院提起了民事诉讼，提供了有关药害照片等证据。

当地法院经审查同意并委托当地市级农业科学院司法鉴定所组织专家对药害及损失进行技术鉴定。通过对药害事件现场勘验、室内模拟试验和现场相邻未施用嘧霉胺杀菌剂的农户调查，排除了气候、病虫害、施肥等环境与农事操作因素的影响，发现施用嘧霉胺的甜樱桃树普遍存在叶片黄化、有不规则坏死斑点、落叶等农药药害的典型性状，普遍率超过 70%，对照无药害症状。根据“施药后有 50%的叶片有明显变色，且不能恢复”或“增加 10%以上的落叶、落花、落果”为“严重药害”的判别标准，认定甜樱桃树出现的黄叶、落叶、枯萎、落果等为严重药害症状，与喷洒嘧霉胺杀菌剂存在因果关系。经查，涉诉杀菌剂“三证”齐全、质量合格，但农药零售商没有农药经营资质，认定该案是违反相关农药法规，盲目扩大农药防治对象范围，在甜樱桃树上使用产生了药害，导致较大经济损失的过错侵权责任纠纷。

依照农作物致害因素经济损失估算法，按以下公式对该药害事件进行经济损失估算，明确了该起嘧霉胺农药引起甜樱桃树药害造成的经济损失。

$$L_y=\sum_{i=1}^{n}(D_i\times a\times A_i\times P_{yi}-F_i)$$

式中，L_y 为农业事故导致的各类农产品的经济损失（元）；D_i 为正常栽培 i 类农产品单位产量（kg/hm^2）；a 为致害因素影响 i 类农产品的减产幅度（%）；A_i 为 i 类农产品受害面积（hm^2）；P_{yi} 为 i 类农产品价格（元/kg）；F_i 为 i 类损失农产品后期未投入成本（元）；

n 为农业事故导致农产品产量下降的种类总数（类）。

根据药害鉴定意见，当地法院判决结果为，在甜樱桃树上使用嘧霉胺农药属于超登记范围使用农药，甜樱桃树的药害（落果、黄叶、斑点、落叶等）及经济损失与喷洒嘧霉胺农药使用间存在因果关系，造成经济损失 3 万余元。农药零售商无证据证明其已尽到提示农药使用范围的义务，按照其过错应承担经济赔偿责任；果农没有按照农药使用作物为黄瓜的说明，将药剂用于甜樱桃树上，存在超范围使用过错，应当承担经济责任。

七、嘧霉胺农药引起甜樱桃树药害鉴定及处理原理分析与意义

农化产品的药（肥）害可以导致农业生产减产，甚至绝收，造成重大经济损失，引起民事纠纷，已成为政府和社会关注的重大问题。有关部门正在积极逐步完善有关法律法规，并探索建立药（肥）害鉴定资质机制，以保障药（肥）害事件得到规范、科学、公正、及时解决。嘧霉胺杀菌剂引起的甜樱桃树药害事件能得到及时有效的鉴定和处理，一是严格遵循《农药管理条例》等有关法律法规和标准依据，二是由该药剂引起的症状是明显的急性药害，相对易于技术判别。

农化产品的管理涉及登记、生产、经营、使用及用后各个环节，依法、科学、有效、安全是农化产品高效利用与管理的核心要求。加强农化产品的可溯源性和专业培训是保障农化产品产业健康发展的重要措施。在农作物药（肥）害发生后，农业农村部门要积极采取措施，控制事态恶化、减少损失，并充分发挥我国社会主义制度的优越性，优先进行药（肥）害事件的协调解决处理，营造社会主义新农村和谐氛围。

本章小结

本章列出了 19 个农化产品高效利用技术和药（肥）害管理案例。土壤调理剂是近年发展较快的特种化肥；具有实操性和创新启发性的水肥一体化则是近年大力推广的高效施肥技术；同步营养肥是利用缓控释原理满足作物营养需求的创新施肥技术；作物配方施肥是我国推荐的精准施肥技术。这 7 个化肥高效利用技术案例，对学生了解和掌握我国化肥减量提质、高效利用有重要指导意义。杀菌剂新靶标发现、试剂盒精准施药、秧苗栽药、化学除草、稻田灭鼠、防虫治病、二步法施药、挂包施药、种子处理、无人机施药等 10 个案例，对启发学生农药产品绿色化和创新应用具有重要的指导意义。熏蒸杀虫案例对学生了解和掌握农产品采后害虫熏蒸防控知识和技术要点、培养专门技术人才有指导意义。作物药害诊断与处理案例对学生了解和掌握药害知识、药害诊断与处理要求，培养专业管理人才有指导意义。

思考题

1. 从本章所列案例来看，要取得一项成果或技术创新需要具备哪些个人条件？
2. 简述 19 个案例的独特之处。

主要参考文献

陈农. 2021. 全球化肥、农药、农机现状及发展趋势预测. 中国农资，(2)：14.
陈婷，谭思思，温锦君，等. 2022. 广东省红火蚁发生危害现状与防控对策. 植物检疫，36（2）：78-81.
陈杨，秦永林，于静，等. 2019. 内蒙古灌溉马铃薯氮肥减施依据及措施. 作物杂志，(6)：90-93.
崔元培，魏子鲲，王建忠，等. 2021. “双减”背景下化肥、农药施用现状与发展路径. 北方园艺，(9)：164-173.
戴小枫，郭予元，倪汉祥，等. 1997. 我国农作物病虫草鼠害成灾特点与对策分析. 科技导报，(1)：42-45.
邓芳，李云国，赵洪. 2006. 浅议农药药害事故及处理办法. 农药科学与管理，(4)：34-36.
邓兰生，涂攀峰，张承林，等. 2021. 水溶性复混肥料的合理施用. 北京：中国农业出版社.
邓婷，吴家龙. 2022. 耕地土壤酸化现状及治理路径探析——以广东省为例. 中国农学通报，38（24）：70-74.
樊小林，刘芳，廖照源，等. 2009. 我国控释肥料研究的现状和展望. 植物营养与肥料学报，15（2）：463-473.
冯纪年. 2009. 鼠害防治. 北京：中国农业出版社.
冯守疆，车宗贤，赵欣楠，等. 2018. 长效缓释小麦专用肥施用效果研究. 甘肃农业科技，11：68-70.
冯志勇，姚丹丹，黄立胜，等. 2007. 黄毛鼠对第一代抗凝血杀鼠剂的抗药性监测. 植物保护学报，34（4）：420-424.
伏荣桃，王剑，陈诚，等. 2020. 氯虫苯甲酰胺防控水稻二化螟的应用效果评价. 中国植保导刊，40（1）：78-81.
高希武，梁沛. 2022. 昆虫毒理学. 北京：中国农业大学出版社.
郭文举，刘家莉，崔儒坤，等. 2015. 红火蚁不同品级个体的药剂敏感性研究. 应用昆虫学报，52（6）：1392-1396.
郭永旺，王登，施大钊. 2013. 我国农业鼠害发生状况及防控技术进展. 植物保护，39（5）：62-69.
何佩华，曹卫宇，张伟，等. 2018. 新型环保缓释肥料在小麦作物上的应用效果研究. 化肥工业，45（5）：64-67.
何萍，徐新朋，仇少君，等. 2014. 我国北方玉米施肥产量效应和经济效应分析. 植物营养与肥料学报，20（6）：1387-1394.
侯彦林. 2000. 生态平衡施肥的理论基础和技术体系. 生态学报，20（4）：133-139.
胡霭堂，周立祥. 2003. 植物营养学（下册）. 北京：中国农业大学出版社.
黄辉. 2011. 我国农业发展现状和土壤施肥情况. 中国农资，(2)：48-49.
黄季焜，解伟，盛誉，等. 2022. 全球农业发展趋势及2050年中国农业发展展望. 中国工程科学，24（1）：29-37.
黄秀清，冯志勇，陈美梨，等. 1990. 稻区黄毛鼠防治指标的研究. 植物保护，(1)：48-49.
黄振裕，魏初奖，丁珌，等. 2014. 我国椰心叶甲的风险评估报告. 林业勘察设计（福建），1：39-43.
纪明山. 2011. 农药对农业的贡献及发展趋势. 新农业，(4)：43-44.
贾可，沈兵，张天山. 2008. 复合肥配方制订方法及存在问题初探. 河北农业科学，12（5）：60-73.
姜伟，王桂美，王振波. 2004. 农作物药害事故处理的商榷. 农药科学与管理，(8)：32.
金继运，林葆. 1997. 化肥在农业生产中的作用和展望. 作物杂志，(2)：5-9.
金书秦，张惠. 2017. 化肥、农药零增长行动实施状况评估. 中国发展观察，(13)：35-39.
李春花，梁国庆. 2001. 专用复混肥配方设计与生产. 北京：化学工业出版社.
李恒奎，周明国. 2006. 氰烯菌酯对禾谷镰孢菌的生物活性及其内吸输导性研究. 农药学学报，8（1）：30-35.
李蕾. 2015. 种子和土壤处理防控种苗期蔬菜病毒病传播介体的研究. 北京：中国农业大学.
李儒海，朱文达，褚世海. 2003. 武汉地区夏玉米田杂草发生动态及化学防除技术. 华中农业大学学报，22（1）：18-22.
李贤宾，张文君，郑尊涛，等. 2013. 我国种子处理剂的登记现状及发展趋势. 农药科学与管理，34（3）：10-13.
李秀芬，朱金兆，顾晓君，等. 2010. 农业面源污染现状与防治进展. 中国人口·资源与环境，20（4）：81-84.
李絮花，赵秉强. 2014. 山东省作物专用复混肥料农艺配方. 北京：中国农业出版社.
梁飞，吴志勇，王军. 2020. 正确选用肥料与科学施肥知识问答. 北京：中国农业出版社.
林勇，姜蕾，刘迎，等. 2018. 旋翼无人机防除病虫害作业规范. 海口：海南出版社.
林勇，姜蕾，潘波，等. 2019. 植保旋翼无人机安全操作指南. 海口：海南出版社.
林勇，姜蕾，潘波，等. 2021. 产业用无人航空飞机农药使用手册. 海口：海南出版社.
刘西莉. 2019. 中国种子处理技术的发展现状和展望. 世界农药，15（10）：84-89.
刘永锋，陈志谊，周保华，等. 2002. 江苏省部分稻区恶苗病菌对水稻浸种剂的抗药性检测. 江苏农业学报，18：190-192.
鲁传涛，王恒亮，张玉聚，等. 2012. 除草剂药害的预防与补救. 北京：金盾出版社.
陆景陵. 2003. 植物营养学（上册）. 北京：中国农业大学出版社.

陆永跃，曾玲，许益镌，等．2019．外来物种红火蚁入侵生物学与防控研究进展．华南农业大学学报，40（5）：149-160.
陆允甫，吕晓男．1955．中国测土施肥工作的进展和展望．土壤学报，32（3）：241-252.
罗义灿，陆覃昱，吕丽兰，等．2021．不同作物园区及生境类型红火蚁发生危害调查．植物检疫，35（5）：29-33.
罗义灿，章勇，刘家莉，等．2018．粤东粤北柑橘病虫草害调查及农药使用状况分析．广东农业科学，45（11）：81-88.
吕敏，赵步洪，刘怀阿，等．2018．灰飞虱配方选药试剂盒的研究．扬州大学学报（农业与生命科学版），39（3）：91-94，105.
马忠华，陈云，尹燕妮．2020．小麦赤霉病流行成灾原因分析及防控对策探讨．中国科学基金，34（4）：464-469.
毛丹，胡悦，张俊涛，等．2017．农作物科学用药手册．郑州：中原农民出版社．
农业部种植业管理司，农业部农药检定所．2015．新编农药手册．2版．北京：中国农业出版社．
农业农村部法规司．2022-1-7．肥料登记管理办法．www.gov.cn/zhengce/2022-01/07/content_5721287.htm
潘波，王冰洁，姜蕾，等．2021．两种植保无人机对火龙果冠层的作业参数优化．植物保护学报，48（3）：528-536.
潘达强，曾鑫年，鄢勤．2014．茚虫威在红火蚁工蚁间的横向接触传导效应．生物安全学报，23（2）：117-120.
全国农业技术推广服务中心．2017．农业鼠害防控技术及杀鼠剂科学使用指南．北京：中国农业出版社．
尚尔才．2005．从全球农药市场发展简评我国农药研发．现代农药，（4）：30-33.
师江澜，刘建忠，吴发启．2006．保护性耕作研究进展与评述．干旱地区农业研究，24（1）：205-212.
束放，李永平，魏启文．2019．2018年种植业农药使用情况及2019年需求分析．中国植保导刊，39（4）：7376.
束放，唐启义，邵振润，等．2010．我国农药需求影响因子分析．农药，49（4）：241-245.
宋俊华，顾宝根．2019．国际农药管理的现状及趋势（上）．农药科学与管理，40（12）：9-14.
宋俊华，顾宝根．2020．国际农药管理的现状及趋势（下）．农药科学与管理，41（1）：8-13.
宋祺．2010．熏蒸剂的使用现状与研究进展．湖北植保，（3）：59-61.
隋好林，王淑芬．2018．设施蔬菜水肥一体化栽培技术．北京：中国科学技术出版社．
孙蓟锋，王旭．2013．土壤调理剂的研究和应用进展．中国土壤与肥料，243（1）：1-7.
谭金芳．2003．作物施肥原理与技术．北京：中国农业大学出版社．
田发军，刘家莉，曾鑫年．2018．柑橘木虱抗药性研究进展．应用昆虫学报，55（4）：565-573.
童文彬，江建锋，杨海峻，等．2022．南方典型酸化土壤改良与水稻安全种植同步应用技术．浙江农业科学，63（6）：1154-1156，1160.
王冰洁，姜蕾，潘波．等．2020．植保无人机作业参数对雾滴在火龙果树冠层沉积分布的影响．中国农业科技导报，22（10）：101-109.
王殿轩，卞科．2004．储粮熏蒸剂的发展动态与前景．储粮有害生物及防治技术，32：3-6.
王好斌，范钧翔，谷守玉，等．2021．小麦专用肥在河南省典型地区的应用效果研究．麦类作物学报，41（1）：111-117.
王佩祥．1997．储粮化学药剂应用．北京：中国商业出版社．
王圣瑞，陈新平，高祥照，等．2002．3414肥料试验模型拟合性的探讨．植物营养与肥料学报，8（4）：409-413.
王兴仁，张福锁，曹一平，等．2003．养分资源管理的理论和技术及其在小麦玉米高产轮作中的应用．中国农业大学学报，8（增刊）：36-41.
王寅，尹释玉，高强，等．2019．同步营养肥在春玉米上的施用效果与环境效应．吉林农业大学学报，41（3）：324-329.
吴国强，陈铁春，吴进龙．2019．中国农药70年回顾与思考．农药科学与管理，40（8）：1-6.
吴礼树．2011．土壤肥料学．北京：中国农业出版社．
吴良泉，武良，崔振岭，等．2015．中国玉米区域氮磷钾肥推荐用量及肥料配方研究．土壤学报，52（4）：802-817.
夏世钧．2008．农药毒理学．北京：化学工业出版社．
谢从华，柳俊．2021．中国马铃薯科技与创新回顾之路．华中农业大学学报，40（4）：16-26.
熊玉蓉，梅钢柱，郭明军．2021．水稻苗期施药对水稻二化螟的防治效果探索．湖北植保，（3）：42-43.
徐汉虹．2018．植物化学保护学．5版．北京：中国农业出版社．
徐仁扣．2013．酸化红壤的修复原理与技术．北京：科学出版社．
徐兴利，黄家伟．2020．2020年上半年农资执法10大典型案例．食品界，（9）：16-18.
徐妍，刘广文．2018．现代农药剂型加工技术丛书——农药液体制剂．北京：化学工业出版社．
严程明，张承林．2017．番茄水肥一体化技术图解．北京：中国农业出版社．
杨海波，杨海明，孙国梁，等．2018．阴山北麓节水灌溉马铃薯田氮素平衡研究．北方农业学报，46（5）：50-56.
杨强，潘秋波，李建群，等．2020．平湖市二化螟重发原因及防控对策．浙江农业科学，61（6）：1127-1129，1133.
杨岩，谭德水，江丽华，等．2018．黄淮海夏玉米一次性施肥技术效应研究．中国农业科学，51（20）：3909-3919.
杨益军．2015．我国农药需求状况和趋势分析．营销界（农资与市场），（17）：38-41.

姚丽贤，周修冲，陈婉珍．2004．高产巴西蕉平衡施肥技术研究．中国农学通报，20（3）：149-151，156．
印婉楸，王健，戴相君，等．2020．农药管理中存在的问题及对策．南方农机，51（24）：72，77．
于静，熊兴耀，高玉林，等．2019．中国马铃薯不同产区氮肥利用率的比较分析．中国蔬菜，（7）：45-50．
于振文．2009．作物栽培学各论．北京：中国农业出版社．
张承林，邓兰生．2012．水肥一体化技术．北京：中国农业出版社．
张定华，王振华，汪卫东．2019．农药药害发生的主要原因分析及预防处置措施．中国农技推广，35（9）：93-95．
张福锁．2006．测土配方施肥技术要览．北京：中国农业出版社．
张福锁．2011．测土配方施肥技术．北京：中国农业大学出版社．
张福锁，马文奇．2000．肥料投入水平与养分资源高效利用的关系．土壤与环境，9（2）：154-157．
张立丹，刘庆虎，刘芳，等．2021．控释配方肥的磷肥用量对富磷土壤香蕉产量及磷肥利用效率的影响．华南农业大学学报，42（2）：51-57．
张丽，杨勤民，白小宁．2013．我国农作物病虫种类发生演变及灾害损失分析．中国植保导刊，33（11）：50-53．
张龙辉，粟戈璇，邓小华，等．2020．改良剂施用对酸性植烟土壤养分的影响效应．中国烟草科学，41（5）：20-27．
张帅，舒宽义，黄向阳，等．2018．移栽前杀虫剂处理秧苗对早稻二化螟的防效．中国植保导刊，38（7）：68-70．
张弦，杨易，朱玉华，等．2019．基于全球化肥供需匹配的中国化肥产业“走出去”战略分析．世界农业，（5）：84-90．
张弦，朱玉华，高阔，等．2018．世界化肥产业格局及竞争力研究.世界农业，（8）：146-152．
张雪松，曹永强，曹克强．2006．保护性耕作条件下河北粮食作物植物保护新问题和治理对策．植物保护，32（2）：19-22．
张一宾．2009．从世界粮食的需求及世界农业发展看农药的重要性．世界农药，31（1）：13．
张钰婧，叶飞．2022．我国农业绿色发展研究热点分析及展望．农业资源与环境学报，40（1）：196-205．
张志祥，程东美，江定心，等．2004．椰心叶甲的传播、危害及防治方法．昆虫知识，（6）：522-526．
张志祥，徐汉虹，江定心．2008．椰甲清淋溶性粉剂挂袋法防治椰心叶甲技术的研究与推广．广东农业科学，（2）：65-68．
赵秉强．2013．新型肥料．北京：科学出版社．
赵秉强，车升国，袁亮，等．2021．复合肥料配方制定的原理与应用——农田养分综合平衡法．北京：中国农业科学技术出版社．
赵丹丹，周丽琪，张帅，等．2017．二化螟对双酰胺类杀虫剂的抗药性监测和交互抗性研究．中国水稻科学，31（3）：307-314．
赵亚南，徐霞，孙笑梅，等．2021．基于 GIS 的河南省不同区域小麦氮磷钾推荐量与施肥配方．植物营养与肥料学报，27（6）：938-948．
郑常格，陈火君，江定心，等．2010．两种施药方法对椰心叶甲防治药效对比试验．广东农业科学，（9）：137-138．
中华人民共和国国家质量监督检验检疫总局，中国国家标准化管理委员会．2018．农药合理使用准则（十）：GB/T 8321.10—2018．北京：中国标准出版社．
中华人民共和国国务院．2017．农药管理条例．北京：中国法制出版社．
中华人民共和国农业农村部．2022．肥料登记管理办法．https://www.gov.cn/zhengce/2002-01/07/content_5721287.htm?eqid=9010ba4700002073000000036459af3f.
中华人民共和国农业农村部．2018．番茄褪绿病毒病综合防控技术规程：NY/T 3262—2018．北京：中国标准出版社．
宗震东．1997．我国化肥生产和需求趋向．中国化工，（3）：33-34．
左利，王勇，洪桂花．2010．花生的需肥特性及施肥技术．现代农业科技，13：78-79．
Chen X P, Cui Z L, Vitousek P M, et al. 2011. Integrated soil-crop system management for food security. PNAS, 108: 6399-6404.
Coughenour C M, Shankariah C. 2001. Conservation Tillage and Cropping Innovation-Constructing the New Culture of Agriculture. Iowa: Iowa State University Press.
Fess T L, Kotcon J B, Benedito V A. 2011. Crop breeding for low input agriculture: a sustainable response to feed a growing world population. Sustainability, 3 (10): 1742-1772.
Geald W, Kraig R, Mark C, et al. 2004. Seed treatment for control of early-season pests of corn and its effect on yield. J Agric Urban Entomol, 21 (2): 75-85.
Goffart J P, Olivier M, Frankinet M, et al. 2008. Potato crop nitrogen status assessment to improve N fertilization management and efficiency: past-present-future. Potato Research, 51 (3-4): 355-383.
Imdahl R L. 1980. Weed Crop Competition. Corvallis: A Review International Plant Protection Center.
Kabirigi M, Prakash S O, Prescella B V, et al. 2017. Fertigation for environmentally friendly fertilizer application: constraints and opportunities for its application in developing countries. Agricultural Sciences, 8 (4): 292-301.
Li L, Hu Z H, Dai T, et al. 2020. Improved efficacy of neonicotinoid in tablet formulation on the control of tomato chlorosis virus by controlling the vector Bemisia tabaci. Phytopathol Res, 2: 1

Liu X H. 2019. Rodent biology and management: current status, opinion and challenges in China. Journal of Integrative Agriculture, 18 (4): 830-839.

Pelz H J, Rost S, Hünerberg M, et al. 2005. The genetic basis of resistance to anticoagulants in rodents. Genetics, 170: 1839-1847.

Trenkel M E. 2010. ME Slow-and controlled-release and stabilized fertilizers: an option for enhancing nutrient use efficiency in agriculture. IFA 160, Paris: 11-129.

Wang T, Gu A, Teng L, et al. 2021. Seed coating provides rice seeds for aerial seeding with reduced phenamacril loss and a prolonged rice seedling protection. Int J Precis Agric Aviat, 4 (1): 70-74.

Zhang C Q, Chen Y, Yin Y N, et al. 2015. A small molecule species specifically inhibits Fusarium myosin I. Environmental Microbiology, 17 (8): 2735-3746.

Zhou Y X, Zhou X E, Gong Y P, et al. 2020. Structural basis of fusarium myosin I inhibition by phenamacril. PLoS Pathogens, 16: e1008323.

Liu X M. 2019. Rodent biology and management: current status, opportunities and challenges in China. Journal of Integrative Agriculture, 18(4): 850-856.

Pelz H J, Rost S, Hünerberg M, et al. 2005. The genetic basis of resistance to anticoagulants in rodents. Genetics, 170: 1839-1847.

Trenkel M E. 2010. Slow- and controlled-release and stabilized fertilizers: an option for enhancing nutrient use efficiency in agriculture. IFA Int, Paris: 1-129.

Wang G, Gu [illegible], Teng L, et al. 2021. Seed coating provides rice seeds for aerial seeding with reduced [illegible] and prolonged [illegible] seedling [illegible]. [illegible] Agric [illegible], 4(1): [illegible].

Zhang C Q, Chen Y, Yin Y N, et al. 2015. A small molecule species specifically inhibits Fusarium myosin I. Environmental Microbiology, 17(8): 2735-2746.

Zhou Y X, Zhou X H, Gong Y, et al. 2020. Structural basis of Fusarium myosin I inhibition by phenamacril. PLoS Pathogens, 16: e1008323.